Benjamin Marco Heinrich Cichos

Steuerliche Forschungs- und Entwicklungsanreize für kleine und mittlere Unternehmen

AF881939

Benjamin Marco Heinrich Cichos

Steuerliche Forschungs- und Entwicklungsanreize für kleine und mittlere Unternehmen

Ausgestaltungsmöglichkeiten im Rahmen des Europäischen Beihilferechts

Tectum Verlag

Benjamin Marco Heinrich Cichos

Steuerliche Forschungs- und Entwicklungsanreize für kleine und mittlere Unternehmen. Ausgestaltungsmöglichkeiten im Rahmen des Europäischen Beihilferechts
© Tectum Verlag Marburg, 2016
Zugl. Diss. Univ. Helmut-Schmidt-Universität Hamburg 2016

ISBN: 978-3-8288-3816-1

Umschlagabbildung: shutterstock.com © flydragon

Druck und Bindung: CPI buchbücher.de, Birkach

Printed in Germany
Alle Rechte vorbehalten

Besuchen Sie uns im Internet
www.tectum-verlag.de

MIX
Papier aus verantwortungsvollen Quellen
FSC
www.fsc.org
FSC® C083411

Bibliografische Informationen der Deutschen Nationalbibliothek
Die Deutsche Nationalbibliothek verzeichnet diese Publikation in der Deutschen Nationalbibliografie; detaillierte bibliografische Angaben sind im Internet über http://dnb.ddb.de abrufbar.

Vorwort

Die vorliegende Arbeit wurde im Juni 2015 von der Fakultät für Wirtschafts- und Sozialwissenschaften an der Helmut-Schmidt-Universität, Universität der Bundeswehr Hamburg, als Dissertation angenommen. Aktuelle Literatur konnte nachträglich bis Juni 2016 berücksichtigt werden.

Mein Dank gilt zuvorderst meinem Doktorvater, Prof. Dr. iur. Ulrich Hufeld, der mit mir als externem Doktorand und aktivem Offizier der Bundeswehr eine herausfordernde Betreuung annahm. Die räumliche Distanz zum Lehrstuhl bedurfte eines besonderen Vertrauensverhältnisses. Durch die Gewährung großzügiger Freiräume bei gleichzeitigem Anregen impulsgebender Diskussionen trug er maßgeblich zum Erfolg dieser Arbeit bei. Unsere fachlichen und persönlichen Gespräche waren mir stets eine Hilfe und werden mir angenehm im Gedächtnis bleiben. Danke.

Vor allem aber möchte ich meiner Familie und meinen Freunden danken. Jeder hat auf seine ganz eigene Weise am Gelingen dieser Arbeit mitgewirkt. Ein ganz besonderer Dank gilt meinen Eltern, Christina und Peter Cichos, sowie meiner Frau Kerstin Cichos für ihre Geduld und liebevolle Unterstützung. Vor allem meine Frau ist nie müde geworden, mich auch in schwierigen Zeiten während der Promotion zu ermutigen und dabei selbstlos zurückzustehen. Ihr sei diese Arbeit gewidmet.

Benjamin Marco Heinrich Cichos

Bad Soden am Taunus, im Juni 2016

Inhaltsübersicht

Inhaltsverzeichnis

Abkürzungsverzeichnis

AEUV	Vertrag über die Arbeitsweise der Europäischen Union
AGVO	Allgemeine Gruppenfreistellungsverordnung
AWS	Austria Wirtschaftsservice Gesellschaft
BayFOR	Bayerische Forschungsallianz
BB	Betriebs-Berater (Titel Fachzeitschrift)
BDA	Bundesvereinigung der Deutschen Arbeitgeberverbände
BDI	Bundesverband der Deutschen Industrie
BEPS	Base Erosion and Profit Shifting (Gewinnkürzung und Gewinnverlagerung)
BilMoG	Gesetz zur Modernisierung des Bilanzrechts (Bilanzrechtsmodernisierungsgesetz)
BIO	Biotechnologie-Industrie-Organisation
BITKOM	Bundesverband Informationswirtschaft, Telekommunikation und neue Medien
BMAS	Bundesministerium für Arbeit und Soziales
BMBF	Bundesministerium für Bildung und Forschung
BMF	Bundesministerium für Finanzen (Österreich)

BMWA	Bundesministerium für Wirtschaft und Arbeit (Österreich)
BMWi	Bundesministerium für Wirtschaft und Energie (bis 2013 Bundesministerium für Wirtschaft und Technologie)
bpb	Bundeszentrale für politische Bildung
CDU	Christlich Demokratische Union Deutschlands
CGI	Code général des impôts (Allgemeines Steuergesetzbuch, Frankreich)
CIACT	Comité interministériel d'aménagement et de développement du territoire (Kabinettausschuss für Raumordnung und Wettbewerbsfähigkeit regionaler Schwerpunkte, Frankreich)
CIP	Competitiveness and Innovation Framework Programme (Rahmenprogramm Wettbewerbsfähigkeit und Innovation)
CIR	Crédit d'impôt recherche (Steuergutschrift auf Forschungsausgaben, Frankreich)
CPB	Centraal Planbureau/Bureau for Economic Policy Analysis (Forschungszentrum, Niederlande)
CSU	Christlich-Soziale Union in Bayern
DB	Der Betrieb (Titel Fachzeitschrift)
DIB	Deutsche Industrievereinigung Biotechnologie
DIHK	Deutsche Industrie- und Handelskammer
DIW	Deutsches Institut für Wirtschaftsforschung
DLR	Deutsches Zentrum für Luft- und Raumfahrt
DSGV	Deutscher Sparkassen- und Giroverband
DTI	Department of Trade and Industry (Behörde für Handel und Industrie, Großbritannien)

EBITDA	Earnings before interests, taxes, depreciation and amortization (Ergebnis vor Zinsen, Steuern und Abschreibungen auf Sachanlagen und immaterielle Vermögensgegenstände)
EFI	Expertenkommission Forschung und Innovation
EFRE	Europäischer Fonds für regionale Entwicklung
EIB	European Investment Bank (Europäische Investitionsbank)
EIF	European Investment Fund (Europäischer Investitionsfonds)
EIoP	European Integration online Papers (Titel Online-Fachliteratur)
EIT	European Institute of Innovation and Technology (Europäisches Innovations- und Technologieinstitut)
ERC	European Research Council (Europäischer Forschungsrat)
ESF	Europäischer Sozialfonds
et al.	et alii/et aliae (und andere)
EuZW	Europäische Zeitschrift für Wirtschaftsrecht (Titel Fachzeitschrift)
FDP	Freie Demokratische Partei
FET	Future and Emerging Technologies (Künftige und neu entstehende Technologien)
FFG	Österreichische Forschungsfördergesellschaft
FIW	Forschungsinstitut für Wirtschaftsverfassung und Wettbewerb
FuE(uI)	Forschung und Entwicklung (und Innovation)
FVerlV	Funktionsverlagerungsverordnung
GBP	Pound Sterling (Britisches Pfund)
GKKB	Gemeinsame konsolidierte Körperschaftsteuer-Bemessungsgrundlage

GWK	Gemeinsame Wissenschaftskonferenz
IAS	International Accounting Standards (Internationale Rechnungslegungsstandards)
IBFD	International Bureau of Fiscal Documentation (Internationales Amt für finanzwirtschaftliche Dokumentation, Niederlande)
IDW	Institut der Wirtschaftsprüfer
IfM	Institut für Mittelstandsforschung
IFRS	International Financial Reporting Standards (Internationale Rechnungslegungsvorschriften für Unternehmen)
IFSt	Institut Finanzen und Steuern
IGF	Industrielle Gemeinschaftsforschung
iit	Institut für Innovation und Technik
IPCEI	Important Projects of Common European Interest (Wichtige Vorhaben von gemeinsamem europäischem Interesse)
iStR	Internationales Steuerrecht (Titel Fachzeitschrift)
IW	Institut der Deutschen Wirtschaft
IWD	Informationsdienst des Instituts der deutschen Wirtschaft
IWW	Institut für Wirtschaftspublizistik
JRC	Joint Research Centre (Gemeinsame Forschungsstelle)
KfW	Kreditanstalt für Wiederaufbau
KMB	Klein- und Mittelbetriebe
KMU	Kleine und mittlere Unternehmen
KoR	Zeitschrift für internationale und kapitalmarktorientierte Rechnungslegung (Titel Fachzeitschrift)

MSCA	Marie-Sklodowska-Curie-Actions (Marie-Sklodowska-Curie-Maßnahmen)
ÖStZ	Österreichische Steuerzeitung (Titel Fachzeitschrift)
PME	Petite et moyenne entreprise (Kleine und mittlere Unternehmen)
RAP	Rechnungsabgrenzungsposten
RoI	Return on Investment (Kapitalrentabilität)
R&D	Research and Development (Forschung und Entwicklung)
SME	Small and medium-sized enterprises (Kleine und mittlere Unternehmen)
VCI	Verband der Chemischen Industrie
VDMA	Verband Deutscher Maschinen- und Anlagenbau
VerfVO	Verfahrensverordnung
Vol.	Volume (Ausgabe)
vTI	Johann Heinrich von Thünen-Institut
WaBeG	Gesetz zur Beschleunigung des Wirtschaftswachstums (Wachstumsbeschleunigungsgesetz)
WIFO	Institut für Wirtschaftsforschung (Österreich)
WiWo	Wirtschaftswoche (Titel Fachzeitschrift)
YIC	Young innovative companies (Junge innovative Unternehmen)
ZEW	Zentrum für Europäische Wirtschaftsforschung
ZIM	Zentrales Innovationsprogramm Mittelstand

Für über das Abkürzungsverzeichnis hinaus verwandte Abkürzungen sei verwiesen auf: *Kirchner, Hildebert*: Abkürzungsverzeichnis der Rechtssprache, 7. Aufl., Berlin/Boston 2013.

A. Einleitung

I. Thematische Einführung

„Der Fortschritt geschieht heute so schnell, dass, während jemand eine Sache für gänzlich undurchführbar erklärt, er von einem anderen unterbrochen wird, der sie schon realisiert hat". Diese Aussage *Einsteins* aus dem 20. Jahrhundert ist heute aktueller als in der Zeit, der sie entstammt. In immer kürzer werdenden Abständen präsentieren die führenden Unternehmen der weltweit größten Volkswirtschaften technische Neuheiten, veröffentlichen Produkte, die bisher als unrealisierbar galten, und revolutionieren den Dienstleistungssektor. Der Großteil dieser neuen Produkte und Dienstleistungen hat eines gemeinsam: Sie sind das Ergebnis von Forschung und Entwicklung (FuE) großer, meist international tätiger Unternehmen.

Diese international führenden Unternehmen leisten sich eigene FuE-Abteilungen, in die ein Großteil ihrer Gesamtumsätze zurückfließt. So gab das Schweizer Pharmaunternehmen Roche im Jahr 2013 über 7 Milliarden (Mrd.) Euro für FuE aus, was mehr als 17 Prozent seines Gesamtumsatzes von etwa 39 Mrd. Euro entsprach[1]. Doch nicht nur Pharmaunternehmen, die naturgemäß besonders von der Erforschung neuer und Entwicklung vorhandener Produkte abhängig sind, weisen dem Bereich FuE einen solch hohen Stellenwert zu. Auch Unternehmen der Informationstechnologie- und Elektronikbranche sowie der Automobilindustrie finden sich seit Jahren unter den zehn Unternehmen mit den weltweit höchsten Aufwendungen für FuE wieder. Darunter Microsoft, einer der weltweit führenden Hersteller von Heimcomputer-Software aus den Vereinigten Staaten von Amerika (United States of America – USA),

1 F. Hoffmann-LaRoche AG (Hrsg.), Finanzbericht 2013, 2014, S. 5.

der mit ebenfalls mehr als 7 Mrd. Euro über 13 Prozent seines Gesamtumsatzes für FuE ausgab[2], und der Volkswagen-Konzern, einer der größten Automobilhersteller der Welt, der mit etwa 10 Mrd. Euro immerhin noch 5 Prozent seines Gesamtumsatzes in FuE reinvestierte[3]. Insgesamt erweiterten die tausend Unternehmen mit dem weltweit höchsten FuE-Etat, nach krisenbedingten Kürzungen des Jahres 2009, diesen im Zeitraum von 2010 bis 2013 um über 25 Prozent[4]. Ein immenses Wachstum, von dem erwartet werden darf, dass es sich auch zukünftig in ähnlicher Ausprägung fortsetzt, die Beständigkeit des internationalen Wettbewerbsdrucks berücksichtigend.

Der enorme Zuwachs privatwirtschaftlicher FuE-Aufwendungen der letzten Jahre verdeutlicht, wie wichtig gleichermaßen Erhalt wie auch Ausbau entsprechender Bereiche für einen langfristigen Unternehmenserfolg sind. So gelten insbesondere auf scheinbar gesättigten Märkten, wie sie in den meisten Teilen Europas vorzufinden sind, FuE als Triebfedern für Innovation und damit als eine der wesentlichsten Voraussetzungen für das Wachstum und den Fortbestand von Unternehmen[5]. Innovation ist dabei als das Ergebnis einer planvollen und zielgerichteten Weiterentwicklung von Verfahren, Strukturen, Produkten und Dienstleistungen definiert, die einem Unternehmen garantieren soll, entweder als Kostenführer günstiger als der Wettbewerber zu sein oder als Nutzenführer Funktionen, Dienste oder Merkmale anbieten zu können, die für den Kunden einen höheren Nutzen aufweisen, als er ihn

---

2 Microsoft Corporation (Hrsg.), Annual Report 2013, 2013, S. 4 (12).

3 Volkswagen AG (Hrsg.), Ideen Bewegen, Geschäftsbericht 2013, 2014, S. 2 (119).

4 Vgl. PwC Strategy& (Hrsg.), Eindrucksvolles Wachstum der Innovationsbudgets in Deutschland um 8,9%, 2011; Innovationsbudgets der deutschen Industrie wachsen um rekordverdächtige 14,8%/Europaweit legen FuE-Etats dagegen nur um magere 5,4% zu – weltweit um 9,6%, 2012; Deutschland verteidigt Innovations-Europameistertitel dank starker Automobilindustrie, 2013; Deutschland bleibt FuE-Europameister – Volkswagen investiert weltweit am meisten in Forschung und Entwicklung, 2014, http://www.strategyand.pwc.com/de/home/Presse/Pressemitteilungen (Stand: 10.03.2015).

5 Bundesministerium für Wirtschaft und Technologie (BMWi) (Hrsg.), GründerZeiten, Informationen zur Existenzgründung und sicherung, Thema Nr. 3 Forschung und Entwicklung, 2010, S. 1.

beim Wettbewerber geboten bekommt[6]. In einem gemeinsamen Markt gibt es folglich nur zwei Möglichkeiten, sich langfristig gegen Wettbewerber durchzusetzen: entweder durch ein kostengünstigeres Angebot von Substituten oder durch Erwirkung eines höheren Kundennutzens durch den Einsatz eigener, neuartiger Produkte oder Dienstleistungen.

Die unternehmenspolitischen Gründe für ein dauerhaftes Streben nach Innovation sind vielfältig: Zu nennen sind in erster Linie notwendige Umstellungen auf effizientere Verfahrensabläufe in allen Bereichen des Unternehmens, aber auch eine regelmäßige Anpassung des eigenen Produktportfolios, um schnell und flexibel auf wechselnde Kundenwünsche reagieren zu können. Alle FuE-Aufwendungen, die dieser Innovationsförderung dienen, verfolgen letztendlich das Ziel, die Wettbewerbsfähigkeit des Unternehmens auf dem Markt zu erhalten oder gar zu steigern, als unabdingbare Voraussetzung für einen langfristigen Unternehmenserfolg. So gelang der deutschen Wirtschaft im Jahr 2011 eine allein auf fortwährender Prozess- und Produktionsoptimierung basierende Kostenersparnis von 3,5 Prozent, während ihr auf entsprechende Weiterentwicklungen zurückzuführender Umsatz parallel um 2,6 Prozent anstieg[7]. Verzichtet ein Unternehmen auf eigenes FuE-Engagement, läuft es Gefahr, dauerhaft den Anschluss zu marktbestimmendem Fortschritt zu verlieren. Länger als seine Konkurrenten produziert es nach ineffizienteren Methoden und bietet Produkte oder Dienstleistungen an, die nicht mehr der Marktnachfrage entsprechen, was zwangsläufig zu sinkenden Umsätzen und sich kontinuierlich verschlechternden Unternehmensergebnissen führt. Ein wirksamer Wettbewerb schafft nicht nur natürliche Anreize dafür, neue Ideen und Produkte zu entwickeln, sondern straft ebenso sämtliche Unternehmen ab, die in alten Gewohnheiten verharren oder mit der kontinuierlich voranschreitenden Entwicklung nicht mithalten können, indem er diese sukzessive aus dem Wettbewerb ausscheiden lässt[8]. Dies trifft auf nahezu

---

6 Fleig M., Anreizsysteme zur Förderung von Innovationen im Unternehmen, 2006, S. 2.

7 Rammer C., Aschhoff B., Crass D., et al., in: Zentrum für Europäische Wirtschaftsforschung (ZEW) (Hrsg.), Innovationsverhalten der deutschen Wirtschaft, 2013, S. 10.

8 Wolf K., Nationale und/oder EU-Förderung von Innovationen: Grundsätzliche Eignung unter besonderer Berücksichtigung der Gefahren für die Chancengleichheit im Wettbewerb, 2005, S. 3.

alle Unternehmen zu, unabhängig von Jahresumsatz oder Beschäftigtenzahl, und beansprucht damit für kleine und mittlere Unternehmen (KMU), die im Mittelpunkt vorliegender Arbeit stehen, ebenso Gültigkeit wie für international agierende Großkonzerne. So besteht empirische Evidenz darüber, dass das Wachstum von KMU, die eigene FuE zum Erhalt innovativer Leistungsfähigkeit betreiben, das Wachstum nicht forschender KMU um rund zwei Fünftel übersteigt[9]. Um durchschnittlich 3,9 Prozent ist darüber hinaus eine Steigerung des Umsatzes und um etwa 0,5 Prozent ein Anstieg der Umsatzrendite innovativer KMU zu erwarten[10]. Dies verdeutlicht eindrucksvoll die positiven Effekte einer gesteigerten FuE-Tätigkeit auf den wirtschaftlichen Erfolg von KMU sowie die sich daraus ergebende Notwendigkeit eines entsprechenden FuE-Engagements.

Es wäre folglich zu erwarten, dass KMU bereits aus Eigeninteresse ihren FuE-Bedarf nicht nur selbstständig identifizieren, sondern auch mit eigenen Mitteln optimal abdecken. Dem stehen jedoch häufig unvollständige Informationen, eine mangelnde Koordination, eingeschränkte Übertragungseffekte *(Spill-over-Effekte)* – wobei es sich um die Nutzung von Innovationen handelt, die nicht Resultat eigener FuE-Bemühungen sind –, Finanzierungsrestriktionen, Risikofurcht und Rentabilitätssorgen entgegen, was zusammengefasst als *allgemeine Marktinsuffizienz* bezeichnet werden kann[11]. Zwar sind insbesondere KMU durch ihren Nischencharakter und ihre hohe Spezialisierung in einigen Technologiebereichen besonders innovativ und stellen somit eine wichtige Stütze des Innovationsgeschehens in Deutschland dar[12], doch beschränkt sich der Großteil ihrer Mitwirkung meist auf die Modernisierung und Anwendung bereits entwickelter Technologien und Prozesse. So beteiligen sich KMU deutlich seltener als Großunternehmen an FuE-Projekten und vereinen dabei lediglich einen geringeren Anteil der

9 Vgl. Kreditanstalt für Wiederaufbau Bankengruppe (KfW Bankengruppe) (Hrsg.), KfW-Innovationsbericht Mittelstand 2014, 2015, S. 2.

10 Ebda.

11 Vgl. Löhr S., Steuerliche Förderung von Forschung und Entwicklung, 2009, S. 1.

12 Universität Mannheim (Hrsg.), Institut für Mittelstandsforschung, KMU-Innovativ: Evaluation der Biotechnologieförderung in Deutschland, 2012, http://www.institut-fuer-mittelstands forschung.de/kos/WNetz?art=Project.show&id=124 (Stand: 22.05.2016).

Patentanmeldungen und Registrierungen anderer gewerblicher Schutzrechte auf sich und bringen seltener technologische Innovationen hervor[13]. Besonders KMU sind zurückhaltend, was den Entschluss zu eigenen FuE-Projekten angeht, und verzichten wesentlich häufiger auf potenzielle FuE-Projekte, als Großunternehmen es unter vergleichbaren Rahmenbedingungen tun. Begründen lässt sich dies mit der Tatsache, dass KMU in der Regel deutlich stärker von zuvor genannter Marktinsuffizienz betroffen sind und damit ein höheres wirtschaftliches Risiko zu tragen haben als ihre größeren Pendants. Durch einen kleineren Kundenkreis und eine geringere wirtschaftliche Vernetzung mit anderen Unternehmen leiden KMU stärker als Großunternehmen unter unvollständigen Informationen und eingeschränkten Übertragungseffekten. Ein im Regelfall geringeres Eigenkapital und eine auf einen Mangel an Sicherheiten zurückführbare, meist umständlichere Kapitalbeschaffung verstärken Rentabilitätssorgen und Risikofurcht. Oft hängt bei KMU daher nicht nur der wirtschaftliche Erfolg einer Periode, sondern die Existenz des gesamten Unternehmens vom Ausgang eines einzigen FuE-Projekts ab.

Wie für sämtliche Unternehmen gilt auch für KMU, dass diese nur dann bereit sind, Risiken in Form von FuE-Projekten einzugehen, wenn der dafür notwendige Mittelaufwand in einem positiven Verhältnis zu dem vom Abschluss des jeweiligen FuE-Projekts erwarteten Ertrag steht – ein aus betriebswirtschaftlicher Sicht nachvollziehbares, jedoch risikoscheues Verhalten, das größtmögliche Innovation weitestgehend verhindert. Es gilt: Je bekannter die einzelnen Abschnitte eines FuE-Vorhabens sind, desto weniger Risiko müssen die Unternehmen im Rahmen ihrer FuE-Tätigkeit auf entsprechendem Gebiet zwar eingehen, desto weniger innovative Neuerungen können aus diesen jedoch ebenso hervorgehen.

Da in den meisten Mitgliedstaaten der Europäischen Union (EU) die staatlichen FuE-Aktivitäten in hohem Maße vom individuellen FuE-Engagement der jeweiligen Unternehmen abhängen[14] – so werden in

13 Maaß F., Führmann B., in: Institut für Mittelstandsforschung (IfM) (Hrsg.), Innovationstätigkeit im Mittelstand – Messung und Bewertung, 2012, S. V und 14.

14 Europäische Union (Hrsg.), Eurostat Statistics Explained, R&D Expenditure, 2015, http://www.ec.europa.eu/eurostat/statistics-explained/index.php/R_%26_D_expenditure (Stand: 11.06.2016).

Deutschland beispielsweise annähernd 70 Prozent der FuE-Aktivitäten von Unternehmen durchgeführt und finanziert[15] –, führt Marktinsuffizienz dazu, dass nicht nur das FuE-Potenzial aller Unternehmen einer Volkswirtschaft, vorwiegend das von KMU, sondern das gesamtwirtschaftliche FuE-Potenzial des betroffenen Staates nicht in Gänze genutzt wird[16]. So wirkt sich ein auf FuE zurückzuführender Unternehmenserfolg nicht nur auf den Mikrobereich des Unternehmens selbst aus, sondern durch Übertragungseffekte, etwa in Form von Verfahrensanpassungen oder Produktimitationen durch Wettbewerber, auch auf zahlreiche weitere Marktteilnehmer sowie durch erhöhte Steuereinnahmen und steigende Beschäftigtenzahlen ebenso auf den Sitzstaat des FuE betreibenden Unternehmens sowie den Staat, in dem die FuE-Aktivitäten durchgeführt werden. Aus gesamtwirtschaftlicher Sicht macht dies FuE zu einer der wichtigsten Grundlagen volkswirtschaftlichen Wachstums und mittel- bis langfristig unabdingbar für den Erhalt und die Steigerung der internationalen Wettbewerbsfähigkeit einer jeder Volkswirtschaft[17]. Überall dort, wo es an privatwirtschaftlich ausgelöster FuE-Tätigkeit mangelt, bleiben auch deren positive Effekte in Form eines Ausstrahlens von Innovationserfolgen auf die Gesamtwirtschaft aus. Dies begründet das große Interesse sämtlicher Nationen an einer kontinuierlichen Erweiterung unternehmerischer FuE-Aktivitäten sowie einer sich daraus ergebenden Bindung von Innovationen an den eigenen Staat[18]. Der ehemalige Bundespräsident *Herzog* bezog sich am 26. April 1997 in seiner Rede „Aufbruch ins 21. Jahrhundert" auf die gesamte deutsche Volkswirtschaft und nicht auf einzelne Unternehmen, als er formulierte: „Die Fähigkeit zur Innovation entscheidet über unser Schicksal"[19].

15 Kladroba A., in: Stifterverband für die Deutsche Wissenschaft (Hrsg.), FuE-Datenreport 2011, Tabellen und Daten, Tabellen zur Erhebung 2009, 2011, S. 15 f.

16 Löhr S., Steuerliche Förderung von Forschung und Entwicklung, 2009, S. 1.

17 Herbold S., in: Bischoff J. G., Herzig N., Kellermann A. (Hrsg.), Steuer, Wirtschaft und Recht, Bd. 298, Steuerliche Anreize für Forschung und Entwicklung im internationalen Vergleich, 2009, S. 8.

18 Ebda.

19 Herzog R., Rede vom 26.04.1997, Berlin: Aufbruch ins 21. Jahrhundert.

Um eine solche Erweiterung unternehmensinterner FuE zu erzielen, ist es unumgänglich, den auf Marktinsuffizienz zurückzuführenden Mängeln an unternehmerischer FuE-Tätigkeit bis zu einem gewissen Grad durch staatliche Förderungen entgegenzuwirken. Zwar lassen sich bremsende Effekte nicht vollständig beseitigen, doch stimmen zahlreiche empirische Erhebungen wie auch Expertenmeinungen dahingehend überein, dass es mithilfe von Zuwendungen regelmäßig möglich sei, sowohl die Rentabilität von FuE-Investition als auch die Entscheidungsfindung begünstigter Unternehmen positiv zu beeinflussen, was wiederum der gesamten Volkswirtschaft zugutekomme[20]. Zu einer derartigen Bewertung staatlicher Förderung kommt unter anderem eine im Auftrag des Bundesverbandes der Deutschen Industrie (BDI) und des Verbandes der Chemischen Industrie (VCI) durchgeführte Studie, die bestätigt, dass eine Senkung der FuE-Kosten durch staatliche Fördermaßnahmen regelmäßig eine Erweiterung der FuE-Aktivitäten in den Unternehmen auslöst[21]. Die vorliegende Arbeit ist an der Entwicklung möglicher Ausgestaltungsformen eines staatlichen Subventionsinstruments interessiert und konzentriert sich dabei vorrangig auf die Förderung KMU-spezifischen FuE-Engagements.

Bedingt durch ihre höhere Anfälligkeit gegenüber den negativen Effekten einer allgemeinen Marktinsuffizienz weisen diese eine deutlich stärkere Abhängigkeit von staatlichen Unterstützungsleistungen zur Durchführung kostenintensiver und risikoreicher FuE-Projekte auf als große Unternehmen. Einer Studie des niederländischen Bureau for Economic Policy Analysis (Centraal Planbureau – CPB) zufolge führten KMU etwa 80 Prozent aller FuE-Aktivitäten, die sie ohne Fördermaßnahmen nicht getätigt hätten, letztendlich mit Hilfe staatlicher Förderung

20 Löhr S., Steuerliche Förderung von Forschung und Entwicklung, 2009, S. 1; Wirtschaftsrat Deutschland (Hrsg.), Agenda Forschungs- und Innovationspolitik 2013–2017, 2012, S. 3; Verband der Chemischen Industrie (VCI) (Hrsg.), Argumente und Positionen, Steuerliche Förderung von Forschung und Entwicklung, 2016, S. 1.

21 Vgl. Spengel C., Wiegard W., in: Bundesverband der Deutschen Industrie (BDI) (Hrsg.), Studie im Auftrag des Bundesverbandes der Deutschen Industrie (BDI) und des VCI, Ökonomische Effekte einer steuerlichen Forschungsförderung in Deutschland, 2011, S. 6.

durch[22]. Hier besteht ein deutlicher Unterschied zu den meisten Großunternehmen, die staatliche Fördermaßnahmen größtenteils solchen FuE-Projekten zugutekommen lassen, die sie ohnehin, also auch ohne staatliche Förderung, durchgeführt hätten[23]. Diese *Mitnahmeeffekte* – das Annehmen einer staatlichen Förderung, ohne sie zwingend zur Durchführung bestimmter FuE-Projekte zu benötigen – sind bei KMU deutlich schwächer ausgeprägt als bei Großunternehmen. Das Ziel der meisten Staaten, mit Hilfe von Fördermaßnahmen die Anzahl, das Innovationsniveau und das finanzielle Volumen von FuE-Aktivitäten innerhalb der eigenen Landesgrenzen zu erweitern, lässt sich folglich am effizientesten durch eine bevorzugte Förderung der FuE-Tätigkeit von KMU erreichen. Diese reagieren besonders stark auf entsprechende Fördermaßnahmen[24] und stellen zudem einen deutlich überwiegenden Anteil von 99 Prozent aller in Deutschland und Europa befindlichen Unternehmen[25].

Die Ausgestaltungsmöglichkeiten einer staatlichen Förderung sind sehr unterschiedlich und lassen sich in direkte und indirekte Maßnahmen unterteilen. Der wesentliche Unterschied zwischen direkten und indirekten staatlichen FuE-Anreizen liegt dabei in der Selektivität ihrer Förderwirkung: Während direkte FuE-Fördermaßnahmen zielgerichtet bestimmte Forschungsbereiche, Forschungsprojekte oder bestimmte Unternehmen unterstützen, entfalten indirekte, aus steuerlichen Anreizen bestehende FuE-Fördermaßnahmen tendenziell eher

22 Vgl. Cornet M., Vroomen B., Van der Steeg M., in: Netherlands Bureau for Economic Policy Analysis (CPD) (Hrsg.), CPB Discussion Paper Nr. 58, Do innovation vouchers help SMEs to cross the bridge towards science, 2006, S. 24 ff.

23 Herbold S., in: Bischoff J. G., Herzig N., Kellermann A. (Hrsg.), Steuer, Wirtschaft und Recht, Bd. 298, Steuerliche Anreize für Forschung und Entwicklung im internationalen Vergleich, 2009, S. 32 f.

24 Spengel C., MPI Studies on Intellectual Property, Competition and Tax Law, Vol. 8, Steuerliche Förderung von Forschung und Entwicklung in Deutschland, 2009, S. XXII.

25 Europäische Kommission, Unternehmen und Industrie, Die neue KMU Definition, Benutzerhandbuch und Mustererklärung, 2006, S. 5; Günterberg B., in: IfM (Hrsg.), Unternehmensgrößenstatistik, Daten und Fakten Nr. 2, 2012, S. 3.

eine Breitenwirkung[26]. In über der Hälfte aller Mitgliedstaaten wird bereits seit Jahren eine Einbettung der Förderung in das Steuerrecht und damit eine scheinbar bedenkenlose Indienstnahme dieses für Subventionszwecke von staatlicher wie unternehmerischer Seite bevorzugt, mit teilweise unterschiedlichen Ansatzpunkten hinsichtlich der Anknüpfungspunkte und Bemessungsgrundlage[27]. In diesem Zusammenhang ist darauf hinzuweisen, dass FuE-Aufwendungen zuallererst Betriebsausgaben darstellen, deren steuerliche Berücksichtigung nur insoweit eine Förderung darstellt, als sie das dem Nettoprinzip geschuldete Maß übersteigt. So kann zwar bereits die Qualifizierung des vollständigen Betriebsausgabenabzugs von selbsterstellten immateriellen Wirtschaftsgütern des Anlagevermögens entsprechend § 5 Abs. 2 Einkommensteuergesetz (EStG) als Form der steuerlichen FuE-Förderung diskutiert werden, doch liegt die Grenzlinie zwischen Vermessung individueller Leistungsfähigkeit einerseits und staatlicher Subventionspolitik andererseits spätestens bei einer 100 Prozent übersteigenden Berücksichtigung der tatsächlich angefallenen Aufwendungen für Forschung und Entwicklung. Im weiteren Verlauf dieser Arbeit wird mit dem Aufstellen von Ausgestaltungsmöglichkeiten einer indirekten FuE-Förderung eine steuerrechtlich überbrachte, zugleich aber das Steuerrecht für Lenkungspolitik in Dienst nehmende subventive Politik behandelt.

Unabhängig von ihrer individuellen Ausgestaltung birgt eine steuerlich überbrachte Subvention stets den Vorteil staatlicher Neutralität, zu begründen damit, dass das allgemeingültige Steuerrecht eine für alle Unternehmen gleichermaßen zu erreichende Basis darstellt. Dem betroffenen Staat als Fördergeber spart die indirekte Förderung somit zeit- und kostenintensive Einzelfallentscheidungen, da alle Rahmenbedingungen bereits allgemeingültig festgelegt sind und er keinen Einfluss mehr auf die Auswahl der jeweiligen FuE-Aktivitäten nehmen darf oder nehmen muss. Den Unternehmen als Förderempfänger bietet eine in das jeweilige Steuergesetz eingebundene Förderung ein hohes Maß an Planungssicherheit und den Vorteil, die Auswahl der förderungswürdigen

26 Herbold S., in: Bischoff, J. G., Herzig N., Kellermann A. (Hrsg.), Steuer, Wirtschaft und Recht, Bd. 298, Steuerliche Anreize für Forschung und Entwicklung im internationalen Vergleich, 2009, S. 40 f.

27 Vgl. Expertenkommission Forschung und Innovation (EFI) (Hrsg.), Gutachten zu Forschung, Innovation und technologischer Leistungsfähigkeit Deutschlands, 2012, S. 97 f.

FuE-Aktivitäten, ganz im Sinne unternehmerischer Selbstbestimmung, eigenständig treffen zu dürfen[28].

Neben dem hohen Maß an Neutralität staatlicher Förderung bewirken indirekte, steuerliche Anreize zudem eine deutliche Reduzierung administrativer Kosten auf Unternehmensseite, da kostenintensive Einzelprüfungen entfallen. Somit kann durch indirekte Anreize ein größerer Kreis von an einer staatlichen Förderung interessierten Unternehmen erschlossen werden als durch direkte Forschungsförderung[29]. Dies gilt insbesondere für KMU, die regelmäßig sowohl den bürokratischen Aufwand als auch die mit den jeweiligen Förderanträgen verbundenen Kosten scheuen[30].

In Deutschland, einem von nur acht Mitgliedstaaten der Union, die bisher gänzlich auf eine steuerliche Förderung von FuE verzichten, lässt sich anhand von Statistiken darstellen, wie zurückhaltend KMU bei der Inanspruchnahme staatlicher Förderungen sind, wenn diese in Form direkter Förderungen ausgestaltet sind. So beschäftigten sich in den Jahren 2004 bis 2009 lediglich ein Drittel aller deutschen KMU überhaupt mit den Möglichkeiten einer staatlichen FuE-Förderung, von denen wiederum nur knapp die Hälfte einen Förderantrag stellte[31]. Die anschließende Implementierung und Weiterentwicklung neuer, besser auf die Bedürfnisse von KMU angepasster Forschungsförderprogramme konnte die Attraktivität privatwirtschaftlichen FuE-Engagements zwar grundsätzlich erhöhen, doch überstieg die Anzahl forschender KMU auch im Jahr 2012 nicht die Marke von 15 Prozent[32]. Begründen lässt sich die geringe Anzahl an Antragstellern aus dem Bereich der KMU einerseits mit Informationsdefiziten etwa darüber, ob das eigene Unternehmen überhaupt förderberechtigt ist und welche Voraussetzungen einer

---

28 Löhr S., Steuerliche Förderung von Forschung und Entwicklung, 2009, S. 10 f.

29 Hildner M. J., Besteuerung von Forschung und Entwicklung – steuerliche Förderung von Forschung und Entwicklung, 2011, S. 6.

30 Ebda.

31 Spengel C., MPI Studies on Intellectual Property, Competition and Tax Law, Vol. 8, Steuerliche Förderung von Forschung und Entwicklung in Deutschland, 2009, S. XXIII.

32 IfM (Hrsg.), Mittelstand im Überblick, Volkswirtschaftliche Bedeutung der KMU, 2014, http://www.ifm-bonn.org/statistiken/mittelstand-im-ueberblick (Stand: 10.03.2015).

solchen Berechtigung vorangehen, andererseits mit der bürokratischen Hürde, die für eine Antragstellung überwunden werden muss. Im Gegensatz zu KMU verfügen Großunternehmen meist über eigene Rechtsabteilungen oder ausreichend finanzielle und zeitliche Mittel, um Fachleute mit der Informationsbeschaffung und Planung der Förderanträge zu beauftragen. Auch wenn der Anteil an KMU unter den Empfängern staatlicher Fördermaßnahmen in Deutschland seit Jahren steigt[33], fällt es Großunternehmen noch deutlich leichter, die Voraussetzungen für eine staatliche Förderung zu erfüllen, was primär an der komplexen Art ihrer Ausgestaltung liegt. „Die derzeitige FuE-Förderung wirkt hoch selektiv, ist begrenzt auf bestimmte Technologiefelder, Branchen sowie Regionen und benachteiligt KMU gegenüber Großunternehmen, die eine 250% höhere Förderwahrscheinlichkeit aufweisen", kritisierte *Spengel* bereits 2009 das deutsche FuE-Fördersystem, das KMU deutlich benachteilige[34].

Ob sich die Häufigkeit eingehender Forschungsanträge und damit verbunden auch die FuE-Tätigkeit von KMU durch eine in Deutschland eingeführte indirekte Förderung maßgeblich ändern würde, kann aus Mangel an empirischen Grundlagen bisher nicht mit Sicherheit gesagt werden. Wirtschafts, Steuer- und Finanzexperten sowie der überwiegende Teil der Führungsorgane von KMU in Deutschland sind sich jedoch weitestgehend darüber einig, dass eine solche Art der Förderung eine Ausweitung der FuE-Tätigkeiten in Deutschland, mit Schwerpunkt im Bereich der KMU, zur Folge hätte. Im Rahmen vorliegender Arbeit werden indirekte Fördermaßnahmen in Bezug auf wirtschaftlich relevante Merkmale gegenüber direkten Fördermaßnahmen abgegrenzt und die zu erwartenden KMU-spezifischen und volkswirtschaftlich relevanten Auswirkungen einer steuerlichen FuE-Förderung dargestellt.

Nicht ausschließlich zur Steigerung der eigenen internationalen Wettbewerbsfähigkeit, sondern auch zur Erfüllung europäischer Zielvorgaben sollte die Bundesrepublik ein Interesse an einer Steigerung des FuE-Engagements ihrer Wirtschaft, insbesondere ihrer KMU haben.

---

33 BMWi (Hrsg.), German Mittelstand: Motor der deutschen Wirtschaft, 2014, S. 12.

34 Spengel C., MPI Studies on Intellectual Property, Competition and Tax Law, Vol. 8, Steuerliche Förderung von Forschung und Entwicklung in Deutschland, 2009, S. XXIII.

Aufgrund der zunehmenden grenzüberschreitenden Wirtschaftsverflechtungen, besonders im Europäischen Wirtschaftsraum, sind die FuE-Aktivitäten vieler Unternehmen, darunter mit wachsendem Anteil auch KMU, nicht mehr nur in einem einzigen Staat gebündelt. Diese Internationalisierung führt dazu, dass steuerliche Förderungsmaßnahmen eines einzelnen Staates häufig nicht mehr ausreichen, um alle FuE-Aktivitäten eines grenzüberschreitend agierenden Unternehmens zu erreichen und zu stärken. Der daraus resultierende Bedarf einer staatenübergreifend regulierten Förderungspolitik unter Verantwortung einer supranationalen Organisation ist einer der Gründe, warum sich die Mitgliedstaaten bereits im Vertrag zur Gründung der Europäischen Gemeinschaft (EGV) zu einer europaweiten Förderung von FuE verpflichtet haben[35], die im Jahr 2000 durch Verabschiedung der „Lissabon-Strategie" konkretisiert wurde.

Ein weiterer Grund für das erhöhte Unionsinteresse an einer überstaatlichen Regulierung der Förderung von FuE ist der bereits erwähnte Einfluss von unternehmensinterner FuE auf das gesamte wirtschaftliche Wachstum der Mitgliedstaaten und damit einhergehend auf die beiden Kerninteressen Wachstum und Wettbewerbsfähigkeit des gesamten europäischen Wirtschaftsraums. Die in Lissabon festgelegten Maßnahmen zur Förderung von EU-interner Forschungs- und Entwicklungstätigkeit sollen in einem europäischen Forschungsraum münden, um so günstige Rahmenbedingungen für FuE in Europa zu schaffen und die europäische Wettbewerbsfähigkeit weltweit sicherzustellen[36].

In diesem Zusammenhang beschlossen die Mitgliedstaaten, bis 2010 sämtliche FuE-Aufwendungen der Staaten auf 3,0 Prozent des jeweiligen Bruttoinlandsprodukts (BIP) anzuheben, was retrospektiv betrachtet nicht von allen Staaten, darunter auch Deutschland, erfüllt werden konnte. Mit knapp 70 Mrd. Euro, etwa 2,82 Prozent des gesamten BIP, die für FuE ausgegeben wurden, verfehlte Deutschland knapp das im Rahmen der ausgelaufenen Lissabon-Strategie gesteckte Ziel. Für die nachfolgenden Jahre versicherte die Bundesregierung, die

35 Vgl. Art. 163–173 Vertrag zur Gründung der Europäischen Gemeinschaft (EGV).

36 Herbold S., in: Bischoff J. G., Herzig N., Kellermann A. (Hrsg.), Steuer, Wirtschaft und Recht, Bd. 298, Steuerliche Anreize für Forschung und Entwicklung im internationalen Vergleich, 2009, S. 1 f.

3-Prozent-Marke dauerhaft erreichen zu wollen, was im Jahr 2012 mit wohlwollender Bewertung der erzielten 2,96 Prozent vom BIP, die in FuE investiert wurden, erstmals gelang[37]. Dieser Teilerfolg konnte bereits im Jahr 2013 nicht wiederholt werden: So verringerte sich das Verhältnis der im Rahmen von FuE-Aktivitäten erbrachten Aufwendungen zum BIP auf 2,85 Prozent[38], auch wenn dieser Rückgang nach Aussage der von der Bundesregierung im Jahr 2006 eingerichteten Expertenkommission Forschung und Innovation (EFI) zum größten Teil statistischen Effekten geschuldet sei[39].

In Anbetracht der bereits erwähnten Vorteile einer in das Steuerrecht integrierten FuE-Förderung hinsichtlich ihres Entgegenwirkens KMU-spezifischer Benachteiligungen im Rahmen allgemeiner Marktinsuffizienz sowie aufgrund der positiven Ergebnisse anderer Mitgliedstaaten, in denen eine solche bereits seit Jahren Anwendung findet, lässt sich das Modell einer indirekten, in das Steuerrecht integrierten FuE-Förderung als ein adäquates Mittel für Deutschland bezeichnen, um die FuE-Tätigkeiten seiner KMU weiter zu erhöhen. Eine auf KMU begrenzte FuE-Förderung zur weitestgehenden Vermeidung von Mitnahmeeffekten stellt in diesem Zusammenhang eine unter unionsrechtlichen Aspekten denkbare Option dar, sofern die in diesem Fall formal festgelegten Voraussetzungen durch das entstehende selektive Anreizmodell erfüllt werden[40]. Die Einführung einer steuerlichen Förderung von Forschung und Entwicklung, ob generell für alle Unternehmen oder speziell auf KMU ausgerichtet, wird in Deutschland seit Jahren intensiv diskutiert, blieb trotz einer Befürwortung durch Wirtschaft, Wissenschaft und Europäische Kommission[41] jedoch bislang aus.

---

37 Gemeinsame Wissenschaftskonferenz (GWK) (Hrsg.), Steigerung des Anteils der FuE-Ausgaben am nationalen Bruttoinlandsprodukt (BIP) als Teilziel der Strategie Europa 2020, Heft 41, 2015, S. 2.

38 EFI (Hrsg.), Gutachten zu Forschung, Innovation und technologischer Leistungsfähigkeit Deutschlands, 2015, S. 23.

39 Ebda.

40 Herbold S., in: Bischoff J. G., Herzig N., Kellermann A. (Hrsg.), Steuer, Wirtschaft und Recht, Bd. 298, Steuerliche Anreize für Forschung und Entwicklung im internationalen Vergleich, 2009, S. 94.

41 BDI, Bundesvereinigung der Deutschen Arbeitgeberverbände (BDA), in: BDI (Hrsg.), Positionspapier, Steuerliche Forschungsförderung unverzüglich einführen!, 2009, S. 6.

Die vorliegende Arbeit befasst sich mit der möglichen Implementierung eines im deutschen Steuerrecht verankerten und auf die staatliche Förderung von KMU spezialisierten FuE-Anreizsystems unter Wahrung unionsrechtlicher, insbesondere beihilferechtlicher Rahmenbedingungen. Es wird aufgezeigt, welche besondere Rolle KMU sowohl innerhalb Deutschlands als auch der Europäischen Union einnehmen, und dargestellt, welche Defizite bezüglich einer staatlichen FuE-Förderung von KMU in der Bundesrepublik existieren. Die aktuelle deutsche FuE-Förderlandschaft wird im Hinblick auf ihre Zweckdienlichkeit zur Erhöhung des FuE-Engagements von KMU sowie unter Berücksichtigung europäischer Zielvorgaben bewertet. Des Weiteren dient ein grenzüberschreitender Blick auf bereits angewandte FuE-Fördermodelle ausgewählter Mitgliedstaaten dazu, Elemente möglicher Förderkonzepte zu identifizieren, von denen zu erwarten ist, dass sie auch in Deutschland eine besondere Anreizwirkung auf KMU entfalten. Aufgrund ihres bisherigen Erfolgs in der Kombination direkter und indirekter Maßnahmen werden die sich stark unterscheidenden FuE-Förderkonzepte Großbritanniens, Frankreichs und Österreichs für eine entsprechende Betrachtung herangezogen[42]. So war Frankreich im Jahr 2013 sowohl der Mitgliedstaat mit der höchten akkumulierten Förderquote – direkte wie indirekte Fördermaßnahmen zusammengefasst – als auch der mit dem größten Anteil indirekter FuE-Förderung[43].

Die im Rahmen des Base Erosion and Profit Shifting (BEPS) geführte Diskussion zu sogenannten Lizenzbox-Modellen, wie sie in einigen Mitgliedstaaten, darunter auch Großbritannien und Frankreich, zur Steuerbefreiung von Lizenzeinnahmen bereits angewandt werden, bleibt im Rahmen der Arbeit unberücksichtigt. Im Fokus steht die Entwicklung eines unionsrechtkonformen, steuerlichen Subventionsmodells, das geeignet sein soll, sämtlichen FuE-Aufwand von KMU zu begünstigen – darunter Aufwendungen für die Einrichtung oder den Ausbau eines Forschungslabors im eigenen Unternehmen, Beauftragung externer Forschungsförderung etc. –, ohne dabei in Bezug auf den

42 Belitz H., in: Deutsches Institut für Wirtschaftsforschung (DIW) (Hrsg.), Wochenbericht Nr. 8.2016, Förderung privater Forschung und Entwicklung in OECD-Ländern: immer mehr, aber auch immer ineffizienter, 2016, S. 151.

43 Ebda.

Gesamtumfang unternehmerischen FuE-Engagements lediglich die Begünstigung von Immaterialgüterrechten zu berücksichtigen.

Ziel der Arbeit ist es, die derzeit bestehende Benachteiligung von KMU innerhalb der aktuell in der Bundesrepublik angewandten staatlichen FuE-Förderung dadurch zu überwinden, indem unterschiedliche Ausgestaltungsmöglichkeiten einer binnenmarktkonformen steuerlichen FuE-Förderung aufgezeigt werden und so ein für Deutschland passendes Anreizmodell entwickelt wird. Dieses soll das Potenzial besitzen, die FuE-Tätigkeit deutscher KMU unter Wahrung geltenden Unionsrechts, insbesondere durch die Inanspruchnahme beihilferechtlicher Ausnahmetatbestände, positiv zu beeinflussen.

II. Gang der Darstellung

Im Anschluss an die Einleitung wird im *zweiten Abschnitt* dargestellt, welchen besonderen Bezug KMU zu Forschung, Entwicklung und sich daraus ergebender Innovation haben und wodurch sie sich in dieser Hinsicht von Großunternehmen unterscheiden. Dabei wird verdeutlicht, welche Unternehmen überhaupt unter den KMU-Begriff fallen, wie diese zu charakterisieren sind und welchen wirtschaftlichen Stellenwert sie in Deutschland und Europa einnehmen. Da innerhalb der Union auf unterschiedliche Auslegungen des KMU-Begriffs zurückgegriffen wird, ist es erforderlich, sich für den weiteren Verlauf dieser Arbeit auf eine Definition festzulegen. Zwar besteht eine Definitionsempfehlung der Kommission, doch ist diese gemäß Art. 288 des Vertrags über die Arbeitsweise der Europäischen Union (AEUV) für die Mitgliedstaaten nicht bindend.

Des Weiteren werden die Begriffe Forschung, Entwicklung und Innovation dargelegt und voneinander abgegrenzt. Jeder Staat, der eine nachvollziehbare und transparente FuE-Förderung betreiben möchte, kommt um eine klare Definition der entsprechenden Begriffe nicht umhin. Zwar sind auf internationaler Ebene unterschiedliche Auslegungen möglich, doch hat sich in den letzten Jahren staatenübergreifend eine Orientierung an der Proposed Standard Practice for Surveys of Research and Experimental Development der Organisation für wirtschaftliche Zusammenarbeit und Entwicklung (Organisation for Economic

Cooperation and Development – OECD) durchgesetzt, vereinfacht als *Frascati Manual* bezeichnet[44]. Es wird aufgezeigt, in welche Elemente sich FuE entsprechend diesem auch in Deutschland zur Anwendung kommenden Leitfaden einteilen lässt und welche Bereiche daraus die Bundesregierung als förderungswürdig erachtet. Grundsätzlich ist eine wissenschaftliche Untersuchung staatlicher FuE-Förderung nur möglich, wenn unmissverständlich festgelegt ist, was unter den Begriffen zu verstehen ist, und innerhalb der Begrifflichkeiten eine von den jeweiligen Staaten getroffene Trennung existiert, die förderberechtigte Bereiche klar definiert und von nicht förderberechtigten Bereichen abgrenzt.

Nach der Festlegung des für diese Arbeit zu nutzenden KMU-Begriffs sowie der Definition von Forschung, Entwicklung und Innovation wird gezeigt, wie Aufwendungen im Bereich der FuE bilanziell zu behandeln sind und welche Konsequenzen sich aus der Anwendung unterschiedlicher Bilanzierungstechniken für eine etwaige FuE-Förderung ergeben. Um entsprechende Auswirkungen zu verdeutlichen, wird die Bilanzierung von FuE-Aufwendungen gemäß den Maßgaben internationaler Rechnungslegungsgrundsätze (International Accounting Standards – IAS/ International Financial Reporting Standards – IFRS) mit der Bilanzierung in Unternehmen verglichen, die aufgrund ihrer Unternehmensform oder -größe nicht verpflichtet sind, entsprechende Vorgaben anzuwenden, was bei KMU regelmäßig der Fall ist. So bilanzierte im Jahr 2005 nach einer von der PricewaterhouseCoopers Wirtschaftsprüfungsgesellschaft (PwC) durchgeführten Studie lediglich ein Anteil von 8 Prozent aller KMU freiwillig nach IFRS, während der Großteil – darunter vorwiegend Unternehmen mit geringem oder keinem Auslandsumsatz – noch darauf verzichtete[45]. Trotz Einführung der IFRS für KMU im Jahr 2009 hat sich deren Anteil bis heute nur unwesentlich erhöht, was sich auf die parallele Verpflichtung betroffener Unternehmen zur Aufstellung des Jahresabschlusses nach dem deutschen Handelsgesetzbuch (HGB) zurückführen lässt[46]. Die vorliegende Arbeit zeigt, welche Auswirkungen bereits ein unterschiedliches Bilanzieren von FuE-Aufwendungen

44 Organisation für wirtschaftliche Zusammenarbeit und Entwicklung (OECD) (Hrsg.), Frascati Manual, 2002.

45 PricewaterhouseCoopers (PwC), DIHK (Hrsg.), International Financial Reporting Standards (IFRS) in mittelständischen Unternehmen, 2005, S. 5.

46 Hahn M., Die Bilanzierung von Finanzinstrumenten nach BilMoG und den IFRS für KMU, 2010, S. 86.

auf die Anreizwirkung staatlicher FuE-Fördermaßnahmen hat, insbesondere dann, wenn sie an der Steuerschuld anknüpfen, was bei indirekten FuE-Förderungen regelmäßig der Fall ist.

Der zweite Abschnitt schließt damit, die Notwendigkeit einer staatlichen FuE-Förderung und deren Rechtfertigung, insbesondere in Bezug auf die Begünstigung von KMU, zu verdeutlichen. Zunächst wird ein vorwiegend auf den Folgen allgemeiner Marktinsuffizienz basierender und von der jeweiligen Unternehmensgröße weitgehend unabhängiger FuE-Förderbedarf dargestellt, aus dem sich die Notwendigkeit einer staatlichen Einflussnahme ableiten lässt. Nach der Darstellung und Bewertung des aktuell in Deutschland zur Anwendung kommenden direkten FuE-Fördermodells werden KMU-spezifische Probleme bei der Planung und Umsetzung eigener FuE-Tätigkeiten aufgezeigt, deren Ursachen über die Folgen entsprechender Marktunzulänglichkeiten hinausreichen und den gesteigerten FuE-Förderbedarf speziell dieser Unternehmen unterstreichen. Im Rahmen einer vergleichenden Detailbetrachtung wird veranschaulicht, warum und in welchem Ausmaß KMU stärker von staatlichen FuE-Fördermaßnahmen abhängig sind als größere Unternehmen.

Der *dritte Abschnitt* widmet sich dem internationalen Umfeld privatwirtschaftlich tätiger Unternehmen. Aufgrund der zunehmenden wirtschaftlichen und auch wissenschaftlichen Vernetzung der Staaten, resultierend aus der stetig voranschreitenden Globalisierung, sind grenzüberschreitende FuE-Kooperationen auch im Bereich von KMU keine Seltenheit mehr. Dies erschwert jegliche staatliche Forschungsförderung. So greifen auch KMU regelmäßig auf die Möglichkeit zurück, in einem Staat ansässig zu sein, während sie in einem anderen Staat FuE-Tätigkeit betreiben oder gar ausländische Unternehmen mit der Durchführung von Forschungsprojekten beauftragen. Hier ist es wichtig, eine grenzübergreifende Lösung zu finden, die festlegt, welches Unternehmen gemäß welcher Grundlage in welchem Staat eine Förderberechtigung besitzt. Denn nur so ist eine nachvollziehbare und binnenmarktgerechte FuE-Förderung möglich, die zudem ungewollte Doppelbegünstigungen bzw. Doppelförderungen weitestgehend vermeidet oder gar ausschließt.

Das Zusammenwachsen der Europäischen Wirtschaftsgemeinschaft macht es unumgänglich, neben den deutschen Standpunkten auch die Interessen der Staatengemeinschaft hinsichtlich einer Förderung von FuE im Rahmen der Ausarbeitung eines nationalen Forschungsfördermodells zu berücksichtigen. Um die europäischen Wirtschaftsziele, Forschungsschwerpunkte und Förderinteressen zu verdeutlichen, wird in einem Exkurs zunächst die bereits ausgelaufene Lissabon-Strategie vorgestellt und anschließend die Nachfolgestrategie „Europa 2020" sowie die sich daraus ergebende Leitinitiative Innovationsunion und das Forschungsrahmenprogramm „Horizont 2020" beschrieben.

Anschließend werden unionsrechtliche Rahmenbedingungen für eine steuerrechtbasierte Förderung von FuE, insbesondere von KMU, durch die Mitgliedstaaten aufgezeigt. Hierzu bedarf es einer genauen Betrachtung sowohl des Europäischen Beihilferechts als auch bestimmter Grundfreiheiten des Vertrags über die Europäische Union (EU-Vertrag), die von einer entsprechenden Forschungsförderung der Mitgliedstaaten betroffen wären. Zunächst wird die Auslegung der Grundfreiheiten als Diskriminierungs- und Beschränkungsverbote dargestellt und anhand der Rechtsprechung zu Laboratoires Fournier beispielhaft aufgezeigt, unter welchen Umständen nationales Recht mit Bezug zur Forschungsförderung in Konflikt mit europäischem Primärrecht geraten kann[47]. Im Anschluss wird die Bedeutung des Europäischen Beihilferechts zur Abwehr von Wettbewerbsverfälschungen im Binnenmarkt veranschaulicht und aufgezeigt, welche Schranken einerseits und Ausnahmeregelungen andererseits das Beihilferecht für eine FuE-Förderung bereithält, die KMU bevorzugt und damit grundsätzlich selektiv ausgestaltet ist.

Nach dem Abstecken unionsrechtlicher Rahmenbedingungen befasst sich der *vierte Abschnitt* mit den Ausgestaltungsmöglichkeiten eines steuerrechtsbasierten FuE-Anreizsystems, einer Variante staatlicher Forschungsförderung, wie sie in Deutschland – anders als in den meisten anderen EU-Mitgliedstaaten – bislang keine Anwendung findet. Dabei wird aufgezeigt, inwieweit von indirekten, in das Steuerrecht des jeweiligen Staates integrierten Anreizen tatsächlich erwartet werden kann, dass sie die FuE-Aktivität privatwirtschaftlich tätiger

47 EuGH, Urt. v. 10.03.2005, Rs. C-39/04, Slg. I-2068, Laboratoires Fournier SA/ Direction des vérifications nationales et internationales.

Unternehmen, insbesondere KMU, anregen. Dazu wird zunächst die indirekte FuE-Förderung charakterisiert, von direkten Fördermaßnahmen abgegrenzt und auf ihre Wirkweise und Effektivität bewertet. Auf eine zusammenfassende Darstellung der unterschiedlichen Stellungnahmen aus Politik und Wirtschaft zur Legitimation und Notwendigkeit eines entsprechenden Fördermodells wird dabei nicht verzichtet. Es wird aufgezeigt, welche Ausgestaltungsvarianten einer steuerlichen FuE-Förderung grundsätzlich bestehen, und deren Implementierung als Systemalternative einer Ergänzung zu bereits bestehender Projektförderung gegenübergestellt. Zudem wird verdeutlicht, warum die steuerliche FuE-Förderung ein besonders geeignetes Mittel darstellt, den im ersten Abschnitt dieser Arbeit erwähnten KMU-spezifischen Förderbedarf zu decken, und welche Vorteile von einer auf KMU begrenzten Forschungsförderung sowohl für die betroffenen Unternehmen selbst als auch auf das gesamtwirtschaftliche Umfeld und den Staat als Fördergeber zu erwarten wären.

Der vierte Abschnitt schließt mit einem Blick über die deutschen Staatsgrenzen hinaus. Er zeigt, wie andere Mitgliedstaaten steuerliche Forschungszuwendungen bereits in ihre nationale Förderpolitik integriert haben. Anhand angewandter Kombinationsförderungen – FuE-Förderkonzepte, die gleichermaßen auf direkte wie indirekte Maßnahmen zugreifen – Großbritanniens, Frankreichs und Österreichs wird beispielhaft aufgezeigt, auf welche Weise die Implementierung eines steuerlichen FuE-Fördersystems für Deutschland erfolgen könnte. Die steuerlichen Fördermodelle werden dabei in ihre Elemente zerlegt und hinsichtlich ihres Potenzials bewertet, speziell die FuE-Tätigkeit von KMU zu erhöhen.

Basierend auf vorangehend gewonnenen Erkenntnissen und unter Berücksichtigung unionsrechtlicher Rahmenbedingungen, hier insbesondere den beihilferechtlichen Ausnahmetatbeständen, wird im *fünften Abschnitt* ein Vorschlag zur Ausgestaltung einer steuerlichen FuE-Förderung, speziell von KMU, für Deutschland vorgestellt. Dabei wird sich zeigen, dass eine Begünstigung von Forschungskooperationen aus gesamtwirtschaftlicher Sicht grundsätzlich anzuraten ist, während Mitnahmeeffekte und Doppelbegünstigungen vermieden werden sollten.

B. Aktuelle Förderung von Forschung und Entwicklung (FuE) in kleinen und mittleren Unternehmen (KMU)

I. Definition und wirtschaftlicher Stellenwert von KMU

1. KMU-Definition

In der Bundesrepublik Deutschland werden Kleinstunternehmen sowie kleine und mittlere Unternehmen – häufig auch als „deutscher Mittelstand" bezeichnet – unter dem KMU-Begriff zusammengefasst. Innerhalb der Europäischen Union existieren abweichende Begriffe mit annähernd analoger Bedeutung wie etwa Klein- und Mittelbetriebe (KMB) in Österreich, *petite et moyenne entreprises* (PME) in Frankreich oder *small and medium-sized enterprises* (SME) in Großbritannien, wobei letztere Bezeichnung auch außerhalb britischer Grenzen in anderen Mitgliedstaaten Anwendung findet. Im weiteren Verlauf dieser Arbeit wird auf einen Wechsel der Bezeichnungen verzichtet und auch bei grenzüberschreitenden Sachverhalten ausschließlich auf den deutschsprachigen Begriff KMU abgestellt.

Beim Versuch einer an quantitativen Maßstäben, etwa der Beschäftigtenzahl oder des Jahresumsatzes, orientierten Definition von KMU wird bereits auf nationaler Ebene ein Homogenitätsmangel deutlich, der sich unionsweit fortsetzt. Sowohl in der wissenschaftlichen als auch wirtschaftspolitischen Diskussion wird die Abgrenzung von KMU gegenüber Großunternehmen nicht immer einheitlich vorgenommen, was die Vergleichbarkeit statistischer Auswertungen erschwert und die Gefahr falscher Rückschlüsse auf die gesamtwirtschaftliche Bedeutung von KMU erhöht[48]. Besonders deutlich stellen sich Unstimmigkeiten in Bezug auf angewandte Unterscheidungskriterien von KMU gegenüber Großunternehmen bei grenzüberschreitenden Sachverhalten dar. Die unterschiedlichen Begrifflichkeiten der Mitgliedstaaten haben zwar miteinander gemein, dass sie Unternehmen gemäß bestimmten Zuordnungskriterien als kleine und mittlere Unternehmen sowohl gruppieren als auch betiteln, sie unterscheiden sich teilweise jedoch deutlich hinsichtlich der zu diesem Zweck verwandten Grenzwerte. Dies führt zu der Problematik, dass unionsintern keine alleingültige institutionen- und staatenübergreifende Definition für kleine und mittlere Unternehmen besteht, die bindend vorgibt, welche Teilmenge aller Unternehmen letztendlich unter dem entsprechenden KMU-Begriff zusammenzufassen ist. Lediglich eine an die Mitgliedstaaten gerichtete Empfehlung der Europäischen Kommission[49] zur Definition von KMU kann als Ausgangspunkt für eine unionsweit einheitliche Begriffsbestimmung herangezogen werden.

In Deutschland finden aktuell zwei unterschiedliche KMU-Definitionen Anwendung: zum einen die Begriffsbestimmung des Institutes für Mittelstandsforschung (IfM), zum anderen die offizielle Definition des Bundesministeriums für Wirtschaft und Technologie (BMWi) mit Sitz in Berlin, die sich vollständig an zuvor genannter europäischer Empfehlung orientiert. Bei der im Januar 2005 in Kraft getretenen Kommissionsempfehlung handelt es sich um die Neuauflage einer erstmalig im April 1996 aufgestellten, unionsgemeinsamen KMU-Definition, die für alle KMU-spezifischen Politikfelder, Programme und Maßnahmen der Kommission als verbindlich gilt[50]. Mit dem Verweis auf einen möglichen Abbau von Inkohärenzen, eine Reduzierung von Wettbewerbsverzerrungen und einen sich daraus ergebenden Effizienzgewinn werden die Mitgliedstaaten vonseiten der Kommission

48 Söllner R., in: Statistisches Bundesamt (Hrsg.), Ausgewählte Ergebnisse für kleine und mittlere Unternehmen in Deutschland 2009, 2011, S. 1088.

49 Ausführlich (Ausf.) dazu: Europäische Kommission, Unternehmen und Industrie, Die neue KMU Definition, Benutzerhandbuch und Mustererklärung, 2006.

50 Europäische Kommission, Empfehlung der Kommission v. 06.05.2003 (2003/361/EG), ABl. EG 2003 Nr. L 124 v. 20.05.2003, S. 36 ff.; Kommission der Europäischen Gemeinschaften, Empfehlung der Kommission v. 03.04.1996 (96/280/EG), ABl. EG 1996 Nr. L 107 v. 30.04.1996, S. 4 ff.

zwar zur Anwendung der empfohlenen KMU-Definition aufgefordert, eine Übernahmepflicht besteht hingegen nicht. Trotz Umsetzung der Kommissionsempfehlung durch das BMWi wird die in der Vergangenheit maßgebende KMU-Definition des IfM in unterschiedlichen wirtschaftlichen und wissenschaftlichen Bereichen sowie Institutionen der Bundesrepublik noch immer angewandt, womit das erwähnte Homogenitätsdefizit bestehen bleibt.

Gemeinsam haben die Definition des IfM und die des BMWi, dass es als Voraussetzung für eine Einstufung als KMU zunächst einer Einstufung als *Unternehmen* bedarf, was sich infolge einer fehlenden bundesweit einheitlichen Begriffsdefinition regelmäßig als problematisch gestaltet. So lassen sich je nach zugrunde liegendem Gesetz unterschiedliche Begriffsbestimmungen finden, die vorwiegend auf den Unternehmer oder Kaufmann als Betreiber eines Unternehmens oder einer Unternehmung, nicht jedoch auf das Unternehmen als solches abstellen[51]. Lediglich in § 2 Abs. 1 Satz 2–3 des deutschen Umsatzsteuergesetzes (UStG) wird das Unternehmen als „die gesamte gewerbliche oder berufliche Tätigkeit des Unternehmers" definiert, wobei diese nur dann als gewerblich oder beruflich zu bezeichnen ist, wenn sie sowohl nachhaltig als auch mit Ertragsabsicht vollzogen wird. Den bekannten Gewerbebegriff in Bezug zur fehlenden Unternehmensdefinition setzend, herrscht in der wirtschaftlichen und wissenschaftlichen Literatur weitestgehend Einigkeit darüber, dass ein Unternehmen eine von juristischen oder natürlichen Personen getragene, rechtliche und organisatorische Einheit ist, die Güter und Leistungen für den fremden Bedarf zum Zweck der wirtschaftlichen oder ideellen Gewinnerzielung erzeugt[52]. Entgegen nationalen Institutionen bedient sich die Europäische Kommission hinsichtlich ihrer Unternehmensdefinition einer bereits bestehenden Bestimmung des Europäischen Gerichtshofes (EuGH), wonach als Unternehmen bereits jede Einheit unabhängig von ihrer Rechtsform gilt, die eine „wirtschaftliche Tätigkeit" ausübt[53].

51 Vgl. § 14 Abs. 1 BGB; §§ 1–7 Handelsgesetzbuch (HGB).

52 Einbock – Jura Forum (Hrsg.), JuraForum-Wiki, Unternehmen, http://www.juraforum.de/lexikon/unter nehmen (Stand: 15.03.2015).

53 Europäische Kommission, Unternehmen und Industrie, Die neue KMU Definition, Benutzerhandbuch und Mustererklärung, 2006, S. 12; Europäische Kommission, Empfehlung der Kommission v. 06.05.2003 (2003/361/EG), ABl. EG 2003 Nr. L 124 v. 20.05.2003, S. 39.

Den Unternehmenstatbestand als erfüllt vorausgesetzt, gelten seit dem Jahr 2002 gemäß Definition des IfM Unternehmen mit weniger als 500 Beschäftigten und einem Jahresumsatz von nicht mehr als 50 Millionen (Mio.) Euro als KMU[54]. Qualitative Unternehmensmerkmale wie etwa Eigentums- und Entscheidungsverhältnisse bleiben in dieser Zuordnung weitestgehend unberücksichtigt. Das BMWi folgt hinsichtlich seiner KMU-Definition der an die Europäische Investitionsbank (European Investment Bank - EIB), den Europäischen Investitionsfonds (European Investment Fund - EIF) und die Mitgliedstaaten gerichteten Kommissionsempfehlung, wonach, wie in *Abbildung 1* dargestellt, Unternehmen mit weniger als 250 Beschäftigten und einem Jahresumsatz von weniger als 50 Mio. Euro, ersatzweise einer Bilanzsumme unter 43 Mio. Euro, als KMU zu bezeichnen sind. Verglichen mit der KMU-Definition des IfM stellen hierbei der um 50 Prozent niedriger gewählte Schwellenwert hinsichtlich der Mitarbeiterzahl und die Wahlmöglichkeit zwischen Jahresumsatz oder Bilanzsummenhöchstgrenze die auffälligsten Unterscheidungsmerkmale dar.

KMU Definition des Institutes für Mittelstandsforschung

Unternehmensgröße	Zahl der Beschäftigten	und	Umsatz/Jahr (Euro)
klein	bis 9		bis unter 1 Million
mittel	bis 499		bis unter 50 Millionen
KMU zusammen	**unter 500**		**unter 50 Millionen**

KMU Definition der Europäischen Kommission

Unternehmensgröße	Zahl der Beschäftigten	und	Umsatz/Jahr (Euro)	oder	Bilanzsumme/Jahr (Euro)
kleinst	bis 9		bis 2 Millionen		bis 2 Millionen
klein	bis 49		bis 10 Millionen		bis 10 Millionen
mittel	bis 249		bis 50 Millionen		bis 43 Millionen
KMU zusammen	**unter 250**		**bis 50 Millionen**		**bis 43 Millionen**

Abbildung 1: KMU-Definitionen

Quelle: Günterberg B., Wolter H.-J., in: IfM (Hrsg.), Unternehmensgrößenstatistik 2001/2002, Daten und Fakten, 2003, S. 14; Europäische Kommission, Unternehmen und Industrie, Die neue KMU Definition, Benutzerhandbuch und Mustererklärung, 2006, S. 14.

54 Günterberg B., Wolter H.-J., in: IfM (Hrsg.), Unternehmensgrößenstatistik 2001/2002, Daten und Fakten, 2003, S. 14.

Hinzu kommt die Einbeziehung qualitativer Unternehmensmerkmale in Form einer Eigenständigkeitsprüfung potenzieller KMU. So werden Partnerunternehmen oder verbundene Unternehmen, die schädliche Schwellenwerte bezüglich anteilig übernommener oder abgegebener Eigentums- oder Besitzverhältnisse überschreiten, nicht als KMU im Sinne der Kommission anerkannt. Unter *Partnerunternehmen* fallen Unternehmen, die zwischen 25 und 50 Prozent des Kapitals oder der Stimmrechte[55] an einem oder mehreren anderen Unternehmen halten und/oder bei denen zwischen 25 und 50 Prozent des eigenen Kapitals oder der eigenen Stimmrechte von einem oder mehreren anderen Unternehmen gehalten werden[56]. Davon betroffen sind umfangreiche Finanzpartnerschaften selbst dann, wenn kein beteiligtes Unternehmen eine mittelbare oder unmittelbare Kontrolle über ein oder mehrere andere Unternehmen auch effektiv ausübt. Als *verbundene Unternehmen* hingegen gelten Unternehmen, zwischen denen solche Kontrollverhältnisse tatsächlich ausgeübt werden[57] und die infolgedessen einen eigenen konsolidierten Jahresabschluss aufstellen müssen oder in den konsolidierten Abschluss eines anderen Unternehmens einzubeziehen sind. Beide Unternehmenstypen sind gemäß Begriffsbestimmung der Kommission keine eigenständigen Unternehmen und folglich auch keine KMU, es sei denn, sie erfüllen die im Anhang der Definitionsempfehlung genannten Ausnahmevoraussetzungen. Diese erlauben im Rahmen einer Unternehmensbeteiligung eine Erhöhung des Schwellenwertes von 25 auf 50 Prozent, vorausgesetzt, es handelt sich beim Investor um staatliche oder staatlich geförderte Einrichtungen, institutionelle Anleger, die im Auftrag zahlreicher Kleinanleger handeln, oder autonome Gebietskörperschaften mit einem Jahreshaushalt unter 10 Mio. Euro und weniger als 5.000 Einwohnern[58]. Durch eine solche Anlegerstruktur wird die Gefahr der Einflussnahme des Investors oder der Investoren auf die Unternehmensleitung nahezu ausgeschlossen und die Eigenständigkeit des betroffenen Unternehmens bleibt bewahrt. Gleichzeitig

55 Unter Berücksichtigung des jeweils höheren Anteils.

56 Europäische Kommission, Empfehlung der Kommission v. 06.05.2003 (2003/361/EG), ABl. EG 2003 Nr. L 124 v. 20.05.2003, S. 37; Austria Wirtschaftsservice Gesellschaft (AWS) (Hrsg.), Definition kleine und mittlere Unternehmen, 2005, S. 2 f.

57 AWS (Hrsg.), Definition kleine und mittlere Unternehmen, 2005, S. 2 f.

58 Europäische Kommission, Empfehlung der Kommission v. 06.05.2003 (2003/361/EG), ABl. EG 2003 Nr. L 124 v. 20.05.2003, S. 39.

bewirkt ein erweiterter Gestaltungsspielraum hinsichtlich der Beteiligungshöhe eine Begünstigung von Forschungspartnerschaften mit staatlichen oder staatlich geförderten Einrichtungen, darunter etwa Hochschulen oder Forschungszentren, die besonders für KMU äußerst attraktiv sind. Zusammenfassend lässt sich die KMU-Definition der Kommission gegenüber der des IfM sowohl aufgrund der detaillierteren Reglementierungen als auch infolge des deutlich niedriger gewählten Grenzwertes hinsichtlich der Beschäftigtenzahlen als wesentlich enger gefasst bezeichnen.

Nicht nur in der Bundesrepublik mangelt es bisher an einer einheitlichen und alleingültigen KMU-Definition. Da die Kommissionsempfehlung entsprechend Art. 288 Abs. 5 AEUV keine Verbindlichkeit gegenüber den Mitgliedstaaten entfaltet, finden sich auch unionsintern zahlreiche weitere Begriffsbestimmungen, die sich teilweise erheblich voneinander unterscheiden. Ebenso wie die Bundesregierung haben die meisten Mitgliedstaaten die Empfehlung der Kommission zur KMU-Definition mittlerweile zwar offiziell angenommen und umgesetzt, doch existieren auf nationaler Ebene weiterhin Bereiche, in denen auf von der Kommissionsempfehlung abweichende Begriffsbestimmungen zurückgegriffen wird. In Großbritannien etwa verwenden ein für Rechnungslegung zuständiges Unternehmen, eine für FuE-Förderung zuständige Behörde und ein für statistische Erhebungen im Bereich der Wirtschaft zuständiges Amt drei sich voneinander unterscheidende KMU-Definitionen. Dies verdeutlicht, wie Inhalt und Tragweite des KMU-Begriffes nicht nur innerstaatlich, sondern als logische Konsequenz auch auf Ebene der Mitgliedstaaten variieren.

Die dort verwendeten, teilweise deutlich voneinander abweichenden Definitionen haben besonders im FuE-Bereich bereits regelmäßig zu erheblichen Verständigungs- und Koordinationsdiskrepanzen geführt. Wird beispielsweise im Rahmen einzelstaatlicher oder europäischer FuE-Fördermaßnahmen, die heute auf vielfältige Weise miteinander verknüpft sind, eine spezielle Förderung von KMU in Erwägung gezogen, besteht beim Fehlen einer einheitlichen Definition die Gefahr, dass potenzielle Adressaten einer entsprechenden Maßnahme sich staatenübergreifend in wesentlichen Merkmalen unterscheiden und dadurch eine zielgerichtete Förderung verhindert und unionsinterne Wettbewerbsverzerrungen begünstigt werden.

Für Unternehmen, die sich bezüglich ihres Umsatzes, ihrer Bilanzsumme oder Beschäftigtenzahl exakt im Grenzbereich unterschiedlicher Definitionen befinden, stellen diese Unregelmäßigkeiten entscheidende Hindernisse auf ihrem Weg zur FuE-Förderung dar. Für sie gestaltet es sich besonders schwierig, die jeweils maßgebliche Definition zu identifizieren, die eigene Position im wirtschaftlichen Gefüge korrekt zu erfassen und das eigene Unternehmen entsprechend seinem Förderpotenzial einzuordnen. Infolge eines zusätzlichen Mangels an Zeit und Mitteln zur Vermeidung entsprechender Informationsdefizite verzichten betroffene Unternehmen daher nicht selten von vornherein auf jegliche KMU-spezifische Förderung. Auch auf Behördenebene werden Verfahrensabläufe durch die Existenz voneinander abweichender KMU-Definitionen erheblich erschwert. So lassen sich europäische FuE-Förderprojekte und Einzelmaßnahmen, die sich an der KMU-Definition der Kommission zu orientieren haben, oftmals nur umständlich mit den abweichenden nationalen Regelungen der Mitgliedstaaten in Einklang bringen. Dies hat zur Folge, dass schlecht informierte Unternehmen sowie ausbleibende oder auf falscher Grundlage gestellte Anträge jährlich zu einem hohen Bedarf an Aufklärungs- und Beratungstätigkeiten seitens der nationalen Behörden führen. Veranschaulicht wird damit einerseits, wie erste Elemente einer allgemeinen Marktinsuffizienz bereits auf Ebene der Begriffsdefinition auftreten können und andererseits, welch hohen Stellenwert eine einheitliche KMU-Definition auf Unionsebene tatsächlich einnimmt und auch einnehmen sollte.

Angesichts der Tatsache, dass ein Grundstock gemeinsamer Regeln zur Behandlung von Unternehmen in einem gemeinsamen Markt ohne Binnengrenzen von immenser Bedeutung ist, weist die Kommission bereits in ihrer Definitionsempfehlung auf die Notwendigkeit hin, auf KMU bezogene Maßnahmen im Interesse einer höheren Kohärenz und Effizienz sowie zum Abbau von Wettbewerbsverzerrungen auf einer gemeinsamen Definition basieren zu lassen[59]. Nur auf diese Weise können Ziele klar definiert, Maßnahmen folgerichtig umgesetzt und Missverständnisse vermieden werden. Die vornehmlich positiven Auswirkungen einer unionsweit einheitlichen KMU-Definition kämen nicht nur

59 Europäische Kommission, Unternehmen und Industrie, Die neue KMU Definition, Benutzerhandbuch und Mustererklärung, 2006, S. 6.

den Mitgliedstaaten selbst, sondern der gesamten Idee eines gemeinsamen europäischen Wirtschafts- und Wissenschaftsraumes zugute, weshalb eine zügige Annahme und Umsetzung der Empfehlung zu befürworten ist. Zur Sicherstellung einer uniformen Forschungsgrundlage und in Erwartung eines weiter voranschreitenden Vereinheitlichungsprozesses wird im weiteren Verlauf dieser Arbeit stets auf den KMU-Begriff im Sinne der Kommissionsempfehlung abgestellt: Als KMU gelten damit Unternehmen mit bis zu 250 Beschäftigten und einem Jahresumsatz von weniger als 50 Mio. Euro, ersatzweise einer Bilanzsumme unter 43 Mio. Euro.

2. Wirtschaftlicher Stellenwert von KMU

Selbst wenn es unionsweit noch zu keiner Implementierung einer alleingültigen KMU-Definition gekommen ist, herrscht unter den Mitgliedstaaten Einigkeit hinsichtlich der wirtschaftlichen und wissenschaftlichen Bedeutung von KMU. Diese gelten sowohl in Deutschland als auch im gesamten europäischen Wirtschaftsraum als Triebkräfte für wirtschaftliches Wachstum, Innovation und Beschäftigung[60]. Im Vorwort der neuen KMU-Definition der Kommission charakterisiert der ehemals stellvertretende Kommissionsvorsitzende *Verheugen* KMU als „Motor der europäischen Wirtschaft" und schreibt ihnen unionsweit einen wesentlichen Anteil an der Entstehung von Arbeitsplätzen sowie der Förderung von Unternehmergeist und Innovationstätigkeit zu, was sie zu einem entscheidenden Faktor bei der Entwicklung europäischer Beschäftigung und Wettbewerbsfähigkeit mache[61]. Diese Einschätzung bezüglich der Bedeutung von KMU lässt sich anhand statistischer Auswertungen und unter Berücksichtigung wirtschaftlicher wie wissenschaftlicher Verbundbeziehungen mit Großunternehmen unterstreichen.

60 Söllner R., in: Statistisches Bundesamt (Hrsg.), Ausgewählte Ergebnisse für kleine und mittlere Unternehmen in Deutschland 2009, 2011, S. 1086.

61 Europäische Kommission, Unternehmen und Industrie, Die neue KMU Definition, Benutzerhandbuch und Mustererklärung, 2006, S. 3.

Nominal lässt sich die Anzahl an KMU in Deutschland auf etwa 3,7 Mio.[62], unionsweit auf annähernd 23 Mio.[63] Unternehmen beziffern, woraus sich ein Anteil von über 99 Prozent am gesamten Unternehmensbestand sowohl in der Bundesrepublik als auch der Union ergibt. Auf quantitativer Ebene lässt dies bereits erste Rückschlüsse hinsichtlich der Bedeutung von KMU für den deutschen wie auch gesamteuropäischen Wirtschafts- und Wissenschaftsraum zu. Über 80 Prozent aller Auszubildenden und nahezu zwei Drittel aller sozialversicherungspflichtig Beschäftigten sind unionsweit in KMU tätig[64], was sich sowohl mit deren nominaler Überlegenheit als auch geografischen Dislozierung begründen lässt. Im Jahr 2010 veröffentlichte die Kommission im Rahmen ihrer Internetpräsenz eine Leistungsüberprüfung von KMU, die sich auf die Jahre 2002 bis 2008 bezieht: In dieser Zeit schufen alle KMU der damals noch 27 Mitgliedstaaten zusammengenommen 9,4 Mio. Arbeitsplätze, aus denen eine unionsweite Beschäftigungszunahme von 1,9 Prozent hervorging, die den Wert von Großunternehmen mit 0,8 Prozent deutlich übertraf[65]. Unter anderem ist es dieser entscheidende Beitrag zur Beschäftigungsentwicklung, der auf nationaler wie internationaler Ebene als Begründung politischer Eingriffe zur Förderung von KMU herangezogen wird und im Rahmen einer Darstellung der Auswirkungen staatlicher Forschungsförderung auf das europäische Allgemeinwohl erneut Berücksichtigung findet.

Trotz ihres erheblichen nominalen Übergewichtes entfällt bundesweit mit rund 2,15 Billionen Euro aus dem Jahr 2012[66] weniger als 40 Prozent des gesamtunternehmerischen Jahresumsatzes auf KMU, folglich über 60 Prozent auf Großunternehmen, denen nach KMU-Definition der Kommission weniger als 1 Prozent aller Unternehmen zuzuordnen sind[67].

62 BMWi (Hrsg.), German Mittelstand: Motor der deutschen Wirtschaft, 2014, S. 5.

63 Europäische Kommission, Unternehmen und Industrie, Europäisches Mittelstandsportal, Große Projekte für kleine und mittlere Unternehmen, 2011, S. 2.

64 Ebda.

65 Europäische Kommission, EIM Business & Policy Research, European SMEs under Pressure, 2009, S. 6.

66 IfM (Hrsg.), Mittelstand im Überblick, Volkswirtschaftliche Bedeutung der KMU, 2012, http://www.ifm-bonn.org/statistiken/mittelstand-im-ueberblick (Stand: 16.03.2015).

67 BMWi (Hrsg.), German Mittelstand: Motor der deutschen Wirtschaft, 2014, S. 3.

Unionsweit unterscheiden sich die entsprechenden Werte nur marginal, wobei ein KMU zuzurechnender Umsatzanteil von über 50 Prozent in keinem der Mitgliedstaaten zu verzeichnen ist. Hier bedarf es zur genauen Spezifizierung der volkswirtschaftlichen Bedeutung von KMU neben einer Betrachtung von Firmengrößenstruktur, Beschäftigungszahl und Anteil am Gesamtumsatz einer zusätzlichen Auswertung des *Wertschöpfungsindikators*[68]. Abweichend vom Jahresumsatz berücksichtigt dieser Indikator auch unternehmensübergreifende Verbundbeziehungen, so etwa die Zuliefertätigkeit von KMU, als anteiligen Beitrag zum umsatzgenerierenden Endprodukt eines Großunternehmens. Dies gewährleistet eine deutlich aussagekräftigere Bewertung der tatsächlichen wirtschaftlichen Bedeutung von KMU, als es eine ausschließliche Berufung auf den anteiligen Gesamtumsatz oder die Beschäftigungszahlen zulässt. Für KMU lag der bundesweite Wertschöpfungsindikator des Jahres 2011 bei 55 Prozent, was sie somit ungeachtet ihres Anteils am volkswirtschaftlichen Gesamtumsatz zum wichtigsten Element der deutschen Gesamtwirtschaftsleistung macht[69].

II. FuE-Definition

In der Literatur werden die Begriffe Forschung, Entwicklung und Innovation nicht selten synonym verwandt. Dies macht eine Definition und Abgrenzung der Begriffe erforderlich. In Deutschland und unionsweit gibt es eine Vielzahl unterschiedlicher FuE-Definitionen, von denen jedoch keine vollumfänglich genug ist, Grenzfälle und damit Individualentscheidungen gänzlich verhindern zu können. Obwohl sich im allgemeinen Sprachgebrauch FuE häufig als einheitlicher Begriff darstellt, umfasst er verschiedene Arten von Tätigkeiten[70], die sich sowohl funktional als auch institutionell unterscheiden und daher unabhängig voneinander zu betrachten sind. Die Notwendigkeit einer getrennten Betrachtung entsprechender Teilaktivitäten bietet sich zudem aufgrund einer voneinander abweichenden bilanzrechtlichen Behandlung und unterschiedlichen Förderung aus Mitteln der öffentlichen Hand an.

68 Hohmann K., in: Deutsche Bank Research (Hrsg.), Dynamische Vielfalt als Chance, 2009, S. 8.

69 BMWi (Hrsg.), German Mittelstand: Motor der deutschen Wirtschaft, 2014, S. 3.

70 Brockhoff K., Forschung und Entwicklung, 1999, S. 50.

Zwar können sowohl nationales HGB als auch die IFRS zur Begriffsbestimmung von FuE herangezogen werden, ein komplexer ausgestaltetes und probateres Mittel bietet in diesem Zusammenhang jedoch das von der OECD entwickelte Frascati Manual.

Entgegen den Begriffen Forschung und Entwicklung beschreibt Innovation, die sowohl im engeren als auch im weiteren Sinne betrachtet werden kann, keine Aktivität, sondern ist vielmehr als Resultat einer solchen oder Beschreibung eines umfassenden Gesamtprozesses zu betrachten. Wie in *Abbildung 2* gezeigt, gehen aus FuE-Aktivitäten regelmäßig Inventionen – im allgemeinen Sprachgebrauch auch als Erfindungen bezeichnet –, hervor. Diese können sowohl geplant als auch ungeplant erfolgen und stellen das Ergebnis eines Prozesses dar, der sich auf Wissensgenerierung durch FuE-Tätigkeit zur erstmaligen technischen Realisierung einer neuen Problemlösung beschränkt[71]. Kommt es nachfolgend zur Markteinführung erlangter Inventionen – der Umsetzung einer käuflichen Zugänglichkeit für die Öffentlichkeit –, stellt dies den Sachverhalt einer Innovation dar, die auch als Innovation *im engeren Sinne* bezeichnet wird. Nachfolgende Aktivitäten und daraus resultierende Ergebnisse, wie etwa die zur Diffusion oder Marktbewährung führende Marktdurchsetzung sowie die zur Produktimitation führende Nachahmung durch Konkurrenten, vervollständigen den gesamten Innovationsprozess, der auch als Innovation *im weiteren Sinne* bekannt ist. Je nach Bedeutung ist Innovation demzufolge als Ergebnis einer Aktivität (im engeren Sinne) oder Sammelbezeichnung mehrerer Prozesse (im weiteren Sinne) und nicht etwa als eine von Unternehmen gesondert durchführbare und gegebenenfalls staatlich förderfähige Handlung zu verstehen. Für den weiteren Verlauf dieser Arbeit tritt sie demnach, wo dies möglich ist, in ihrer Bedeutung hinter den eine Aktivität beschreibenden und sowohl Forschungs- als auch Entwicklungsaufwand verursachenden FuE-Begriff zurück.

71 Fleig M., Anreizsysteme zur Förderung von Innovationen im Unternehmen, 2006, S. 10.

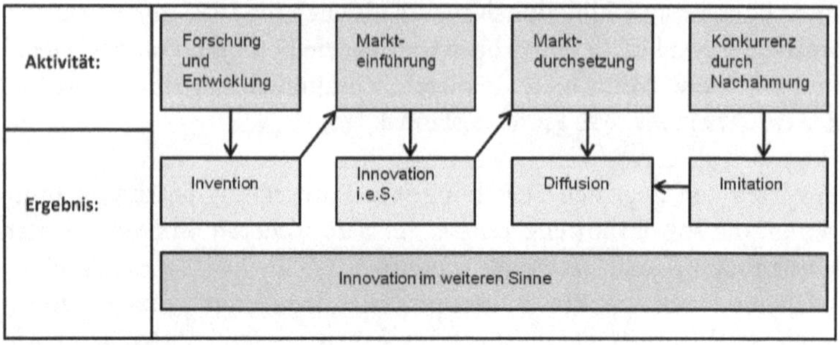

Abbildung 2: Innovation im engeren und weiteren Sinne

Quelle: Brockhoff K., Forschung und Entwicklung, 1999, S. 38.

1. Frascati Manual

a) Funktionale Gliederung

Die OECD erkannte im Hinblick auf die zunehmende Verflechtung internationaler Wirtschaftsbeziehungen der Staaten bereits früh die Problematik zahlreicher, voneinander abweichender und zudem unzulänglicher FuE-Definitionen. Als Resultat dieser Erkenntnis erschien bereits im Jahr 1963 ein in der italienischen Region Frascati angeregter und anschließend über Jahrzehnte weiterentwickelter Versuch einer umfassenden FuE-Definition, die heute in ihrer sechsten Auflage aus dem Jahr 2002 als internationaler Standard im FuE-Bereich anerkannt ist[72]. Ziel dieses als Frascati Manual bekannt gewordenen Dokumentes ist es, den Staaten einen Leitfaden an die Hand zu geben, mit dessen Hilfe möglichst jede erdenkliche FuE-Aktivität für statistische Zwecke einer von drei FuE-Arten zugeordnet werden kann. Der Anwendungsbereich des Handbuches reicht seit dessen Entstehung jedoch deutlich über den Bereich statistischer Erhebungen hinaus. So orientieren sich sowohl internationale Organisationen, darunter etwa das Kinderhilfswerk der Vereinten Nationen (United Nations Children's Fund – UNICEF), wie auch zahlreiche Staaten in Fragen der

72 Spengel C., MPI Studies on Intellectual Property, Competition and Tax Law, Vol. 8, Steuerliche Förderung von Forschung und Entwicklung (FuE) in Deutschland, 2009, S. 85.

Rechnungslegung oder Besteuerung, mittelbar oder unmittelbar, zunehmend an den Regelungen des Frascati Manuals. Hinsichtlich der FuE-Förderung, bei der es einer klaren Festlegung von Rahmenbedingungen und Grenzen bedarf, greift auch die Union auf die FuE-Definition des Handbuchs zurück[73]. Ein entscheidender Vorteil des Frascati Manuals gegenüber anderen Definitionen besteht darin, dass die Kerndefinition von FuE als Gesamtgefüge um eine Einzelbetrachtung bereits angekündigter Teilaktivitäten ergänzt ist, folglich eine Aufteilung des FuE-Begriffs anhand funktionaler Gesichtspunkte stattfindet.

Das Frascati Manual definiert FuE als „systematische, schöpferische Arbeit zur Erweiterung vorhandenen Wissens einschließlich des Wissens über Menschen, die Kultur und die Gesellschaft sowie die Verwendung dieses Wissens mit dem Ziel, neue Anwendungsmöglichkeiten zu finden“[74]. Diese Kerndefinition wurde seit ihrem Bestehen von zahlreichen Organisationen und Staaten, unter anderem auch von der Bundesregierung, als Basis zur FuE-Begriffsbestimmung übernommen. Gemäß dem Frascati Manual erfolgt zur weiterführenden Definition eine Aufteilung von FuE in drei Teilaktivitäten: die Grundlagenforschung *(basic research)*, die angewandte Forschung *(applied research)* und die experimentelle Entwicklung *(experimental development)*, aus Gründen der Vereinfachung häufig lediglich als Entwicklung bezeichnet. Diese Unterteilung ist nötig, um den funktionalen Unterschieden der jeweiligen Teilaktivitäten gerecht zu werden, und entscheidend für den zielgerichteten Ansatz einer möglichen staatlichen Forschungsförderung.

aa) Grundlagenforschung

Als Grundlagenforschung bezeichnet das Frascati Manual „experimentelle oder theoretische Arbeit, mit der primär neue Erkenntnisse über die Grundlagen von Phänomenen und beobachtbaren Sachverhalten gewonnen werden, ohne bereits ihre bestimmte Anwendung vorzusehen“. In diesem Bereich tätige Wissenschaftler haben weitreichende

73 Herbold S., in: Bischoff J. G., Herzig N., Kellermann A. (Hrsg.), Steuer, Wirtschaft und Recht, Bd. 298, Steuerliche Anreize für Forschung und Entwicklung im internationalen Vergleich, 2009, S. 14.

74 OECD (Hrsg.), Frascati Manual, 2002, S. 30.

Freiheiten hinsichtlich der Wahl ihrer Forschungsziele, da sich weder ein praktischer Nutzen noch eine mögliche kommerzielle Verwertung der Ergebnisse entscheidend auf das Forschungsvorhaben auswirken[75].

Weiter differenzieren lässt sich die Grundlagenforschung in reine *(pure basic research)* sowie zielgerichtete Grundlagenforschung *(oriented basic research)*[76]. *Reine* Grundlagenforschung zeichnet sich dadurch aus, dass von ihr weder langfristig wirtschaftliche oder soziale Vorteile erwartet werden, noch dass sie versucht, Forschungsergebnisse auf praktische Probleme anzuwenden oder in deren Bereiche zu transferieren[77]. Es handelt sich um Forschung der Forschung wegen, mit dem alleinigen Ziel einer wissenschaftlichen Horizonterweiterung. Da jedoch die Ausdehnung einer unternehmensinternen Wissensbasis ohne langfristige Erfolgswirksamkeit – Auswirkung auf die Gewinn- und Verlustrechnung des forschenden Unternehmens – dem unternehmerischen Primat der Gewinnmaximierung widerspricht, ist reine Grundlagenforschung für zahlreiche privatwirtschaftliche Unternehmen weitestgehend uninteressant und daher regelmäßig staatlich organisiert und finanziert. Zu groß ist zudem die Gefahr von Übertragungseffekten, bei denen Ergebnisse oder Zwischenergebnisse der eigenen Forschung in den Besitz konkurrierender Unternehmen gelangen und dort deren Produktentwicklung entscheidend beeinflussen können.

Zielgerichtete Grundlagenforschung hingegen wird in der Erwartung durchgeführt, eine weit gefächerte Wissensbasis zu schaffen, die das Potenzial besitzt, Grundlagen zur Lösung erkannter oder erwarteter, jetziger oder zukünftiger Probleme zu legen[78]. Hinter der Absicht, das erlangte Wissens zur Problemlösung zu nutzen, lässt sich in Abgrenzung zur reinen Grundlagenforschung bereits ein schwaches, aber dennoch spürbares Potenzial einer künftigen kommerziellen Verwertung erkennen. Dies stellt zwar nicht das vorrangige Ziel, jedoch einen nicht zu vernachlässigenden Nebeneffekt zielgerichteter Grundlagenforschung dar, der diese in begrenztem Ausmaß auch für privatwirtschaftliche Unternehmen interessant macht.

75 Ebda., S. 77, Rdnr. 240 ff.

76 Ebda., S. 78, Rdnr. 243.

77 Brockhoff K., Forschung und Entwicklung, 1999, S. 52; OECD (Hrsg.), Frascati Manual, 2002, S. 78, Rdnr. 243 f.

78 OECD (Hrsg.), Frascati Manual, 2002, S. 78, Rdnr. 243 f.

Den Unternehmen werden durch eine auf beide Teilbereiche der Grundlagenforschung konzentrierte öffentliche FuE-Projektförderung zusätzliche Anreize geboten, ihren Investitionsumfang in entsprechenden Gebieten zu erhöhen. Dies ist eine nur bedingt erfolgreiche Maßnahme unter Berücksichtigung der Tatsache, dass der Anteil unternehmerischer FuE-Aufwendungen in der Grundlagenforschung seit über zehn Jahren stagniert und kontinuierlich bei etwa 5 Prozent sämtlichen in FuE investierten Aufwands liegt[79]. Eine auf KMU beschränkte Auswertung käme zu einem noch geringeren Ergebnis, begründet dadurch, dass diese Unternehmen in der Regel nicht über ausreichende finanzielle, zeitliche, personelle und räumliche Kapazitäten verfügen, um das Wagnis einer sich spät oder unter Umständen niemals rentierenden Grundlagenforschung einzugehen. Die entwicklungstechnische Entfernung zum marktreifen Endprodukt und die sich daraus ergebende zeitliche Distanz zu einer erstmaligen, bilanztechnischen Auswirkung sind mit zu vielen Variablen versehen, als dass ein erheblicher Anteil an Grundlagenforschung, gleich welcher Ausgestaltung, für privatwirtschaftliche Unternehmen als rentabel bezeichnet werden könnte. Sie ermöglicht es zwar, an der Entwicklung neuer Generationen von Technologien mitzuwirken und in dadurch entstehenden Sachgebieten zunächst eine Vorreiterrolle zu bekleiden, doch kommen Erträge aus diesen Bereichen noch vor Auswirkung in der eigenen Kasse meist unmittelbar der Allgemeinheit zugute. Veröffentlichungen gewonnener Erkenntnisse in Fachzeitschriften oder die volkswirtschaftlich begründete Herausgabe und Verbreitung von Ergebnissen nach staatlicher Forschungsbeteiligung verhindern regelmäßig eine exklusive Nutzung erlangten Wissens[80]. Eine größere Beteiligung privatwirtschaftlicher Unternehmen an Grundlagenforschung wird damit verhindert, unabhängig davon, ob rein oder zielgerichtet ausgestaltet.

---

79 Kladroba A., Stifterverband für die Deutsche Wissenschaft (Hrsg.), FuE-Datenreport 2012, Analysen und Vergleiche, Forschung und Entwicklung im Wirtschaftssektor 2009 und 2010, 2012, S. 12.

80 Vgl. Spengel C., MPI Studies on Intellectual Property, Competition and Tax Law, Vol. 8, Steuerliche Förderung von Forschung und Entwicklung (FuE) in Deutschland, 2009, S. 4 f.

bb) Angewandte Forschung

Unter angewandter Forschung[81] versteht das Frascati Manual „Arbeiten, die dem Erwerb neuer Erkenntnisse dienen und zusätzlich auf ein bestimmtes Ziel oder einen bestimmten Zweck im Bereich der praktischen Anwendung oder Umsetzung ausgerichtet sind". Im Kerninteresse steht meist die Nutzung bereits vorhandenen Wissens, etwa aus der Grundlagenforschung, um dessen Anwendungsmöglichkeiten im Hinblick auf die Lösung spezifischer Probleme zu erweitern. Aufgrund klar definierter Zielvorgaben und einer engen Bindung an spezifische Problemstellungen schränkt angewandte Forschung den Forschungsfreiraum des wissenschaftlichen Personals bereits deutlich ein und resultiert regelmäßig in weitestgehend absehbaren Ergebnissen. Diese umfassen individuelle und limitierte Produkte sowie Produktserien, Prozesse, Methoden oder etwa Systeme, die im Regelfall vom forschenden Unternehmen patentiert werden[82].

Beispiel: Wurde auf Ebene der Grundlagenforschung die Ausbreitung und Reichweite von Schallwellen innerhalb unterschiedlicher Holzarten erforscht, kann ein in diesem Zusammenhang erlangtes Fachwissen im Bereich der *angewandten Forschung* zu dem Zweck eingesetzt werden, einen besonders geräuscharmen Bodenbelag zu entwickeln.

Der im Vergleich zur Grundlagenforschung deutlich geringere zeitliche Abstand zwischen den Forschungsergebnissen und dem marktreifem Endprodukt hat sowohl entscheidende Auswirkungen auf die Attraktivität angewandter Forschung für privatwirtschaftliche Unternehmen, einer damit einhergehenden Fördernotwendigkeit vonseiten des Staates, als auch auf die Behandlung entsprechender Forschungsergebnisse. Diese werden im Regelfall nicht veröffentlicht, sondern, soweit möglich, vertraulich behandelt und gegebenenfalls unter Ausnutzung patentrechtlicher Möglichkeiten geschützt. Notwendig ist dies aufgrund der Tatsache, dass Lösungen für spezifische Probleme, die aus angewandter Forschung resultieren, einer Marktfähigkeit und anschließenden kommerziellen Verwertung deutlich näher stehen, als es etwa bei

81 Auf Unionsebene wird teilweise auf den analog zu verwendenden Begriff der industriellen Forschung zurückgegriffen.

82 OECD (Hrsg.), Frascati Manual, 2002, S. 78, Rdnr. 245 ff.

Erkenntnissen der Grundlagenforschung der Fall ist. Privatwirtschaftlichen Unternehmen bietet ein Engagement in diesem FuE-Bereich folglich zwar den Anreiz einer regelmäßig schnelleren Amortisierung von Investitionen, doch birgt das geringe Maß an noch zu leistendem Eigenaufwand, bis die gewonnenen Forschungserkenntnisse verwertet werden können, ebenso eine erhebliche Gefahr unternehmensexterner, unlauterer Wissensaneignung.

In den vergangenen Jahren hatte angewandte Forschung fortwährend einen Anteil von etwa 50 Prozent am gesamten FuE-Aufkommen privatwirtschaftlich tätiger Unternehmen[83]. Staatliche Förderung spielt auch in diesem Bereich eine entscheidende, wenn auch in Art und Ausmaß ihrer Ausgestaltung verglichen mit der Grundlagenforschung eher geringere Rolle. So bedarf es keiner staatlichen Förderung wie sie aus dem Bereich der Grundlagenforschung bekannt ist, in deren Rahmen nahezu die gesamte Forschung staatlich finanziert und organisiert ist. Aufgrund der bereits erwähnten Attraktivität angewandter Forschung aus Sicht forschungswilliger Unternehmen führen diese erfolgversprechende FuE-Tätigkeiten in der Regel selbstständig durch und greifen lediglich zur Finanzierung ihrer Vorhaben auf öffentliche Fördermittel zurück. In erster Linie sind es KMU, die trotz der wirtschaftlichen Attraktivität des entsprechenden Forschungsbereichs auf eine Inanspruchnahme staatlicher Fördermittel angewiesen sind. Aufgrund ihrer Unternehmensgröße mangelt es ihnen regelmäßig an Personal, Infrastruktur und nicht zuletzt an finanziellen Mitteln zur Durchführung angestrebter Forschungsvorhaben. Letztendlich ist trotz der zeitlichen Nähe des Forschungsinhaltes zum marktfähigen Endprodukt auch bei angewandter Forschung immer noch ein gewisses Maß finanzieller Vorleistung vonseiten des forschenden Unternehmens nötig, bevor ein Forschungsergebnis ertragsgenerierend eingesetzt werden kann.

83 Kladroba A., Stifterverband für die Deutsche Wissenschaft (Hrsg.), FuE-Datenreport 2012, Analysen und Vergleiche, Forschung und Entwicklung im Wirtschaftssektor 2009 und 2010, 2012, S. 12.

cc) Experimentelle Entwicklung

Als experimentelle Entwicklung bezeichnet das Frascati Manual „systematische Arbeit, die auf bestehenden praktischen und forschungsbedingten Erfahrungen aufbaut, um neue Produkte oder Prozesse zu schaffen oder um vorhandene Produkte oder Prozesse wesentlich weiterzuentwickeln“[84]. Sie bezeichnet daher einen klassischen unternehmerischen Forschungsbereich, in dem Erfahrungen aus den Gebieten der Grundlagenforschung wie auch der angewandten Forschung um praktische Erfahrungen ergänzt werden und unmittelbar der Produktion neuer Materialien, Produkte, Bauteile oder der Einführung neuer Prozesse, Systeme und Dienstleistungen sowie deren Verbesserungen zugutekommen[85]. Im Vergleich zur angewandten Forschung wird deutlich, dass durch eine Fokussierung auf explizite Objekte oder Verfahren der Forschungsfreiraum des wissenschaftlichen Personals im Bereich der experimentellen Entwicklung nahezu komplett verhindert wird.

Beispiel: Eine Weiterentwicklung des bereits im Beispiel zuvor erwähnten geräuscharmen Bodenbelages, etwa in Form eines Experimentierens mit unterschiedlichen Oberflächenschliffen zur Gestaltung einer abriebfesteren Außenfläche, fällt in den Bereich der *experimentellen Entwicklung.*

Forschungsgrundlage experimenteller Entwicklung sind im Regelfall Objekte oder Verfahren, die kurz vor einer Markteinführung stehen oder diese bereits vollendet haben, wobei deren kontinuierliche Weiterentwicklungen nicht selten während fortlaufender Verwendung oder Anwendung stattfindet. Der in den beiden vorangehenden Teilaktivitäten von FuE aufgezeigte zeitliche Abstand zwischen Forschung und marktreifem Endprodukt ist in diesem Bereich entweder verschwindend gering oder bereits nicht mehr vorhanden. Ein populäres Beispiel liefert in diesem Zusammenhang das Großunternehmen Apple: Zum Zeitpunkt, an dem der Kunde eines der Firmenprodukte, etwa ein weltweit beliebtes Mobiltelefon, erwirbt, ist dieses bereits nicht mehr auf

84 Brockhoff K., Forschung und Entwicklung, 1999, S. 52; OECD (Hrsg.), Frascati Manual, 2002, S. 79, Rdnr. 249 f.

85 Herbold S., in: Bischoff J. G., Herzig N., Kellermann A. (Hrsg.), Steuer, Wirtschaft und Recht, Bd. 298, Steuerliche Anreize für Forschung und Entwicklung im internationalen Vergleich, 2009, S. 18.

dem aktuellsten Stand der Technik. Dies lässt sich nicht ausschließlich mit der Vermutung begründen, dass Technik aus vermarktungspolitischen Gründen dem Kunden vorenthalten wird, sondern stellt ebenso das Ergebnis eines fortlaufenden experimentellen Entwicklungsprozesses dar. Dieser setzt bereits in der Vermarktungsphase des aktuellen Produktes an, mit unternehmensinterner Weiterentwicklung und Verbesserung zur Sicherung zukünftiger Wettbewerbsfähigkeit, was den immens hohen wirtschaftlichen wie auch wissenschaftlichen Wert von FuE-Erkenntnissen verdeutlicht. Forschungsergebnisse zur Weiterentwicklung marktnaher oder bereits auf dem Markt eingeführter Produkte oder Verfahren sind von solcher Bedeutung sowohl für die zukünftige Wettbewerbsfähigkeit des forschenden Unternehmens als auch für konkurrierende Marktteilnehmer auf der Suche nach technologischem Anschluss, dass die Erkenntnisse aus experimenteller Entwicklung regelmäßig unter erheblichem Aufwand der Öffentlichkeit vorenthalten und patentrechtlich geschützt werden. Das Interesse am Erhalt der eigenen Wettbewerbsfähigkeit zur Wahrung von Marktanteilen sowie zur Sicherung zukünftiger Einnahmen ist auf Unternehmensebene im Regelfall so stark ausgeprägt, dass es als Anreiz für ein kontinuierliches FuE-Engagement genügt und es im Bereich der experimentellen Entwicklung keiner weiteren staatlichen Förderung bedarf.

b) Institutionelle Gliederung

Aufgrund seiner die Teilaktivitäten von FuE einbeziehenden Charakteristik eignet sich das Frascati Handbuch gut zur funktionalen Gliederung von FuE und daraus resultierenden Aufwendungen. Für eine umfassendere Definition privatwirtschaftlicher Forschungsanstrengungen ist es jedoch erforderlich, neben der funktionalen auch eine institutionelle Unterteilung von FuE-Aktivitäten durchzuführen, etwa nach dem Ort der Forschungsdurchführung, der Art der Finanzierung sowie den damit einhergehenden Eigentums- und Verwertungsrechten[86]. Um diesem Anspruch gerecht zu werden, sieht das Frascati Manual, wie in *Abbildung 3* gezeigt, eine zusätzliche Einteilung von FuE-Tätigkeiten

86 Herbold S., in: Bischoff J. G., Herzig N., Kellermann A. (Hrsg.), Steuer, Wirtschaft und Recht, Bd. 298, Steuerliche Anreize für Forschung und Entwicklung im internationalen Vergleich, 2009, S. 18.

in interne *(intramural expenditures)* und externe FuE-Aktivitäten *(extramural expenditures)* vor[87]. Forschungskooperationen mehrerer Unternehmen bilden hingegen eine schwer zu kategorisierende Schnittstelle beider Bereiche, beinhalten sie regelmäßig sowohl interne als auch externe FuE-Aktivitäten.

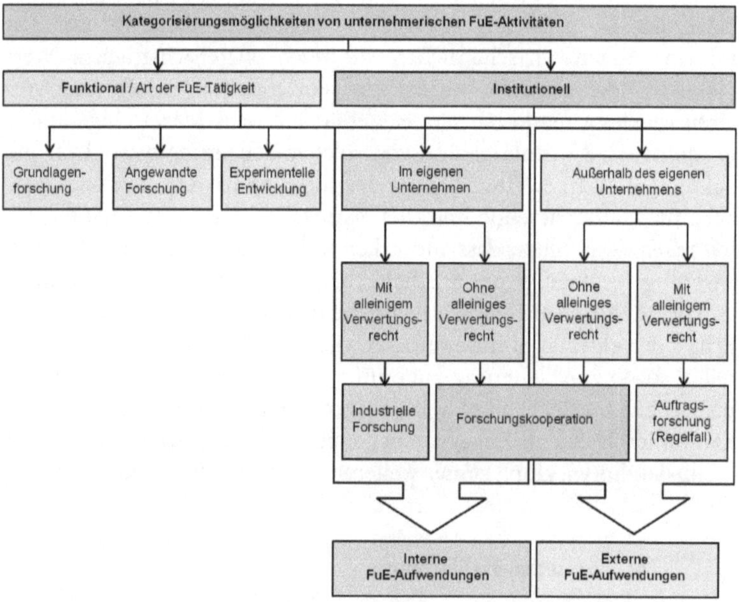

Abbildung 3: Kategorisierungsmöglichkeiten von FuE-Aktivitäten

Quelle: Herbold S., in: Bischoff J. G., Herzig N., Kellermann A. (Hrsg.), Steuer, Wirtschaft und Recht, Bd. 298, Steuerliche Anreize für Forschung und Entwicklung im internationalen Vergleich, 2009, S. 16.

87 OECD (Hrsg.), Frascati Manual, 2002, S. 21, Rdnr. 34.

aa) Interne FuE-Aktivitäten

Als interne FuE-Aktivitäten sind gemäß Frascati Manual alle Tätigkeiten zu bezeichnen, die in einer Berichtseinheit – hier des Unternehmens oder des Unternehmensteils –, einer bestimmten Periode und unabhängig von ihren Finanzierungsquellen zur Erlangung von FuE-Erkenntnissen durchgeführt werden[88]. Alle sich auf die Forschungsergebnisse entsprechender FuE-Aktivitäten beziehenden Eigentums- und Verwertungsrechte sind allein dem durchführenden Unternehmen zuzuordnen, vorausgesetzt, es agiert nicht im Auftrag eines anderen Unternehmens oder im Rahmen von Forschungskooperationen[89].

Die entstehenden Aufwendungen interner FuE-Aktivitäten lassen sich unterteilen in laufende Aufwendungen, darunter Personal- und Sachaufwendungen, sowie FuE-bezogene Investitionsaufwendungen, darunter vorwiegend Aufwendungen für Infrastruktur und forschungsrelevante Software. Während der seit Jahren kontinuierlich etwa 60 Prozent aller FuE-Aufwendungen ausmachende Personalaufwand vorwiegend aus Gehältern, Bonuszahlungen, Urlaubsgeldern, Pensionsrückstellungen, Lohnsteuern und Sozialabgaben besteht, setzen sich die regelmäßig etwa ein Drittel des gesamten FuE-Aufwands bestimmenden Sachaufwendungen größtenteils aus Aufwendungen für Materialien und Hilfsstoffe, darunter beispielsweise Wasser, Öl, Elektrizität, aber auch forschungsrelevante Ausrüstung wie Bücher, Zeitschriften oder Labormaterialien, zusammen. Lediglich verbleibender, weniger als 10 Prozent ausmachender FuE-Aufwand entfällt, wie *Abbildung 4* veranschaulicht, auf den Bereich der Investitionsaufwendungen, hier vorwiegend für Grund und Boden, Gebäude, Instrumente, Ausstattung und Software[90]. Die Notwendigkeit einer entsprechend differenzierten Betrachtung unternehmensinterner FuE-Aufwendungen ergibt sich aus der Möglichkeit zur zielgerichteten staatlichen Förderung, auf die im weiteren Verlauf dieser Arbeit noch detaillierter eingegangen wird.

---

88 Ebda., S. 108, Rdnr. 358.

89 Vgl. Brockhoff K., Forschung und Entwicklung, 1999, S. 60 ff.

90 Herbold S., in: Bischoff J. G., Herzig N., Kellermann A. (Hrsg.), Steuer, Wirtschaft und Recht, Bd. 298, Steuerliche Anreize für Forschung und Entwicklung im internationalen Vergleich, 2009, S. 19 f.; OECD (Hrsg.), Frascati Manual, 2002, S. 108, Rdnr. 360 f.

Mitteleinsatz	Interne FuE-Aufwendungen (in Mrd. Euro)					
	2001	2003	2005	2007	2009	2011
Personalaufwendungen	21,28	22,31	23,53	25,62	27,23	30,42
Sachaufwendungen	12,09	12,50	11,97	14,05	14,69	16,71
Investitionen	2,96	3,22	3,15	3,37	3,35	3,94
Insgesamt	**36,33**	**38,03**	**38,65**	**43,04**	**45,27**	**51,07**

Abbildung 4: Verteilung interner FuE-Aufwendungen

Quelle: Kladroba A., Stenke G., Stifterverband für die Deutsche Wissenschaft (Hrsg.), FuE-Datenreport 2013, Analysen und Vergleiche, Forschung und Entwicklung im Wirtschaftssektor 2011, 2013, S. 15.

In der Bundesrepublik übersteigt der Anteil interner FuE-Aufwendungen den externer FuE-Aufwendungen regelmäßig um ein Vielfaches. So wurde im Jahr 2011 mit 51,1 Mrd. Euro mehr als die vierfache Summe für interne wie für externe FuE-Aktivitäten ausgegeben, für die lediglich 12,3 Mrd. Euro zum Einsatz kamen[91]. Ein Wert der daraus resultiert, dass vorwiegend umsatzstarke und forschungsintensive Großunternehmen auf eine interne Durchführung von FuE-Aktivitäten zurückgreifen. Diesen stehen in der Regel eigene FuE-Abteilungen zur Verfügung, die eine autarke Forschung mit dem Ziel ermöglichen, Eigentums- und Verwertungsrechte an gewonnenen Erkenntnissen unternehmensexklusiv zu sichern. KMU, die aufgrund mangelnder Infrastruktur, fehlenden Personals und ungenügender finanzieller Reserven regelmäßig nicht über derartige Möglichkeiten verfügen, bleibt der Weg zu internen FuE-Aktivitäten häufig verwehrt.

bb) Externe FuE-Aktivitäten

Externe FuE-Aktivitäten sind das Ergebnis schuldrechtlicher Leistungsbeziehungen, bei denen ein Auftraggeber einen Auftragnehmer gegen Zahlung eines Entgeltes mit der Durchführung von Forschungsaufträgen beauftragt und dadurch im weiteren Verlauf entsprechende Eigentums- und Verwaltungsrechte an den gewonnenen Erkenntnissen erlangt[92]. Dieses Verfahren, das auch als Auftragsforschung bezeichnet

91 Kladroba A., Stifterverband für die Deutsche Wissenschaft (Hrsg.), FuE-Datenreport 2013, Analysen und Vergleiche, Forschung und Entwicklung im Wirtschaftssektor 2011, 2013, S. 15.

92 Herbold S., in: Bischoff J. G., Herzig N., Kellermann A. (Hrsg.), Steuer, Wirtschaft und Recht, Bd. 298, Steuerliche Anreize für Forschung und

wird, ist insbesondere für Unternehmen von Interesse, die sich eine Durchführung interner FuE-Aktivitäten nicht leisten können oder wollen. *Disselkamp* geht noch einen Schritt weiter und stellt selbst bei Vorhandensein entsprechender Bereiche im Unternehmen die Leistungsfähigkeit heutiger unternehmensinterner FuE-Abteilungen in Frage, was die Berufung auf externe Forschungseinrichtungen rechtfertige[93]. Vorliegenden Rahmenbedingungen geschuldet greifen folglich vorwiegend KMU regelmäßig auf die Nutzung externer FuE-Aktivitäten zurück.

Bilanziell besteht der bedeutendste Unterschied zu internen FuE-Aufwendungen darin, dass unternehmensintern kein Aufwand für Einzelleistungen anfällt, sondern die gesamten FuE-Projekte extern durchgeführt werden und dafür zu entrichtende Entgelte als Forschungsaufwendungen zu Buche schlagen. Bei Gestaltungsüberlegungen einer zielgerichteten öffentlichen FuE-Förderung ist dies zu berücksichtigen, birgt entsprechendes Verfahren letztendlich das Risiko einer Doppelförderung bei Berücksichtigung von FuE-Aufwand sowohl beim durchführenden als auch beim das wirtschaftliche Risiko tragenden Unternehmen.

cc) Forschungskooperationen

Die Bedeutung von Forschungskooperationen nimmt auf nationaler und internationaler Ebene nicht zuletzt aufgrund zunehmender unternehmerischer Tendenzen zu Kosteneinsparungen, hier insbesondere im Bereich des Forschungspersonals, fortwährend zu[94]. Auch wenn es bislang an einer klaren Definition von Forschungskooperation mangelt, besteht allgemeiner Konsens darüber, dass es sich dabei um den vertraglich geregelten Zusammenschluss von mehr als einer Partei zur kollektiven Durchführung von FuE-Projekten handelt[95]. Dies beinhaltet unter anderem die gemeinsame Nutzung von Infrastrukturen, Ressourcen und Informationen in einem vertraglich festgelegten Ausmaß zur

Entwicklung im internationalen Vergleich, 2009, S. 20; OECD (Hrsg.), Frascati Manual, 2002, S. 118, Rdnr. 408.

93 Brandl K. H., Disselkamp M., Wedde P., Beschäftigungssicherung durch Innovation, 2005, S. 91.

94 Rosenberger H.-P., Verträge über Forschung und Entwicklung, 2010, S. VII.

95 Vgl. ebda. S. 9.

Erreichung eines vereinbarten Forschungsziels. Forschungskooperationen ermöglichen es, den FuE-Aufwand auf mehrere Partner zu verteilen und auf diese Weise Kosten einzusparen, bedingen in der Regel jedoch ebenso ein gemeinsames Halten der Eigentums- und Verwaltungsrechte an den aus der Forschung gewonnenen Erkenntnissen. Für alle Unternehmen, die nicht über die notwendigen Mittel zur Ausstattung und zum Betrieb eigener FuE-Abteilungen verfügen, bieten sie eine interessante Alternative zu externen FuE-Aktivitäten. Naturgemäß sind besonders KMU an der Nutzung solcher FuE-Kooperationen interessiert, da sie häufig erst die Durchführung von Projekten eines gewissen Ausmaßes ermöglichen und zudem nicht selten einer besonderen staatlichen Förderung unterliegen.

2. FuE-Definition nach HGB, EStG und IFRS

Wenngleich das Frascati Manual eine weit verbreitete und gute Definitionsgrundlage bietet, stellt es nicht die einzige und allgemein verbindliche Quelle zur Aufteilung und Konkretisierung von FuE dar. So existieren zahlreiche weitere, mehr oder weniger vom Handbuch abweichende Begriffsbestimmungen als Ergebnis wirtschaftlicher oder wissenschaftlicher Arbeitskreise, auf Ebene bestimmter Branchen sowie innerhalb staatlicher Rechtsnormen[96]. Ergänzend zum Frascati Manual bietet sich für Deutschland ein Rückgriff auf die handels- und steuerrechtlichen Regelungen des HGB und des EStG ebenso an wie ein Einbezug der international zur Anwendung kommenden IFRS.

Das HGB greift nicht auf einen eigenständigen FuE-Begriff zurück, sondern definiert Forschung und Entwicklung in § 255 Abs. 2 a Satz 2–3 HGB separat voneinander. Forschung ist gemäß HGB „die eigenständige und planmäßige Suche nach neuen wissenschaftlichen oder technischen Erkenntnissen oder Erfahrungen allgemeiner Art, über deren technische Verwertbarkeit und wirtschaftliche Erfolgsaussichten grundsätzlich keine Aussagen gemacht werden können“[97], Entwicklung hingegen „die Anwendung von Forschungsergebnissen oder von anderem Wissen für die Neuentwicklung von Gütern oder Verfahren oder die Weiterentwicklung

96 Brockhoff K., Forschung und Entwicklung, 1999, S. 56.

97 § 255 Abs. 2a S. 3 HGB.

von Gütern oder Verfahren mittels wesentlicher Änderungen"[98]. Durch eine Kombination beider Einzeldefinitionen zu einem FuE-Begriff, der in dieser Form im HGB nicht vorgesehen ist, lässt sich FuE als eine Aufeinanderfolge verschiedener Teilaktivitäten beschreiben mit dem Ziel, neues Wissen zu generieren, um daraus wirtschaftlichen Nutzen zu ziehen. Das deutsche Steuerrecht folgt in § 51 Abs. Nr. 2 lit. u EStG hinsichtlich des Forschungsbegriffs den Ausführungen des HGB, lässt eine Definition des Begriffs Entwicklung jedoch vermissen[99]. Die Begriffsbestimmungen des deutschen Handels- und Steuerrechts entsprechen damit in ihren Grundzügen zwar weitestgehend der funktionalen Gliederung des Frascati Manuals, sehen eine institutionelle Einteilung von FuE aber nicht vor. Fraglich bleibt demnach, ob eine solche Minimaldefinition im Folgenden zur Abgrenzung und genauen Benennung förderungsfähiger FuE-Aufwendungen geeignet ist.

Auch die internationale Rechnungslegung sieht im IAS Nr. 38 – einem Rechnungslegungsstandard zur Regelung der bilanziellen Behandlung immaterieller Vermögenswerte *(intangible assets)* – eine separate Definition der Begriffe Forschung und Entwicklung vor. Forschung wird darin als eigenständige und planmäßige Suche nach neuen technischen oder wissenschaftlichen Erkenntnissen definiert, Entwicklung hingegen als Suche nach Anwendungsmöglichkeiten bereits bestehender wissenschaftlicher Erkenntnisse, auf einen Plan oder Entwurf, zur Produktion neuer oder verbesserter Produkte, Verfahren, Materialien, Dienstleistungen oder Systeme[100]. Analog zum HGB gliedern auch die IAS-Definitionen FuE als zwei souverän ablaufende Phasen, von denen jede eine abweichende bilanzielle Behandlung erfährt.

98 § 255 Abs. 2a S. 2 HGB.

99 § 51 Abs. 1 Nr. 2 lit. u EStG.

100 International Accounting Standard (IAS) Nr. 38 – Immaterielle Vermögenswerte, in: Hoffmann W.-D., Lüdenbach N., IAS/IFRS-Texte, 2012, S. 409 f., Rdnr. 8.

III. FuE-Bilanzierung

Die maßgeblichen Vorgaben zur Buchführung und Bilanzierung von FuE erhalten Unternehmen sowohl aus dem HGB als auch dem EStG. Mit dem Gesetz zur Modernisierung des Bilanzrechts (Bilanzrechtsmodernisierungsgesetz – BilMoG)[101], das am 25. Mai 2009 verabschiedet wurde und am 1. Januar 2010 verpflichtend in Kraft trat, wurde das deutsche HGB mehr oder weniger erfolgreich an die internationalen Rechnungslegungsstandards angepasst. Festgelegt in § 246 Abs. 1 Satz 1 HGB, verpflichtet das Vollständigkeitsgebot grundsätzlich zu einer Aktivierung sämtlicher Vermögensgegenstände, damit auch solcher aus dem Bereich der FuE, solange gesetzlich keine abweichenden Regelungen bestehen. Im deutschen Handelsrecht wird eine entsprechende Aufnahme durch ein zweistufiges Verfahren (Zwei-Stufen-Modell) geprüft. Während auf der ersten Stufe mit einer *abstrakten* Aktivierungsfähigkeit Anforderungskriterien an die Vermögensgegenstände gestellt werden, die deren Eignung zur Aufnahme in die Bilanz bestimmen, wird in einem zweiten Schritt durch eine *konkrete* Aktivierungsfähigkeit geprüft, ob gesonderte gesetzliche Regelungen existieren, die den allgemeinen Regelungen entgegenstehen[102].

1. Immaterialitätsfeststellung

Sowohl Forschungs- als auch Entwicklungsergebnisse gelten nach HGB als immaterielle Vermögensgegenstände, für die es in Deutschland bisher an einer allgemein verbindlichen Definition mangelt. Gemäß IAS Nr. 38 fallen darunter „identifizierbare, nicht monetäre Vermögenswerte ohne physische Substanz, die für die Herstellung von Erzeugnissen oder die Erbringung von Dienstleistungen, die Vermietung an Dritte oder Zwecke der eigenen Verwaltung länger als ein Jahr genutzt

101 Gesetz zur Modernisierung des Bilanzrechts (Bilanzrechtsmodernisierungsgesetz – BilMoG) v. 15.05.2009, BGBl. I 2009, S. 1102.

102 Küting K., Pfirmann A., Ellmann D., in: Internationale und kapitalmarktorientierte Rechnungslegung – IFRS (KoR-IFRS), Heft 11, 2008, Die Bilanzierung von selbsterstellten immateriellen Vermögensgegenständen nach dem RegE des BilMoG, S. 690.

werden"[103]. In dieser Form fand die Begriffsbestimmung, auch im Rahmen des BilMoG, keine Übernahme ins HGB.

Zur Beantwortung der Frage, welche Positionen genau unter immateriellen Vermögensgegenständen zu verstehen sind, bietet das HGB lediglich die Gliederung der Bilanz in § 266 Abs. 2 HGB als Orientierungshilfe an. Demnach gehören zu immateriellen Vermögensgegenständen des Anlagevermögens sowohl geleistete Anzahlungen, Geschäfts- oder Firmenwerte, selbst geschaffene gewerbliche Schutzrechte, entgeltlich erworbene Konzessionen und gewerbliche Schutzrechte, als auch diesen ähnliche Rechte und Werte sowie Lizenzen an solchen. Die als immateriell qualifizierten Vermögensgegenstände des Anlagevermögens werden somit unterteilt in explizit erwähnte und damit rechtlich abgesicherte Positionen sowie lediglich als ähnliche Rechte und Werte bezeichnete Positionen. Letztere erfassen etwa Wettbewerbsverbote, Nutzungs, Vertriebs- und Belieferungsrechte sowie nicht näher zuzuordnende, faktische Positionen von wirtschaftlichem Wert, beispielsweise ungeschützte Ergebnisse und Know-how des FuE-Bereichs[104]. Immaterielle Vermögenswerte des Umlaufvermögens stellen eine Seltenheit dar und werden auch nach § 266 Abs. 2 HGB in vorgegebener Bilanzgliederung nicht erwähnt.

Zusammengefasst sind unter immateriellen Vermögensgegenständen folglich bis auf wenige dem Umlaufvermögen entstammende Ausnahmen sämtliche nichtmonetären Werte des Anlagevermögens mit fehlender körperlicher Substanz zu verstehen, die weder den Sach- noch den Finanzanlagen zuzuordnen sind[105]. Das Kriterium der *fehlenden* Körper*lichkeit* ist hier von entscheidender Bedeutung, wenngleich aufgrund zahlreicher Verknüpfungen materieller und immaterieller Funktionen nur selten zweifelsfrei feststellbar. So besteht in einschlägiger Literatur Einigkeit darüber, dass Immaterialität dann als gegeben

103 IAS Nr. 38 – Immaterielle Vermögenswerte, in: Hoffmann W.-D., Lüdenbach N., IAS/IFRS-Texte, 2012, S. 410, Rdnr. 8 ff.

104 Hoyos M., Schmidt-Wendt D., in: Budde W. D., Clemm H., Ellrott H., et al. (Hrsg.), Beck'scher Bilanz-Kommentar, 1999, S. 794, Rdnr. 60.

105 Vgl. Schmalenbach-Gesellschaft für Betriebswirtschaft, in: Der Betrieb (DB), Heft 19, 2001, Arbeitskreis „Immaterielle Werte im Rechnungswesen", Kategorisierung und bilanzielle Erfassung immaterieller Werte, S. 989 ff.; § 266 Abs. 2 HGB.

angenommen werden kann, wenn der körperliche Teil einer Sache lediglich zu Dokumentationszwecken oder zum Festhalten des nicht körperlichen Teils derselben Sache dient[106]. Dies entspricht der ständigen Rechtsprechung des Bundesfinanzhofs (BFH), der bereits in einem Urteil vom 30. Januar 1980 auf die Möglichkeit des lediglich körperlichen Substrats als Träger wirtschaftlich im Vordergrund stehender immaterieller Wirtschaftsgüter verweist[107].

2. Handelsrechtliche Bilanzierung

Welche bilanzrechtlichen Konsequenzen sich letztendlich aus einer Qualifikation von FuE-Ergebnissen als immaterielle Vermögensgegenstände ergeben, hängt zum einen davon ab, ob diese dem Bereich der Forschung oder der Entwicklung entstammen, ob sie dem Anlage- oder Umlaufvermögen zuzuweisen sind und über welche Form der Besitzerlangung sie dem Unternehmen zuteilgeworden sind. So ist der Übergang zwischen Forschungs- und Entwicklungsphase im Rahmen von FuE-Projekten unter Zuhilfenahme der Begriffsdefinitionen des § 255 Abs. 2a Satz 2–3 HGB korrekt zu identifizieren, da nur unter dieser Voraussetzung die im HGB geforderte unterschiedliche bilanzielle Behandlung der immateriellen Vermögensgegenstände beider Bereiche gewährleistet werden kann. Ein nahtloses Ineinandergreifen beider Teilbereiche, vorwiegend im Rahmen komplexer FuE-Projekte, macht diesen ersten Schritt einer handelsrechtlichen FuE-Bilanzierung nicht selten auch zum schwierigsten.

Eine Zuteilung vorliegender immaterieller Vermögensgegenstände zum Anlage- oder Umlaufvermögen gestaltet sich unter Einbezug des Maßstabs der Stetigkeit zunächst weniger kompliziert. So lässt die Tatsache, dass gemäß § 247 Abs. 2 HGB Gegenstände, die dazu bestimmt sind, dauerhaft dem Geschäftsbetrieb zu dienen, im Anlagevermögen zu bilanzieren sind und nach § 266 Abs. 2 HGB die Masse der immateriellen Vermögensgegenstände ebenfalls diesem zugeordnet wird, die

106 Kählert J.-P., Lange S., in: Betriebs Berater (BB), Heft 9, 1993, Zur Abgrenzung immaterieller von materiellen Vermögensgegenständen, S. 615.

107 Vgl. Bundesfinanzhof (BFH), Urt. v. 30.01.1980 – I R 89/79, BStBl. II 1980, S. 327.

Schlussfolgerung zu, dass bei immateriellen Vermögensgegenständen regelmäßig von einem dauerhaften Unternehmensnutzen ausgegangen werden kann. Lediglich ein vernachlässigbar geringer Anteil immaterieller Vermögensgegenstände ist bilanziell dem Umlaufvermögen zuzuordnen, wie im Rahmen vorangegangener Immaterialitätsfeststellung bereits aufgezeigt, hier meist als unfertige oder fertige Erzeugnisse, darunter beispielhaft die selbst geschaffene und für den Verkauf bestimmte Software von Unternehmen der Datenverarbeitungsbranche.

Die Zuteilung immaterieller Vermögensgegenstände sowohl zum Bereich der Forschung oder Entwicklung als auch zum Anlage- oder Umlaufvermögen mit einbeziehend, veranschaulicht *Abbildung* 5, wie deutlich sich zudem die Art der unternehmerischen Besitzerlangung – ob entgeltlich erworben oder selbst geschaffen – auf die Bilanzierung von immateriellen Vermögensgegenständen auswirkt. Vor Inkrafttreten des BilMoG bestand für *selbst geschaffene* immaterielle Vermögensgegenstände des Anlagevermögens nach § 248 Abs. 2 HGB a. F. ein generelles Bilanzierungsverbot, was den steuerrechtlichen Regelungen des § 5 Abs. 2 EStG entsprach. Im Rahmen einer FuE-Tätigkeit entstandener Aufwand war folglich stets in der Periode zu erfassen, in der er anfiel. Vom Gesetzgeber wurde diese Handhabung im Sinne des Gläubigerschutzes damit begründet, dass immaterielle Anlagewerte im Regelfall schwer schätzbar und damit „unsichere Werte" seien[108]. Für selbst geschaffene immaterielle Vermögensgegenstände des Umlaufvermögens bestand hingegen eine Aktivierungspflicht, da diese in § 248 Abs. 2 HGB a. F. nicht berücksichtigt und damit von der Norm unberührt blieben.

108 Küting K., Pfirmann A., Ellmann D., in: KoR-IFRS, Heft 11, 2008, Die Bilanzierung von selbsterstellten immateriellen Vermögensgegenständen nach dem RegE des BilMoG, S. 690.

Forschung	Anlagevermögen	entgeltlich erworben	Aktivierungsgebot
		selbst hergestellt	Aktivierungsverbot
	Umlaufvermögen	entgeltlich erworben	Aktivierungsgebot
		selbst hergestellt	Aktivierungsgebot
Entwicklung	Anlagevermögen	entgeltlich erworben	Aktivierungsgebot
		selbst hergestellt	**Aktivierungswahlrecht** (neu nach BilMoG)
	Umlaufvermögen	entgeltlich erworben	Aktivierungsgebot
		selbst hergestellt	Aktivierungsgebot

Abbildung 5: Aktivierung immaterieller Vermögensgegenstände nach HGB

Quelle: Eigene Darstellung.

Nach Einführung des BilMoG änderte sich das Verfahren für selbst geschaffene immaterielle Vermögensgegenstände des Umlaufvermögens nicht, für solche des Anlagevermögens jedoch insofern, als das grundsätzliche Aktivierungsverbot aufgehoben und durch ein Aktivierungswahlrecht in § 248 Abs. 2 Satz 1 HGB n. F. ersetzt wurde. Von einer Aktivierung ausgeschlossen sind nach § 248 Abs. 2 Satz 2 HGB n. F. weiterhin selbst geschaffene Marken, Drucktitel, Verlagsrechte, Kundenlisten oder vergleichbare selbst geschaffene immaterielle Vermögensgegenstände des Anlagevermögens.

Ebenso blieb auch im Zuge der Einführung des BilMoG das generelle Aktivierungsverbot des § 255 Abs. 2a HGB für auf Forschung zurückzuführende immaterielle Vermögensgegenstände bestehen. Wissenschaftliche wie auch technische Erkenntnisse und Erfahrungen aus diesem Bereich bewertet das deutsche Handelsrecht in § 255 Abs. 2a Satz 3 HGB als von zu allgemeiner Natur, um über sie Aussagen im Hinblick auf ihre zukünftige wissenschaftliche Verwertbarkeit, technische Erfolgsaussichten und daraus folgernd den dauerhaften Nutzen für den Geschäftsbetrieb treffen zu können. Während Forschungskosten demzufolge weiterhin als Periodenaufwand zu behandeln sind, besteht nach Einführung des BilMoG für Entwicklungsaufwendungen in § 248 Abs. 2 Satz 1 HGB ein Aktivierungswahlrecht, was die Notwendigkeit einer klaren Trennung beider Bereiche für eine Bilanzierung nach dem deutschen Handelsrecht noch einmal unterstreicht. Ist eine entsprechende Trennung nicht möglich, ist eine Aktivierung der gesamten

Aufwendungen, unabhängig davon, ob aus Forschung oder Entwicklung resultierend, ausgeschlossen[109].

Entgeltlich erworbene immaterielle Vermögensgegenstände sind zum Zeitpunkt des Übergangs der wirtschaftlichen Verfügungsmacht stets zu aktivieren und nach § 266 Abs. 2 HGB auszuweisen.

3. Steuerrechtliche Bilanzierung

Während § 248 Abs. 2 HGB a. F. durch das generelle Aktivierungsverbot *selbst geschaffener* immaterieller Vermögensgegenstände des Anlagevermögens noch in Gänze § 5 Abs. 2 EStG entsprach, entstand durch Einführung des BilMoG und Verabschiedung des § 248 Abs. 2 HGB n. F. eine deutliche Abweichung zwischen Handels- und Steuerrecht. Steuerrechtlich legt § 5 Abs. 2 EStG unverändert fest, dass lediglich für entgeltlich erworbene immaterielle Wirtschaftsgüter des Anlagevermögens ein Aktivposten zu bilden ist, woraus sich im Umkehrschluss ein Aktivierungsverbot für selbst geschaffene immaterielle Wirtschaftsgüter ergibt. Durch Einführung des BilMoG fand eine entscheidende Umgestaltung des im Falle einer solchen Abweichung greifenden Maßgeblichkeitsprinzips in zweierlei Hinsicht statt: Zum einen wurde die umgekehrte Maßgeblichkeit des § 5 Abs. 1 Satz 2 EStG a. F. abgeschafft, zum anderen § 5 Abs. 1 Satz 1 EStG n. F. um einen Halbsatz erweitert, der es nunmehr zulässt, steuerrechtliche Wahlrechte auch unabhängig von handelsrechtlichen Bestimmungen auszuüben, vorausgesetzt, die in § 5 Abs. 1 Satz 2–3 EStG genannten Auflagen sind erfüllt.

Bestehen im Steuerrecht keine vom Handelsrecht abweichenden Normen, kommt es durch § 5 Abs. 1 Satz 1 1. Hs. EStG weiterhin zur Maßgeblichkeit der Handelsbilanz für die Steuerbilanz. Dies betrifft vorrangig die Anwendung der in § 238 Abs. 1 HGB verankerten Grundsätze ordnungsgemäßer Buchführung (GoB), die im Rahmen der materiellen Maßgeblichkeit zwingend in die Steuerbilanz zu übernehmen sind. Existieren jedoch sowohl handelsrechtliche als auch steuerrechtliche Wahlrechte, ist nicht nur nach herrschender Meinung der Literatur,

109 § 255 Abs. 2a S. 4 HGB.

sondern auch nach Rechtsauslegung der Finanzverwaltung beginnend ab dem Veranlagungszeitraum 2009 gemäß § 5 Abs. 1 Satz 1 2. Hs. EStG eine autonome Wahlrechtsausübung möglich[110]. Folglich besteht die Option, steuerrechtliche Wahlrechte nicht nur unabhängig, sondern auch entgegen den handelsrechtlichen Bestimmungen wahrnehmen zu können, was einen entscheidenden Wandel des bisherigen Maßgeblichkeitsprinzips darstellt. Bestehen im Handels- wie auch im Steuerrecht zwingende Regelungen, gilt *lex specialies derogat lex generali* zugunsten der spezielleren steuerrechtlichen Norm, insbesondere dann, wenn diese höhere Anforderungen an die Objektivierung stellen und somit die Verlässlichkeit des Wertansatzes erhöhen[111]. Dieser Anwendungsvorrang kommt in § 5 Abs. 2 EStG zum Tragen und untersagt in der Steuerbilanz grundsätzlich die Aktivierung selbst geschaffener immaterieller Wirtschaftsgüter, unabhängig von ihrer handelsbilanziellen Behandlung[112]. Es bleibt festzuhalten, dass die Anzahl an Durchbrechungen der Maßgeblichkeit infolge zwingender, vom Handelsrecht abweichender steuerlicher Regelungen fortwährend zunimmt. So stellt nicht zuletzt das BilMoG das Prinzip der Maßgeblichkeit derart infrage, dass über die Einführung eines eigenständigen Steuerbilanzrechts in der Literatur bereits seit Jahren diskutiert wird[113].

Für *entgeltlich erworbene* immaterielle Wirtschaftsgüter bestand bereits vor Einführung des BilMoG ein steuerrechtliches Aktivierungsgebot, unbenommen ihrer Zugehörigkeit zum Anlage- oder Umlaufvermögen

110 Vgl. Bundesministerium der Finanzen (BMF) (Hrsg.), Schreiben des BMF v. 12.03.2010 bezüglich der Maßgeblichkeit der handelsrechtlichen Grundsätze ordnungsmäßiger Buchführung für die steuerliche Gewinnermittlung, Änderung des § 5 Absatz 1 EStG durch das Gesetz zur Modernisierung des Bilanzrechts (Bilanzrechtsmodernisierungsgesetz – BilMoG) vom 15. Mai 2009 (BGBl. I S. 1102, BStBl I S. 650) (IV C 6 – S 2133/09/10001), S. 5 ff., Rdnr. 12 ff.; Avella F.-A., Krudewig W., BilMoG – Leitfaden für kleine und mittlere Unternehmen, 2010, S. 100 ff.

111 Scheffler W., Das Maßgeblichkeitsprinzip nach dem Bilanzmodernisierungsgesetz, 2011, S. 19.

112 Im Falle einer Inanspruchnahme der handelsrechtlichen Aktivierungsmöglichkeit entstehen passive Differenzen, die zu ansatzpflichtigen passiven latenten Steuern entsprechend § 274 Abs. 1 S. 1 HGB führen.

113 Ausf. dazu: Jensen-Nissen L., in: Watrin C. (Hrsg.), Forschungsreihe Rechnungslegung und Steuern, IAS 32/IAS 39 und steuerliche Gewinnermittlung, 2007.

wie auch ihrer Zuordnung zum Bereich der Forschung oder Entwicklung. An diesem Verfahren hat sich auch nach Inkrafttreten des BilMoG nichts geändert. Handelsrechtlich sind immaterielle Vermögensgegenstände, die durch Kauf oder Tausch entgeltlich erworben oder durch Gewährung von Gesellschaftsrechten eingebracht werden, wie bereits beschrieben, zum Zeitpunkt des Übergangs der wirtschaftlichen Verfügungsmacht zu aktivieren und nach § 266 Abs. 2 HGB auszuweisen, was der steuerrechtlichen Norm in § 5 Abs. 2 EStG entspricht.

4. Bewertung immaterieller Vermögensgegenstände

Die Bewertung aller zu aktivierenden immateriellen Vermögensgegenstände erfolgt wie bereits vor Einführung des BilMoG stets nach den allgemeinen Bewertungsgrundsätzen des § 252 Abs. 1 HGB. Dem in § 252 Abs. 1 Nr. 4 HGB kodifizierten Vorsichtsprinzip entsprechend bedeutet dies für aktivierungsfähige immaterielle Vermögensgegenstände sowohl des Umlauf- als auch des Anlagevermögens einen maximalen Ansatz entsprechend den Anschaffungs- oder Herstellungskosten gemäß § 253 Abs. 1 Satz 1 HGB, vermindert um Abschreibungen des jeweiligen Niederstwertprinzips. Dieses sich in § 253 Abs. 1 Satz 1 2. Hs HGB widerspiegelnde Prinzip findet in zwei Ausprägungen Anwendung: für immaterielle Vermögensgegenstände des Anlagevermögens als gemildertes, für solche des Umlaufvermögens als strenges Niederstwertprinzip. Ziel ist stets eine erfolgsneutrale Zugangsbewertung, da weder ein Zugangsgewinn noch -verlust *(day one gain or loss)* systematisch vorgesehen ist[114].

Unter dem *gemilderten* Niederstwertprinzip sind notwendige Abschreibungen nach § 253 Abs. 3 Satz 3 HGB aufgrund kaufmännisch beurteilter, dauerhafter Wertminderung zu verstehen. Kann im Folgenden von einer solchen Dauerhaftigkeit nicht mehr ausgegangen werden, ist der niedrigere Wertansatz – vorausgesetzt, es handelt sich um keinen Geschäfts- oder Firmenwert – gemäß § 253 Abs. 5 HGB im Rahmen einer Zuschreibung anzupassen. Das in § 253 Abs. 4 Satz 1 HGB ausgedrückte *strenge* Niederstwertprinzip hingegen unterschiedet nicht zwischen dauerhafter und vorrübergehender Wertminderung. Es bezieht sich

114 Hoffmann W.-D., Lüdenbach N., NWB Kommentar Bilanzierung, 2011, S. 503, Rdnr. 13.

auf alle Vermögensgegenstände des Umlaufvermögens und verlangt für diese eine Abschreibung auf den niedrigsten, nach Börsen- und Marktpreisen ermittelten Wertansatz. Übersteigen die Anschaffungs- oder Herstellungskosten den Wert, der den Vermögensgegenständen am Abschlussstichtag beizulegen ist, so ist gemäß § 253 Abs. 4 Satz 2 HGB auf diesen Wert außerplanmäßig abzuschreiben.

Ähnlich dem Handelsrecht sieht auch das Steuerrecht in § 6 Abs. 1 Nr. 1 Satz 1 EStG einen Ansatz aller zu aktivierenden immateriellen Wirtschaftsgüter maximal in Höhe ihrer Anschaffungs- oder Herstellungskosten vor, vermindert um jeweils anfallende Abzüge. Für weitere Abschreibungen auf einen niedrigeren Teilwert aufgrund voraussichtlich dauernder Wertminderung ist entgegen handelsrechtlichen Normen sowohl in § 6 Abs. 1 Nr. 1 Satz 2 EStG für Wirtschaftsgüter des Anlage- als auch in § 6 Abs. 1 Nr. 2 Satz 2 EStG für solche des Umlaufvermögens ein Wahlrecht vorgesehen. Der im Zuge des BilMoG erfolgten Neujustierung des Maßgeblichkeitsprinzips nachkommend besteht für Unternehmen gemäß § 5 Abs. 1 Satz 1 2. Hs. EStG n. F. folglich die Möglichkeit, entsprechende steuerliche Bewertungswahlrechte auch unabhängig von handelsrechtlichen Bestimmungen auszuüben. So findet die vor Einführung des BilMoG angewandte Abschreibungspflicht auf einen niedrigeren Teilwert infolge der nach § 5 Abs. 1 Satz 1 EStG a. F. gültigen Maßgeblichkeit der Handelsbilanz für die Steuerbilanz allenfalls noch in Altfällen Anwendung.

IV. Ökonomische Rechtfertigung und Ausgestaltung staatlicher FuE-Förderung

1. Ökonomische Rechtfertigung

a) Rahmenbedingungen

Längst gilt FuE als einer der wichtigsten Faktoren nachhaltiger Wettbewerbsfähigkeit für Unternehmen wie auch ganze Branchen und Volkswirtschaften. Unternehmen müssen sich infolge des beständig voranschreitenden Globalisierungsprozesses einer kontinuierlich zunehmenden Anzahl innovativer Mitbewerber innerhalb ihrer

Branchen stellen. In einem solchen Umfeld werden aus Forschung und Entwicklung resultierende Innovationen zum wichtigsten Faktor, um im globalen Wettbewerb um Kunden und Marktanteile bestehen zu können[115]. Zahlreiche Entwicklungsländer stehen zumindest in den Bereichen Wissenschaft und Wirtschaft kurz davor, die Lücke zu Ländern mit Führungsanspruch auf diesen Gebieten, darunter auch Deutschland, zu schließen und in einzelnen Branchen sogar die Führungsrolle zu übernehmen. Dies wird oft begünstigt durch erhebliche Unterschiede hinsichtlich des Preises und der Verfügbarkeit eingesetzter Produktionsfaktoren, primär bezogen auf die notwendigen Rohstoffe und den nicht zu vernachlässigenden Faktor Arbeit. Eine soziologische Bewertung dieses Sachverhaltes soll im Rahmen vorliegender Arbeit außer Acht gelassen werden. Der Weg zur Bewahrung einer internationalen Wettbewerbsfähigkeit gegenüber eben diesen Unternehmen, die auf günstigere Rohstoffe und Arbeitskräfte zurückgreifen können, kann nur über Wissensvorsprünge und einen sich daraus entwickelnden Know-how-Vorsprung führen. Den Unternehmen selbst obliegt es dabei, mittels FuE neue Ideen und Konzepte zu generieren und diese in marktfähige Produkte und Dienstleistungen umzusetzen, um auf diese Weise Pioniergewinne in neu zu erschließenden Marktsegmenten realisieren zu können - ein Vorgehen mit dem Ziel, kontinuierlich zusätzliche Kunden an das eigene Unternehmen zu binden und dadurch die eigene Marktposition langfristig mindestens erhalten, bestenfalls jedoch ausbauen zu können[116].

Auch auf nationaler Ebene ist dieser auf FuE-Tätigkeit basierende Wissensvorsprung, sei er auch noch so gering, von entscheidender Bedeutung. Agieren alle konkurrierenden Marktteilnehmer in einem Umfeld gleicher Rahmenbedingungen - gesellschaftlicher, rechtlicher oder anderweitiger Natur –, wird sich langfristig das Unternehmen durchsetzen, das die innovativeren Produkte oder Dienstleistungen hervorbringt. Ein eigenes FuE-Engagement ermöglicht es dabei, auf variierende Kundenwünsche besser einzugehen und preiswertere Produktionsmethoden zeitnäher zu nutzen als konkurrierenden

115 Hülskamp N., Koppel O., in: Roman Herzog Institut (Hrsg.), Förderung unternehmerischer Innovation in Deutschland, 2006, S. 6.

116 Spengel C., MPI Studies on Intellectual Property, Competition and Tax Law, Vol. 8, Steuerliche Förderung von Forschung und Entwicklung (FuE) in Deutschland, 2009, S. 3.

Unternehmen. Dies bringt erhebliche Marktvorteile mit sich. So kam eine im Jahr 2006 veröffentlichte Untersuchung der britischen Behörde für Handel und Industrie (Department of Trade and Industry – DTI), in der die 1.250 weltweit forschungsstärksten Unternehmen analysiert wurden, zu dem Ergebnis, dass FuE direkte Auswirkungen auf das Umsatzwachstum von Unternehmen hat. Je mehr ein Unternehmen seine Forschungsanstrengungen erhöht, umso stärker fällt der Studie zufolge sein Umsatzwachstum aus[117]. Dieser Effekt variiert je nach Unternehmensgröße und Branchenzugehörigkeit in seinen Ausmaßen erheblich. Für Unternehmen, die sich in schnelllebigen Märkten positionieren, etwa solche der Software- oder Pharmabranche, wirkt sich eine Erhöhung der FuE-Aktivitäten deutlich stärker auf den Umsatz aus als beispielsweise bei Unternehmen des metallverarbeitenden Gewerbes.

> *Beispiel:* Ein FuE-Verzicht für einen Hersteller von Datenträger-Abspielgeräten ist nahezu unmöglich. Ein Festhalten an der VHS- oder DVD-Technologie hätte zum Beispiel zu ruinösen Umsatzeinbußen geführt. Hingegen finden in Teilbereichen der Stahlproduktion noch immer Arbeitsmethoden wie vor 30 Jahren Anwendung.

b) Marktinsuffizienz

Die Notwendigkeit einer unternehmenseigenen Durchführung oder Beauftragung von FuE liegt im nationalen wie auch internationalen Wettbewerb der Marktteilnehmer untereinander begründet. Die Prämisse eines vollkommenen Marktes und damit einhergehend auch die eines vollkommenen Wettbewerbes ließe die Erwartung zu, sämtliche Unternehmen seien in der Lage, ihren eigenen FuE-Bedarf selbstständig zu identifizieren und allein aus Eigeninteresse optimal zu befriedigen[118]. Weiterführend könne davon ausgegangen werden, dass FuE in marktwirtschaftlichen Systemen demnach grundsätzlich von privater Seite zu tragen seien und ein staatlicher Eingriff in entsprechende Bereiche aus ökonomischer Sicht grundsätzlich nicht nötig und falls doch,

117 Department of Trade and Industry (DTI) (Hrsg.), The R&D Scoreboard, The top 800 UK & 1250 Global companies by R&D investment, Bd. 1/2, 2006, S. 75 ff.; Spengel C., a. a. O., S. 3 f.

118 Löhr S., Steuerliche Förderung von Forschung und Entwicklung, 2009, S. 1.

ausschließlich mit einem unzureichenden oder in seiner Struktur nicht befriedigenden FuE-Ressourceneinsatz der Unternehmen rational zu begründen wäre[119]. Die Realität zeigt jedoch, dass besonders die aggregierten FuE-Investitionen des privatwirtschaftlichen Sektors deutlich unterhalb des unter Effizienzgesichtspunkten optimalen gesamtwirtschaftlichen Volumens liegen[120]. Dies lässt auf eine Nichtanwendbarkeit der Prämisse eines vollkommenen Marktes schließen und weist stattdessen auf das Vorhandensein einer im Bereich von FuE besonders ausgeprägten Marktinsuffizienz hin, dessen Ursachen vielfältiger Natur sind. Im Schwerpunkt sehen sich privatwirtschaftlich tätige Akteure Informationsasymmetrien, Übertragungseffekten, Risikofurcht und Rentabilitätssorgen ausgesetzt, die einem aus gesamtwirtschaftlicher Sicht optimalen FuE-Ansatz entgegenwirken. So genügen die vom Markt gebotenen Anreize regelmäßig nicht, um FuE-Aktivitäten in einem aus volkswirtschaftlicher Sicht optimalen Niveau hervorzurufen.

Deutlich wird in diesem Zusammenhang, dass lediglich die Einsicht in die gesamtwirtschaftliche Notwendigkeit von FuE für den einzelnen Unternehmer noch keine Entscheidung zur Durchführung von Forschungsprojekten im eigenen Unternehmen begründet. Diese muss unter den Bedingungen einer vorhandenen Marktunzulänglichkeit für das Unternehmen gleichermaßen ökonomisch sinnvoll wie wirtschaftlich tragbar sein[121].

aa) Informationsasymmetrien

Nicht selten müssen privatwirtschaftlich tätige Unternehmen, insbesondere KMU, aufgrund einer nicht ausreichenden Eigenkapitalausstattung

---

119 Paulenz R., in: Albers W., Krause-Junk G., Littmann K. (Hrsg.), Finanzwissenschaftliche Schriften, Bd. 10, Der Einsatz finanzpolitischer Instrumente in der Forschungs- und Entwicklungspolitik, 1978, S. 73.

120 Herbold S., in: Bischoff J. G., Herzig N., Kellermann A. (Hrsg.), Steuer, Wirtschaft und Recht, Bd. 298, Steuerliche Anreize für Forschung und Entwicklung im internationalen Vergleich, 2009, S. 25.

121 Vgl. Helbing R., in: Schriften des Instituts für ausländisches und internationales Finanz- und Steuerwesen der Universität Hamburg (Hrsg.), Bd. 3, Die steuerliche Behandlung von Forschung und Entwicklung in den Industrieunternehmen der EG-Staaten, 1982, S. 24.

zur Durchführung von FuE-Projekten auf externe Finanzierungsmöglichkeiten zurückgreifen. So ergab eine Umfrage des US-amerikanischen Großkonzerns General Electric Company, an der 1.750 europäische KMU wirtschaftlich unterschiedlich starker Länder teilnahmen, dass für weit über 80 Prozent der befragten Unternehmen eine externe Finanzierung von Investitionen grundsätzlich infrage käme[122]. Aufgrund einer im Regelfall vorherrschenden asymmetrischen Informationslage hinsichtlich der Qualität und des Marktpotenzials eines FuE-Projekts zwischen durchführendem Unternehmen und potenziellem Kapitalgeber kommt es jedoch häufig zu voneinander abweichenden Risikobewertungen, deren Folge unvereinbare Kreditbedingungen sind. Während externe Finanziers auf Beaufschlagung einer Risikoprämie bestehen, die dem ungewissen Ausgang vorliegender FuE-Vorhaben Rechnung trägt, sehen sich potenzielle Innovatoren guter FuE-Projekte einer für sie inakzeptabel hohen Kapitalverzinsung ausgesetzt, die eine Kreditaufnahme allein aus finanzwirtschaftlichen Gründen für sie unmöglich macht. In der gesamtwirtschaftlichen Folge verbleiben lediglich risikoreiche FuE-Projekte mit entsprechend schlechten Erfolgsaussichten im Markt, für die entsprechend hohe Kapitalverzinsungen auch aus Sicht betroffener Unternehmen als angemessen bewertet werden, während erfolgversprechende und damit ökonomisch sinnvolle FuE-Vorhaben brachliegen. Antizipieren die Banken diesen Prozess und passen ihre Konditionen nach unten hin an, führt dies mittel- bis langfristig zu einer adversen Selektion unter Verhinderung eines volkswirtschaftlich optimalen FuE-Investitionsniveaus. Vonseiten der Banken setzt zur Risikominimierung eine ausgeprägte Kreditrationierung ein, die im Endeffekt besonders zulasten derjenigen Unternehmen geht, die keine dinglichen Sicherheiten zur Deckung ihres FuE-Projektrisikos vorweisen können[123]. Davon sind KMU, nicht zuletzt aufgrund ihrer Unternehmensgröße, am stärksten betroffen.

122 General Electric Company (Hrsg.), Europäisches KMU-Capex-Barometer, 2012, S. 4.

123 Vgl. Spengel C., MPI Studies on Intellectual Property, Competition and Tax Law, Vol. 8, Steuerliche Förderung von Forschung und Entwicklung (FuE) in Deutschland, 2009, S. 8 f.

bb) Übertragungseffekte

In der Wirtschaftstheorie stellen Übertragungseffekte *(Spill-over-Effekte)* die Auswirkungen ökonomischer Ereignisse oder Zustände auf andere Ereignisse oder Zustände dar. Auf den Bereich der FuE übertragen, beschreiben sie den Sachverhalt, dass sowohl Forschungs- als auch Entwicklungsergebnisse mittel- bis langfristig nur selten ausschließlich dem FuE durchführenden Unternehmen zur Verfügung stehen. Immer wieder gelangen durch legale oder illegale Verfahren Informationen und Zwischenergebnisse laufender FuE-Projekte an die Öffentlichkeit und damit auch an konkurrierende privatwirtschaftlich tätige Unternehmen. Gelingt die Geheimhaltung gewonnener Erkenntnisse in der Generierungsphase, ist spätestens mit Markteinführung daraus resultierender neuer Produkte oder Dienstleistungsmodelle eine Fremdnutzung kaum mehr zu verhindern. Je nachdem, ob es sich um Ergebnisse aus dem Bereich der Grundlagenforschung, der angewandten Forschung oder der experimentellen Entwicklung handelt, variieren das Ausmaß auftretender Übertragungseffekte und die Möglichkeit eines patentrechtlichen Schutzes der gewonnenen Erkenntnisse.

Die stärkste Ausprägung von Übertragungseffekten lässt sich auf dem Gebiet der Grundlagenforschung feststellen, da es in diesem Bereich definitionsgemäß zur Generierung abstrakten Wissens von allgemeinem Interesse kommt[124]. Erkenntnisse aus der Grundlagenforschung bieten typischerweise eine breite Nutzenbasis für nachfolgende FuE-Projekte unterschiedlichster Art, was einen großen Interessentenkreis anspricht. So wird etwa die spezielle Oberflächenbehandlung von geräuscharmen Holzfußböden weniger Interessenten ansprechen als Forschungsergebnisse zur Schallwellenreichweite und -ausdehnung in unterschiedlichen Holzarten. Da zudem Ergebnisse derartiger Grundlagenforschung regelmäßig in wissenschaftlichen Fachzeitschriften veröffentlicht und dadurch für jeden dieser Interessenten zugänglich gemacht werden, scheidet die Ausübung von Grundlagenforschung für privatwirtschaftlich tätige Unternehmen im Regelfall weitestgehend aus. Dies ist unter ökonomischen Aspekten nachvollziehbar, kommen doch die Erträge entsprechender Forschung letztendlich der Allgemeinheit zugute, während die mit der einmaligen Wissensgenerierung

124 Vgl. Abschnitt B. II. 1. a) aa).

verbundenen Kosten auf der Seite des betroffenen Unternehmens anfallen[125]. Unter patentrechtlichen Schutz zur Gewährleistung einer exklusiven Nutzung lassen sich die entsprechenden Forschungsergebnisse nur in Ausnahmefällen stellen, haben sie doch im Regelfall einen zu allgemeinen, schwer abgrenzbaren Charakter.

Geringer ausgeprägte Übertragungseffekte lassen sich auf dem Gebiet der angewandten Forschung wie auch der experimentellen Entwicklung finden. In diesen FuE-Bereichen ist die Anzahl externer Interessenten an den deutlich spezielleren Ergebnissen zwar geringer, die von einer Wissensübertragung ausgehende wirtschaftliche Gefahr aufgrund der bestehenden Marktnähe jedoch umso größer. Kommt es infolge von Übertragungseffekten zu einer ungewollten Weitergabe elementarer Forschungsergebnisse an konkurrierende Unternehmen, hat dies erhebliche Auswirkungen auf die Zweckmäßigkeit der gesamten Investitionsaufwendung, da ein von ihr versprochener Wettbewerbsvorsprung nicht mehr realisiert werden kann. Unbeteiligten Unternehmen wird es ermöglicht, kostenlos und ohne Eigenaufwand an den Ergebnissen fremden FuE-Engagements zu profitieren.

Ein patentrechtlicher Schutz von FuE-Erkenntnissen sowohl aus angewandter Forschung als auch experimenteller Entwicklung ist aufgrund ihres im Vergleich zur Grundlagenforschung weniger allgemeinen und daher besser abgrenzbaren Charakters zwar denkbar, doch lassen sich ungewollte FuE-Übertragungseffekte dadurch nicht vollständig verhindern. *Spengel* verdeutlicht dies exemplarisch am Dilemma von KMU, die trotz eines eigentumsrechtlichen Schutzes ihrer FuE-Ergebnisse regelmäßig unfreiwilligen Übertragungseffekten unterliegen, und zwar lediglich aufgrund der Tatsache, dass sie nicht über ausreichend finanzielle Ressourcen verfügen, um ihre begründeten Ansprüche im Rahmen langer Rechtsstreite geltend zu machen[126]. Im Volksmund wird ein solcher Sachverhalt treffend dadurch beschrieben, dass Recht haben nicht gleich Recht bekommen sei. So gilt unabhängig von patenrechtlichen Möglichkeiten, dass überall dort, wo Menschen als Geheimnisträger in

125 Spengel C., MPI Studies on Intellectual Property, Competition and Tax Law, Vol. 8, Steuerliche Förderung von Forschung und Entwicklung (FuE) in Deutschland, 2009, S. 5.

126 Ebda., S. 6.

freien Märkten agieren und moderne Kommunikationsmittel zum Einsatz kommen, Übertragungseffekte präsent sind. Diese stellen für alle privatwirtschaftlich tätigen Unternehmen mit Aktivitäten in gleich welchen FuE-Bereichen eine große strategische wie auch finanzielle Bedrohung dar und wirken sich damit negativ auf die Umsetzung eines volkswirtschaftlich optimalen FuE-Investitionsniveaus aus, wenngleich der generelle Tatbestand der Wissensverbreitung und somit gemeinsamen Nutzung fachlichen Know-hows aus gesamtwirtschaftlicher Sicht grundsätzlich begrüßenswert ist.

cc) Risikofurcht und Rentabilitätssorgen

FuE-Aktivitäten können aufgrund ihrer im Vorfeld nur schwer vorhersehbaren Rentabilität ein erhebliches finanzielles Risiko für die durchführenden Unternehmen darstellen. Ob aus ihnen vermarktbare Inventionen hervorgehen, die über das Potenzial verfügen, genügend Erträge zur Deckung sämtlicher erbrachter Aufwendungen zu generieren, ist von zahlreichen, zum Zeitpunkt der FuE-Entscheidung teilweise noch unbekannten Faktoren abhängig. Stellt sich die Unrentabilität einer FuE-Aktivität heraus, verfügen Unternehmen, darunter vornehmlich KMU, meist nicht über ausreichend finanzielle Reserven, um diese erfolglosen Projekte ohne Auswirkungen auf das gesamte Unternehmen abwickeln zu können. Nicht selten hängt somit die Zukunft gesamter Unternehmen vom Ausgang einzelner FuE-Vorhaben ab und mögliche Rentabilitätssorgen entwickeln sich kurzerhand zu akuten Existenzängsten. Generell gilt: Je weniger finanzielle Reserven einem Unternehmen zum Ausgleich von Fehlentscheidungen zur Verfügung stehen – was häufig direkt mit der umsatzbasierten Unternehmensgröße in Verbindung steht –, desto größer ist das Risiko einer FuE-Investition und der darauf lastende Rentabilitätsdruck.

c) Gesamtwirtschaftliche Legitimation

Während Anfang der 70er-Jahre FuE-Investitionen äußerst restriktiven Maßnahmen wie einer Einschränkung von Abschreibungsmöglichkeiten oder sogar einer Investitionsbesteuerung zur „Boombekämpfung“

ausgesetzt waren[127], gilt FuE heute aus Sicht der weltweit bedeutendsten Volkswirtschaften und zahlreicher international agierender Organisationen als Schlüssel für langfristigen wirtschaftlichen Erfolg. Entsprechend den Modellen moderner volkswirtschaftlicher Wachstumstheorien bildet eine auf FuE-Aktivität der Unternehmen zurückzuführende Erhöhung des gesamtwirtschaftlichen Wissensstocks die Grundlage für technischen Fortschritt und das Wirtschaftswachstum ganzer Volkswirtschaften[128]. Entscheidender als die individuelle FuE-Leistung ist dabei der Ausbau innovativer Netzwerke zu bewerten, in denen die einzelnen Unternehmen untereinander kooperieren und konkurrieren, um so eine Wissenszirkulation und verteilung auf gesamtwirtschaftlicher Ebene sicherzustellen[129].

Zusätzlich zur reinen Wissensmehrung leistet ein auf FuE beruhendes unternehmerisches Streben nach nationaler wie auch internationaler Wettbewerbsfähigkeit einen nicht zu vernachlässigenden Beitrag zur nachhaltigen Sicherung und Zunahme von Arbeitsplätzen und der damit einhergehenden Generierung zusätzlicher Steuereinnahmen. Dieser messbare beschäftigungspolitische Einfluss wird im jährlichen Rhythmus auf Basis statistischer Grundlagen durch die EFI bestätigt, die FuE als „wesentliche Triebfedern für den Erhalt internationaler Wettbewerbsfähigkeit" sowie „entscheidendes Instrument zur Wohlstandssicherung wissensbasierter Industrienationen" bezeichnen[130]. FuE stellt somit nicht nur eine der wichtigsten Determinanten für die Wettbewerbsfähigkeit und den wirtschaftlichen Erfolg einzelner privatwirtschaftlich tätiger Unternehmen dar, sondern ist auch für die Umsetzung eines gesamtwirtschaftlich optimalen FuE-Investitionsniveaus von erheblichem volkswirtschaftlichem Interesse.

127 Fuest W., Kroker R., in: Institut der deutschen Wirtschaft (IW) (Hrsg.), Beiträge zur Wirtschafts- und Sozialpolitik, Steuerliche Förderung von Investition und Innovation im internationalen Vergleich, 1981, S. 11.

128 Herbold S., in: Bischoff J. G., Herzig N., Kellermann A. (Hrsg.), Steuer, Wirtschaft und Recht, Bd. 298, Steuerliche Anreize für Forschung und Entwicklung im internationalen Vergleich, 2009, S. 24 f.

129 Mazzucato M., Das Kapital des Staates, 2014, S. 53 f.

130 EFI (Hrsg.), Gutachten zu Forschung, Innovation und technologischer Leistungsfähigkeit Deutschlands, 2012, S. 94.

Die bereits skizzierte Marktinsuffizienz führt jedoch regelmäßig dazu, dass schon auf betriebswirtschaftlicher Ebene bestehendes FuE-Potenzial nicht in Gänze ausgenutzt wird und somit das FuE-Investitionsniveau der Unternehmen zum Schaden der gesamtwirtschaftlichen Dynamik unter dem volkswirtschaftlichen Optimum zurückbleibt[131]. In eben dieser Schwäche des Marktes liegt die ökonomische Rechtfertigung für staatliche Eingriffe begründet, mit denen versucht wird, den negativen Auswirkungen auf die FuE-Aktivität der Unternehmen zumindest teilweise entgegenzuwirken. Der Ökonom *Keynes* formulierte bereits im Jahr 1929 dazu: „Nicht das ist wichtig für den Staat, dass er die Dinge etwas besser oder schlechter ausführt, die heute bereits von Einzelpersonen getan werden, sondern dass er die Dinge tut, die heute überhaupt nicht getan werden"[132]. So kann die Ausgestaltung staatlicher Förderung zwar äußerst unterschiedlich ausfallen, verfolgt jedoch stets das Ziel, durch positive Anreize das FuE-Investitionsniveau der Unternehmen, entgegen allen auf Marktinsuffizienz zurückzuführenden Hemmnissen, zu erhöhen. Dass derartig positive Wechselbeziehungen zwischen staatlicher Förderung und FuE-Investitionsaktivität privatwirtschaftlich tätiger Unternehmen grundsätzlich bestehen und sich diese sogar auf lediglich mittelbar beteiligte Unternehmen wie etwa Zulieferer begünstigter Unternehmen auswirken, ist anhand zahlreicher Studien empirisch belegt[133]. Lediglich hinsichtlich des Ausmaßes entsprechender Effekte besteht noch keine studienübergreifende Einigkeit.

2. Ausgestaltung aktueller staatlicher FuE-Förderung

a) Historische Entwicklung

Die Wurzeln staatlicher FuE-Förderung reichen bis zur Gründung des Bundesministeriums für Atomfragen im Jahr 1955 und der institutionellen Förderung politisch vorgegebener Technologiebereiche, darunter etwa Weltraumforschung oder Atomenergie, zurück. Während zu diesem Zeitpunkt Beihilfen lediglich für Hochschulen und

131 Löhr S., Steuerliche Förderung von Forschung und Entwicklung, 2009, S. 1.

132 Keynes J. M., Das Ende des Laissez-Faire, Ideen zur Verbindung von Privat- und Gemeinwirtschaft, 2011, S. 47.

133 Vgl. EFI (Hrsg.), Gutachten zu Forschung, Innovation und technologischer Leistungsfähigkeit Deutschlands, 2012, S. 96.

Großforschungszentren infrage kamen, bestand in den 1960er-Jahren erstmals die Möglichkeit, auch für industrielle FuE-Aktivitäten eine staatliche Förderung in Anspruch zu nehmen[134]. In den darauf folgenden Jahren wurde die Ausweitung und Entwicklung staatlicher Förderung in solch einem Umfang fortgesetzt, dass auch KMU, junge Unternehmen und Unternehmenskooperationen zunehmend in den Genuss staatlicher Beihilfen kamen.

Bis heute wurde der Prozess einer sukzessiven Erweiterung staatlicher FuE-Fördermaßnahmen stetig vorangetrieben, was dazu führte, dass aktuell alleine in den 16 deutschen Bundesländern über 300, auf Bundesebene über 200 verschiedene FuE-Förderprogramme für Unternehmen im Angebot stehen[135]. Die rasche Entwicklung deutscher FuE-Förderpolitik, weg von einer reinen Forschungsförderung ausgewählter Großforschungszentren und Hochschulen hin zu einer regionalen, netzwerkorientierten Innovationspolitik[136], ist jedoch nicht ausschließlich positiv zu bewerten. So führt das unkoordiniert wirkende Nebeneinander unterschiedlicher Fördermodelle auf Landes- und Bundesebene bei förderinteressierten Unternehmen, insbesondere KMU, nicht selten zu Unsicherheit hinsichtlich der Wahl geeigneter Fördermaßnahmen. Als Konsequenz verzichten zahlreiche KMU noch immer auf das Mittel staatlicher Forschungsförderung, häufig begründet mit der schlichten Annahme, dass es für das eigene Unternehmen keine relevanten Fördermöglichkeiten gäbe. Die Maßnahmen der öffentlichen Hand werden dabei zwar wahrgenommen, aufgrund bestehender Informationsdefizite jedoch nicht als an das eigene Unternehmen adressiert empfunden.

Während die Bundesregierung bis zum Jahr 1974 in Form von Sonderabschreibungen auf FuE-Investitionen noch dauerhaft auf steuerliche und damit indirekte Förderanreize zurückgriff, wurde diese Art der staatlichen Forschungsförderung nur wenige Jahre später zum ersten

134 Vgl. Fier A., Harhoff D., in: ZEW (Hrsg.), Discussion Paper No. 01–61, Die Evolution der bundesdeutschen Forschungs- und Technologiepolitik: Rückblick und Bestandsaufnahme, 2001, S. 9 ff.

135 Vgl. BMWi (Hrsg.), Förderdatenbank, Förderprogramme, Finanzhilfen des Bundes, der Länder und der EU, 2015, http://www.foerderdatenbank.de (Stand: 19.03.2015).

136 Hülskamp N., Koppel O., in: Roman Herzog Institut (Hrsg.), Förderung unternehmerischer Innovation in Deutschland, 2006, S. 14.

Mal aufgegeben. Sie erschien neben der ebenfalls in Form von Investitionszulagen durchgeführten, direkten FuE-Förderung zunächst entbehrlich, wurde im Rahmen des Gesetzes zur Stärkung der Wettbewerbsfähigkeit der Wirtschaft und zur Einschränkung von steuerlichen Vorteilen (Steuerentlastungsgesetz 1984) mit Wirkung zum 1. Januar 1984 jedoch erneut, unter zeitlicher Begrenzung, in § 51 Abs. 1 Nr. 2 lit. u EStG a. F. aufgenommen[137]. Das Ziel des Gesetzes bestand darin, „die ertragsunabhängigen Bestandteile der Unternehmensbesteuerung zurückzuführen, die Eigenkapitalbildung der Unternehmen zu unterstützen, ihre Investitions- und Innovationskraft zu stärken, sowie die internationale Wettbewerbsfähigkeit der deutschen Wirtschaft zu verbessern"[138]. Nachdem eine über den 31. Dezember 1989 hinausreichende Verlängerung des Gesetzes ausblieb, endete die steuerliche FuE-Förderung in Deutschland zu Beginn des Jahres 1990 zugunsten priorisierter Steuermehreinnahmen ein weiteres Mal. Seitens der damaligen Bundesregierung wurde begründend angeführt, dass bereitgestellte Begünstigungen vorwiegend von gewinnstarken Großunternehmen in Anspruch genommen würden, bei denen es einer staatlichen Förderung regelmäßig nicht bedürfe (Mitnahmeeffekte) und eine Durchführung von FuE-Projekten zudem unter hohem volkswirtschaftlichem Interesse bereits aus anderen Haushaltsmitteln erfolge[139].

Heute bedient sich die Bundesrepublik eines nicht weniger komplexen, nahezu ausschließlich auf direkter FuE-Förderung beruhenden und mit der Europapolitik in Einklang stehenden Fördersystems. Dieses in der Literatur hinsichtlich seiner fehlenden Breitenwirkung heftig diskutierte Projektfördermodell wird nachfolgend detaillierter vorgestellt.

137 Gesetz zur Stärkung der Wettbewerbsfähigkeit der Wirtschaft und zur Einschränkung von steuerlichen Vorteilen (Steuerentlastungsgesetz 1984 – StEntlG 1984) v. 22.12.1983, BGBl. I 1983, S. 1583.

138 Ebda., S. 1; Dankmeyer U., in: DB, Heft 1, 1984, Gesetz zur Stärkung der Wettbewerbsfähigkeit der Wirtschaft und zur Einschränkung von steuerlichen Vorteilen, S. 8.

139 Schulhoff W., in: Faltlhauser K. (Hrsg.), Steuerstrategie, Beitrag der Wirtschaft zur Verbreiterung der Besteuerungsbasis, 1988, S. 203.

b) Direkte FuE-Förderung

aa) Abgrenzende Charakteristik direkter FuE-Förderung

Staatliche Förderungen können direkt institutionell, direkt projektorientiert oder indirekt und projektunabhängig erfolgen. Dabei lassen sich Generalaussagen zur Effektivität der jeweiligen Ausgestaltungsalternative ohne Einzelfallbetrachtung nur schwer treffen. Der wesentliche Unterschied zwischen direkter und indirekter staatlicher FuE-Förderung besteht in der Selektivität ihrer Förderwirkungen[140]. Während indirekte steuerliche Fördermaßnahmen darauf abzielen, für alle FuE-Leistung erbringenden Steuersubjekte die zu tragende Steuerlast zu reduzieren, konzentriert sich das Subventionsinstrument der direkten Förderung über politisch gesteuerte Förderprogramme auf die Unterstützung ausgewählter Forschungsbereiche oder spezifischer Forschungsprojekte, sowohl außeruniversitärer Forschungseinrichtungen (institutionelle Förderung) als auch privatwirtschaftlich tätiger Unternehmen (Projektförderung)[141]. Eine Abgrenzung direkter gegenüber indirekter staatlicher FuE-Förderung unter Bewertung der positiven wie negativen Effekte, sowohl für den Staat als Fördergeber als auch das jeweilige Unternehmen als Förderempfänger, findet im weiteren Verlauf dieser Arbeit im Rahmen der Darstellung indirekter FuE-Fördermodelle statt.

bb) Institutionelle Förderung

Unter institutioneller Förderung ist die bereits erwähnte Förderung außeruniversitärer Forschungseinrichtungen in Form einer gemeinsamen Vergabe von Forschungsmitteln durch Bund, Länder und gegebenenfalls weiteren Partnern unter Auflage klar definierter Forschungsaufträge zu verstehen[142]. Diese Forschungseinrichtungen, darunter

140 Herbold S., in: Bischoff J. G., Herzig N., Kellermann A. (Hrsg.), Steuer, Wirtschaft und Recht, Bd. 298, Steuerliche Anreize für Forschung und Entwicklung im internationalen Vergleich, 2009, S. 40.

141 Hildner M. J., Besteuerung von Forschung und Entwicklung – steuerliche Förderung von Forschung und Entwicklung, 2011, S. 3.

142 Vgl. Spengel C., MPI Studies on Intellectual Property, Competition and Tax Law, Vol. 8, Steuerliche Förderung von Forschung und Entwicklung (FuE) in Deutschland, 2009, S. 29

Institute wie die Helmholtz-Gemeinschaft, die Max-Planck- oder Fraunhofer-Gesellschaft, werden mit Forschungsaufträgen von staatlichem Interesse beauftragt, in deren Realisierung sich die Bundesregierung nicht allein auf das FuE-Engagement privatwirtschaftlicher Unternehmen verlassen will oder kann[143]. Primäre Forschungsgebiete entsprechender Institutionen liegen demzufolge meist im Bereich der Grundlagenforschung, die trotz ihres erheblichen volkswirtschaftlichen Nutzens im Rahmen des Forschungsengagements privatwirtschaftlich tätiger Unternehmen naturgemäß eine eher untergeordnete Bedeutung einnimmt[144]. Möglichkeiten für eine institutionelle Förderung bestehen jedoch, je nach wissenschaftlicher Schwerpunktsetzung der jeweiligen Bundes- oder Landesregierungen, in nahezu allen Forschungsbereichen, was am Beispiel der Fraunhofer Gesellschaft, die aktuell als größte Organisation für angewandte Forschung in Europa gilt, besonders anschaulich verdeutlicht wird[145].

Institutionelle Förderung macht aktuell den größten Anteil direkter staatlicher FuE-Förderaufwendungen aus, was sich infolge des „Paktes für Forschung und Innovation“ auch in naher Zukunft voraussichtlich nicht ändern wird. Der im Jahr 2005 zwischen Bund und Ländern für zunächst fünf Jahre beschlossene und mittlerweile bis zum Jahr 2020 verlängerte Pakt beinhaltet eine jährlich um 3 bis 5 Prozent steigende, gemeinsame Förderung von Forschungseinrichtungen mit dem Ziel einer dynamischen Leistungssteigerung des Wissenschaftssystems[146]. Die Fördermittel werden den Forschungseinrichtungen meist direkt über das BMBF zur Verfügung gestellt, das seinerseits nicht selten in den Aufsichtsgremien der geförderten Institutionen mitwirkt und dadurch nach eigenen Angaben die direkte staatliche Kontrolle über den Einsatz der zugewiesenen Fördermittel wie auch über die Effektivität entsprechender Forschungseinrichtungen gewährleistet.

143 Ebda.

144 Vgl. Abschnitt B. II. 1. a) aa).

145 Ausf. dazu: Fraunhofer Gesellschaft (Hrsg.), Bericht des Vorstands, Lagebericht 2012, 2012, S. 14 ff.

146 Vgl. GWK (Hrsg.), Pakt für Forschung und Innovation – Fortschreibung 2016–2020, 2015, S. 5; Fraunhofer Gesellschaft (Hrsg.), Pakt für Forschung und Innovation, Fortschreibung 2016–2020, Erklärung der Fraunhofer Gesellschaft, 2014, S. 1 ff.

cc) Projektförderung und Förderorganisationen als Projektträger

Projektförderung bildet den zweitgrößten Anteil direkter staatlicher FuE-Förderung und erfolgt auf Landes- und Bundesebene durch gezielte Unterstützung unternehmerischer FuE-Projekte. Dieses Verfahren wurde in den letzten Jahren besonders in Technologiebereichen von hohem staatlichem Interesse ausgeweitet, darunter dem der erneuerbaren Energien oder der Elektromobilität. Durch die ungleich verteilte Förderung unterschiedlicher Technologien erzielt der Staat eine mittelbare Lenkungswirkung, ohne jedoch die Unternehmen in ihrem Forschungsfreiraum, also der strukturellen und inhaltlichen Ausgestaltung ihrer FuE-Projekte, maßgeblich zu beeinflussen. Lediglich in vernachlässigbaren Ausnahmefällen, vornehmlich im Bereich der militärischen Forschung, kommt es zu direkter FuE-Förderung in Form einer Vergabe staatlicher FuE-Aufträge unter Auflage klar definierter Durchführungsvorgaben.

Die fachliche und administrative Durchführung von Projektförderungen findet meist über von den Ministerien, vorwiegend BMBF und BMWi, beauftragte Projektträger statt[147]. Diese begleiten laut Angaben der Bundesregierung die Förderprojekte, nehmen eine beratende Funktion gegenüber den Unternehmen wahr und führen abschließende Erfolgskontrollen zur Effizienzbewertung der umgesetzten Maßnahmen durch. Beispiel einer solchen Förderorganisation ist das Deutsche Zentrum für Luft- und Raumfahrt (DLR), das als Projektträger gleich mehrerer Projektförderungen im Auftrag unterschiedlicher Bundesministerien in Erscheinung tritt[148]. Des Weiteren befinden sich unter den Projektträgern Ministerien, die sich bestimmter Förderprogramme direkt annehmen, sowie Bundesämter und Bürgschaftsbanken, die mit der Führung von Förderprogrammen oder der Bereitstellung vergünstigter Finanzmittel betraut sind.

147 Ausf. dazu: BMBF (Hrsg.), Förderkatalog der Bundesregierung, 2015, http://foerderportal.bund.de/foekat/jsp/StartAction.do?actionMode=list (Stand: 18.05.2013); BMBF (Hrsg.), Auftraggeber, Serviceeinrichtungen des Bundes, 2015, http://www.foerderinfo.bund.de/de/Auftraggeber-754.php (Stand: 30.04.2015); BMBF (Hrsg.), Projektträger, Projektträger in der Forschungsförderung, 2015, http://www.foerderinfo.bund.de/de/Projekttraeger-982.php (Stand: 30.04.2015).

148 Deutsches Zentrum für Luft und Raumfahrt (DLR) (Hrsg.), Der Projektträger im DLR, 2015, http://www.dlr.de/pt (Stand 20.03.2015).

Dabei liegt es an den förderinteressierten Unternehmen selbst, zu ermitteln, welche Projektträger für sie die geeignetsten Ansprechpartner darstellen und welche FuE-Fördermodelle für ihre Projekte am kompatibelsten sind. In gemeinschaftlicher Kooperation bieten sowohl das BMWi als auch das BMBF den Unternehmen zahlreiche Hilfestellungen zur Auswahl passender Förderorganisationen wie auch Förderprojekte an. So bietet etwa die Förderdatenbank der Bundesregierung einen umfassenden Überblick über sämtliche direkten FuE-Förderprogramme der Länder, des Bundes und der EU. Sie fasst sämtliches Fördergeschehen unabhängig von der Förderebene oder des Fördergebers nach einheitlichen Kriterien und unter Angabe wichtiger, projektübergreifender Zusammenhänge zusammen und stellt es in informativer Form dar[149]. Für forschungswillige Unternehmen ist dies eine nahezu unverzichtbare Hilfestellung angesichts des sich kontinuierlich verändernden Förderangebotes.

(1) Antragstellung und Förderverfahren

Alle klassischen Projektförderungen sind mittels eines vom bewerbenden Unternehmen anzufertigenden Förderantrags bei der jeweiligen Förderorganisation zu beantragen. Zwar kann die Begutachtung eingegangener Anträge je nach Projektträger unterschiedlich verlaufen, doch findet aus Gründen der Qualitätssicherung und Nachvollziehbarkeit im Regelfall eine Bewertung eingereichter Förderanträge durch unabhängige ehrenamtliche Gutachter unter Wahrung größtmöglicher Transparenz statt[150]. Auf Grundlage dieser Gutachten trifft ein übergeordnetes Gremium – im Regelfall das mit der Förderung beauftragte Ministerium – die Förderentscheidung. Diese kann nicht selten an bestimmte Bedingungen geknüpft

149 Mühleck M., Senitz S., in: Industrie und Handelskammer Karlsruhe (IHK-Karlsruhe) (Hrsg.), IHK-Merkblatt FuE-Förderprogramme, Programme zur Förderung von Forschung und Entwicklung (FuE) in Unternehmen, 2014, S. 2 f.; BMWi (Hrsg.), Förderdatenbank, Förderprogramme, Finanzhilfen des Bundes, der Länder und der EU, 2015, http://www.foerderdatenbank.de (Stand: 19.03.2015).

150 Urban A., für: Universität Erfurt (Hrsg.), Forschung und wissenschaftlicher Nachwuchs, Forschungsförderung, Wie erstelle ich einen Projektantrag?, 2013, http://www.unierfurt.de/fr/forschung/foerderung/drittmittelleitfaden/projektantrag (Stand: 23.03.2015).

sein, wie etwa den Ausweis eines zuvor bezifferten Eigenanteils[151]. Generell lässt sich hinsichtlich der Antragstellung feststellen, dass sowohl der Bewilligungszeitraum als auch der mit dem Antrag verbundene Arbeitsaufwand parallel zum benötigten Fördervolumen steigen[152].

Wird ein Förderantrag positiv entschieden, werden die ersten Fördermittel meist unverzüglich bereitgestellt, während für die Freigabe nachfolgender Zahlungen nicht selten zuvor vereinbarte Forschungsfortschritte, etwa in Form von Zwischenstandberichten, nachgewiesen werden müssen. Dies ist eine Sicherheitsmaßnahme der Ministerien und beauftragten Projektträger zum Schutz vor Fehlinvestitionen und ineffizienter Mittelverwendung, die für die geförderten Unternehmen, insbesondere für KMU, einen erheblichen bürokratischen Mehraufwand bedeutet. Zeitlich begrenzte FuE-Fördermodelle sind an ein festgelegtes Ablaufdatum gebunden, nach dessen Erreichen die Fördermaßnahmen, ungeachtet des jeweiligen Projektfortschritts, eingestellt werden. Zeitlich unbefristete Fördermaßnahmen hingegen enden erst mit Abschluss des FuE-Projekts. Rückzahlungen fallen nach Ende der FuE-Projektförderung meist nicht an, da die meisten FuE-Förderorganisationen auf das Mittel der nicht rückzahlbaren Zuschüsse zurückgreifen.

(2) Bilanzierung von Projektfördermitteln

Fördermittel, die im Rahmen eines FuE-Projekts Unternehmen aus Mitteln der öffentlichen Hand zur Verfügung gestellt werden, sind grundsätzlich als *Zuwendungen* zu klassifizieren. Erhöhen sie das steuerpflichtige Einkommen des Empfängers, handelt es sich um *Zuschüsse*, andernfalls um *Zulagen*[153]. Wenngleich es sich dabei um keine originären Rechtsbegriffe handelt, kommen diese sowohl in der steuerlichen Rechtsprechung als auch der Verwaltungspraxis regelmäßig zur

151 Ebda.

152 Mühleck M., Senitz S., in: IHK-Karlsruhe (Hrsg.), IHK-Merkblatt FuE-Förderprogramme, Programme zur Förderung von Forschung und Entwicklung (FuE) in Unternehmen, 2014, S. 1.

153 Instituts der Wirtschaftsprüfer (IDW) (Hrsg.), Stellungnahme Hauptfachausschuss 1/1984 i.d.F.v. 1990, Bilanzierungsfragen bei Zuwendungen, dargestellt am Beispiel finanzieller Zuwendungen der öffentlichen Hand, 1990, Abschnitt 1.

Anwendung. So definieren die IAS wie auch der BFH Zuwendungen gleichermaßen als „nicht oder nur bedingt zurückzuführende Geld- oder Sachleistungen, die ein Zuwendungsgeber, zur Förderung eines in seinem Interesse liegenden Zweck auf ein Unternehmen transferiert"[154]. Die Zweckgebundenheit stellt dabei das zentrale Begriffsmerkmal entsprechender Definition und zugleich das wichtigste Wesensmerkmal von Zuwendungen dar, verbindet sie schließlich die Vorteilsgewährung mit den vom Zuwendungsgeber festgelegten Auflagen. Mangelt es an einem Eigeninteresse des Zuwendungsgebers oder besteht kein unmittelbarer wirtschaftlicher Zusammenhang zwischen den erhaltenen Mitteln und einer zu erbringenden Leistung des Zuwendungsempfängers, liegt keine Zuwendung vor[155].

Während private, aus einem Gesellschaftsverhältnis resultierende Zuwendungen gemäß HGB konsequent als Kapitalrücklagen in das Eigenkapital der betroffenen Unternehmung zu bilanzieren sind[156], ist in der Literatur die handelsrechtliche Bilanzierung von Zuwendungen aus Mitteln der öffentlichen Hand umstritten, was nicht zuletzt deren zahlreichen Ausgestaltungsmöglichkeiten geschuldet ist. Hinsichtlich der bilanziellen Behandlung von Zuwendungen aus öffentlichen Mitteln entspricht das HGB in weiten Teilen den Vorgaben internationaler Rechnungslegung. So sehen die IAS für entsprechende Zuwendungen grundsätzlich eine periodengerechte und erfolgswirksame Bilanzierung als Ertrag in der Gewinn- und Verlustrechnung vor, vorausgesetzt, die mit der Zuwendung verbundenen Bedingungen werden erfüllt und die Zuwendung wird tatsächlich gewährt[157]. Auch nach deutschem HGB wird mit Realisierung des aus der Zweckbindung resultierenden

154 Vgl. BFH, Urt. v. 22.01.1992 – X R 23/89, BStBl. II 1992, S. 488; IAS Nr. 20 – Bilanzierung und Darstellung von Zuwendungen der öffentlichen Hand, in: Hoffmann W.-D., Lüdenbach N., IAS/IFRS-Texte, 2012, S. 210, Rdnr. 3.

155 Vgl. BFH, Urt. v. 10.06.1992 – I R 9/91, BStBl. II 1993, S. 41; R 6.5 Abs. 1 Satz 2–3 Einkommensteuer-Richtlinien 2005 (EStR 2005).

156 § 266 Abs. 3 HGB; § 272 Abs. 2 Nr. 4 HGB.

157 IAS Nr. 20 – Bilanzierung und Darstellung von Zuwendungen der öffentlichen Hand, in: Hoffmann W.D., Lüdenbach N., IAS/IFRS-Texte, 2012, S. 211, Rdnr. 7 ff.

Aufwands die Zuwendung als Ertrag erfasst, entgegen den Regelungen der IAS jedoch nicht mit bestehendem Aufwand saldiert[158].

Für *nicht rückzahlbare* Zuschüsse, die der Reduzierung von Anschaffungs- und Herstellungskosten dienen, besteht ein Wahlrecht, sie entweder als Periodenertrag in der Gewinn- und Verlustrechnung (Aufwandszuwendung) oder als Anschaffungs- und Herstellungskostenminderung (Investitionszuwendung) anzusetzen[159]. Bei Wahl letzterer Variante sind entsprechende Zuschüsse sowohl bei der Buchwertfeststellung betroffener Vermögenswerte als auch den geringer ausfallenden Abschreibungen zu berücksichtigen. Eine Bilanzierung von Zuwendungen der öffentlichen Hand als Verbindlichkeiten findet ausschließlich bei *rückzahlbaren* Zuschüssen statt, mit Unterschieden in Abhängigkeit von den jeweils festgelegten Rückzahlungsmodalitäten. Während gänzlich rückzahlbare Zuschüsse vollumfänglich als Verbindlichkeiten zu passivieren sind, ist für staatliche Zuwendungen, deren Rückzahlung ex ante sowohl hinsichtlich ihres Zeitpunkts als auch ihrer Höhe noch nicht feststeht – etwa aufgrund einer Verknüpfung mit zum Zeitpunkt der Leistungserbringung noch nicht sicher zu erfüllenden Bedingungen –, entsprechend § 249 Abs. 1 HGB ein Posten „Rückstellungen für ungewisse Verbindlichkeiten" in der Bilanz zu bilden[160].

Steuerbilanziell sind privat begründete Zuschüsse als Einlagen zu verbuchen, während hinsichtlich betrieblich veranlasster Zuschüsse zwischen echten und unechten Zuschüssen differenziert wird. *Unechte* Zuschüsse stellen dabei steuerrechtlich eine Gegenleistung – häufig in Form eines Entgeltes – für die erbrachte Leistung eines Zuwendungsempfängers dar und dienen somit der Erfüllung einer rechtlichen, meist vertraglich festgehaltenen Verpflichtung[161]. Entscheidendes Merkmal unechter Zuschüsse ist in diesen Fällen das Leistungsaustauschverhältnis, wonach der Zuschussgeber seine Leistung erkennbar um der

158 PwC (Hrsg.), Bilanzieren nach IFRS, IFRS for SMEs und HGB, Die wichtigsten Unterschiede im Überblick, 2011, S. 16.

159 Vgl. BFH, Urt. v. 19.07.1995 – I R 56/94, BStBl. II 1996, S. 28.

160 Vgl. BFH, Urt. v. 03.07.1997 – IV R 49/96, BStBl. II 1998, S. 244; Pyszka T., in: BB, Heft 42, 1997, Ernstliche Zweifel am Saldierungsverbot des § 15 a EStG, S. 2159 f.; vgl. BFH, Urt. v. 04.02.1999 – IV R 54/97, BStBl. II 2000, S. 139.

161 Vgl. BFH, Urt. v. 29.04.1982 – IV R 177/78, BStBl. II 1982, S. 591; vgl. BFH, Urt. v. 13.11.1997 – V R 11/97, BStBl. II 1998, S. 169.

Gegenleistung willen erbringt und dem Zuschuss als solchem ein Entgeltcharakter zugewiesen wird[162]. Bei Zufluss sind unechte Zuschüsse ertragswirksam als Betriebseinnahmen zu erfassen. *Echte* Zuschüsse liegen nach Abschnitt 10.2. Abs. 2 des Umsatzsteuer-Anwendungserlasses (UStAE) vor, wenn für erbrachte Leistungen des Zuschussgebers weder eine Rückzahlungsverpflichtung noch ein Leistungsaustauschverhältnis besteht. Sie werden überwiegend aus öffentlich-rechtlichem Interesse gezahlt, wonach ihnen keine wirtschaftlich gleichwertige Gegenleistung gegenübersteht[163].

Eine weiterführende Differenzierung echter Zuschüsse erfolgt wie in *Abbildung 6* dargestellt einerseits nach solchen, die einer Steigerung der Ertragskraft dienen und direkt als Betriebseinnahmen zu bilanzieren sind (Ertragszuschüsse), sowie solchen, die primär der Förderung von Investitionstätigkeiten zuzuordnen sind (Kapitalzuschüsse)[164]. Bei Letzteren besteht für den Zuschussempfänger nach R 6.5 Abs. 2 EStR ein dem Handelsrecht vergleichbares Wahlrecht, den Kapitalzuschuss entweder analog dem Ertragszuschuss direkt im Zeitpunkt des Zuflusses erfolgswirksam zu buchen und die geförderten Wirtschaftsgüter mit ihren Anschaffungskosten zu aktivieren, um auf diese Absetzungen für Abnutzungen (AfA) oder ggf. Sonderabschreibungen vorzunehmen, oder die Anschaffungs- und Herstellungskosten eines Vermögenswertes um den zugewendeten Betrag zu kürzen und damit den Zuschuss zunächst erfolgsneutral zu vereinnahmen, mit der Auswirkung eines geringeren Ansatzes von AfA oder ggf. Sonderabschreibungen[165].

162 Abschnitt 10.2. Abs. 2 Umsatzsteuer-Anwendungserlass (UStAE).

163 Vgl. BFH, Urt. v. 28.07.1994 – V R 19/92, BStBl. II 1995, S. 86; vgl. BFH, Urt. v. 13.11.1997 – V R 11/97, BStBl. II 1998, S. 169;

164 Cremer U., in: Institut für Wirtschaftspublizistik (IWW) (Hrsg.), Heft 8, 2009, Praxisleitfaden zur richtigen Behandlung von Zuschüssen bei der Abschlusserstellung, S. 143 f.

165 Vgl. BFH, Urt. v. 14.07.1988 – IV R 78/85, BStBl. II 1989, S. 189.

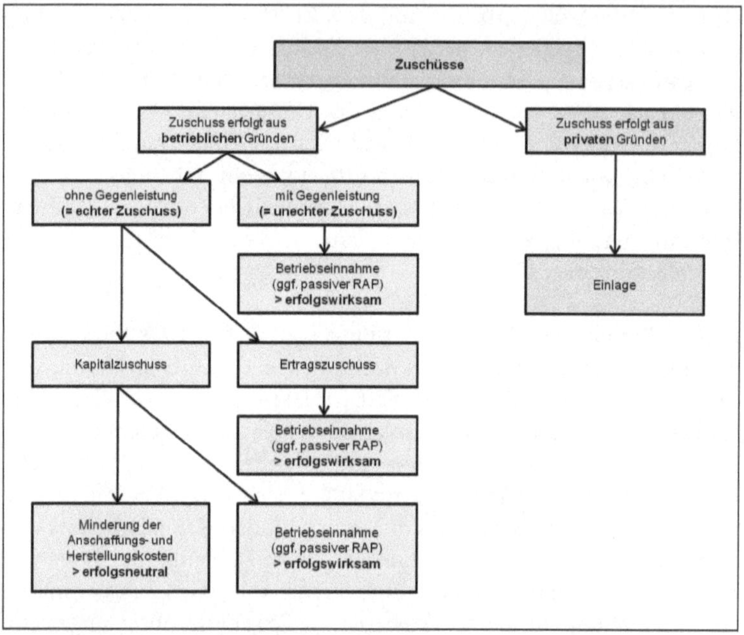

Abbildung 6: Steuerrechtliche Bilanzierung von Zuschüssen

Quelle: Cremer U., in: IWW (Hrsg.), Heft 8/2009, Praxisleitfaden zur richtigen Behandlung von Zuschüssen bei der Abschlusserstellung, S. 143 f.

Entsprechend Abschnitt 10.2. Abs. 8 UStAE gehen die Finanzbehörden regelmäßig davon aus, dass Zuwendungen aus öffentlichen Kassen, die ausschließlich auf der Grundlage des Haushaltsrechts und der dazu erlassenen Allgemeinen Nebenbestimmungen vergeben werden, echte Zuschüsse darstellen, für die keine Gegenleistung erwartet wird. Unabhängig davon, ob es sich dabei tatsächlich um echte oder unechte Zuschüsse handelt, unterliegen sämtliche Zuschüsse aus Mitteln der öffentlichen Hand grundsätzlich der Ertragsteuer. Von der Umsatzsteuer sind echte Zuschüsse gemäß Abschnitt 10.2. Abs. 10 UStAE hingegen befreit.

(3) Aktuelle KMU-spezifische Projektförderung

In Deutschland gibt es zurzeit etwa 30.000 kontinuierlich und ebenso viele gelegentlich FuE betreibende KMU. Zudem haben etwa 110.000 KMU in den letzten drei Jahren eine aus FuE-Aktivität resultierende Prozess- oder Produktinnovation erfolgreich auf dem Markt eingeführt[166]. Dieses zunächst durchaus passabel erscheinende Aufkommen privatwirtschaftlichen FuE-Engagements wirkt jedoch in Relation zur Gesamtanzahl von über 3,5 Mio. deutschen KMU schnell ernüchternd. Von den Bundesministerien, hauptsächlich dem BMBF, werden zahlreiche FuE-Fördermodelle in Form von Projektförderungen speziell für KMU, selbst oder von Projektträgern begleitet, angeboten. Mit den speziell auf KMU ausgerichteten Fördermaßnahmen verfolgt die Bundesregierung im Schwerpunkt folgende Ziele: die Zahl der forschenden KMU zu erhöhen, die FuE-Aktivität von KMU auszubauen, das aus unternehmerischer FuE-Tätigkeit resultierende Wissen der Öffentlichkeit besser zugänglich zu machen, den nationalen wie internationalen Wissenstransfer zu verbessern sowie die Wettbewerbsfähigkeit deutscher KMU nachhaltig zu erhöhen[167]. Hinsichtlich ihrer Zielsetzung und darauf ausgerichteter Fördermaßnahmen unterscheidet sich die FuE-Förderung der Länder nicht wesentlich von der des Bundes, weshalb Überschneidungen in diesem Bereich durchaus üblich, teilweise gar gewollt sind.

Drei simultan zueinander ablaufende Entwicklungslinien haben die speziell auf KMU zugeschnittene FuE-Förderung der Bundesregierung seit 2005 entscheidend geprägt: das Zentrale Innovationsprogramm Mittelstand (ZIM) des BMWi, das Einstiegsprogramm KMU-innovativ des BMBF und eine allgemein stärkere Orientierung der Vorlaufforschung an FuE-Projekten, deren prognostizierte Ergebnisse eine besonders hohe Verwertbarkeit für KMU aufweisen[168].

Das *Zentrale Innovationsprogramm Mittelstand* gilt als technologieoffenes Basisprogramm des BMWi und fördert erstmalig innovierende KMU (ZIM-SOLO) ebenso wie das Eingehen von Kooperations- (ZIM-KOOP)

166 Belitz H., Eickelpasch A., Lejpras A., in: DIW (Hrsg.), Projekt Nr.: 49/10, Volkswirtschaftliche Bedeutung der Technologie- und Innovationsförderung im Mittelstand, 2012, S. 1.

167 Ebda., S. 6.

168 Ebda., S. 2.

oder Netzwerkverträgen (ZIM-NEMO) aller KMU. Die Förderung erstreckt sich auf KMU-Projekte sämtlicher FuE-Bereiche und erfolgt stets transparent, einheitlich und auf das antragstellende Unternehmen abgestimmt[169]. Die wesentlichen Aufgaben des Innovationsprogramms bestehen einerseits aus der Förderung KMU-integrierender FuE-Kooperationen oder innovativer Netzwerke, andererseits aus dem Setzen von Anreizen, die zur erstmaligen Aufnahme von FuE-Aktivitäten durch KMU beitragen sollen.

Eine weitere entscheidende Entwicklungslinie stellt das neue Einstiegsprogramm *KMUinnovativ* des BMBF dar, das auf die Förderung von in KMU angelegten FuE-Projekten aus dem Bereich der Spitzenforschung ausgelegt ist. Zielsetzung des Projekts ist es, unter deutlicher Vereinfachung bestehender Antragsverfahren KMU einen besseren Zugang zum entsprechenden Forschungsressort zu ermöglichen[170]. Aktuell werden acht Forschungsgebiete vonseiten der Bundesregierung als für Wachstum und Wohlstand besonders wichtig klassifiziert: Bio, Nano, Produktionstechnologie, Technologien für Ressourcen und Energieeffizienz, Photonik, Medizintechnik, zivile Sicherheitstechnik sowie Informations- und Kommunikationstechnologien[171]. Nach Einreichung einer Projektskizze wird das jeweilige Unternehmen zur Erstellung eines Förderantrags eingeladen, der als Grundlage für die abschließende Förderentscheidung herangezogen wird. Dieses Verfahren soll in keinem Fall länger als vier Monate Bearbeitungszeit in Anspruch nehmen, wobei eine Bearbeitungshöchstgrenze von zwei Monaten auf die Bewertung der Projektskizze und ebenso zwei Monate auf die abschließende Bewertung des Förderantrags entfallen. Die Auszahlung der bewilligten Fördermittel erfolgt sukzessive entsprechend dem jeweiligen Projektfortschritt[172]. Aktuell sind bereits über ein Viertel aller KMU-spezifischen FuE-Förderungen des BMBF dem Fördermodell KMU-innovativ zuzuordnen.

---

169 Ausf. dazu: BMWi (Hrsg.), Neufassung der Richtlinie „Zentrales Innovationsprogramm Mittelstand (ZIM)“, 2015.

170 BMBF (Hrsg.), KMU-innovativ, 2013, S. 1.

171 Ebda., S. 4; BMBF (Hrsg.), Hightech-Strategie, KMU-innovativ, KMU-innovativ: Vorfahrt für Spitzenforschung im Mittelstand, 2015, http://www.bmbf.de/de/20635.php (Stand: 23.03.2015).

172 BMBF (Hrsg.), Hightech-Strategie, Kurze Wege zur Förderung, 2015, http://www.bmbf.de/de/20639.php (Stand: 23.03.2015).

Die dritte entscheidende Entwicklungslinie hinsichtlich der FuE-Förderung von KMU betrifft die von Bund und Ländern initiierte *wissenschaftliche Vorlaufforschung*. Dabei handelt es sich im Regelfall um institutionelle, somit weitestgehend von beauftragten Forschungseinrichtungen durchgeführte und aus öffentlichen Mitteln getragene FuE-Aktivitäten mit dem Ziel, Problemlösungen von zukünftigem Interesse vorzubereiten. Die KMU-Förderung erfolgt in diesem Fall durch eine stärkere Orientierung entsprechender Vorlaufforschung auf solche Projekte, bei denen die Chancen auf eine wissenschaftliche Verwertung, insbesondere durch KMU, besonders hoch sind[173]. So sieht beispielsweise das Modell der Industriellen Gemeinschaftsforschung (IGF) des BMWi eine Förderung gemeinsam und vorwettbewerblich organisierter FuE-Vorhaben vor, die von Forschungsvereinigungen stellvertretend für andere Unternehmen, Branchen oder Technologiezweige durchgeführt werden und deren Ergebnisse nach Abschluss aller Maßnahmen allen Unternehmen gleichermaßen zur Verfügung gestellt werden. Dies ist insbesondere für KMU eine interessante Möglichkeit, einen Zuwachs an FuE-Know-how zu erzielen, der aufgrund einer meist begrenzten eigenen FuE-Aktivität ohne entsprechendes Fördermodell wesentlich geringer ausgefallen wäre.

Bei den dargestellten Maßnahmen handelt es sich gemessen am Fördervolumen um die drei entscheidendsten aller auf KMU ausgerichteten FuE-Fördermodelle der Bundesregierung. Auf die Darstellung ähnlich ausgestalteter und häufig mit FuE-Programmen des Bundes verknüpfter FuE-Förderungen der Länder wird an dieser Stelle verzichtet. Im weiteren Verlauf gilt es zu prüfen, inwieweit die Gesamtzahl aller aktuellen, direkten FuE-Förderprogramme sowohl des Bundes als auch der Länder ausreicht, eine international konkurrenzfähige FuE-Förderung von KMU zu erzielen. Einer kritischen Hinterfragung des aktuellen FuE-Fördersystems bedarf es bereits aufgrund der Tatsache, dass Deutschland unionsweit einer der letzten Staaten ist, der auf eine die direkte Forschungsförderung ergänzende steuerliche Förderung von FuE verzichtet, während von eben einer solchen erwartet werden kann, dass KMU besonders deutlich auf sie reagieren.

173 Belitz H., Eickelpasch A., Lejpras A., in: DIW (Hrsg.), Projekt Nr.: 49/10, Volkswirtschaftliche Bedeutung der Technologie- und Innovationsförderung im Mittelstand, 2012, S. 2.

dd) Empfänger direkter FuE-Förderung

Im Laufe der vergangenen Jahre erhöhten sich die FuE-Ausgaben des Bundes kontinuierlich, von 9 Mrd. Euro im Jahr 2005 auf 13,5 Mrd. Euro im Jahr 2012, Tendenz weiter steigend[174]. Die Verteilung der von Seiten des Bundes zur FuE-Förderung bereitgestellten öffentlichen Mittel ist *Abbildung 7* zu entnehmen. So wurde mit über 7,1 Mrd. Euro im Jahr 2012 über die Hälfte sämtlicher Fördermittel für institutionelle Förderung, in diesem Bereich größtenteils für Organisationen ohne Erwerbszweck, aufgebracht. Die Grundlagenforschung betreibende Helmholtz-Gesellschaft stellte dabei mit einem Anteil von über 2,6 Mrd. Euro einen der größten Empfänger staatlicher Fördermittel. Des Weiteren entfielen über 2,8 Mrd. Euro auf Gebietskörperschaften, vorwiegend auf bundeseigene Forschungseinrichtungen, Fördermittel der Länder und Gemeinden sowie den Bereich der Hochschulförderung.

Die Förderung privatwirtschaftlich tätiger Unternehmen und Gesellschaften wurde mit einem Anteil von annähernd 2,3 Mrd. Euro bedacht. Sie bildet damit lediglich den drittgrößten Posten staatlicher FuE-Aufwendungen und rangiert nominal deutlich hinter dem Bereich der institutionellen Förderung. An ausländische Unternehmen und Gesellschaften flossen im Jahr 2012 immerhin noch etwa 1,2 Mrd. Euro FuE-Förderaufwendungen des Bundes. Empfänger sind meist internationale wissenschaftliche Organisationen sowie zwischenstaatliche Forschungseinrichtungen, von deren FuE-Ergebnissen sich die Bundesregierung einen gesteigerten volkswirtschaftlichen Nutzen verspricht.

174 BMBF (Hrsg.), Bundesbericht Forschung und Innovation 2014, 2014, S. 503 f.; BMBF (Hrsg.), Daten und Fakten zum deutschen Bildungs- und Innovationssystem, Ausgewählte Daten zum deutschen Forschungs- und Innovationssystem, 2012, http://www.bmbf.de/de/19896.php (Stand: 23.03.2015).

Ausgaben des Bundes für Wissenschaft, Forschung und Entwicklung nach Empfängergruppen (in Mio. Euro)							
	Jahr	2007	2008	2009	2010	2011	2012
Empfängergruppe							
Gebietskörperschaften		1.759,7	1.857,2	2.191,3	2.312,7	2.513,7	2.825,6
Organisationen ohne Erwerbszweck		5.323,5	5.922,5	6.353,6	6.668,8	6.854,6	7.180,0
Gesellschaften und Unternehmen der Wirtschaft		2.108,8	2.150,3	2.286,5	2.598,7	2.759,0	2.271,7
Ausland		943,1	1.001,4	1.138,3	1.182,6	1.157,1	1.196,8
Empfängerübergreifende Positionen		1,5	-	2,7	2,2	1,4	0,8
Ausgaben insgesamt		**10.136,6**	**10.931,4**	**11.972,4**	**12.765,0**	**13.285,8**	**13.474,9**

Abbildung 7: FuE-Ausgaben des Bundes nach Empfängergruppen

Quelle: BMBF (Hrsg.), Bundesbericht Forschung und Innovation 2014, 2014, S. 503 f.; BMBF (Hrsg.), Daten und Fakten zum deutschen Bildungs- und Innovationssystem, Ausgewählte Daten zum deutschen Forschungs- und Innovationssystem, 2012, http://www.bmbf.de/de/19896.php (Stand: 23.03.2015).

Die Förderung von KMU rückt zunehmend in den Fokus staatlichen Förderinteresses und wird unter Berücksichtigung eines tatsächlichen Anteils KMU-spezifischen FuE-Engagements von 11 Prozent an den gesamten internen FuE-Ausgaben der deutschen Wirtschaft bereits heute überproportional gefördert[175]. Mit über 1,4 Mrd. Euro wurden im Jahr 2013 mehr als die Hälfte aller zur Förderung privatwirtschaftlicher Unternehmen und Gesellschaften verfügbaren Mittel zugunsten KMU-spezifischer Projektförderungen eingesetzt. Deren Förderung konnte damit von etwa 780 Mio. Euro im Jahr 2007 in den vergangenen sechs Jahren um 82 Prozent gesteigert werden[176]. Mit einem Anteil von über 90 Prozent verteilen sich die Fördermittel dabei vorwiegend auf Maßnahmen des BMBF und des BMWi[177], während etwa 100 Mio. Euro jährlich aus weiteren Ressorts außerhalb der beiden Ministerien hinzukommen, die ebenfalls KMU-spezifische FuE-Anreize in ihren Forschungsfördermodellen berücksichtigen[178].

175 BMBF (Hrsg.), Bundesbericht Forschung und Innovation 2014, 2014, S. 25.

176 Ebda., S. 99.

177 Ebda., S. 445.

178 BMBF (Hrsg.), Daten und Fakten zum deutschen Bildungs- und Innovationssystem, Ausgewählte Daten zum deutschen Forschungs- und Innovationssystem, 2012, http://www.bmbf.de/de/19896.php (Stand: 23.03.2015).

V. KMU-spezifische Schwachstellen des deutschen Forschungsumfelds

1. Investitionshemmnisse im deutschen Steuerrecht

Unternehmen sehen sich im deutschen Steuerrecht zahlreichen Hemmnissen ausgesetzt, die sich sowohl mittelbar als auch unmittelbar auf deren Bestreben auswirken, FuE-Aktivitäten durchzuführen. Diese Problematik hat sich im Zuge der Unternehmenssteuerreform 2008 durch (1) Einführung der Zinsschranke, (2) Vorschriften zur Funktionsverlagerung sowie (3) Änderungen im Umgang mit Verlustvorträgen beim Anteilskauf noch verstärkt. Hinsichtlich der Auswirkungen entsprechender Hemmnisse kann regelmäßig von einem deutlich stärkeren Effekt auf KMU, verglichen mit Großunternehmen, ausgegangen werden, was die kritische Schlussfolgerung einer Benachteiligung innovativer KMU durch das deutsche Steuerrecht zulässt, wie sie bereits im Jahr 2009 von der Arbeitsgruppe Steuerliche FuE-Förderung der Forschungsunion Wirtschaft – Wissenschaft angemahnt wurde[179].

(1) Die mit der Unternehmenssteuerreform 2008 eingeführte *Zinsschranke* des § 4h EStG i. V. m. § 8a I Satz 1–2 Körperschaftsteuergesetz (KStG) beschränkt den Abzug des negativen Zinssaldos auf einen Anteil von 30 Prozent des steuerlich maßgeblichen Gewinns bei Personengesellschaften oder des maßgeblich zu versteuernden Einkommens bei Kapitalgesellschaften vor Zinserträgen, Zinsaufwendungen und Abschreibungen *(earnings before interests, taxes, depreciation and amortization – EBITDA)*. Freigrenze, Konzern- und Escape-Klausel eröffnen zwar insbesondere für kleine Unternehmen umfassende Gestaltungsmöglichkeiten[180], doch lässt sich auch durch diese ein anteiliger Nichtabzug von Zinsaufwendungen nicht für alle KMU vermeiden. Zur

179 Arbeitsgruppe Steuerliche FuE-Förderung der Forschungsunion Wirtschaft – Wissenschaft (Hrsg.), Deutliches Votum für die Einführung einer steuerlichen Förderung von Forschung und Entwicklung (FuE) in Deutschland, 2009, S. 1.

180 Ausf. dazu: Hundsdoerfer J., Lorenz D., Sielaff C., in: Blaufus K., Hundsdoerfer J., Kiesewetter D., et al. (Hrsg.), Arbeitskreis Quantitative Steuerlehre, Diskussionsbeitrag 124, Hemmt die Zinsschranke Investitionen? – Ein weiteres Zinsschranken Paradoxon, 2011, S. 3.

Durchführung langjähriger und kapitalintensiver FuE-Aktivitäten sind besonders KMU aufgrund ihrer regelmäßig geringen Eigenkapitalausstattung häufig auf die Inanspruchnahme von Fremdkapital angewiesen. Während für die deutliche Mehrzahl an KMU in der Folge zwar kein negativer Zinssaldo in einer Größenordnung von über 3 Mio. Euro zu erwarten ist und diese Beträge somit unter die in § 4h Abs. 2 Satz 1 lit. a EStG festgelegte Freigrenze fallen, liegen einzelne, vorwiegend größere mittelständische Unternehmen jedoch zumindest im wirtschaftlich riskanten Schwellenbereich entsprechender Regelung[181]. Tritt der Fall ein, dass es zu einer Überschreitung eben dieses Schwellenwertes kommt und auch weitere Ausnahmetatbestände der Zinsschrankenregelung nicht greifen[182], kommt es zum Nichtabzug des gesamten, 30 Prozent des EBITDA überschreitenden negativen Zinssaldos mit unter Umständen erheblichen finanziellen Auswirkungen für die betroffenen Unternehmen. Es ist daher anzunehmen, dass die Zinsschrankenregelung in ihrer derzeitigen Ausgestaltung dazu führt, dass potenziell von ihr betroffene KMU vor Aufnahme eines möglichen FuE-Projektes tendenziell auf entsprechende Forschung und zusätzliche, kapitalintensive FuE-Investitionen verzichten werden. Die unbegrenzte Übertragbarkeit des Zinsvortrags in nachfolgende Perioden ist in diesem Zusammenhang nur bedingt attraktiv, setzt sich ein entsprechender Vortrag ohne eine entscheidende Änderung des Unternehmensergebnisses letztendlich endlos fort, ohne für das betroffene Unternehmen jemals einen steuerlichen Nutzen darzustellen. Zudem besteht die Gefahr, dass ein entsprechender Zinsvortrag nach § 4h Abs. 5 Satz 2 EStG anteilig oder nach § 4h Abs. 5 Satz 1 EStG gar vollständig untergeht, sofern es es zu irgendeinem Zeitpunkt des Unternehmens zur Betriebsaufgabe, -übertragung, -umwandlung oder gar zum Ausscheiden eines Mitunternehmers aus

181 Gesetz zur verbesserten steuerlichen Berücksichtigung von Vorsorgeaufwendungen (Bürgerentlastungsgesetz Krankenversicherung) v. 16.07.2009, BGBl. I 2009, S. 1959. Die Zinsschranke wurde rückwirkend für die Wirtschaftsjahre ab dem 25.05.2007 von 1 auf 3 Mio. Euro erhöht. Die zeitliche Befristung der Maßnahme wurde aufgehoben.

182 Auch KMU können über Teilhaber- oder Töchterunternehmen verfügen, mit denen sie aus organisatorischen oder gesellschaftsrechtlichen Gründen keine Organschaft bilden, was unter Umständen zu einer Nichtanwendung der Konzernklausel führt. Ferner treten auch bei KMU Gesellschafterfremdfinanzierungen auf, die trotz mangelnder Konzernzugehörigkeit des Unternehmens eine Anwendung der Zinsschrankenregelung bewirken.

der Gesellschaft kommt, wovon KMU deutlich häufiger betroffen sind als Großunternehmen[183].

(2) Mit § 1 Abs. 3 Satz 13 Außensteuergesetz (AStG) wurden die gesetzlichen Regelungen zum bereits bestehenden und international anerkannten Fremdvergleichsgrundsatz präzisiert und um neue Bestimmungen für eine Besteuerung von *Funktionsverlagerungen* ergänzt. Ziel des Fiskus ist es, durch eine entsprechende Regelung das Abwandern von Steuersubstrat – erstmalig auch in Form von Gewinnpotenzialen immaterieller Wirtschaftsgüter – ins Ausland zu verhindern[184]. Darunter fallen neben zahlreichen weiteren immateriellen Wirtschaftsgütern vorwiegend FuE-Ergebnisse sowie technisches und wissenschaftliches Know-how. Die in der Literatur heftig kritisierte und zunehmend als „Fluchtsteuer" bezeichnete Regelung soll vermeiden, dass FuE-Förderungen im Inland genutzt, FuE-Aufwendungen gleichermaßen im Inland geltend gemacht, FuE-Ergebnisse hingegen nach Abwanderung ins Ausland erstmals dort gewinnbringend verwertet werden.

Erfolgt eine Übertragung von (immateriellen) Wirtschaftsgütern oder sonstigen Vorteilen zwischen einem inländischen und einem diesem nahestehenden, ausländischen Unternehmen, aus dem eine Abgabe von Funktionen resultiert, ist der Tatbestand der Funktionsverlagerung entsprechend § 1 Abs. 2 der neuen Funktionsverlagerungsverordnung (FVerlV) als erfüllt anzusehen[185]. Eine *Funktion* definiert § 1 Abs. 1 FVerlV dabei als „Geschäftstätigkeit, die aus einer Zusammenfassung gleichartiger betrieblicher Aufgaben besteht, die von bestimmten Unternehmenskomponenten erledigt werden", was sie zwar zu einem organischen Teil, jedoch nicht zwingend zu einem Teilbetrieb des Unternehmens macht. Der Wert entsprechend verlagerter Funktionen, besonders darin enthaltener stiller Reserven, ist bei Eintritt einer Funktionsverlagerung unter Einbeziehung üblicher Verrechnungspreise und

183 Spengel C., MPI Studies on Intellectual Property, Competition and Tax Law, Vol. 8, Steuerliche Förderung von Forschung und Entwicklung (FuE) in Deutschland, 2009, S. 47 f.

184 Ebda., S. 56 f.

185 Verordnung zur Anwendung des Fremdvergleichsgrundsatzes nach § 1 Abs. 1 des Außensteuergesetzes in Fällen grenzüberschreitender Funktionsverlagerungen (Funktionsverlagerungsverordnung – FVerlV) v. 12.08.2008, BGBl. I 2008, S. 1680.

Berücksichtigung von Fremdvergleichen zu ermitteln und der inländischen Besteuerung zu unterwerfen. KMU, die sich infolge zunehmend vernetzter Märkte und eines stetig voranschreitenden Europäisierungsprozesses immer häufiger in die internationale Tätigkeit wagen, sind von den Folgen einer derartigen Besteuerung von Funktionsverlagerungen deutlich härter betroffen als Großunternehmen. Ihrer im Regelfall deutlich geringeren Liquidität ist es geschuldet, dass eine Besteuerung erst zukünftig entstehender Gewinne noch vor deren Vereinnahmung eine finanzielle und damit nicht selten auch existenzielle Bedrohung darstellt.

(3) Die *Neuregelung zum Umgang mit Verlustvorträgen* im Rahmen von Mantelkäufen sieht in § 8c KStG vor, dass diese anteilig entfallen, sollten innerhalb von fünf Jahren mittelbar oder unmittelbar mehr als 25 Prozent des gezeichneten Kapitals, der Mitgliedschaftsrechte, der Beteiligungsrechte oder der Stimmrechte an einen Erwerber oder eine diesem nahestehende Person übertragen werden, wobei eine Übertragung von mehr als 50 Prozent sogar einen vollständigen Verfall der Verlustvorträge nach sich zieht. Diese hinsichtlich ihrer unternehmensbezogenen Auswirkungen mit der Zinsschrankenregelung vergleichbare Neuregelung wirkt sich ebenfalls negativ auf KMU aus, da bei ihnen Anteilswechsel dieses Ausmaßes wesentlich häufiger vorkommen als bei Großunternehmen. Meist sind KMU bei der Finanzierung ihrer FuE-Vorhaben auf große Mengen außerbörslichen Beteiligungskapitals angewiesen, das nicht selten zunächst in mehrjährig defizitär verlaufende FuE-Aktivitäten fließt. Wachsen Verlustvorträge im Rahmen großer und kostenintensiver FuE-Projekte über mehrere Jahre an, bevor ein aus der FuE-Aktivität resultierender Gewinn zu erwarten ist, erhöht sich das Risiko eines Gesamtverfalls erheblich.

Der Wirtschaftsverband der Biotechnologiebranche, die Biotechnologie-Industrie-Organisation (BIO), greift diesen Missstand in seiner Stellungnahme zu einem Verfahren vor dem Bundesverfassungsgericht bezüglich der Verfassungsmäßigkeit des § 8c KStG auf: So sei davon auszugehen, dass die Finanzierungsrunden privater Kapitalgeber in kleinen und mittleren Biotechnologieunternehmen regelmäßig mit einer Veränderung der Beteiligungsstruktur einhergingen. Sofern allein hierdurch bestehende steuerliche Verlustvorträge anteilig oder ganz untergingen, würden private Kapitalgeber gezwungen, im Ergebnis aus der

Substanz – hier dem Eigenkapital der betroffenen Unternehmen – zu entrichtende Steuern mitzufinanzieren. Dies erhöhe nach Aussage der BIO das unternehmerische Wagnis privater Kapitalgeber und erschwere es KMU, das zur weiteren Entwicklungs- und Wachstumsfinanzierung erforderliche Eigenkapital durch Generierung zusätzlicher Kapitalgeber zu gewinnen[186].

Wenngleich sich die Grundproblematik langjähriger defizitärer Phasen im Rahmen der Forschungsaktivität von KMU im Bereich der Biotechnologie als überdurchschnittlich stark ausgeprägt darstellt, lässt sie sich dennoch in ähnlicher Form auf sämtliche Forschungsbereiche übertragen, in denen KMU an umfangreichen und kostenintensiven FuE-Programmen beteiligt sind. So dienen auch in anderen Branchen Veränderungen der Beteiligungsstruktur regelmäßig der Generierung neuen Forschungskapitals mit dem Risiko eines Teil- oder Gesamtverlustes bestehender Verlustvorträge vor dem Hintergrund der Neuregelung des § 8c KStG.

Auch in Bezug auf Forschungskooperationen, in deren Rahmen sich die beteiligten FuE-Partner für eine gemeinsame Forschung in Form eines rechtlich selbstständigen Unternehmens entscheiden, was besonders bei KMU eine häufig gewählte Forschungsvariante darstellt, hat die Neuregelung zum Umgang mit Verlustvorträgen erhebliche Konsequenzen. Je nach Ausgestaltung der Kooperation, speziell hinsichtlich einer Verteilung der Besitzverhältnisse, kann hier bereits der Eintritt, Austritt oder Wechsel eines Kooperationspartners zum teilweisen oder gar vollständigen Untergang zuvor aufgebauter Verlustvorträge führen, was die Attraktivität dieser für KMU so wichtigen Forschungszusammenschlüsse erheblich reduziert[187]. Entgegen der vorherigen Anwendungspraxis der Finanzverwaltung milderte der BFH durch sein Urteil vom 30. November 2011 die Auswirkungen des neuen § 8c KStG aus Unternehmenssicht zumindest dahingehend ab, dass er sich für eine Verrechnung von Verlustvorträgen vergangener Geschäftsjahre bis zum

186 Biotechnologie-Industrie-Organisation (BIO) (Hrsg.), Stellungnahme der BIO Deutschland zum Verfahren vor dem Bundesverfassungsgericht zum AZ: 2 BvL 6/11, Vorlage des Finanzgerichts Hamburg auf Überprüfung der Verfassungsmäßigkeit des § 8c KStG, 2012, S. 7.

187 Herbold S., in: Bischoff J. G., Herzig N., Kellermann A. (Hrsg.), Steuer, Wirtschaft und Recht, Bd. 298, Steuerliche Anreize für Forschung und Entwicklung im internationalen Vergleich, 2009, S. 80.

tatsächlichen Tag des Anteilswechsels mit Gewinnen des unterjährigen Geschäftsjahres aussprach[188]. Dennoch beinhaltet die neue Gesetzgebung erhebliche Risiken hinsichtlich des Aufbaus hoher Verlustvorträge und damit mittelbar auch für die Umsetzung kostenintensiver und riskanter FuE-Vorhaben.

Die bereits vor der Unternehmenssteuerreform bestehende Regelung zum Verlustabzug des § 10d Abs. 2 EStG stellt ebenfalls ein deutliches Hemmnis für Unternehmen dar, in kostenintensive und riskante FuE-Projekte zu investieren. So können nicht ausgeglichene, negative Einkünfte in nachfolgenden Perioden nur bis zu einem maximalen Gesamtbetrag von 1 Mio. Euro unbeschränkt mit positiven Einkünften verrechnet werden, darüber hinausreichende negative Einkünfte lediglich noch zu 60 Prozent, wobei die verbleibenden 40 Prozent zu keiner weiteren Reduzierung der zu versteuernden Einkünfte führen. KMU verfügen meist über wesentlich geringere finanzielle Reserven als Großunternehmen, was im Hinblick auf die entsprechende Norm die Gefahr mit sich bringt, dass kostenintensive und riskante FuE-Investitionen zu nicht ausgleichbaren Verlusten führen. Eine eingeschränkte Abzugsmöglichkeit eben solcher Verluste in zukünftigen Perioden wirkt sich erheblich negativ auf die Bereitschaft betroffener Unternehmen zur Risikoannahme und Durchführung entsprechender FuE-Projekte aus.

Zusammenfassend bleibt festzuhalten, dass aus Teilen des deutschen Steuerrechts FuE-Hemmnisse hervorgehen, von denen zwar alle Unternehmen betroffen sind, die sich auf KMU jedoch in besonderem Maße auswirken. Um gewährleisten zu können, dass KMU FuE-Vorhaben ebenso ökonomisch vertretbar durchführen können wie Großunternehmen, erscheint eine Teilkorrektur des Steuerrechts parallel zu einem Ausbau KMU-spezifischer staatlicher FuE-Förderung mehr als geboten.

Sowohl durch das Gesetz zur verbesserten steuerlichen Berücksichtigung von Vorsorgeaufwendungen (Bürgerentlastungsgesetz Krankenversicherung)[189] als auch das Gesetz zur Beschleunigung des

188 Vgl. BFH, Urt. v. 30.11.2011 – I R 14/11, BStBl. II 2012, S. 360.

189 Gesetz zur verbesserten steuerlichen Berücksichtigung von Vorsorgeaufwendungen (Bürgerentlastungsgesetz Krankenversicherung) v. 16.07.2009, BGBl. I 2009, S. 1959.

Wirtschaftswachstums (Wachstumsbeschleunigungsgesetz)[190], die beide zum 1. Januar 2010 in Kraft traten, kam es für den Bereich der Zinsschrankenregelung in diesem Zusammenhang bereits zu ersten Akzentsetzungen. So wurde etwa die Freigrenze für den unbeschränkten Abzug eines negativen Zinssaldos von zunächst 1 auf 3 Mio. Euro angehoben, was die von der Zinsschranke potenziell betroffenen KMU deutlich reduziert. Darunter befanden sich zahlreiche, verhältnismäßig große KMU, die sich bezüglich ihres negativen Zinssaldos an der Schwelle der ehemaligen Freigrenze von 1 Mio. Euro bewegten. Innovationsfreundliche Änderungen des aktuellen Steuerrechts dieser Art sind auch zukünftig weiter zu forcieren, beheben jedoch nicht alle auf KMU wirkenden Hemmnisse hinsichtlich der Durchführung unternehmerischer FuE-Aktivitäten.

2. Benachteiligende Auswirkungen allgemeiner Marktinsuffizienz

Noch mehr als steuerrechtliche FuE-Hemmnisse wirken sich Marktunzulänglichkeiten auf die Investitionsaktivität von KMU aus. Die Folgen dieser Marktinsuffizienz, darunter unter anderem (1) Informationsasymmetrien, (2) Übertragungseffekte, (3) Risikofurcht und Rentabilitätssorgen[191], betreffen KMU bedingt durch ihre Unternehmensgröße meist erheblich stärker als Großunternehmen.

(1) *Informationsasymmetrien* mit besonderer Auswirkung auf KMU treten in vielfältiger Weise auf. *Marktspezifische* Informationsdefizite äußern sich dergestalt, dass betroffene Unternehmen nur über unzureichende Kenntnisse hinsichtlich des Potenzials eines FuE-Projekts verfügen, marktfähige Produkte oder Dienstleistungen überhaupt erst zu generieren. Aufgrund ihrer regelmäßig stark regional orientierten Marktkenntnisse und ihres beschränkten Zugangs zu Mitteln einer konstanten, zielorientierten Marktanalyse verfügen insbesondere KMU nur selten über ein ausreichendes Maß an Informationen hinsichtlich des generellen Vorhandenseins eines Marktes, dessen Ausgestaltung, Kennzahlen potenzieller Kundennachfragen, das Konkurrenzverhalten

190 Gesetz zur Beschleunigung des Wirtschaftswachstums (Wachstumsbeschleunigungsgesetz – WaBeG) v. 22.12.2009, BGBl. I 2009, S. 3950.

191 Vgl. Abschnitt B. IV. 2. b).

weiterer Marktteilnehmer sowie denkbarer Preisgestaltungen. Ein Informationsdefizit, das sich neben zahlreichen weiteren erheblich negativ auf die letztendliche Durchführung von FuE-Projekten auswirkt. Es gilt der Grundsatz: Je mehr Rahmenbedingungen einer FuE-Investition unbekannt sind, umso größer ist unter Ausblendung potenzieller externer Förderung das unternehmerische Risiko eines FuE-Vorhabens einzustufen. FuE-Projekten, deren erwartete Ergebnisse sich aufgrund marktspezifischer Informationsdefizite hinsichtlich ihrer zukünftigen Verwertbarkeit nicht oder nur unzureichend beurteilen lassen, mangelt es an einer grundsätzlichen ökonomischen Rechtfertigung. KMU handeln folglich aus betriebswirtschaftlicher Sicht nachvollziehbar und korrekt, wenn sie bei unvollständiger Informationslage regelmäßig auf die Durchführung selbst potenziell aussichtsreicher FuE-Vorhaben verzichten.

Bewertungsspezifische Informationsasymmetrien wurden vorangehend bereits beispielhaft erläutert und beschreiben den Sachverhalt einer nicht kongruenten Beurteilung geplanter FuE-Vorhaben durch einen potenzieller Kapitalgeber, etwa ein Finanzinstitut, und einen potenziellen Kapitalempfänger in Form des FuE durchführenden oder beauftragenden Unternehmens. Vor einem FuE-Projekt werden im betroffenen Unternehmen detaillierte, je nach Möglichkeit statistisch und mathematisch unterstützte Überlegungen hinsichtlich aller Eckpunkte des Vorhabens angestellt. Darunter fallen die Definition von Zielvorgaben, die Ausarbeitung eines gedachten Verlaufs, die Berücksichtigung und Bewertung erwarteter Risiken, die Festlegung eines Bedarfs an finanziellen Mitteln sowie zahlreiche weitere Planungsschritte. Ein möglicher Kapitalgeber verfügt dabei häufig nicht über eine mit dem Unternehmen identische Informationslage oder wendet auf vorliegende Zahlen in Teilen abweichende Bewertungskennzahlen an, was regelmäßig zu einer divergenten Beurteilung des für eine Finanzierung anstehenden FuE-Projekts führt. Die Risikoeinstufung des FuE-Vorhabens und damit auch die Zinsbemessung des Fremdkapitals (Risikozuschlag) vonseiten des Kapitalgebers fallen infolgedessen nicht selten ungerechtfertigt hoch und für das betroffene Unternehmen finanzwirtschaftlich inakzeptabel aus. Ein meist unzureichender Bestand an Sicherheiten vonseiten der KMU wirkt sich in diesem Zusammenhang nicht selten zusätzlich negativ auf die von Kapitalgeberseite festzulegende Zinshöhe aus. KMU, die mehr als Großkonzerne auf Fremdkapital zur Umsetzung ihrer FuE-Projekte angewiesen sind, reagieren entsprechend sensibel auf risikobedingte Zinszuschläge, was nicht selten zur kompletten Verwerfung generell ausführbarer FuE-Vorhaben führt.

Rechtsspezifische Informationsdefizite beschreiben einen bei KMU nicht selten auftretenden Mangel an Rechtskenntnissen, der sich vorwiegend mit unzureichenden personellen und finanziellen Mitteln begründen lässt. Eigene Rechtsabteilungen sind in Unternehmen dieser Größenordnung selten vorzufinden, weshalb Rechtsexperten regelmäßig unter meist hohem finanziellem Aufwand extern beauftragt werden müssen. Da aus Kostengründen auf dieses Mittel nur bei zwingendem Bedarf zurückgegriffen wird, besteht bei KMU regelmäßig kein aktueller Wissensstand hinsichtlich der kontinuierlich fortlaufenden Rechtslage im gesamten Betätigungsfeld. Dies führt zu Unsicherheiten bezüglich des ungewollten Eingriffs in etwaige Schutzrechte Dritter wie auch hinsichtlich der patentrechtlichen Schutzmöglichkeiten eigener FuE-Ergebnisse. Auf die Generierung zusätzlicher FuE-Aktivitäten, speziell bei KMU, haben diese rechtsspezifischen Informationsdefizite folglich einen nicht zu unterschätzenden Hemmeffekt.

(2) Die aus volks- und betriebswirtschaftlicher Sicht unterschiedlich zu bewertenden Übertragungs*effekte* stellen für KMU ein noch bedeutenderes FuE-Hemmnis dar als für Großunternehmen. Dies resultiert unter anderem aus den erwähnten rechtsspezifischen Informationsdefiziten, die bei KMU meist besonders deutlich ausgeprägt sind und einen unzureichenden Schutz vor ungewolltem, teilweise illegalem Wissenstransfer darstellen. Den betroffenen Unternehmen mangelt es meist an entsprechenden Rechtskenntnissen, um zumindest vermeidbare Übertragungseffekte zu verhindern. Doch auch reguläre, weitestgehend legale Übertragungseffekte belasten KMU infolge ihres höheren wirtschaftlichen Risikos hinsichtlich der Durchführung von FuE-Vorhaben stark. Während Großunternehmen potenziellen, aus entsprechender Wissensübertragung hervorgehenden Konkurrenten eine gewisse Marktpräsenz und Markenmacht entgegenzusetzen haben und über infrastrukturelle, personelle und finanzielle Mittel verfügen, auch geteiltes Wissen effektiv einzusetzen, besteht diese Möglichkeit für KMU regelmäßig nicht. Es greift das Sprichwort „Wer zuerst kommt, mahlt zuerst", das in diesem Fall entlang der Zeitschiene in „Wer zuerst mahlt, mahlt irgendwann ausschließlich" abzuwandeln ist. Für KMU, die nach kostenintensiven FuE-Aktivitäten nur selten über ausreichend finanzielle

Reserven verfügen, um andauernde Preiskämpfe erfolgreich eingehen zu können, ist eine exklusive Verwertung der erzielten FuE-Ergebnisse unverzichtbar. Wird ihnen eine solche aufgrund bestehender Übertragungseffekte verwehrt, kann dies erhebliche wirtschaftliche Folgen für die Unternehmen mit sich bringen. Das aus gesamtwirtschaftlichen Gründen mitunter gewünschte Aufkommen erhöhter Übertragungseffekte auf dem Gebiet der Grundlagenforschung[192] kann von KMU entgegen allen Risiken häufig nicht gemieden werden, da sich zahlreiche KMU-spezifische öffentliche FuE-Förderprojekte auf eben dieses für privatwirtschaftliche Unternehmen im Regelfall weniger interessante Forschungsgebiet konzentrieren. Lediglich der risikoreduzierende Charakter staatlicher Fördermittel leistet in diesem Bereich den Anstoß zur Durchführung entsprechender Forschungsaktivitäten.

(3) Zumindest mittelbar sind *Risikofurcht und Rentabilitätssorgen* Bestandteil sämtlicher negativer Ausprägungen einer allgemeinen Marktinsuffizienz und bilden für sich genommen die häufigste Begründung für einen FuE-Verzicht von KMU[193]. Angesichts ihrer Unternehmensgröße bedeutet die Durchführung von FuE-Vorhaben für KMU regelmäßig ein deutlich höheres finanzielles Risiko als für Großunternehmen. Letztere verfügen meist über gesondert ausgewiesenes FuE-Kapital, das ausschließlich der Durchführung von FuE-Aktivitäten dient und bei unerwartetem Verlust weder Liquidität noch Solvenz des betroffenen Unternehmens gefährdet. Für KMU hingegen können umfangreiche, teilweise riskante FuE-Projekte aufgrund mangelnder Eigenkapitalrücklagen und geringerer Bonität nicht selten die Existenz des Unternehmens gefährden. Insbesondere in der Anschub- und Start-up-Phase ist das Verlustrisiko von Investitionen doppelt so hoch wie im weiteren Verlauf der Umsetzung[194]. Dieses hohe Risiko wird von KMU aus Risikofurcht und Rentabilitätssorge meist nicht in Kauf genommen, wenngleich es sich unter Berücksichtigung wettbewerbspolitischer Aspekte mittel- bis langfristig deutlich lohnen könnte. Ebenso wie für Großunternehmen gilt auch für KMU, dass langfristige Wettbewerbsfähigkeit und daraus resultierendes konstantes Unternehmenswachstum

192 Vgl. Abschnitt B. IV. 2. b) bb).

193 Vgl. Zimmermann V., in: KfW Bankengruppe (Hrsg.), Fokus Volkswirtschaft, Innovationshemmnisse im Mittelstand, 2012, S. 1.

194 Vgl. Mazzucato M., Das Kapital des Staates, 2014, S. 69.

nur mittels Investition in FuE-Aktivitäten möglich ist. Dies bestätigt eine Studie der KfW Bankengruppe aus dem Jahr 2006, mit der nachgewiesen wurde, dass das Beschäftigungswachstum FuE betreibender KMU das Wachstum nicht forschender KMU um fast das Vierfache übersteigt[195]. Zahlreiche KMU befinden sich dadurch in einer sprichwörtlichen Zwickmühle, die in der Entscheidung besteht, entweder das existenzielle Risiko eines FuE-Projekts einzugehen oder mittel- bis langfristig sowohl das eigene Unternehmenswachstum als auch die eigene Wettbewerbsfähigkeit aufs Spiel zu setzen.

Zusammenfassend lässt sich festhalten, dass Informationsasymmetrien, Übertragungseffekte, Risikofurcht und Rentabilitätssorgen sowie weitere im Rahmen dieser Arbeit nicht näher erläuterte Elemente allgemeiner Marktinsuffizienz eine deutlich hemmende Wirkung auf die Bereitschaft von KMU zur Durchführung langfristig notwendiger FuE-Projekte haben. Während Großunternehmen meist in der Lage sind, negative Rahmenbedingungen zu korrigieren oder deren Auswirkungen auszugleichen, mangelt es KMU regelmäßig sowohl an personellen, materiellen als auch finanziellen Kapazitäten, um entsprechenden Problemstellungen vergleichbar entgegentreten zu können. An dieser Stelle setzt speziell auf KMU ausgerichtete staatliche FuE-Förderung an mit dem Ziel, positive Anreize für eine Durchführung von FuE-Aktivitäten zu generieren. Aufgrund der Tatsache, dass Großunternehmen FuE-Vorhaben im Regelfall auch entgegen negativen Rahmenbedingungen ausführen, KMU hingegen sich häufig erst nach zugesicherter staatlicher Förderung zur Durchführung von FuE-Aktivitäten entschließen, stellt eine speziell auf KMU ausgerichtete Forschungsförderung ein effizienteres Mittel zur Generierung zusätzlichen FuE-Aufkommens dar als etwa eine Forschungsförderung sämtlicher Unternehmen.

195 Zimmermann V., in: KfW Bankengruppe (Hrsg.), Mittelstands- und Strukturpolitik Nr. 37, Sonderband Innovation im Mittelstand, Beschäftigungseffekte von Innovationen in bestehenden kleinen und mittleren Unternehmen, S. 60.

3. KMU-gerechte Bewertung aktueller FuE-Förderung

Sowohl der durch eine stärkere Reaktion auf Investitionshemmnisse begründete höhere Förderbedarf von KMU gegenüber Großunternehmen als auch die Vorteilhaftigkeit einer dementsprechend ausgerichteten staatlichen FuE-Förderung wurden bereits ausführlich erläutert. Ob und in welchem Umfang die aktuell angewandten FuE-Fördermaßnahmen der öffentlichen Hand geeignet sind, den bei KMU auftretenden Förderbedarf zu decken, wird im Folgenden untersucht. Gleichzeitig wird in Umrissen aufgezeigt, welche Auswirkungen von einer indirekt ausgestalteten, steuerrechtbasierten FuE-Förderung auf die Bedarfsdeckung von KMU zu erwarten wären.

Generell erfreut sich die Inanspruchnahme staatlicher FuE-Förderung in ihrer aktuellen Form jährlicher Zuwachsraten[196], was zumindest teilweise eine gewisse Empfängerzufriedenheit attestiert. Dennoch beinhaltet das Verfahren mitunter erhebliche Schwachstellen, von deren negativen Auswirkungen vorwiegend KMU betroffen sind, die branchenunabhängig regelmäßig eine deutlich geringere Förderwahrscheinlichkeit als Großunternehmen aufweisen[197]. Die drei größten auf KMU wirkenden Hemmnisse bezüglich der Beantragung staatlicher Fördermittel bestehen der Arbeitsgruppe Steuerliche FuE-Förderung der Forschungsunion Wirtschaft-Wissenschaft zufolge aus (1) Unsicherheiten hinsichtlich der eigenen Erfüllung vorgegebener *Fördervoraussetzungen*, (2) einer zu starken *Selektivität* des Großteils aller FuE-Fördermaßnahmen sowie (3) eines zu hohen *Bewerbungsaufwands*, der für die Genehmigung und Zuteilung entsprechender Fördermittel von den betroffenen Unternehmen zu erbringen ist[198]. Sich auf den gleichen Zeitraum beziehende, vergleichbare Forschungsberichte der Fachhochschule Düsseldorf sowie der KfW Bankengruppe ergaben einen mangelnden Forschungsbedarf, eine zu hohe Kostenbelastung und ebenfalls

196 BMBF (Hrsg.), Pressemitteilung 046/2013 v. 07.05.2013, Investitionen in Innovation, 2013, S. 1.

197 Spengel C., MPI Studies on Intellectual Property, Competition and Tax Law, Vol. 8, Steuerliche Förderung von Forschung und Entwicklung (FuE) in Deutschland, 2009, S. XXIII.

198 Ebda., S. 31 f.

zu hohe bürokratische Hürden auf dem Weg zur erfolgreichen Antragstellung als stärkste FuE-Hemmnisse für KMU[199].

(1) Oftmals geht die Berufung auf einen fehlenden Forschungsbedarf mit einer Fehleinschätzung des angebenden Unternehmens unter Verkennung wettbewerbspolitischer Aspekte einher oder ist gar eine Trotzreaktion ob der Unübersichtlichkeit angebotener Fördermaßnahmen. Mangelnde Rechtskenntnisse sowie eine von staatlicher Seite ungenügende Informationsbereitstellung hinsichtlich der Rahmenbedingungen bestehender Förderangebote führen bei KMU regelmäßig zu Unsicherheiten hinsichtlich der Erfüllung geltender *Fördervoraussetzungen.* Den betroffenen Unternehmen mangelt es nicht selten an Kenntnissen darüber, ob sie überhaupt gemäß aktuell gültiger Definition als KMU zu bezeichnen sind und welchen Förderanspruch sie daraus ableiten können oder dürfen. Informationen zu diversen FuE-Förderprojekten können zwar per Internet und telefonisch eingeholt werden, sind teilweise jedoch sehr allgemein und helfen meist nicht bei der Beantwortung individueller Detailfragen.

Noch komplizierter gestaltet sich die Bestimmung von Förderberechtigungen für direkte Projektförderung in Fällen, in denen Unternehmen aufgrund geringerer personeller oder materieller Mittel, teilweise auch aus unternehmenspolitischen Gründen, zur Umsetzung von Forschungsvorhaben auf externe FuE-Tätigkeit zurückgreifen. Dies ist ein vorwiegend von KMU genutztes Verfahren, das es betroffenen Unternehmen ermöglicht, FuE-Ziele zu erreichen, ohne eigene, nicht monetäre Ressourcen für Forschungszwecke einbinden zu müssen. Während im beauftragenden Unternehmen Aufwand in Form von Entgelten für externe FuE-Tätigkeiten entsteht, ist das beauftragte Unternehmen seinerseits aktiv im FuE-Bereich tätig. Diese dual verteilte Forschungsverantwortlichkeit führte bei der Beantragung öffentlicher Fördermittel bereits häufig zu Unsicherheiten mit der Konsequenz doppelter oder vollständig ausbleibender Antragstellungen.

199 Markowski N., Grosser K., Kuhl R., in: Forschungsbereich Wirtschaft der Fachhochschule Düsseldorf (Hrsg.), Forschungsberichte des Fachbereichs, Ausgabe 5, Analyse von Barrieren und Hemmnissen beim Wissenstransfer zwischen Hochschulen und KMU, 2008, S. 10 f.; Zimmermann V., in: KfW Bankengruppe (Hrsg.), Fokus Volkswirtschaft, Innovationshemmnisse im Mittelstand, 2012, S. 1.

Zusammenfassend bleibt festzuhalten: Bestehen Zweifel hinsichtlich der Erfüllung notwendiger Fördervoraussetzungen, verzichten KMU regelmäßig auf die Beantragung öffentlicher Fördermittel wie auch auf die Durchführung gesamter FuE-Vorhaben. Eine auf dem Steuerrecht basierende, indirekte FuE-Förderung hätte den Vorteil normativ und allgemeingültig festgelegter Fördervoraussetzungen, die sich nicht innerhalb voneinander abweichender Fördermaßnahmen unterscheiden würden.

(2) In ihren Begründungen zum FuE-Verzicht kritisieren KMU außerdem die starke *Selektivität* des aktuellen FuE-Fördersystems der Bundesregierung, das sich auf die Förderung ausgewählter Technologiefelder und Branchen des Hightech-Segments beschränkt und somit zahlreiche Unternehmen schon im Vorfeld von einer Förderung ausschließt. Verdeutlichen lässt sich dies mit Blick auf das im Jahr 2007 ins Leben gerufene Vorzeige-Förderprogramm KMU-innovativ des BMBF, das zwar äußerst erfolgreich ist, jedoch lediglich ausgewählte technologiespezifische Programme, unter anderem aus den Bereichen Nanotechnologie, Biotechnologie oder Medizintechnik, für eine Förderung zulässt. Dieser eng gefasste Wirkradius verdeutlicht ein entscheidendes Merkmal direkt ausgestalteter FuE-Förderung: die Möglichkeit zur politischen Einflussnahme unter Inkaufnahme einer Benachteiligung von Minderheiten. In diesem Aspekt besteht ein deutlicher Unterschied zu indirekt ausgestalteter FuE-Förderung, die aufgrund ihrer Verankerung im deutschen Steuerrecht eine deutlich höhere Breitenwirkung entfaltet und zugleich die Möglichkeit der politischen Einflussnahme wesentlich beschränkt. Dies ist ein entscheidender Vorteil für den Großteil deutscher KMU, der außerhalb der Hightech-Strategie der Bundesregierung[200] forscht und bei Implementierung eines entsprechenden Fördermodells einen Zugewinn an wirtschaftlicher Planungssicherheit und eine Erhöhung unternehmerischer Selbstbestimmung erfahren würde.

(3) Auch komplexe, mehrstufige *Bewerbungsverfahren*, wie sie im Bereich der direkten Projektförderung üblich sind, bilden für KMU eine Zutrittsschwelle zur staatlichen FuE-Förderung. Nachfolgend wird dies beispielhaft anhand des Förderprojekts KMU-innovativ veranschaulicht: Das an einer Förderung interessierte Unternehmen muss zunächst

200 BMBF (Hrsg.), Pressemitteilung 158/2011 v. 05.12.2011, Deutschland investiert mehr denn je in Forschung und Entwicklung, 2011, S. 1.

postalisch, über das Internet oder mithilfe eines telefonischen Lotsendienstes eine seinem FuE-Projekt entsprechende Fördermaßnahme wählen. Im weiteren Verlauf hat das Unternehmen sein geplantes FuE-Vorhaben zu skizzieren und die entstandene Skizze für eine erste Begutachtung durch den Förderträger einzureichen, wobei die Begutachtung einen Zeitraum von höchstens zwei Monaten umfassen darf. Nach positiver Skizzenbeurteilung kommt es zur Stellung des jeweiligen Förderantrags, der, von Richtlinien, Merkblättern und Hinweisen begleitet, einer maximal zweimonatigen, im Regelfall zweistufigen Prüfung und Bewertung unterzogen wird. Am Anschluss an das erfolgreich durchgeführte FuE-Projekt ist ein Forschungsbericht anzufertigen, in dem die geplante, zukünftige Ergebnisverwertung anzugeben ist[201].

Alle Schritte berücksichtigend handelt es sich um ein Verfahren, das aufgrund seiner Komplexität viel Raum für Anwendungsfehler bietet und – aufgrund der Konkurrenzbeziehung aller Anträge zueinander – jederzeit das Risiko einer erfolglosen Förderbemühung mit sich bringt. Besonders KMU verfügen bei Eintritt eines solchen Falles häufig nicht über den notwendigen finanziellen, personellen und materiellen Spielraum, eine Ablenung folgenlos abzuschreiben, weshalb sie diesem Risiko durch eine Vermeidung der Beantragung öffentlicher FuE-Fördermittel regelmäßig bereits im Vorfeld ausweichen. Dies führte dazu, dass von 2005 bis 2009 weniger als ein Drittel aller KMU überhaupt die Möglichkeit eines FuE-Förderantrags in Erwägung zog, von denen wiederum nur etwa die Hälfte letztendlich auch einen Förderantrag stellte[202]. Eine indirekt ausgestaltete FuE-Förderung käme aufgrund ihrer für alle Unternehmen gleichermaßen gültigen steuerrechtlichen Verankerung ohne derart komplexe Antragsverfahren aus. Die jeweiligen Förderanträge stünden in keinerlei Konkurrenzverhältnis zueinander, was die Ablehnung einer Förderung nach Erfüllung aller normativen Vorgaben lediglich aufgrund von subjektiven Bewertungen ausschließen würde. Alle notwendigen Fördervoraussetzungen wie auch die individuell zustehende Förderhöhe könnten umstandslos den entsprechenden Normen entnommen werden.

201 Vgl. BMBF (Hrsg.), KMU-innovativ, 2007, S. 12 f.; BMBF (Hrsg.), KMU-innovativ, 2013, S. 3.

202 Spengel C., MPI Studies on Intellectual Property, Competition and Tax Law, Vol. 8, Steuerliche Förderung von Forschung und Entwicklung (FuE) in Deutschland, 2009, S. 31.

Zusammenfassend lässt sich feststellen, dass die größtenteils als direkte Projektförderung ausgestaltete FuE-Förderung der Bundesrepublik zwar ein generell erfolgreiches Fördermodell darstellt, hinsichtlich der Förderung von KMU jedoch erhebliche Mängel aufweist, die sich innerhalb des Fördersystems aus gestaltungsspezifischen Gründen nur schwer beseitigen lassen. Ein Großteil der bestehenden Defizite lässt sich jedoch mithilfe einer indirekten, im Steuerrecht verankerten und auf die speziellen Bedürfnisse von KMU angepassten FuE-Förderung beheben, erwartungsgemäß zumindest hinsichtlich ihrer Auswirkungen abmildern. Inwieweit eine solche KMU-spezifische FuE-Förderung unter Wahrung unionsrechtlicher Vorgaben umsetzbar ist, wird im Folgenden gezeigt.

C. FuE-Förderung von KMU in Europa

I. Unionsinterne Maßnahmen zur Umsetzung der Europa-2020-Strategie

1. Die nominal gescheiterte Lissabon-Strategie

Im Rahmen einer im Jahr 2000 in Lissabon abgehaltenen Sondertagung des Europäischen Rates zum Thema „Beschäftigung, Wirtschaftsreform und sozialer Zusammenhalt einer wissensbasierten Wirtschaft" wurde ein auf zehn Jahre angelegtes Strategieprogramm vorgestellt. Dieses im Nachgang der Tagung als Lissabon-Strategie bezeichnete Projekt beinhaltete das ehrgeizige Ziel des Rates, Europa bis zum Jahr 2010 zum wettbewerbsfähigsten und dynamischsten wissensbasierten Wirtschaftsraum der Welt zu machen[203], einem Wirtschaftsraum, der fähig sein sollte, Vollbeschäftigung und ein dauerhaftes Wirtschaftswachstum von durchschnittlich 3 Prozent bei gleichzeitiger Steigerung des sozialen Zusammenhaltes zu erzielen[204]. Es wurde ein umfangreicher Maßnahmenkatalog erarbeitet, der neben zahlreichen weiteren Zielen die politische Förderung von FuE in Höhe einer Investitionssteigerung auf 3 Prozent des Bruttoinlandsproduktes der Union sowie die Schaffung eines günstigeren Wirtschaftsumfelds insbesondere für KMU beinhaltete.

Die Halbzeitbilanz im Jahr 2005 fiel ernüchternd aus, was vorwiegend auf einen mangelnden politischen Handlungswillen der Mitgliedstaaten

---

203 Europäisches Parlament, Rat der Europäischen Union (Hrsg.), Schlussfolgerungen des Vorsitzes des Europäischen Rates zur Sondertagung in Lissabon vom 23. und 24.03.2000, http://www.europarl.europa.eu/summits/lis1_de.htm (Stand: 29.04.2015); Abels G., in: Bergmann (Hrsg.), Handlexikon der Europäischen Union, Lissabon-Strategie im Bildungsbereich, 2012, S. 615.

204 Ebda.

zurückgeführt wurde. Als Reaktion startete die Europäische Kommission den Versuch einer Wiederbelebung der Lissabon-Strategie[205]. Im Rahmen der Frühjahrstagung 2005 unterbreitete sie dem Rat den Vorschlag einer vereinfachten und gestrafften Lissabon-Strategie zur Schaffung von mehr Wachstum und Arbeitsplätzen[206], der in Reaktion darauf die Mitgliedstaaten zu einem gesteigerten Engagement hinsichtlich der Erfüllung gesetzter Strategieziele, insbesondere der nunmehr stärker priorisierten Förderung von Wachstum und Beschäftigung, aufforderte. Leitlinien der ab 2005 geltenden angepassten Lissabon-Strategie sind eine bescheidenere Beschäftigungsquote von lediglich 70 Prozent sowie eine Steigerung des Umfangs sämtlicher FuE-Investitionen auf 3 Prozent des europäischen BIP. Dadurch wurde das zuvor angestrebte Zielpaket, fokussiert auf ein ganzheitliches Wirtschaftswachstum von 3 Prozent, merklich reduziert. In einem jährlichen Bericht der Mitgliedstaaten an die Kommission sollten deren Reformanstrengungen fortan festgehalten werden.

Mit dieser Maßnahme konnte jedoch nicht verhindert werden, dass die Union bei Abschluss des zehnjährigen Projekts im Jahr 2010 sowohl das Ziel einer europäischen Beschäftigungsquote von mindestens 70 Prozent als auch das einer europaweiten FuE-Investitionshöhe von 3 Prozent des BIP teilweise deutlich verfehlte. So lag die Beschäftigungsquote der Union Anfang des Jahres 2010 bei noch annehmbaren 64,2 Prozent[207], der Anteil an FuE-Investitionen der Mitgliedstaaten am europäischen BIP jedoch nur geringfügig über 2 Prozent[208] und damit weit unterhalb der zur Halbzeit bereits reduzierten Zielsetzung. Ein um mehr als 14 Prozent gesteigertes FuE-Investitionsniveau Deutschlands, von 2,45 Prozent des BIP im Jahr 2000 auf über 2,8 Prozent des BIP

205 Scherb J., in: Bergmann (Hrsg.), Handlexikon der Europäischen Union, Lissabon-Strategie (Lissabon-Prozess), 2012, S. 612 f.

206 Europäische Kommission, Mitteilung der Kommission v. 02.02.2005, KOM(2005)24.

207 Bundeszentrale für politische Bildung (bpb) (Hrsg.), Zahlen und Fakten Europa, Ausgewählte Europäische Staaten, Erwerbstätigenquote und Erwerbsquote in Prozent 2010, 2011, http://www.bpb.de/nachschlagen/zahlen-und-fakten/europa/70587/erwerbstaetigkeit (Stand: 25.03.2015).

208 GWK (Hrsg.), Steigerung des Anteils der FuE-Ausgaben am nationalen Bruttoinlandsprodukt (BIP) als Teilziel der Lissabon-Strategie und der Strategie Europa 2020, Heft 26, 2012, S. 29.

im Jahr 2009[209], genügte neben ähnlich hohen Werten in Skandinavien von durchschnittlich über 2,69 Prozent[210] nicht, um die geringe FuE-Investitionsbereitschaft anderer Mitgliedstaaten zu kompensieren und das Gesamtabschneiden der Union positiv zu beeinflussen.

Die Gründe des Nichterreichens der Zielvorgaben und somit für das nominelle Scheitern der Lissabon-Strategie sind vielfältig und lassen sich, abweichend vom Zwischenbericht des Jahres 2005, für den gesamten Programmzeitraum nicht mehr ausschließlich unter ein mangelndes Engagement der Mitgliedstaaten subsumieren. So sind zum einen die statistischen und realwirtschaftlichen Auswirkungen der fünften und bisher größten EU-Erweiterung des Jahres 2004 zu nennen, in deren Rahmen nahezu ausschließlich wirtschaftsschwache Staaten mit einem deutlich geringeren FuE-Investitionsniveau Aufnahme in die Union fanden, und zum anderen die 2007 als US-Immobilienkrise einsetzende globale Wirtschaftskrise, aus der erhebliche Belastungen für die Staatshaushalte der jüngst erweiterten Gemeinschaft resultierten, die es vorrangig zu bewältigen galt. Darunter fiel die erste weltweite Rezession seit Ende des Zweiten Weltkrieges, ein extremer Beschäftigungsrückgang und drohende Staatsinsolvenzen vereinzelter Mitgliedstaaten. Diese externen Faktoren hatten nachweislich dramatische Auswirkungen auf die im Rahmen der Lissabon-Strategie gesetzten Ziele, ohne dass damit suggeriert werden soll, dass entsprechende Vorgaben ansonsten problemlos erreicht worden wären. Trotz immer noch spürbarer Folgen der Krise und eines europaweit weiterhin andauernden Regenerationsprozesses beschloss die Union im Jahr 2010 ehemalige Leitlinien der erst kürzlich ausgelaufenen Lissabon-Strategie um neue Ziele zu ergänzen und erneut in ein Nachfolgeprojekt aufzunehmen.

2. Nachfolgestrategie „Europa 2020"

Mit der Zielsetzung, die Union geschlossen aus der Krise zu führen, den Ausbau einer europäischen Wissensgesellschaft, gestützt auf ein gutes Bildungssystem und eine erhöhte Förderung von Forschung,

209 Ebda., S. 3.
210 Ebda., S. 29.

Entwicklung und Innovation (FuEuI[211]), weiter voranzutreiben und eine weltweite Vorreiterrolle im Bereich des Umweltschutzes zu übernehmen, verabschiedete der Europäische Rat im Juni 2010 die Strategie „Europa 2020", ein ebenfalls auf zehn Jahre angelegtes Programm der Union zur Schaffung eines „intelligenten, nachhaltigen und integrativen Wachstums"[212]: *intelligent* durch wirksame Investition in Bildung, Forschung, Entwicklung und Innovation, *nachhaltig* durch eine entschlossene Ausrichtung auf eine ressourcenschonende, ökologische und wettbewerbsfähige Wirtschaft, *integrativ* durch die vorrangige Schaffung von Arbeitsplätzen, die Bekämpfung von Armut und die Förderung eines ausgeprägten sozialen und territorialen Zusammenhalts[213].

Abbildung 8 zeigt, dass die beiden Kernziele der vorangegangenen Lissabon-Strategie – Beschäftigungsausbau und Steigerung der FuE-Investitionen – übernommen und ähnlich dem ursprünglichen Lissabon-Konzept des Jahres 2000 um zusätzliche, ehrgeizige Vorgaben erweitert wurden. Darunter fallen Ziele aus den Bereichen Bildung, Klimawandel und nachhaltige Energiewirtschaft sowie Armutsbekämpfung und Abbau sozialer Ausgrenzungen. Diese seien der Vollständigkeit halber hier erwähnt, werden im weiteren Verlauf der Arbeit aufgrund der Konzentration auf den FuE-Anteil jedoch nicht weiter berücksichtigt.

211 Auf unionspolitischer Ebene wird regelmäßig auf eine definitionsgemäße Abgrenzung von Forschung und Entwicklung zu Innovation entsprechend Abschnitt B. II. verzichtet. Stattdessen wird auf ein Gesamtgefüge aus Forschung, Entwicklung und Innovation (FuEuI) abgestellt in welchem der Innovationsbegriff als „Innovation im engeren Sinne" zu verstehen ist (vgl. Abschnitt B. II., Abbildung 2).

212 Europäische Kommission, Mitteilung der Kommission v. 19.05.2010, KOM(2010)245, S. 3; Margedant U., in: Bergmann (Hrsg.), Handlexikon der Europäischen Union, Europa 2020, 2012, S. 296.

213 Europäische Kommission, Europa 2020, Europa 2020 im Überblick, Prioritäten, 2014, http://ec.europa.eu/europe2020/europe-2020-in-a-nutshell/priorities/index_de.htm (Stand: 25.03.2015).

	Lissabon-Strategie 2000-2010	**Europa-2020-Strategie** 2010-2020
Motto	*Europa als wettbewerbsfähigster und dynamischster wissensbasierter Wirtschaftsraum der Welt*	*Intelligentes, nachhlatiges und integratives Wachstum für Europa*
Kernziele	**Maßnahmen**	
Forschung, Entwicklung und Innovation (FuEuI)	Durchschnittliches Wirtschaftswachstum von 3%	Durchschnittliche Investition von 3% des Bruttoinlandsproduktes (BIP) in FuEuI
Beschäftigung	Erwerbstätigkeit von 70% der EU-Bevölkerung zwischen 15 und 64 Jahren	Erwerbstätigkeit von 75 % der EU-Bevölkerung zwischen 20 und 64 Jahren
	Schaffung von 20 Mio. zusätzlichen Arbeitsplätzen	
	Steigerung der EU weiten Erwerbstätigenquote von Frauen auf 60%	
	Flexibilisierung der Arbeitsmärkte	
	Mehr Anreize für Beschäftigung innerhalb der Sozialsysteme	
	Öffnung der Dienstleistungsmärkte innerhalb der EU	
Klimawandel und Energie	Förderung von Innovationen im Bereich des Umweltschutzes	Reduzierung der Treibhausgasemissionen um 20 % im Vergleich zu 1990
		Verbesserung der Energieeffizienz innerhalb der EU um 20 % im Vergleich zu 2005
		EU weite Steierung des Anteils erneuerbarer Energien auf 20 %
Bildung	Förderung von Bildungs-Investitionen zur Schaffung einer "Wissensgesellschaft"	Reduzierung des Anteils an Schulabbrechern auf 10 %
		Steigerung des Anteils an Hochschulabsolventen zwischen 30 und 34 Jahren auf 40%
Armut und soziale Ausgrenzung		Reduzierung der Anzahl unterhalb der Armutsgrenze lebender EU-Bürger um 25% (20 Mio. Bürger)

Abbildung 8: Kernziele europäischer Strategien

Quelle: Eigene Darstellung.

Die in *Abbildung 9* dargestellte Einbindung aller Kernziele der Europa-2020-Strategie in sieben *Leitinitiativen* der Kommission – drei für den Bereich des intelligenten, zwei für den Bereich des nachhaltigen und zwei für den Bereich des integrativen Wachstums – soll diese Ziele für alle Mitgliedstaaten greifbarer machen und letztendlich deren einfacherer Umsetzung zugutekommen. So ist etwa die europaweite Steigerung von FuE-Investitionen, als eines der Kernziele der Union, dem Bereich des intelligenten Wachstums zugeordnet und soll dort mit Hilfe der Leitinitiative Innovationsunion[214], ebenfalls hinterlegt mit eigenen Inhalten und Einzelzielen, erreicht werden.

Wachstumsziele	Leitinitiativen	Zielinhalte
Intelligentes Wachstum	Digitale Agenda für Europa	Entwicklung einer auf Wissen und Innovation gestützten Wirtschaft
	Innovationsunion	
	Jugend in Bewegung	
Nachhaltiges Wachstum	Ressourcenschonendes Europa	Förderung einer Ressourcen schonenden, ökologischeren und wettbewerbsfähigeren Wirtschaft
	Industriepolitik im Zeitalter der Globalisierung	
Integratives Wachstum	Agenda für neue Kompetenzen und Beschäftigungsmöglichkeiten	Förderung einer Wirtschaft mit hoher Beschäftigung und ausgeprägtem sozialen und regionalen Zusammenhalt
	Europäische Plattform zur Bekämpfung der Armut	

Abbildung 9: Leitlinien der Europa-2020-Strategie
Quelle: Eigene Darstellung

Dieses Vorgehen der Union verdeutlicht, dass den Mitgliedstaaten die Maßnahmen zur Erreichung vorgegebener Ziele wesentlich deutlicher vorgegeben wurden als in der vorangegangenen Lissabon-Strategie. So soll die Nichterreichung gesetzter Ziele aufgrund mangelhaften Engagements der Mitgliedstaaten, parallel zur zuvor gescheiterten Strategie, vermieden werden. Inwieweit dies die sieben Leitinitiativen unterstützen, gilt es im Rahmen eines Zwischenberichtes im Jahr 2015 zu bewerten. Auf dem Weg dahin ist es Aufgabe der Kommission, einen jährlichen Wachstumsbericht der Union auf Grundlage einzelner Länderberichte – darunter nationale Reform- sowie Stabilitäts- und Konvergenzprogramme

214 Europäische Kommission, Mitteilung der Kommission v. 06.10.2010, KOM(2010)546, S. 6.

– anzufertigen, diesen im Rahmen der Frühjahrstagung des Rates vorzulegen und darin enthaltenen Missständen, etwa durch Mahnung der Mitgliedstaaten, frühzeitig entgegenzuwirken[215].

3. Leitinitiative Innovationsunion und Forschungsrahmenprogramm „Horizont 2020"

Die bereits erwähnte Leitinitiative Innovationsunion beschreibt ein strategisches Gesamtkonzept der Kommission zur Investition in Bildung, Forschung, Entwicklung, Innovation sowie Informations- und Kommunikationstechnologien. Es beinhaltet unter anderem die bessere Abstimmung und Verknüpfung nationaler wie europäischer FuE-Förderung, sei es durch Verwirklichung des Europäischen Forschungsraums bis Ende des Jahres 2014[216], oder eine stärkere Förderung von KMU, etwa durch einen erleichterten Kapitalzugang, eine Reduzierung von Verwaltungshemmnissen oder erschwinglichere Rechte zum Schutz geistigen Eigentums[217]. Weitere Einzelziele sind der Abbau sozialer und geografischer Ungleichgewichte sowie der Ausbau der bereits bestehenden europäischen Wissensgrundlage, bekräftigt von Kommissionsvizepräsident sowie Kommissar für Unternehmen und Industrie *Tajani* im Rahmen einer Pressekonferenz zur Innovationsunion vom 6. Oktober 2010[218].

Auch im Rahmen der Europa-2020-Strategie stützt sich die Union zur Erreichung der FuE-spezifischen Ziele auf *Forschungsrahmenprogramme* entsprechend Art. 182 AEUV, mit dem sie traditionell die individuellen Förderprogramme für Forschung, Technologie und Demonstration zeitlich befristet vereint und mit Kapital ausstattet. Das Ziel entsprechender Forschungsrahmenprogramme, die auf mehrjährigen Vorbereitungs-, Konsultations- und Beschlussverfahren basieren, liegt in der Stärkung wissenschaftlicher und technologischer Grundlagen innerhalb der

215 Vgl. Europäische Kommission, Europa 2020, Aufgabenverteilung, EU-Mitgliedstaaten, Nationale Verwaltungen, http://ec.europa.eu/europe2020/who-does-what/member-states/index_de.htm (Stand: 28.03.2015).

216 Europäische Kommission, Mitteilung der Kommission v. 06.10.2010, KOM(2010)546, S. 9.

217 Ebda., S. 3.

218 Europäische Kommission, Pressemitteilung der Kommission v. 06.10.2010 (IP/10/1288).

Gemeinschaft zum Ausbau des grenzüberschreitenden FuE-Potenzials als Grundlage für eine innovative und wettbewerbsfähige Wirtschaft. Um dies zu erreichen, werden ausgewählte FuE-Aktivitäten für festgelegte Zeiträume mit Arbeitsprogrammen hinterlegt und in grenzüberschreitenden oder nationalen Projekten mit gemeinschaftlichem Bezug auf Kostenteilungsbasis umgesetzt[219].

Während das erste Forschungsrahmenprogramm im Jahr 1984 noch mit einem Budget von 3,3 Mrd. Euro auskommen musste und für eine Dauer von drei Jahren angelegt war, verfügte das jüngst ausgelaufene siebte Forschungsrahmenprogramm bereits über finanzielle Mittel in Höhe von 50,5 Mrd. Euro[220] und wurde für einen doppelt so langen Zeitraum von 2007 bis 2013 verabschiedet[221]. Mit den Segmenten Ideen, Menschen, Kapazitäten und Kooperation umfasste es vier Hauptfelder, wobei insbesondere der Abschnitt Kapazitäten erstmals eine deutlich gesteigerte Forschungsförderung zugunsten von KMU vorsah, darunter auch grenzüberschreitende Zusammenschlüsse innovativer KMU-Gruppen[222].

Seit Beginn des Jahres 2014 läuft das neue, auf sechs Jahre angelegte Forschungsrahmenprogramm „Horizont 2020" der Union. Es stellt mit einem Budget von 77 Mrd. Euro nicht nur eine kapitalerweiterte Fortsetzung des vorherigen Forschungsrahmenprogramms dar, sondern vereint erstmalig auch die forschungsrelevanten Elemente des jüngst ausgelaufenen Rahmenprogramms für Wettbewerbsfähigkeit und Innovation (Competitiveness and Innovation Framework Programme – CIP)[223] sowie die Führung des Europäischen Technologieinstituts

219 Brandes I., in: Fernuniversität Hagen (Hrsg.), Das 7. Forschungsrahmenprogramm – EU-Förderprogramme für Forschung und Entwicklung, 2013, http://www.fernuni-hagen.de/universitaet/profil/internationales/angelegenheiten/foerderprogramme/forschung_allgemein.shtml (Stand: 28.03.2015).

220 53,2 Mrd. Euro mit Hinzurechnung des EURATOM Programms; Ausf. dazu: Rat der Europäischen Union (Hrsg.), Verordnung des Rates v. 16.12.2013 (1314/2013), ABl. EG 2013 Nr. L 347 v. 20.12.2013, S. 948 ff.

221 BMBF (Hrsg.), Das 7. EU-Forschungsrahmenprogramm, 2007, S. 6.

222 Vgl. Dambacher K., Subunternehmerverträge in der Europäischen Forschungsförderung, 2008, S. 13 f.

223 Ausf. dazu: Europäisches Parlament, Europäischer Rat (Hrsg.), Beschluss des Parlamentes und des Rates v. 24.10.2006 (1639/2006/EG), ABl. EG 2006 Nr. L 310 v. 09.11.2006, S. 15 ff.; Europäische Kommission, Rahmenprogramm für

(European Institute of Innovation and Technology – EIT)[224] unter sich.[225] Horizont 2020 gliedert sich entsprechend *Abbildung 10* in drei Schwerpunktbereiche: exzellente Wissenschaft, führende Rolle der Industrie und gesellschaftliche Herausforderungen. Dabei wird durch den Brückenschlag zwischen Industrie und Wissenschaft eine unverkennbar stärkere Fokussierung der Förderung auf innovationsbegünstigende Tätigkeiten deutlich.

Gliederung Horizont 2020		
I **Wissenschaftsexzellenz**	II **Führende Rolle der Industrie**	III **Gesellschaftliche Herausforderungen**
Europäischer Forschungsrat (ERC)	Grundlegende und industrielle Technologien	Gesundheit, demografischer Wandel und Wohlergehen
Künftige und neu entstehende Technologien (FET)	Zugang zu Risikofinanzierung	Herausforderungen der Biowirtschaft
Marie-Sklodowska-Curie-Maßnahmen (MSCA)	Innovation in kleine und mittlere Unternehmen	Sichere, saubere und effizientere Energien
Forschungsinfrastrukturen		Intelligenter, umweltfreundlicher und integrierter Verkehr
		Klimaschutz, Umwelt, Ressourceneffizienz und Rohstoffe
		Europa in einer sich verändernden Welt
		Sichere Gesellschaften
Verbreitung von Exzellenz und Ausweitung der Beteiligung		
Wissenschaft mit der und für die Gesellschaft		
Gemeinsame Forschungsstelle (JRC)	Europäisches Innovations- und Technologieinstitut (EIT)	

Abbildung 10: Gliederung Horizont 2020

Quelle: BMBF (Hrsg.), Horizont 2020 im Blick, 2014, S. 5.

Wettbewerbsfähigkeit und Innovation (CIP), 2014, http://ec.europa.eu/cip/index_de.htm (Stand: 29.03.2015).

224 Ausf. dazu: EIT (Hrsg.), EIT as part of Horizon2020, 2015, http://eit.europa.eu/eit-part-horizon2020 (Stand: 29.03.2015); BMBF (Hrsg.), Nationale Kontaktstellen (NKS), Europäisches Innovations- und Technologieinstitut (EIT), 2015, http://www.eubuero.de/eit.htm (Stand: 29.03.2015).

225 BMBF (Hrsg.), Horizont 2020 im Blick, 2014, S. 3.

Im Gegensatz zu bisherigen Forschungsrahmenprogrammen, die sich primär oder ausschließlich auf die Förderung von Grundlagenforschung konzentrierten, legt Horizont 2020 durch seine Innovationsorientierung erstmalig ebenso großen Wert auf die Weiterverwendung der erzielten Ergebnisse. Damit deckt es den gesamten Innovationsprozess im weiteren Sinne ab, von der ersten, im Rahmen von Grundlagenforschung entwickelten Idee bis hin zu neuen Produkten, Dienstleistungen oder Verfahren denen eine erfolgreiche Markteinführung und -durchsetzung gelingt. Auch die Beteiligung von KMU an der Programmausgestaltung ist noch stärker als im vorangegangenen, siebten Forschungsrahmenprogramm erwünscht und wird durch unterschiedliche Maßnahmen begünstigt, etwa durch einen Budgetvorbehalt von 20 Prozent des Gemeinschaftsbeitrags aus den Schwerpunkten „Führende Rolle der Industrie" und „Gesellschaftliche Herausforderungen" für klassische KMU-Projekte oder durch die Einführung neuer KMU-Fördermaßnahmen wie „Innovation in KMU", in deren Rahmen erstmalig auch Einzelförderungen von KMU denkbar sind[226].

Ausgehend vom Strategiepapier „Europa 2020" über die Leitinitiative Innovationsunion bis hin zum Forschungsrahmenprogramm „Horizont 2020" lässt sich ein großes Unionsinteresse an der Förderung von FuE-Aktivitäten im Allgemeinen und an der Forschungseinbindung von KMU im Speziellen erkennen. So bestehen innerhalb des europäischen Wirtschaftsraums bereits zahlreiche nationale und grenzüberschreitende, aus Gemeinschaftsmitteln finanzierte oder teilfinanzierte FuEuI-Förderprojekte und maßnahmen mit dem Ziel, die Wettbewerbsfähigkeit der Union mindestens zu wahren, bestenfalls jedoch auszubauen. Zur Darstellung eines gesamten binnenmarktrelevanten FuE-Förderspektrums, allgemein wie auch KMU-spezifisch, genügt das Aufführen europäischer Maßnahmen jedoch nicht, sondern ist um den in nationaler Verantwortung der Mitgliedstaaten liegenden Anteil zu ergänzen. Während direkte Projektförderung auf nationaler Ebene in zunehmendem Maße europäisch teilfinanziert ist, liegt die indirekte FuE-Förderung, etwa in Form steuerrechtlicher Maßnahmen, noch in Hand der Mitgliedstaaten. Welche unionsrechtlichen Rahmenbedingungen Deutschland als Mitgliedstaat der Union bei Einführung einer entsprechenden FuE-Förderung insbesondere bei auf KMU ausgerichteter,

226 Ebda., S. 9.

selektiver Ausgestaltung zu beachten hätte und ob eine solche Maßnahme im Rahmen verpflichtender europäischer Normen überhaupt umsetzbar wäre, wird nachfolgend aufgezeigt.

II. Unionsrechtliche Rahmenbedingungen einer steuerlichen FuE-Förderung von KMU

1. Anwendungsvorrang europäischen Rechts

Während in den Anfangsphasen der Europäischen Gemeinschaften die herrschende Rechtslehre noch von einer klaren Trennung zwischen Europarecht und nationalem Recht ohne jegliche Berührungspunkte oder Wechselwirkungen ausging, erkannte der EuGH im Jahr 1964, dass ein solches Modell zweier unabhängiger Rechtskreise nur unzureichend geeignet war, einheitliche Rechts- und Wirtschaftsbedingungen in der Union durchzusetzen. Eine Rechtsordnung, die kein in sich geschlossenes System darstellt, wäre stets auf einen stützenden Unterbau in Form von nationalen Rechtsordnungen angewiesen. Im Urteil Costa/ENEL vom 15. Juli 1964 entschied der EuGH daher, dass im Unterschied zu gewöhnlichen internationalen Verträgen der Vertrag zur Gründung der Europäischen Wirtschaftsgemeinschaft (EWG-Vertrag) vom 25. März 1957 eine eigene Rechtsordnung geschaffen habe, die bei seinem Inkrafttreten in die Rechtsordnungen der Mitgliedstaaten aufgenommen wurde und von ihren Gerichten anzuwenden sei[227]; damit etablierte er erstmalig den grundsätzlichen Anwendungsvorrang von Unionsrecht vor nationalem Recht. Im Urteil Staatliche Finanzverwaltung/Simmenthal aus dem Jahr 1978 konkretisierte er, dass die unmittelbar geltenden Bestimmungen des Unionsrechts unmittelbare Quellen von Rechten und Pflichten für alle diejenigen darstellten, die sie betrafen, unabhängig davon, ob es sich dabei um die Mitgliedstaaten oder um Einzelpersonen handelt[228].

Gegenwärtig stellt die Europäische Union einen aus 28 Mitgliedstaaten zusammengeschlossenen Staatenverbund dar, der entgegen einem

227 Vgl. Europäischer Gerichtshof (EuGH), Urt. v. 15.07.1964, Rs. 6/64, Slg. 1253, 1269, Costa/ENEL.

228 Vgl. EuGH Urt. v. 09.03.1978, Rs. 106/77, Slg. 629, 643 f., Finanzverwaltung/Simmenthal.

souveränen Staat über keine „Kompetenz-Kompetenz“ zur eigenständigen Annahme von Regelungszuständigkeiten verfügt, sondern auf Übertragung solcher durch die Mitgliedstaaten (Beitragskompetenz) angewiesen ist[229]. Während sich für das Recht der indirekten Steuern mit dem aus Art. 113 AEUV hervorgehenden Harmonisierungsauftrag eine entsprechende Regelungszuständigkeit ergibt, wurde der Union für das Recht der direkten Steuern entsprechend Art. 114 Abs. 2 AEUV keine vergleichbare Kompetenz zur Rechtsangleichung zugewiesen[230]. Die fehlende Bereitschaft der Mitgliedstaaten, ihre Besteuerungshoheit über die direkten Steuern durch Übertragung an die Union auch nur teilweise aus der Hand zu geben[231], hat zur Folge, dass eine unionsweite Harmonisierung des Rechts der direkten Steuern bislang ausgeblieben ist, während das Recht der indirekten Besteuerung unionsintern mittlerweile in weiten Teilen vereinheitlicht werden konnte. Ohne eine primärrechtlich verankerte Harmonisierungskompetenz der Union ist eine Rechtsangleichung im Bereich der direkten Steuern zwar kompliziert, jedoch nicht ausgeschlossen. So ermächtigt Art. 115 AEUV als allgemeine Harmonisierungsvorschrift den Europäischen Rat bei Vorlage eines einstimmigen Beschlusses und nach Anhörung des Europäischen Parlaments sowie des Wirtschafts- und Sozialausschusses dazu, Richtlinien zur Angleichung von Rechts- und Verwaltungsvorschriften zu erlassen, vorausgesetzt, diese wirken sich unmittelbar auf das Errichten oder Funktionieren des Binnenmarktes aus. Der Vorschlag der Europäischen Kommission für eine Richtlinie des Rates über eine Gemeinsame konsolidierte Körperschaftsteuer-Bemessungsgrundlage (GKKB) stellt einen solchen Versuch der Harmonisierung des Steuerrechts auf Grundlage von Art. 115 AEUV dar, mit der die Kommission das Ziel verfolgt Rahmenbedingungen dafür zu schaffen, dass Unternehmen die Europäische Union auch für Körperschaftsteuerzwecke als Binnenmarkt ansehen können[232]. Zusammengefasst ist ein Eingriff in die Berechnung der steuerlichen Bemessungsgrundlage in Form einer

229 Streinz R., Europarecht, 2003, S. 61, Rdnr. 135; Tiedtke K., Mohr M., in: Europäische Zeitschrift für Wirtschaftsrecht (EuZW), Heft 14, 2008, Die Grundfreiheiten als zulässiger Maßstab für die direkten Steuern, S. 424.

230 Kniese C., in: Drüen K.-D., Kube H., Wernsmann R. (Hrsg.), Finanz- und Steuerrecht in Deutschland und Europa, Bd. 21, Europarechtlicher Rahmen einer steuerlichen Förderung von Forschung und Entwicklung, 2013, S. 91 f.

231 Vgl. Kube H., Finanzgewalt in der Kompetenzordnung, 2004, S. 279 f.

232 Vgl. Vorschlag der Kommission v. 16.03.2011, KOM(2011)121/4, S. 13, Rdnr. 4.

grenzüberschreitenden Konsolidierung vorgesehen, während sowohl die Art der Rechnungslegung als auch die Steuersätze der Mitgliedstaaten unberührt bleiben sollen. Im Sinne des Kommissionsvorschlags soll somit auch weiterhin jeder Mitgliedstaat auf seinen Anteil an der Steuerbemessungsgrundlage des Steuerpflichtigen seinen eigenen Steuersatz anwenden[233]. Aufgrund des im Zuge der Harmonisierung erwarteten Abbaus von steuerlichen Hindernissen und kostenintensivem Verwaltungsaufwand reklamiert die Kommission insbesondere in Bezug auf grenzüberschreitend tätige KMU eine erhebliche Entlastungswirkung[234]. Wenngleich fraglich ist, ob und in welchem Ausmaß der Ermächtigungstitel des Art. 115 AEUV dabei auch für subventionsrechtliche Gestaltungsüberlegungen zur Verfügung steht, wird im Kommissionsvorschlag zur GKKB die Unterstützung von FuE, durch vollständigen Abzug sämtlichen FuE-Aufwands, bereits zum zentralen Ziel erklärt[235].

Bezugnehmend auf die vorliegenden Binnenmarktvoraussetzungen weisen *Kokott/Ost* darauf hin, dass auf Art. 115 AEUV gestützte Harmonisierungen bislang jedoch selten und ausschließlich für grenzüberschreitende Sachverhalte zur Anwendung kamen: Zu nennen sind in diesem Zusammenhang auch die Fusionsrichtlinie[236], die bereits aktualisierte Mutter-Tochter-Richtlinie[237] sowie die Zins- und Lizenzgebührenrichtlinie[238] als einschlägige Anwendungsbeispiele des Art. 115 AEUV[239].

Lediglich aus der Tatsache, dass es im direkten Steuerrecht außerhalb der genannten Richtlinien bisher kaum zu einer Rechtsharmonisierung gekommen ist, kann jedoch nicht abgeleitet werden, dass diese Rechtsmaterie dem Unionsrecht in Gänze entzogen ist[240]. Zwar fällt unter

233 Ebda., S. 5.

234 Ebda., S. 6.

235 Vgl. ebda., S. 4.

236 Ausf. dazu: Rat der Europäischen Gemeinschaften (Hrsg.), Richtlinie des Rates v. 23.07.1990 (90/434/EWG), ABl. EG 1990 Nr. L 225 v. 20.08.1990, S. 1 ff.

237 Ebda., S. 6 ff.; Rat der Europäischen Union (Hrsg.), Richtlinie des Rates v. 22.12.2003 (2003/123/EG), ABl. EG 2004 Nr. L 007 v. 13.01.2004, S. 41 ff.

238 Ausf. dazu: Rat der Europäischen Union (Hrsg.), Richtlinie des Rates v. 03.06.2003 (2003/49/EG), ABl. EG 2003 Nr. L 157 v. 26.06.2003, S. 49 ff.

239 Kokott J., Ost H., in: EuZW, Heft 13, 2011, Europäische Grundfreiheiten und nationales Steuerrecht, S. 497.

240 Schnitger A., in: IDW (Hrsg.), Wissenschaftliche Schriften zur Wirtschaftsprüfung, Die Grenzen der Einwirkung der Grundfreiheiten des EG-Vertrages

Berücksichtigung nationaler Steuerhoheit und des aus Art. 5 Abs. 1 des Vertrags über die Europäische Union (EUV) hervorgehenden Prinzips der begrenzten Einzelermächtigung der Bereich der direkten Steuern entsprechend den Grundsätzen der Subsidiarität und Verhältnismäßigkeit[241] in die Zuständigkeit der Mitgliedstaaten, wodurch eine Einflussnahme der Union auf ein Mindestmaß zu begrenzen ist, doch sind diese gemäß Art. 4 Abs. 3 EUV, dem Grundsatz loyaler Zusammenarbeit, sowie nach ständiger Rechtsprechung des EuGH stets dazu verpflichtet, ihre Befugnisse unter Wahrung des Unionsrechts auszuüben[242]. Sie behalten damit zwar ihre alleinige Kompetenz, haben diese jedoch stets entsprechend europäischen Vorgaben zur Geltung zu bringen.

Im Rahmen einer Erklärung zur Schlussakte der Regierungskonferenz am 13. Dezember 2007 in Lissabon wurde ein entsprechender Anwendungsvorrang europäischen Rechts erneut explizit festgeschrieben und von den Mitgliedstaaten gebilligt: „Die Konferenz weist darauf hin, dass die Verträge und das von der Union auf der Grundlage der Verträge gesetzte Recht im Einklang mit der ständigen Rechtsprechung des Gerichtshofs der Europäischen Union unter den in dieser Rechtsprechung festgelegten Bedingungen Vorrang vor dem Recht der Mitgliedstaaten haben“ [243].

auf das Ertragssteuerrecht, 2006, S. 15.

241 Grundsatz der Subsidiarität und Verhältnismäßigkeit gemäß Art. 5 EUV: In Bereichen, die nicht in ihre ausschließliche Zuständigkeit fallen, handelt die Union nur dann, wenn ihre Maßnahmen wirksamer sind als nationale, regionale oder lokale (Subsidiarität) und die Maßnahmen nicht über das zur Verwirklichung der Ziele notwendige Maß hinausgehen (Verhältnismäßigkeit).

242 Vgl. EuGH, Urt. v. 28.10.1999, Rs. C-55/98, Slg. I-7664, Rdnr. 15, Skatteministeriet/Vestergaard; vgl. EuGH, Urt. v. 14.02.1995, Rs. C-279/93, Rdnr. 21, Slg. I-225, Finanzamt Köln/Schumacker; vgl. EuGH, Urt. v. 04.10.1991, Rs. C-246/89, Slg. I-4585, Rdnr. 101 Kommission/Vereinigtes Königreich; Kniese C., in: Drüen K.-D., Kube H., Wernsmann R. (Hrsg.), Finanz- und Steuerrecht in Deutschland und Europa, Bd. 21, Europarechtlicher Rahmen einer steuerlichen Förderung von Forschung und Entwicklung, 2013, S. 93 f.

243 EU (Hrsg.), Konsolidierte Fassungen des Vertrags über die Europäische Union und des Vertrags über die Arbeitsweise der Europäischen Union, Erklärung zur Schlussakte der Regierungskonferenz die den am 13. Dezember 2007 unterzeichneten Vertrag von Lissabon angenommen hat (2008/C 115/01) ABl. EG 2008 Nr. C 115 v. 09.05.2008, S. 344.

Dieser Grundsatz beansprucht für europäisches Sekundärrecht gleichermaßen Gültigkeit wie für europäisches Primärrecht, was für die Bundesrepublik durch Rechtsprechung des Bundesverfassungsgerichtes (BVerfG) vom 22. Oktober 1986[244] bestätigt wurde, immer vorausgesetzt, die EU gewährleistet einen Schutz von Grundrechten gegenüber der Gemeinschaft, der im Wesentlichen dem deutschen Grundrechtsschutz entspricht. Dieser Zusatz wurde sieben Jahre später im Maastricht-Urteil des Jahres 1993 erneut durch Rechtsprechung des BVerfG bestätigt[245]. Mit entsprechender Entscheidung pochte das Gericht auf die Einhaltung des Prinzips der begrenzten Einzelermächtigung innerhalb des Staatenverbundes und nahm sich der aus Sicht des deutschen Grundrechtsschutzes erforderlichen Aufgabe an, in einem Kooperationsverhältnis zum EuGH stehend, regelmäßig zu prüfen, dass sekundäres Unionsrecht nicht aus den ihm eingeräumten Grenzen „ausbreche"[246].

Begründen Bestimmungen des Unionsrechts für Unionsbürger unmittelbare Rechte und Pflichten, die inhaltlich mit den Normen des nationalen Rechts in Widerspruch stehen, kommt es zu Kollisionen zwischen Unionsrecht und nationalem Recht[247]. Ein solcher Konflikt kann infolge eines fehlenden Vorrangpassus in den Unionsverträgen nur durch ein Zurücktreten betroffener Rechtsnormen der Mitgliedstaaten gelöst werden und muss auch auf diese Weise gelöst werden, um die Funktionsfähigkeit des Unionsrechts und damit verbunden die Sinnhaftigkeit der gesamten Rechtsordnung der Union zu wahren[248]. Ein generelles Brechen des Unionsrechts durch nationales Recht würde dessen unionsweit einheitliche Anwendbarkeit verhindern und die Erfüllung der von den Mitgliedstaaten an die Union übertragenen Aufgaben blockieren. Der EU würde es an rechtlicher Gewalt mangeln, entscheidende Maßnahmen zur Förderung des Binnenmarktprozesses auch entgegen einzelstaatlichen Politiken umzusetzen. Der Vorrang des Unionsrechts

244 Vgl. Bundesverfassungsgericht (BVerfG), Urt. v. 22.10.1986, Az. 2 BvR 197/83, Solange II.

245 Vgl. BVerfG, Urt. v. 12.10.1993, Az. 2 BvR 2134/92; 2159/92, Maastricht.

246 Bergmann J., in: Bergmann J. (Hrsg.), Handlexikon der Europäischen Union, Maastricht-Urteil, S. 637 f.

247 Borchardt K.-D., in: EU (Hrsg.), Das ABC des Rechts der Europäischen Union, 2010, S. 132.

248 Ebda., S. 136.

vor nationalem Recht ist der Idee eines vereinten Europas folgend entsprechend unumgänglich, wenngleich hinsichtlich grundrechtlicher Fragestellungen auf vorangehend genannte Überwachungstätigkeit des BVerfG nicht verzichtet werden sollte. Sieht sich die Bundesregierung in ihren Kompetenzen beschnitten und Subsidiaritäts- und Verhältnismäßigkeitsgrundsätze generell oder punktuell verletzt, steht dem Bundestag und dem Bundesrat gemäß Art. 23 Abs. 1a GG der Gang vor den EuGH offen, dem Bundestag dabei stets unter Voraussetzung einer notwendigen Beteiligung im nationalen Parlament.

Für Gesetzgebungen von rein nationaler Tragweite besteht hingegen kein Erfordernis, diese mit geltendem Unionsrecht in Einklang zu bringen. Dieser Sachverhalt kommt im Bereich der steuerlichen FuE-Förderung von KMU jedoch nicht zum Tragen, da beim Gros der Unternehmen dieser Größenordnung eine ausschließliche Fokussierung auf rein nationale FuE-Aktivitäten nicht zu erwarten ist und dies somit seitens der Gesetzgebung nicht angenommen oder gar vorausgesetzt werden sollte. Jedes Modell einer steuerlichen FuE-Förderung von KMU ist folglich derart auszugestalten, dass seine Umsetzung unionskonform gewährleistet werden kann.

2. Grundfreiheiten

Unter den in Art. 3 EUV niedergeschriebenen Zielen der Union findet sich in Art. 3 Abs. 3 Satz 1 EUV erstmalig die Errichtung eines gemeinsamen Binnenmarktes, ohne dass dessen Ausgestaltung jedoch näher konkretisiert wird. Art. 26 AEUV greift den Binnenmarktbegriff auf, überträgt in Art. 26 Abs. 1 AEUV die Umsetzungsverantwortung aller erforderlichen Maßnahmen für dessen Verwirklichung auf die Union und legt in Art. 26 Abs. 2 AEUV mit dem „freien Verkehr von Waren, Personal, Dienstleistungen und Kapital" fest, welche Bereiche der angestrebte Raum ohne Binnengrenzen umfassen soll. Die aus den Bereichsvorgaben des Art. 26 Abs. 2 AEUV hervorgehenden Markt- oder Grundfreiheiten stellen in Form von Diskriminierungs- und Beschränkungsverboten unmittelbar geltendes Recht innerhalb der einzelnen Mitgliedstaaten dar und bilden so ein wesentliches Element zur Umsetzung der Binnenmarktidee. Ziel der Grundfreiheiten ist der Schutz des Einzelnen sowohl vor Maßnahmen der Mitgliedstaaten als auch im Rahmen einer Drittwirkung vor Eingriffen privater Organisationen (Verbände, Vereine)[249] und Gewerkschaften[250], aus denen eine Beschränkung grenzüberschreitender wirtschaftlicher Betätigung hervorgeht[251]. Sie konkretisieren, sichern und garantieren ebenso die Rechte des einzelnen Unionsbürgers als natürliche Person wie auch die juristischer Personen, betätigen sich diese wirtschaftlich über die Grenzen ihrer Herkunftsstaaten hinaus[252]. Während bei natürlichen Personen auf das Merkmal der Staatsangehörigkeit abgestellt wird, um ihre Zugehörigkeit zur Rechtsordnung eines Staates zu bestimmen, greift der EuGH bei juristischen Personen im Rahmen seiner Rechtsprechung regelmäßig auf den Gesellschaftssitz betroffener Unternehmen zurück[253].

Durch sein Urteil in der Rechtssache Avoir fiscal vom 28. Januar 1986 bekräftigte der EuGH die unmittelbare Verbindlichkeit der Grundfreiheiten für die Mitgliedstaaten, indem er Regelungen des französischen direkten Steuerrechts zur Vermeidung von Diskriminierungen und Beschränkungen erstmals einer primärrechtlichen Kontrolle am Maßstab der Grundfreiheiten unterwarf[254]. Dabei wird die grenzüberschreitende Wirkung steuerrechtlicher Vorschriften auf zahlreiche Unternehmensentscheidungen berücksichtigt, ein nach *Tiedtke/Mohr* ebenso konsequenter wie logischer Schritt des Gerichts, um Lücken im Schutzbereich entsprechender Grundfreiheiten zu vermeiden[255]. Erlaubt oder

249 Vgl. EuGH, Urt. v. 15.12.1995, Rs. C-415/93, Slg. I-4921, UEFA/Bosman.

250 Vgl. EuGH, Urt. v. 11.12.2007, Rs. C-438/05, Slg. I-10779, International Transport Workers' Federation, Finnish Seamen's Union/Viking Line.

251 Oberrath J.-D., Lernen im Dialog, Öffentliches Recht, Verfassungsrecht, Europarecht, Allg. Verwaltungsrecht und Verwaltungsprozessrecht mit Grundlagen des öffentlichen Wirtschaftsrechts, 2012, S. 139, Rdnr. 528.

252 Löhr S., Steuerliche Förderung von Forschung und Entwicklung, 2009, S. 57.

253 Vgl. EuGH, Urt. v. 16.07.1998, Rs. C-264/96, Slg. I-4695, Rdnr. 20, ICI/HM Inspector of Taxes; vgl. EuGH, Urt. v. 29.04.1999, Rs. C-311/97, Slg. I-2651, Rdnr. 23, RBS/Griechenland; vgl. EuGH, Urt. v. 25.01.2011, Rs. C-382/08, Slg. I-139, Rdnr. 32, Neukirchinger/Grieskirchen.

254 Vgl. EuGH, Urt. v. 28.01.1986, Rs. 270/83, Slg. 273, Kommission/Frankreich (Avoir fiscal); Kniese C., in: Drüen K.-D., Kube H., Wernsmann R. (Hrsg.), Finanz- und Steuerrecht in Deutschland und Europa, Bd. 21, Europarechtlicher Rahmen einer steuerlichen Förderung von Forschung und Entwicklung, 2013, S. 96.

255 Tiedtke K., Mohr M., in: EuZW, Heft 14, 2008, Die Grundfreiheiten als zulässiger Maßstab für die direkten Steuern, S. 425 f.

begünstigt direktes Steuerrecht eines Mitgliedstaates die Beeinträchtigung oder Diskriminierung der in Art. 26 Abs. 2 AEUV als Binnenmarktvoraussetzung definierten Freiheiten des Waren-, Personen-, Dienstleistungs- und Kapitalverkehrs, ist dem jeweiligen Mitgliedstaat die Umsetzung entsprechender Normen im Sinne eines gemeinsamen Binnenmarktes von Seiten der Gemeinschaft zu versagen. Ein Eingriff in das direkte Steuerrecht eines Mitgliedstaates zur Sicherstellung einer unionsweiten Gewährleistung bestehender Grundfreiheiten stellt sich in diesem Zusammenhang immer dann als notwendiges, geeignetes und im Sinne der Verhältnismäßigkeit gerechtfertigtes Mittel dar, wenn es dem betroffenen Staat nicht gelingt, eine Harmonisierung seiner Gesetzgebung nach europarechtlichen Vorgaben entsprechend Art. 4 Abs. 3 EUV eigenständig herbeizuführen.

Bezogen auf die Ausgestaltung einer steuerlichen FuE-Förderung von KMU gilt es für die Mitgliedstaaten demzufolge zunächst ein besonderes Augenmerk auf primärrechtliche Vorgaben der Union, insbesondere auf aus den Grundfreiheiten resultierende Diskriminierungs- und Beschränkungsverbote zu legen, während sekundärrechtliche Vorgaben vorerst von nachrangigem Interesse sind[256].

a) Diskriminierungs- und Beschränkungsverbote

Während aus Art. 18 AEUV ein allgemeines Diskriminierungsverbot hervorgeht, das jegliche Form der Diskriminierung aus Gründen der Staatsangehörigkeit grundsätzlich verbietet, lassen sich die Grundfreiheiten weitestgehend als spezielle oder besondere Diskriminierungsverbote bezeichnen. In ihrer Ausformung und rechtlichen Positionierung tragen sie nicht nur zur Umsetzung des allgemeinen Diskriminierungsverbotes bei, sondern geben diesem erst seine inhaltliche Struktur. Besteht bei Diskriminierungsverdacht die Möglichkeit der Berufung auf

256 Aufgrund ihres höheren Detaillierungsgrades und weiterreichenden Schutzumfangs sind sekundärrechtliche Regelungen im Rahmen der Vereinbarkeitsprüfung mitgliedstaatlicher Maßnahmen grundsätzlich von Bedeutung. Da diese gegenüber bestehenden Grundfreiheiten aus normhierarchischen Gesichtspunkten jedoch nie die Stellung einer verdrängenden *lex specialis* einnehmen können, werden sie im weiteren Verlauf der Arbeit nicht weiterführend betrachtet.

mindestens eine der Grundfreiheiten, ist nach Rechtsprechung des EuGH die allgemeine Norm des Art. 18 AEUV gegenüber dem speziellen Diskriminierungsverbot daher subsidiär und nach Möglichkeit nicht zu bemühen.

Die derzeitige Interpretation der Grundfreiheiten als Diskriminierungs- und Beschränkungsverbote resultiert aus deren sukzessiver Fortentwicklung im Rahmen sich weiterentwickelnder EuGH-Rechtsprechung. Diese sei nach *Mössner/Everling* zunächst davon ausgegangen, dass die Grundfreiheiten zur Gewährleistung des aus Art. 18 Abs. 1 AEUV hervorgehenden Diskriminierungsverbotes lediglich den Schutz vor Schlechterstellung eines Gebietsfremden gegenüber einem Gebietsansässigen (Inbound-Konstellation) zu leisten hätten[257]. Grenzüberschreitend tätige Angehörige anderer Mitgliedstaaten durften im Rahmen entsprechender Auslegung der Grundfreiheiten demnach nicht schlechter behandelt werden als die eigenen Staatsangehörigen, was auch als „Gebot zur Inländergleichbehandlung" bezeichnet wurde.

Dieser Gewährleistungsumfang wurde dem Kern des Art. 18 Abs. 1 AEUV, einem Verbot jeglicher Diskriminierung aus Gründen der Staatsangehörigkeit, nicht vollumfänglich gerecht, da eine Diskriminierung von Gebietsansässigen durch ihren eigenen Mitgliedstaat unter Wahrung der Grundfreiheiten (Outbound-Konstellation) weiterhin möglich war[258]. So konnte ein inländischer Dienstleister mit wirtschaftlichen Aktivitäten im EU-Ausland in seinem Herkunftsstaat weiterhin schlechter behandelt werden als ein ausschließlich inländisch tätiger Dienstleister gleicher Verhältnisse. Dem EuGH gelang es im Rahmen seiner fortlaufenden Rechtsprechung jedoch, den Gewährleistungsumfang der Grundfreiheiten an die Vorgabe des Art. 18 Abs. 1 AEUV anzupassen, indem er dazu überging, diese nicht nur als Diskriminierungsverbote, sondern gleichermaßen als Beschränkungsverbote jedweder

257 Mössner J. M., in: Haarmann W. (Hrsg.), Forum der internationalen Besteuerung, Bd. 2, Die beschränkte Steuerpflicht, Diskriminierung beschränkt Steuerpflichtiger, 1993, S. 111; Everling U., in: Schön W. (Hrsg.), Gedächtnisschrift für Brigitte Knobbe-Keuk, Das Niederlassungsrecht in der EG als Beschränkungsverbot, 1997, S. 608 ff.

258 Vgl. Kniese C., in: Drüen K.-D., Kube H., Wernsmann R. (Hrsg.), Finanz- und Steuerrecht in Deutschland und Europa, Bd. 21, Europarechtlicher Rahmen einer steuerlichen Förderung von Forschung und Entwicklung, 2013, S. 105 f.

grenzüberschreitenden wirtschaftlichen Betätigung auszulegen[259]. Die aktuelle Intention des EuGH liegt darin, durch eine Doppelauslegung der Grundfreiheiten sowohl eine Gleichbehandlung von Staatsangehörigen anderer Mitgliedstaaten im Inland zu erreichen als auch Inländer, die von ihren Marktfreiheiten in einem anderen Mitgliedstaat Gebrauch machen, vor Behinderungen durch ihren eigenen Staat zu schützen[260]. Während Inbound-Konstellationen in Form eines ungerechtfertigten Ausschlusses von Gebietsfremden von entsprechenden Fördermaßnahmen meist einfach zu identifizieren sind und damit regelmäßig bereits auf nationaler Ebene vermieden werden, stellen im FuE-Kontext Outbound-Konstellationen deutlich häufiger grundfreiheitsrechtliche Probleme dar. Wie nationales Recht mit Bezug zur Forschungsförderung im Rahmen einer Outbound-Konstellation in Konflikt mit europäischem Primärrecht gerät, soll am Beispiel des EuGH-Urteils Laboratoires Fournier[261] nachfolgend verdeutlicht werden.

b) Outbound-Konstellation am Beispiel der Rechtsprechung zu Laboratoires Fournier

aa) Rechtlicher Hintergrund und Ausgangssachverhalt

Die Rechtsprechung Laboratoires Fournier betrifft einen Fall, in dem ein Mitgliedstaat eine steuerliche Vergünstigung in Bezug zu unternehmerischer FuE-Tätigkeit auf „Inlandssachverhalte“ beschränkt[262]. Konkret ging es um eine Regelung des Art. 244 quater B in Verbindung mit Art. 49 septies H des Anhangs III des allgemeinen französischen Steuergesetzbuches (Code général des impôts – CGI), wonach Unternehmen eine Steuervergünstigung in Höhe von 50 Prozent ihrer

259 Ebda., S. 109 f.

260 Jochum G., Die Steuervergünstigung, 2006, S. 465; Schnitger A., in: IDW (Hrsg.), Wissenschaftliche Schriften zur Wirtschaftsprüfung, Die Grenzen der Einwirkung der Grundfreiheiten des EG-Vertrages auf das Ertragssteuerrecht, 2006, S. 167.

261 EuGH, Urt. v. 10.03.2005, Rs. C-39/04, Slg. I-2068, Laboratoires Fournier SA/ Direction des vérifications nationales et internationales.

262 Kofler G., in: Österreichische Steuerzeitung (ÖStZ), Heft Nr. 9, 2005, EuGH: Beschränkung der Forschungsförderung auf Inland EU-widrig, S. 198.

Forschungsausgaben gewährt wurde[263], der Anspruch auf entsprechende Vergünstigung jedoch auf Aufwendungen für in Frankreich ausgeführte Forschungstätigkeit beschränkt blieb[264].

Das französische Pharmaunternehmen Laboratoires Fournier SA vergab an in verschiedenen Ländern der Europäischen Union niedergelassene Forschungszentren zahlreiche Forschungsaufträge und bezog die daraus entstandenen Kosten in die Berechnung der FuE-Steuervergünstigung mit ein[265]. Nachdem ein Einspruch gegen die Nichtberücksichtigung entsprechender Aufwendungen durch den französischen Steuerprüfungsdienst mit Verweis auf Artikel 49 EGV – heute identisch anzuwenden auf Art. 56 AEUV – zurückgewiesen wurde, erhob die Laboratoires Fournier SA Klage beim zuständigen Verwaltungsgericht (Tribunal administratif) in Dijon[266]. Das Tribunal administratif Dijon hegte Zweifel an der Gemeinschaftskonformität der französischen Regelung und legte dem EuGH unter anderem die Frage vor, ob nationale Bestimmungen, die eine Berücksichtigung von Aufwendungen für in einem anderen Mitgliedstaat ausgeführte FuE-Tätigkeiten bei Ermittlung der Forschungsförderung versagen, einen Verstoß gegen die Dienstleistungsfreiheit nach Art. 49 EGV darstellen[267].

bb) Schutzbereich

Zur Beantwortung der Frage, ob ein Sachverhalt eine Grundfreiheitsverletzung – in der Rechtssache Laboratoires Fournier SA eine Verletzung der Dienstleistungsfreiheit – darstellt, gilt es zunächst festzustellen, ob die fraglichen Vorschriften überhaupt in den Anwendungsbereich der jeweiligen Grundfreiheit fallen. Es gilt, dass ein Sachverhalt dann unter den generellen Schutzbereich der Dienstleistungsfreiheit fällt,

263 Art. 244 quater B Code Général des Impôts (Allgemeines französisches Steuergesetzbuch – CGI).

264 Art. 49 septies H des Anhangs III CGI.

265 Schlussanträge des Generalanwalts *Jacob F. G.* vom 09. Dezember 2004 in der Rechtssache C-39/04, Slg. I-2059, Rdnr. 4.

266 Ebda., S. 4 f.

267 Vgl. Kofler G., in: ÖStZ, Heft Nr. 9, 2005, EuGH: Beschränkung der Forschungsförderung auf Inland EU-widrig, S. 198.

wenn sowohl deren sachlicher wie auch persönlicher Schutzbereich kumulativ von ihm betroffen sind.

Die Eröffnung des sachlichen Schutzbereichs ist die Frage nach dem zu schützenden Individualrechtsgut[268]. Unter den sachlichen Schutzbereich der Dienstleistungsfreiheit fällt ein Sachverhalt ausschließlich dann, wenn tatsächlich geschützte Verhaltensweisen sowie ein grenzüberschreitender Bezug vorliegen, gleichzeitig jedoch weder gegensätzlich lautendes Sekundärrecht, missbräuchliche Inanspruchnahmen, Sonderregelungen noch ungeschriebene oder ausdrückliche Bereichsausnahmen existieren.

Als sogenannte *Bereichsausnahmen* nimmt Art. 62 AEUV unter Verweis auf Art. 51–54 AEUV zur „Wahrung innerstaatlicher Sicherheit", ohne die Notwendigkeit einer weiteren Prüfung, Tätigkeiten, die mit der „Ausübung öffentlicher Gewalt" in Verbindung stehen, in vollem Umfang aus dem Schutzbereich der Niederlassungsfreiheit heraus. Auch Rechts- und Verwaltungsvorschriften, die eine Sonderregelung für Ausländer aus „Gründen der öffentlichen Ordnung, Sicherheit und Gesundheit" vorsehen, sind als Sonderregelung gemäß Art. 52 Abs. 1 AEUV zu jedem Zeitpunkt gerechtfertigt. Alle übrigen selbstständigen Tätigkeiten, die gemäß Art. 58 AEUV nicht dem Bereich Verkehr zuzuordnen sind und mit grenzüberschreitendem Bezug zeitlich begrenzt gegen Entgelt erbracht werden, sind vom sachlichen Schutzbereich der Dienstleistungsfreiheit erfasst. Für vorliegenden Sachverhalt im Verfahren Laboratoires Fournier ist festzustellen, dass Bereichsausnahmen und Sonderregelungen nicht greifen. Da des Weiteren weder die Inanspruchnahme ausländischer Forschungszentren dem Bereich Verkehr zuzuordnen ist, noch sekundärrechtliche Regelungen einen Einbezug von Aufwendungen für in einem anderen Mitgliedstaat ausgeführte FuE-Tätigkeiten bei der Ermittlung einer FuE-Begünstigung versagen, noch eine missbräuchliche Inanspruchnahme vorliegt, ist eine Berührung des sachlichen Schutzbereichs der Dienstleistungsfreiheit als gegeben anzunehmen.

---

268 Frenz W., Handbuch Europarecht, Bd. 1: Europäische Grundfreiheiten, 2004, S. 141.

Der persönliche Schutzbereich gestattet es Unionsbürgern – darunter natürliche wie juristische Personen –, sich auf die Dienstleistungsfreiheit zu berufen, sofern sich diese bei Ausübung einer in den sachlichen Schutzbereich der Dienstleistungsfreiheit fallenden Tätigkeit persönlich beeinträchtigt fühlen[269]. Der persönliche Schutzbereich der Dienstleistungsfreiheit gilt entsprechend Art. 56 Abs. 1 AEUV ausschließlich für Angehörige der Mitgliedstaaten, im generellen Fall für alle Unionsangehörigen, im speziellen Fall jedoch nur für solche, die in einem anderen Mitgliedstaat als demjenigen des Leistungsempfängers ansässig sind. Diese Regelung stellt sicher, dass rein nationale Dienstleistungsverhältnisse von einer Einflussnahme der Union ausgenommen werden. Bezugnehmend auf den Sachverhalt im Verfahren Laboratoires Fournier sind sowohl die persönliche Beeinträchtigung des Unternehmens Laboratoires Fournier SA als auch die der in weiteren Mitgliedstaaten belegenen Kompetenzzentren ebenso gegeben wie die Voraussetzung einer unterschiedlichen Ansässigkeit zwischen den jeweiligen Leistungsempfängern.

Unter Berufung auf die Rechtssache Futura Participations SA und Singer[270] (Futura) führte die französische Regierung an, dass sich die unterschiedliche Behandlung direkt aus dem steuerlichen Territorialitätsprinzip ergebe und somit weder eine offene noch eine versteckte Diskriminierung darstellen könne, da sie aus dem Anwendungsbereich der Dienstleistungsfreiheit herausfalle[271]. In der Rechtssache Futura entschied der EuGH, dass kein Grundfreiheitsverstoß – in diesem Fall gegen die Niederlassungsfreiheit – vorliegt, wenn Luxemburg den Verlustvortrag durch einen Steuerpflichtigen, der im Inland lediglich eine Zweigniederlassung, nicht aber seinen Sitz hat, davon abhängig mache, dass die Verluste in wirtschaftlichem Zusammenhang mit den Einkünften stünden, die der Steuerpflichtige in Luxemburg erzielt habe, vorausgesetzt, dass Steuerinländer keine günstigere Behandlung erführen[272]. Entgegen der Auffassung der französischen Regierung erkannte der

269 Ebda., S. 147.

270 Vgl. EuGH, Urt. v. 15.05.1997, Rs. C-250/95, Slg. I-2471, Rdnr. 22, Futura Participations SA und Singer/Administration des contributions.

271 Vgl. EuGH, Urt. v. 10.03.2005, Rs. C-39/04, Slg. I-2068, Rdnr. 17, Laboratoires Fournier SA/Direction des vérifications nationales et internationales.

272 Schlussanträge des Generalanwalts *Jacob F. G.* vom 09. Dezember 2004 in der Rechtssache C-39/04, Slg. I-2059, Rdnr. 9.

Gerichtshof eine Übertragbarkeit des Urteils Futura auf die Rechtssache Laboratoires Fournier SA nicht an. Während in der Rechtssache Futura die Vereinbarkeit nationaler Steuerbestimmungen mit den Vertragsbestimmungen über die Niederlassungsfreiheit zu prüfen war, die gleichermaßen auf im Inland und im Ausland ansässige Unternehmen anwendbar waren, geht es in der Rechtssache Laboratoires Fournier SA um die Vereinbarkeit nationaler Steuerbestimmungen mit der Dienstleistungsfreiheit, die in einem Mitgliedstaat ansässigen Unternehmen einen Vorteil bezüglich der Inanspruchnahme solcher Dienstleistungen einräumen, die in eben diesem Mitgliedstaat erbracht wurden[273]. Ziel der luxemburgischen Regelung in der Rechtssache Futura ist folglich nicht die unterschiedliche Verlustvortragsmöglichkeit in Abhängigkeit von der Gebietsansässigkeit des Steuerpflichtigen, sondern eine wirtschaftlich korrekte Zuordnung von Verlusten entsprechend den ihnen zuzuordnenden Einkünften, für Steuerinländer und Steuerausländer gleichermaßen. Die französische Regelung stellt hingegen in der Rechtssache Laboratoires Fournier SA, wenn auch indirekt, ausschließlich auf den Sitz des Erbringers der Dienstleistung ab und ist damit zumindest geeignet, dessen grenzüberschreitende Aktivität zu beschränken.

Ein Vorbehalt von Steuervergünstigungen für in Frankreich ausgeführte FuE-Tätigkeiten, wie Gegenstand im Verfahren Laboratoires Fournier SA, fällt folglich unter den Anwendungsbereich der Dienstleistungsfreiheit. Ob es darüber hinaus zu einer Beeinträchtigung des entsprechenden Schutzbereiches durch die französische Regelung kam, ist nachfolgend festzustellen.

cc) Beeinträchtigung

Fällt ein Sachverhalt unter den generellen Schutzbereich einer der Grundfreiheiten (hier der Dienstleistungsfreiheit), gilt der zweite Prüfschritt der Feststellung potenzieller Beeinträchtigungen dieser. Diese können sowohl durch aktives Handeln als auch passives Dulden oder Unterlassen bewirkt werden, jeweils unter der Voraussetzung, dass zuvor eine Rechtspflicht bestand. Generell ist von einer Beeinträchtigung

273 Kofler G., in: ÖStZ, Heft Nr. 9, 2005, EuGH: Beschränkung der Forschungsförderung auf Inland EU-widrig, S. 199.

im Outbound-Fall dann auszugehen, wenn die grenzüberschreitende Tätigkeit eines Gebietsansässigen von Seiten seines eigenen Mitgliedstaates typischerweise schlechter behandelt wird als eine vergleichbare nationale Tätigkeit. Hinsichtlich des passiven Dulden oder Unterlassens sei zu ergänzen, dass eine verbotene Schlechterstellung entsprechend der Rechtsprechung des EuGH auch dann vorliegt, wenn eine Maßnahme zwar formell unterschiedslos wirkt, somit keine offensichtliche Diskriminierung darstellt, faktisch jedoch den Gebrauch grundfreiheitlicher Rechte unmöglich macht, erschwert[274] oder wie im Urteil Lasteyrie du Saillant aus dem Jahr 2004[275] nur eine abschreckende Wirkung entfaltet[276].

Bisherige Rechtsprechung bekräftigend[277], stellte der EuGH in der Rechtssache Laboratoires Fournier SA zunächst fest, dass direkte Steuern zwar grundsätzlich in die Zuständigkeit der Mitgliedstaaten fielen, diese ihre Befugnisse jedoch stets unter Wahrung des Unionsrechts auszuüben hätten[278]. Im vorliegenden Fall, so der EuGH weiter, unterwerfe die Regelung der französischen Regierung die Erbringung von Forschungsleistungen einer unterschiedlichen Steuerregelung, je nachdem, ob diese in einem anderen Mitgliedstaat oder in Frankreich erbracht würden, da sie die Steuervergünstigung für Forschung nur den im Inland ausgeführten Forschungstätigkeiten vorbehalte[279]. Folglich entstand durch die französische Regelung ein steuerliches Hindernis, das zumindest geeignet war, die grenzüberschreitende Erbringung von Dienstleistungen zu behindern, da es in Frankreich niedergelassene Unternehmen davon abbringen konnte, Forschungszentren in anderen

274 Vgl. EuGH, Urt. v. 12.12.2002, Rs. C-385/00, Slg. I-11819, Rdnr. 78, de Groot/Staatssecretaris v Financiën.

275 Vgl. EuGH, Urt. v. 11.03.2004, Rs. C-9/02, Slg. I-2409, Rdnr. 45, Lasteyrie du Saillant/Ministère de l'Économie, des Finances et de l'Industrie.

276 Kniese C., in: Drüen K.-D., Kube H., Wernsmann R. (Hrsg.), Finanz- und Steuerrecht in Deutschland und Europa, Bd. 21, Europarechtlicher Rahmen einer steuerlichen Förderung von Forschung und Entwicklung, 2013, S. 110.

277 Vgl. EuGH, Urt. v. 11.08.1995, Rs. C-80/94, Slg. I-2493, Rdnr. 16, Wielockx/Inspecteur der directe belastingen; EuGH, Urt. v. 15.07.2004, Rs. C-242/03, Slg. I-7379, Ministre des Finances/Weidert und Paulus.

278 Vgl. EuGH, Urt. v. 10.03.2005, Rs. C-39/04, Slg. I-2068, Rdnr. 14, Laboratoires Fournier SA/Direction des vérifications nationales et internationales.

279 Ebda., Rdnr. 15.

Mitgliedstaaten in Anspruch zu nehmen[280]. Bezugnehmend auf bisherige Rechtsprechung des EuGH[281] führte der Generalanwalt an, dass Artikel 49 EG nicht nur eine Beseitigung jeder Diskriminierung der in einem anderen Mitgliedstaat ansässigen Dienstleistungserbringer aus Gründen ihrer Staatsbürgerschaft verlange, sondern auch die Aufhebung aller Beschränkungen, die geeignet sind, die Tätigkeit des Dienstleistungserbringers, der in einem anderen Mitgliedstaat ansässig ist und dort rechtmäßig ähnliche Dienstleistungen erbringt, weniger attraktiv zu machen[282]. Der EuGH teilte in seinem Urteil die Auffassung des Generalanwalts und sah in den französischen Bestimmungen, soweit sie Steuervergünstigungen für FuE-Tätigkeiten beschränken, die in Frankreich ausgeführt werden, einen Verstoß gegen die Dienstleistungsfreiheit des Art. 49 EG[283]. Ob eine festgestellte Ungleichbehandlung auch als mit dem Binnenmarkt unvereinbar anzusehen ist oder aber Rechtfertigungsgründe für den Verstoß vorliegen, ist in einem separaten Prüfungsschritt zu ermitteln.

dd) Rechtfertigungsgründe

Obwohl eine nachteilige Ungleichbehandlung zweier ansonsten vergleichbarer Sachverhalte im Geltungsbereich der Grundfreiheiten einen Eingriff in die betroffene Grundfreiheit als solche darstellt, kommt es bei Vorlage eines Rechtfertigungsgrundes zu keiner mit dem Unionsrecht unvereinbaren Grundfreiheitsverletzung[284]. Der beeinträchtigende Mitgliedstaat bzw. die private Organisation oder Gewerkschaft greift zwar nachweislich beschränkend in den generellen Schutzbereich mindestens einer Grundfreiheit ein, tut dies jedoch bei Berufung auf einen

280 Schlussanträge des Generalanwalts *Jacob F. G.* vom 09. Dezember 2004 in der Rechtssache C-39/04, Slg. I-2059, Rdnr. 16.

281 Vgl. EuGH, Urt. v. 09.07.1997, Rs. C-222/95, Slg. I-3914, Rdnr. 18, Société civile immobilière Parodi/Banque H. Albert de Bary et Cie.

282 Schlussanträge des Generalanwalts *Jacob F. G.* vom 09. Dezember 2004 in der Rechtssache C-39/04, Slg. I-2059, Rdnr. 19.

283 Vgl. EuGH, Urt. v. 10.03.2005, Rs. C-39/04, Slg. I-2068, Rdnr. 18, Laboratoires Fournier SA/Direction des vérifications nationales et internationales.

284 Mayer-Theobald F., in: Lehner M. (Hrsg.), Münchner Schriften zum internationalen Steuerrecht, Heft 32, Non-garden most favoured negotiating, 2011, S. 139.

entsprechenden Rechtfertigungsgrund und unter Wahrung bestehender Schranken-Schranken stets in einem unionsrechtlich legitimen Rahmen. *Schranken-Schranken* legen dabei die Grenzen von Grundfreiheitsbeschränkungen fest und beschreiben auf diese Weise indirekt, unter welchen Voraussetzungen Rechtfertigungsgründe statthaft und demzufolge anwendbar sind. Diese lassen sich in zwei Kategorien unterteilen: in kodifizierte (ausdrückliche) und immanente (ungeschriebene) Rechtfertigungsgründe. Liegt keine der beiden nachfolgend beschriebenen Varianten für eine Schutzbereichsbeeinträchtigung vor oder gelten Schranken-Schranken als verletzt, ist von einer mit dem Unionsrecht unvereinbaren Grundfreiheitsverletzung auszugehen.

Auf *kodifizierte* Rechtfertigungsgründe wird regelmäßig dann zurückgegriffen, wenn eine Kollision der Grundfreiheiten mit gültigem Unionsgrundrecht vorliegt oder staatliche Interessen von grundlegender Bedeutung einer Durchsetzung der Grundfreiheiten entgegenstehen. Zu verstehen sind unter staatlichen Interessen von grundlegender Bedeutung etwa die in Art. 36 AEUV i. V. m. Art. 52 Abs. 1 AEUV als Beschränkungsausnahmen geführten „Maßnahmen zur Wahrung der öffentlichen Sittlichkeit, Ordnung und Sicherheit zum Schutz der Gesundheit und des Lebens von Menschen, Tieren und Pflanzen sowie der Schutz nationalen Kulturguts von künstlerischem, geschichtlichem oder archäologischem Wert". In diesen Fällen führt ein Eingriff in bestehende Schutzbereiche zwar zu einer Beeinträchtigung der jeweiligen Grundfreiheiten, doch liegt infolge einer rechtlichen Legitimierung keine mit dem Unionsrecht unvereinbare Grundfreiheitsverletzung vor.

Kniese verdeutlicht den rechtlichen Stellenwert kodifizierter Rechtfertigungsgründe, indem er unter Berufung auf die ständige Rechtsprechung des EuGH darauf hinweist, dass es für eine Rechtfertigung offener Diskriminierungen – also Maßnahmen, die formell an das Kriterium der Staatsangehörigkeit natürlicher Personen oder der Ansässigkeit von juristischen Personen anknüpfen – immer im AEUV ausdrücklich niedergeschriebener und damit kodifizierter Rechtfertigungsgründe bedürfe[285]. Auch wenn es keiner offiziellen Hierarchie der unterschiedlichen

285 Vgl. EuGH, Urt. v. 26.04.1988, Rs. 352/85, Slg. 2085, Rdnr. 32, Bond van Adverteerders/Niederlande; vgl. EuGH, Urt. v. 25.07.1991, Rs. C-288/89, Slg. I-4007, Rdnr. 11, Gouda/Commissariaat voor de Media; vgl. EuGH, Urt. v.

Rechtfertigungsarten bedarf, wird unter Berücksichtigung der Brisanz offener Diskriminierungen für die Wettbewerbspolitik der Union deutlich, dass kodifizierte Rechtfertigungsgründe eine deutlich stärkere rechtliche Basis verglichen mit ihren immanenten Gegenübern aufweisen. Dies liegt sicherlich nicht zuletzt an dem deutlich geringeren Auslegungsspielraum, den ausdrücklich normierte Rechtfertigungsgründe naturgemäß mit sich bringen.

Ungeachtet des rechtlichen Stellenwertes kodifizierter Rechtfertigungsgründe besteht in der Literatur Einigkeit über ihre auf dem Gebiet der direkten Steuern eher geringere praktische Relevanz. Begründet wird dies damit, dass zum einen die Notwendigkeit einer Rechtfertigung offener Diskriminierungen zur Wahrung grundlegender staatlicher Interessen in diesem Bereich nur schwer vorstellbar ist[286] und zum anderen ein Entgegenlaufen von Grundfreiheiten und geltendem Unionsrecht regelmäßig am Kompetenzmangel der Union auf dem Gebiet der direkten Steuern scheitert.

Ergeben sich Rechtfertigungen nicht aus rechtlich verankerten und damit niedergeschriebenen Regeln, sondern aus richterlich geschaffenen Grundsätzen, liegen *immanente* (ungeschriebene) Rechtfertigungsgründe *(rule of reason)* vor. Diese lassen sich als Rechtsprechungen zusammenfassen, die durch Einzelfallentscheidungen legitimierte Grundfreiheitsbeschränkungen, regelmäßig unter Berufung auf zwingende Gründe des Gemeinwohls, für eine Generalanwendung zulassen. Bekanntestes Beispiel einer Legitimation entsprechender Rechtfertigungen stellt das die Warenverkehrsfreiheit betreffende Urteil vom 20. Februar 1979 des EuGH zur Rechtssache Cassis-de-Dijon dar[287].

29.04.1999, Rs. C-311/97, Slg. I-2651, Rdnr. 32, RBS/Griechenland; Kniese C., in: Drüen K.-D., Kube H., Wernsmann R. (Hrsg.), Finanz- und Steuerrecht in Deutschland und Europa, Bd. 21, Europarechtlicher Rahmen einer steuerlichen Förderung von Forschung und Entwicklung, 2013, S. 112.

286 Kniese C., in: Drüen K.-D., Kube H., Wernsmann R. (Hrsg.), Finanz- und Steuerrecht in Deutschland und Europa, Bd. 21, Europarechtlicher Rahmen einer steuerlichen Förderung von Forschung und Entwicklung, 2013, S. 112; Schnitger A., in: IDW (Hrsg.), Wissenschaftliche Schriften zur Wirtschaftsprüfung, Die Grenzen der Einwirkung der Grundfreiheiten des EG-Vertrages auf das Ertragssteuerrecht, 2006, S. 309.

287 Vgl. EuGH, Urt. v. 20.02.1979, Rs. 120/78, Slg. 649, REWE/Bundesmonopolverwaltung für Branntwein (Cassis de Dijon).

Dem Urteil voraus ging eine Klage der Kölner Handelsgruppe Rewe-Zentral AG gegen die Bundesmonopolverwaltung für Branntwein, die ihr den Verkauf von französischem Branntwein (Crème de Cassis) aufgrund einer nach eigenen Vorgaben zu geringen Alkoholkonzentration versagen wollte. Die Kläger bewerteten das Verbot, bezugnehmend auf die im Jahr 1974 entstandene Dassonville-Formel, als in seiner Wirkung identisch zu einer mit dem freien Warenverkehr unvereinbaren mengenmäßigen Einfuhrbeschränkung und fühlten sich in ihren Grundfreiheiten verletzt. Besagte Formel basiert auf einer Entscheidung des EuGH vom 11. Juli 1974, in welcher der Gerichtshof erstmalig festlegte, dass sämtliche Handelsregelungen der Mitgliedstaaten, die geeignet seien, den innergemeinschaftlichen Handel unmittelbar oder mittelbar, tatsächlich oder potenziell zu behindern, als Maßnahmen mit gleicher Wirkung wie eine mengenmäßige Beschränkung anzusehen seien[288].

Im Rahmen der Urteilsbegründung in der Rechtssache Cassis-de-Dijon erkannte der EuGH zwingende Erfordernisse im Allgemeininteresse der Mitgliedstaaten, darunter etwa eine wirksame steuerliche Kontrolle[289], einen Schutz der öffentlichen Gesundheit, eine Beständigkeit des Handelsverkehrs sowie einen funktionierenden Verbraucherschutz, erstmals als immanente Rechtfertigungsgründe für eine Beschränkung bestehender Grundfreiheiten an[290]. Deren Anwendung erweiterte der EuGH im Rahmen nachfolgender Rechtsprechung ausdrücklich auf alle Grundfreiheiten[291], so auch für die Bereiche der Niederlassungs- und Dienstleistungsfreiheit, die in der Regel am stärksten von einer steuerlichen FuE-Förderung von KMU berührt sind. Rein wirtschaftliche Gründe, darunter etwa die Förderung ausschließlich nationaler Wettbewerbsfähigkeit, die Vermeidung missbräuchlicher Gestaltungen oder

288 Vgl. EuGH, Urt. v. 11.07.1974, Rs. C-8/74, Slg. 837, Rdnr. 5, Procureur du Roi/Dassonville.

289 Im Einzelfall regelmäßig mit Verweis auf die Amtshilferichtlinie der Union (Richtlinie des Rates v. 19.12.1977 (77/799/EWG), ABl. EG 1977 Nr. L 336 v. 27.12.1977) als unverhältnismäßig abgelehnt.

290 Vgl. EuGH, Urt. v. 20.02.1979, Rs. 120/78, Slg. 649, Rdnr. 8, REWE/Bundesmonopolverwaltung für Branntwein (Cassis de Dijon).

291 Zur Arbeitnehmer-Freizügigkeit vgl. EuGH, Urt. v. 23.05.1996, Rs. C-237/94, Slg. I-2617, O'Flynn/Adjudication Officer; zur Niederlassungs- und Dienstleistungsfreiheit vgl. EuGH, Urtl. v. 25.06.1991, Rs. C-76/90, Slg. I-4221, Säger/Dennemeyer; zur Kapitalverkehrsfreiheit vgl. EuGH, Urt. v. 04.06.2002, Rs. C-503/99, Slg. I-4812, Kommission/Belgien.

ein vermindertes Steueraufkommen, die grundsätzlich nicht als im Allgemeininteresse aller Mitgliedstaaten liegend angesehen werden können, scheiden hingegen als legitime Rechtfertigungsgründe zur Grundfreiheitsbeschränkung aus[292].

Abweichend von den kodifizierten Rechtfertigungsgründen üben immanente, sich auf Gründe des Allgemeininteresses stützende Rechtfertigungsgründe auf den Bereich der direkten Steuern einen großen Einfluss aus. Seit der Cassis-de-Dijon-Entscheidung hatte der EuGH über eine solche Vielzahl an Rechtfertigungsargumenten der Mitgliedstaaten zu urteilen, dass sich im Laufe der Zeit ein sich sukzessive verfeinernder Leitfaden zu anerkannten und zurückgewiesenen Rechtfertigungsgründen und damit auch zu einer generellen Definition des Allgemeininteresses bildete[293]. So stellen etwa die Gewährleistung wirksamer steuerlicher Kontrolle, die Verhinderung von Steuerhinterziehung, Steuerumgehung und Steuermissbrauch, die Kohärenz des Steuersystems, die Wahrung des Territorialitätsprinzips sowie die ausgewogene Aufteilung von Besteuerungsbefugnissen vom EuGH anerkannte Gründe des Allgemeininteresses dar, nach denen – immer unter Wahrung des Verhältnismäßigkeitsgrundsatzes – Grundfreiheitsbeeinträchtigungen im Steuerrecht grundsätzlich zulässig sind.

In der Rechtssache Laboratoires Fournier SA berief sich die französische Regierung auf drei immanente Rechtfertigungsgründe: die Gewährleistung der Kohärenz ihres Körperschaftsteuersystems, die Förderung von Forschung und Entwicklung als ein im Gemeinschaftsinteresse liegender Zweck und die Wahrung steuerlicher Kontrolle. Während der EuGH in der Rechtssache Bachmann anerkannte, dass die Notwendigkeit, die Kohärenz des Steuersystems zu gewährleisten, eine Beschränkung der Grundfreiheiten rechtfertigen kann[294], sah er den dafür notwendigen unmittelbaren Zusammenhang zwischen den betreffenden

292 Becker U., in: Ehlers D. (Hrsg.), Europäische Grundrechte und Grundfreiheiten, 2. Aufl., 2005, S. 281, Rdnr. 51.

293 Vgl. Kniese C., in: Drüen K.-D., Kube H., Wernsmann R. (Hrsg.), Finanz- und Steuerrecht in Deutschland und Europa, Bd. 21, Europarechtlicher Rahmen einer steuerlichen Förderung von Forschung und Entwicklung, 2013, S. 114.

294 Vgl. EuGH, Urt. v. 28.01.1992, Rs. 204/90, Slg. I-276, Rdnr. 28, Hanns-Martin Bachmann/Belgischer Staat.

Steuervergünstigungen und der französischen Körperschaftsteuer nicht[295]. So bestand in der Rechtssache Bachmann bei ein und demselben der Einkommensteuer unterliegenden Steuerpflichtigen ein unmittelbarer Zusammenhang zwischen der Möglichkeit, Versicherungsbeiträge von den steuerbaren Einkünften abzuziehen, und der späteren Besteuerung der von den Versicherern in Erfüllung der Verträge gezahlten Beiträge[296]. Bei Abzug der laufenden Beiträge von den steuerbaren Einkünften war eine vollständige Besteuerung der zukünftigen Erfüllungsbeträge vorgesehen, während diese bei Nichtabzug der laufenden Beiträge von einer zukünftigen Besteuerung freigestellt wurden[297]. Dieser unmittelbare Zusammenhang müsse nach Auffassung des EuGH gewahrt werden, weshalb eine Regelung des belgischen Einkommensteuergesetzes (Code des impôts sur les revenus – CIR)[298] zu rechtfertigen sei, wonach von den Erwerbseinkünften nur die Beiträge zur freiwilligen Kranken- und Invaliditätsversicherung abgezogen werden können, die an einen von Belgien anerkannten Versicherungsverein auf Gegenseitigkeit gezahlt wurden, sowie die in Belgien gezahlten Beiträge zu Versicherungen für den Fall des Alters und des vorzeitigen Todes[299]. Fehlt es wie in der Rechtssache Laboratoires Fournier SA jedoch an einem solchen unmittelbaren Zusammenhang – der EuGH sieht einen solchen nicht zwischen einer Steuervergünstigung für Forschungsaktivität und der Körperschaftsteuer –, ist nach ständiger Rechtsprechung des EuGH eine Berufung auf die Kohärenz des Steuersystems ausgeschlossen[300].

Auch die Berufung der französischen Regierung auf die potenziell im Allgemeininteresse liegende Förderung von Forschung und Entwicklung wurde seitens des EuGH nicht als Rechtfertigungsgrund für eine Beschränkung der steuerlichen Vergünstigung auf Inlandssachverhalte,

295 Vgl. EuGH, Urt. v. 10.03.2005, Rs. C-39/04, Slg. I-2068, Rdnr. 21, Laboratoires Fournier SA/Direction des vérifications nationales et internationales.

296 Vgl. EuGH, Urt. v. 28.01.1992, Rs. 204/90, Slg. I-276, Rdnr. 21, Hanns-Martin Bachmann/Belgischer Staat.

297 Vgl. Art. 32 Code des impôts sur les revenus (CIR).

298 Vgl. Art. 54 CIR.

299 Vgl. EuGH, Urt. v. 28.01.1992, Rs. 204/90, Slg. I-276, Rdnr. 35, Hanns-Martin Bachmann/Belgischer Staat.

300 Vgl. EuGH, Urt. v. 10.03.2005, Rs. C-39/04, Slg. I-2068, Rdnr. 20, Laboratoires Fournier SA/Direction des vérifications nationales et internationales; vgl. EuGH, Urt. v. 15.07.2004, Rs. C-242/03, Slg. I-7379, Rdnr. 21, Ministre des Finances/Weidert und Paulus.

wie sie die französische Regelung vorsieht, anerkannt. Die nationale Maßnahme stehe, so der EuGH, in direktem Gegensatz zu den FuE-politischen Zielen der Gemeinschaft, die darin bestünden, die Möglichkeiten des Binnenmarktes unter Beseitigung rechtlicher und steuerlicher Hindernisse voll auszunutzen und durch Zusammenarbeit die internationale Wettbewerbsfähigkeit der Union im FuE-Bereich zu erhöhen[301]. Hierzu weist der Generalanwalt in seinem Schlussantrag treffend darauf hin, dass die nationale Regelung zwar geeignet sei, zu hervorragenden wissenschaftlichen Leistungen im Sinne der Gemeinschaft anzuspornen, diese aber nicht zwangsläufig nur von französischen Forschungszentren zu erwarten seien[302].

Zuletzt scheidet auch der Rechtfertigungsgrund einer wirksamen steuerlichen Kontrolle in der Rechtssache Laboratoires Fournier SA aus. Zwar hat der EuGH die Wirksamkeit der steuerlichen Kontrolle im Urteil Futura Participations SA und Singer wiederholt als zwingenden Grund des Allgemeininteresses anerkannt, mit dem eine Beschränkung der Grundfreiheiten rechtfertigbar sei[303], doch könne nach Auffassung des EuGH damit keine nationale Regelung gerechtfertigt werden, die es den Steuerpflichtigen bereits von vornherein unmöglich mache, den für die Wirksamkeit der steuerlichen Kontrolle notwendigen Nachweispflichten nachzukommen[304]. Wie bereits im Urteil Baxter festgestellt, „lässt sich nämlich nicht von vornherein ausschließen, dass der Abgabenpflichtige Belege vorlegen kann, anhand derer die Steuerbehörden des Mitgliedstaats eindeutig und genau prüfen können, welche Forschungsausgaben in anderen Mitgliedstaaten tatsächlich getätigt worden sind“[305].

301 Vgl. EuGH, Urt. v. 10.03.2005, Rs. C-39/04, Slg. I-2068, Rdnr. 23, Laboratoires Fournier SA/Direction des vérifications nationales et internationales.

302 Vgl. Schlussanträge des Generalanwalts *Jacob F. G.* vom 09. Dezember 2004 in der Rechtssache C-39/04, Slg. I-2059, Rdnr. 31.

303 Vgl. EuGH, Urt. v. 15.05.1997, Rs. C-250/95, Slg. I-2471, Rdnr. 31, Futura Participations SA und Singer/Administration des contributions.

304 Vgl. EuGH, Urt. v. 10.03.2005, Rs. C-39/04, Slg. I-2068, Rdnr. 25, Laboratoires Fournier SA/Direction des vérifications nationales et internationales; vgl. EuGH, Urt. v. 08.07.1999, Rs. C-254/97, Slg. I-4824, Rdnr. 10 und 20, Société Baxter u.a./Premier minister u.a.

305 Vgl. ebda.

Da der EuGH in der Rechtssache Laboratoires Fournier SA folglich keine Rechtfertigungsgründe für die Beeinträchtigung der Dienstleistungsfreiheit sah, kam er zu dem Urteil, dass ein Vorbehalt von Steuervergünstigungen für in Frankreich ausgeführte FuE-Tätigkeiten insgesamt eine mit dem Binnenmarkt unvereinbare Regelung darstellt.

c) Auswirkung der Rechtsprechung zu Laboratoires Fournier auf die steuerliche FuE-Förderung von KMU

Das EuGH-Urteil zu Laboratoires Fournier SA verdeutlicht eindrucksvoll die zunehmende Auswirkung der Grundfreiheiten – hier der Dienstleistungsfreiheit – auf steuerrechtliche Regelungen und Gestaltungsüberlegungen der Mitgliedstaaten[306]. In Zeiten einer voranschreitenden Entwicklung des europäischen Forschungsraumes sind den Mitgliedstaaten klare Grenzen hinsichtlich FuE-spezifischer Fördermaßnahme gesetzt, die eine Ausgestaltung unter rein nationalen Gesichtspunkten weitestgehend verhindern. Das Ziel der Union besteht darin, Diskriminierungen und Beschränkungen sowohl im Rahmen von Inbound- als auch Outbound-Konstellationen zu verhindern und damit sämtlichen Unternehmen der Mitgliedstaaten ein unbeschränktes Agieren im gesamten Binnenraum zu ermöglichen. So endet das wirtschaftlich barrierefreie Handeln nicht länger an der nationalen, sondern an der europäischen Außengrenze, was zur Folge hat, dass auch die Politik der Mitgliedstaaten – worunter auch eine steuerliche Förderung für unternehmerische FuE-Tätigkeit zu verstehen ist – über die nationalen Grenzen hinausreichen muss und unionsrechtliches Primärrecht zu berücksichtigen hat.

Jede denkbare Ausgestaltung einer steuerlichen FuE-Förderung von KMU muss zur Erfüllung unionsrechtlicher Vorgaben den in den Grundfreiheiten verankerten Diskriminierungs- und Beschränkungsverboten gerecht werden. Erfüllt ein Fördermodell diese Voraussetzung nicht, ist es bereits auf nationaler Ebene als alternatives Anreizsystem auszuschließen. Eine etwaige Berufung auf ein Minimalmaß an Diskriminierung oder Beschränkung, in der Fachliteratur häufig als De-minimis-Erwägung bezeichnet, scheidet nach Rechtsprechung des

306 Streinz R., Europarecht, 2016, S. 364, Rdnr. 951.

EuGH folgerichtig aus[307]. Ziel der Grundfreiheiten ist es nicht, vor Diskriminierungen und Beschränkungen bestimmten Ausmaßes, sondern vor jeglicher Art entsprechender Beeinträchtigungen und damit gesamtumfänglich zu schützen. Eine der De-minimis-Beihilfe als Teil des europäischen Subventionsrechts vergleichbare Toleranzgrenze besteht auf entsprechendem Gebiet grundsätzlich nicht.

Unter Zuhilfenahme des für die Rechtssache Laboratoires Fournier SA beispielhaft angewandten Prüfschemas ist folglich jedes Modell einer steuerlichen FuE-Förderung von KMU dahingehend zu untersuchen, ob es einen Verstoß gegen bestehende Grundfreiheiten – hier vornehmlich gegen die Niederlassungs- und Dienstleistungsfreiheit – darstellt. Denkbar wäre dies etwa durch das Zustandekommen unzulässiger Gebietsbeschränkungen. So stellt ein Vorbehalt von Steuervergünstigungen für im Inland ausgeführte FuE-Tätigkeit, wie ihn die französische Regierung in der Rechtssache Laboratoires Fournier SA vorsah, ein deutliches Beispiel für eine entsprechende Gebietsbeschränkung dar. Entscheidend ist dabei, dass die Regelung den Einbezug von FuE-Tätigkeiten in die Berechnung einer Steuervergünstigung allein dadurch ausschloss, dass diese von nicht im Inland ansässigen Forschungszentren ausgeführt wurden.

Unerheblich für den Tatbestand der Grundfreiheitsbeschränkung ist weder, ob eine bestehende Beschränkung mittelbar oder unmittelbar verursacht wird, auf einem Rechts- oder Realakt beruht, tatsächlich oder lediglich potenziell zur Auswirkung kommt, eine schwerwiegende oder geringe Beeinträchtigung nach sich zieht, noch ob sie auf bewusstem Handeln beruht oder lediglich das unbeabsichtigte Resultat einer vorangehenden Entscheidungskette ist. Ausschlaggebendes Merkmal für das Vorliegen jeder Grundfreiheitsverletzung ist, dass es überhaupt zu einem beschränkenden Sachverhalt kommt, der ohne das Vorliegen anerkannter Rechtfertigungsgründe im Regelfall als unzulässiger Eingriff zu bewerten ist. Keine unzulässige Beschränkung europarechtlich gesicherter Grundfreiheiten bestünde trotz eines grundsätzlich ungerechtfertigten Eingriffs laut *Herbold* nur dann, wenn die Beschränkungen als solche bereits in der Natur der Fördermaßnahme

307 Vgl. EuGH, Urt. v. 28.01.1986, Rs. 270/83, Slg. 273, Rdnr. 21, Kommission/Frankreich (Avoir fiscal).

lägen[308], etwa wenn steuerliche FuE-Fördermaßnahmen als Bemessungsgrundlagenbegünstigung ausgestaltet wären und in dieser Form einen höheren Betriebsausgabenabzug für FuE-Aufwand oder auch einen besonderen Steuersatz für Einkünfte aus der Verwertung von FuE-Aktivitäten zuließen, was eine Förderung sämtlicher FuE-Aktivitäten nicht im Inland steuerpflichtiger KMU von vornherein ausschlösse. Die Kommission trägt diese Auffassung mit und führt in einer Mitteilung an Rat, Parlament sowie Wirtschafts- und Sozialausschuss an, keine unvereinbare Gebietsbeschränkung darin zu sehen, wenn steuerliche FuE-Anreize in Zusammenhang mit Lohnsteuer- und Sozialversicherungsabgaben nur solchen Steuerpflichtigen zugutekämen, die im jeweiligen Staat auch entsprechende Steuern zu entrichten hätten[309].

Ist bei der zur Prüfung herangezogenen Fördermaßnahme letztendlich nicht von einer Grundfreiheitsverletzung auszugehen, gilt es diese in einem nächsten Schritt auf ihre Kompatibilität mit den in Art. 107 bis 109 AEUV verankerten Regelungen des Europäischen Beihilferechts zu prüfen.

3. Das Europäische Beihilferecht

a) Das Europäische Beihilferecht zur Abwehr von Wettbewerbsverfälschungen im Binnenmarkt

Während die Zielsetzung der Grundfreiheiten darin besteht, einen diskriminierungs- und beschränkungsfreien Binnenmarkt zu ermöglichen, dienen die Beihilferegelungen der Union primär der Schaffung gleicher Wettbewerbsbedingungen für alle Marktteilnehmer[310]. Zwei hinsichtlich

308 Herbold S., in: Bischoff J. G., Herzig N., Kellermann A. (Hrsg.), Steuer, Wirtschaft und Recht, Bd. 298, Steuerliche Anreize für Forschung und Entwicklung im internationalen Vergleich, 2009, S. 86.

309 Europäische Kommission, Mitteilung der Kommission v. 22.11.2006, KOM(2006)728, S. 7.

310 Kniese C., in: Drüen K.-D., Kube H., Wernsmann R. (Hrsg.), Finanz- und Steuerrecht in Deutschland und Europa, Bd. 21, Europarechtlicher Rahmen einer steuerlichen Förderung von Forschung und Entwicklung, 2013, S. 177; Frenz W., Handbuch Europarecht, Bd. 3: Beihilfe- und Vergaberecht, 2006, S. 3.

ihres Zwecks zunächst ähnlich wirkende Einflussnahmen der Union auf die Gestaltung eines gemeinsamen, europäischen Marktes, die sich tatsächlich jedoch sowohl inhaltlich wie auch in ihrer Wirkweise wesentlich unterscheiden. So haben die Grundfreiheiten als Primärrecht natürlicher wie auch juristischer Personen eine Doppelfunktion inne: Einerseits stellen sie individuelles Recht der Unionsbürger gegenüber Gesetzgebern innerhalb der Gemeinschaft dar, auf das diese sich vor allen nationalen Stellen berufen können[311], andererseits bilden sie Anlass- und Berechtigungsgrundlage der Unionsorgane, um Sekundärrecht zur Verwirklichung individueller Rechte und Ziele zu erlassen. Eine solche zweiseitige Aufgabenwahrnehmung ist aus anderen Rechtsbereichen, etwa dem deutschen Grundgesetz, nicht bekannt.

In Abweichung von den Grundfreiheiten richtet sich das Europäische Beihilferecht ausschließlich an die Mitgliedstaaten und unterwirft Beihilfen gleich welcher Art, die der Begünstigung bestimmter Unternehmen oder Produktionszweige dienen, generell einer Kommissionsprüfung. Trotz entsprechend lautender Betitelung stellt Art. 107 AEUV dabei kein absolutes Verbot jeglicher Beihilfen dar, sondern nennt in Abs. 2 sowohl festgeschriebene wie auch in Abs. 3 im Ermessen der Kommission liegende Ausnahmetatbestände, gemäß derer mit dem Binnenmarkt vereinbare Beihilfen möglich sind. Das allgemeine Beihilfeverbot des Art. 107 Abs. 1 AEUV steht folglich zu den Bestimmungen in Art. 107 Abs. 2 und 3 AEUV im Verhältnis der Regel zur Ausnahme, weshalb *Koenig* die europäische Beihilfegewährung treffend als „präventives Verbot mit Genehmigungsvorbehalt" bezeichnet[312].

Einordnen lässt sich die Kontrolle staatlicher Beihilfen, verkörpert durch das Europäische Beihilferecht, als eines der wettbewerbspolitischen Kernziele der Union, neben dem Verbot von Kartellbildungen, der Einschränkung des Missbrauchs marktbeherrschender Stellungen oder der Kontrolle von Unternehmenszusammenschlüssen. Auch wenn

311 Die veraltete Sichtweise der Mitgliedstaaten, dass eine Berufung der Unionsbürger auf die Grundfreiheiten erst nach deren Umsetzung in nationales Recht (Schaffung von Sekundärrecht) möglich sei, wurde inzwischen durch den EuGH widerlegt.

312 Koenig C., Europäisches Wirtschaftsrecht mit Beihilferecht, Zentrum für Europäische Integrationsforschung, Vorlesungen im Schwerpunktbereich, Sommersemester 2011, 2011, S. 53.

im Unionsrecht keine Definition des Begriffs Wettbewerb existiert, kann dessen erwartete Funktion und Bedeutung aus den primärrechtlich verankerten Zielen und Werten der Union geschlussfolgert werden, so unter anderem aus Art. 26 Abs. 2 AEUV, der den Binnenmarkt als „Raum ohne Binnengrenzen mit der Möglichkeit des freien Waren-, Personen-, Dienstleistungs- und Kapitalverkehrs" bezeichnet, woraus sich die Idee einer größtmöglichen wirtschaftlichen Handlungsfreiheit der Marktteilnehmer, frei von staatlicher und ziviler Einflussnahme, ableiten lässt. Darunter zu verstehen ist eine lediglich durch Angebot und Nachfrage bestimmte wirtschaftliche Betätigung von Akteuren in zahlreichen teilweise miteinander verknüpften Märkten. Ein Umstand der nach verbreiteter und anerkannter Auffassung als *freier Wettbewerb* zu bezeichnen ist und sämtlichen Marktteilnehmern ein Streben zum effizientesten Angebot-Nachfrage-Niveau ermöglicht. Durch ihn wird der kumulierte Wohlfahrtsgewinn der Union auf der Zeitachse maximiert.

Das Hauptziel des Europäischen Beihilferechts, die Verhinderung von Wettbewerbsverzerrungen im Binnenmarkt, wird nach *Blauberger* nicht nur durch die Limitierung einseitiger staatlicher Förderungen auf ein notwendiges Minimalmaß erreicht, wodurch ein Subventionswettlauf der Mitgliedstaaten untereinander verhindert wird, sondern auch durch den Umstand, dass förderpolitische Maßnahmen der Kommission ebenso konsequent den eigenen Regularien unterworfen werden wie solche der Mitgliedstaaten[313]. Ist etwa auf Unionsebene die FuE-Förderung von KMU als Förderschwerpunkt identifiziert, müssen auch dort beschlossene Beihilfemaßnahmen derart ausgestaltet sein, dass sie den Wettbewerb nicht ungerechtfertigt verfälschen.

In seiner Entscheidung zum Fall Continental Can machte der EuGH darüber hinaus deutlich, dass es zur Feststellung einer schädigenden Wirkung von Beihilfen nicht auf den Nachweis eines Verbraucherschadens ankommt, etwa eingereicht durch einen nicht bevorteilten Konkurrenten, sondern die alleinige Schädigung der bestehenden Wettbewerbsstruktur genügt[314]. Von einer solchen ist regelmäßig schon beim Beschluss

313 Vgl. Blauberger M., in: Trömmel I. (Hrsg.), Forschungen zur Europäischen Integration, Bd. 22, Staatliche Beihilfen in Europa, 2009, S. 51 f.

314 Vgl. EuGH, Urt. v. 21.02.1973, Rs. 6/72, Slg. 215, Rdnr. 12, Continental Can/Kommission.

staatlicher Maßnahmen auszugehen, die auch nur dazu geeignet sind, die verschiedenen Akteure eines gleichen Marktes ungleich zu behandeln, ungeachtet der Tatsache, ob eine tatsächliche Ungleichbehandlung im Folgenden auch eintritt. So genügt die generelle Eignung einer staatlichen Regelung als solche bereits als Indiz für einen schädigenden Eingriff des jeweiligen Staates in die Wettbewerbsstruktur, begründet dadurch, dass entsprechende Maßnahmen bereits bei Kenntnis dazu geeignet sind, sich auf die Unternehmenspolitik der Marktteilnehmer auszuwirken und wirtschaftlich relevante Entscheidungen zu beeinflussen. Dies ist eine Rechtfertigung für das von der Kommission angewandte Verfahren, geplante Beihilfemaßnahmen der Mitgliedstaaten bereits vor deren Verabschiedung einer Prüfung zu unterziehen, um sie bei Bedarf schon im Vorgriff auf eine etwaige Wettbewerbsschädigung für mit dem Beihilferecht unvereinbar zu erklären. Den Mitgliedstaaten bleibt gemäß Art. 108 Abs. 3 AEUV dabei nur, das Prüfungsverfahren abzuwarten und jede Verabschiedung einer Beihilfemaßnahme bis zur Vorlage des letztendlichen Kommissionsergebnisses aufzuschieben, ein in der Literatur regelmäßig als „Stand-still-Gebot" bezeichnetes Verfahren[315]. Ausgestaltung und Funktionsweise der aktuellen europäischen Beihilfekontrolle sowie die Eingriffsermächtigung der Union in die Beihilfepolitik der Mitgliedstaaten sind nachfolgend umfassender dargestellt.

b) Europäische Beihilfekontrolle und nationale Beihilfepolitik

Unter unionsinterner Beihilfe ist die Einflussnahme negativ integrierter europäischer Beihilfekontrolle – als Teil europäischer Wettbewerbspolitik – auf die traditionell in nationaler Hand liegende Beihilfepolitik der Mitgliedstaaten zu verstehen[316]. Aufgrund fehlender Kompetenz der Kommission, den Mitgliedstaaten Art und Umfang beihilfepolitischer Maßnahmen direkt vorzuschreiben, greift sie auf das Mittel

315 Kniese C., in: Drüen K.-D., Kube H., Wernsmann R. (Hrsg.), Finanz- und Steuerrecht in Deutschland und Europa, Bd. 21, Europarechtlicher Rahmen einer steuerlichen Förderung von Forschung und Entwicklung, 2013, S. 186.

316 Vgl. Ehlermann C.-D., in: Fordham International Law Journal, Vol. 18, Issue 4, Article 6, State Aid Control in the European Union: Success or Failure, 1994, S. 1217 f.; vgl. Schütterle P., in EuZW, Heft 23, 2001, Effiziente Kontrolle staatlicher Beihilfen in den mittel- und osteuropäischen Ländern als Beitrittskriterium, S. 711 ff.

lenkender Verbote und Ausnahmen zurück, mit denen sie die Möglichkeiten staatlicher Beihilfepolitik entsprechend ihren eigenen Vorstellungen begrenzt und dadurch nicht zuletzt steuernd beeinflusst[317]. Die Mitgliedstaaten werden durch das aktuelle Europäische Beihilferecht weniger dahingehend verpflichtet, bestimmte Maßnahmen durchzuführen, als vielmehr dazu aufgefordert, andere zu unterlassen[318]. Eine derartige Manipulation von Handlungsmöglichkeiten nationaler Akteure gilt als klassisches Beispiel *negativer Integration*, einem von drei möglichen Mechanismen zur Europäisierung nationaler Politiken nach *Knill/Lehmkuhl*[319]. Die beiden weiteren Mechanismen bestehen entsprechend *Abbildung 11* in der Möglichkeit zur sekundärrechtlichen Vorgabe, folglich *positiver Integration* institutioneller Modelle, die eine hohe nationale Anpassungsverpflichtung auf Seiten der Mitgliedstaaten mit sich bringt und der ausschließlichen *Beeinflussung* nationaler Ideen und Überzeugungen ohne Anspruch auf nationale Umsetzung, aus der ein deutlich geringerer, teilweise vollständig ausbleibender nationaler Anpassungsdruck resultiert[320]. Beide zuletztgenannte Mechanismen finden im Bereich des Europäischen Beihilferechts jedoch keine Anwendung.

Europäisierung nationaler Politiken			
Mechanismen	**Positive Integration**	**Negative Integration**	**Politische Beeinflussung**
Wirkweise	Direkt	Indirekt	Werben um nationale Unterstützung nach vorangegangener Zieldefinition
	Sekundärrechtliche Vorgaben	Manipulation von Handlungsmöglichkeiten nationaler Akteure	
Anpassungsdruck	Hoher Anpassungsdruck	Mittlerer Anpassungsdruck	Geringer bis kein Anpassungsdruck

Abbildung 11: Mechanismen zur Europäisierung nationaler Politiken
Quelle: Eigene Darstellung.

Während das aktuelle Modell einer negativ integrierten europäischen Beihilfekontrolle durch die bereits erwähnte Beschränkung von Handlungsalternativen der Mitgliedstaaten zwar eine Annäherung deren

317 Vgl. Blauberger M., in: Trömmel I. (Hrsg.), Forschungen zur Europäischen Integration, Bd. 22, Staatliche Beihilfen in Europa, 2009, S. 38.
318 Ebda., S. 14.
319 Knill C., Lehmkuhl D., in: European Integration online Papers (EIoP), Vol. 3, Nr. 7, 1999, How Europe Matters. Different Mechanisms of Europeanization, S. 1 ff.
320 Ebda.

unterschiedlicher Beihilfepolitiken bewirkt, schließt es eine vollständige Harmonisierung aufgrund fehlender Direktvorgaben und Handlungsanweisungen im Sinne primärrechtlicher Vorgaben jedoch nahezu aus. Alle negativen Integrationsnormen sind als allgemeine Verbote und nicht etwa als detaillierte und umfassende Kataloge untersagter Maßnahmen formuliert, was verdeutlicht, dass das primäre Ziel europäischer Beihilfekontrolle im Verhindern von handelsbeschränkenden Wettbewerbsverzerrungen liegt und nicht etwa in der Vereinheitlichung unterschiedlicher beihilfepolitischer Maßnahmen der Mitgliedstaaten[321]. Ziel der Union ist es, den Mitgliedstaaten innerhalb festgelegter Grenzen, definiert durch die bestehenden Beschränkungen von möglichen Handlungsoptionen, ein gewisses Maß an beihilfepolitischer Gestaltungsfreiheit zu bewahren. Zu einem Ausschluss staatlicher Beihilfemaßnahmen kommt es entsprechend Art. 107 Abs. 1 AEUV nur dann, wenn aus ihnen Wettbewerbsverzerrungen resultieren oder zu resultieren drohen, die das Potenzial besitzen, den Handel zwischen den Mitgliedstaaten zu beeinträchtigen. Ein grundsätzliches Verbot jedweder Form staatlicher Beihilfe besteht hingegen nicht, auch wenn es in der Literatur regelmäßig in dieser Form dargestellt wird.

Der Verzicht auf eine positiv integrierte Beihilfekontrolle im Sinne sekundärrechtlich verankerter Handlungsvorgaben zugunsten lediglich beschränkend wirkender negativer Integrationsnormen gewährt den Mitgliedstaaten zwar einen Gestaltungsspielraum hinsichtlich der Ausgestaltung ihrer Beihilfepolitik, begünstigt jedoch ebenso die Entstehung eines schwer zu definierenden beihilfepolitischen Grenzbereichs. Innerhalb dieses Grenzbereichs sind alle staatlichen Beihilfemaßnahmen dahingehend zu prüfen, ob aus ihnen eine tatsächliche oder potenzielle Wettbewerbsverfälschung hervorgeht, die mindestens dazu geeignet ist, den Handel zwischen den Mitgliedstaaten zu beeinträchtigen, unabhängig von der Tatsache, ob sie dies auch faktisch tut. Diese Prüfung kann vollumfänglich nur selten unter Einbezug klarer Fakten erfolgen, sondern beruht regelmäßig auf Annahmen, Auslegungen und Prognosen, interpretiert durch die Europäische Kommission. Entsprechende Beurteilungshoheit aufgreifend weist *Blauberger* auf das notwendige politische Geschick der Kommission hin, eine europäische

321 Vgl. Blauberger M., in: Trömmel I. (Hrsg.), Forschungen zur Europäischen Integration, Bd. 22, Staatliche Beihilfen in Europa, 2009, S. 21 f.

Beihilfekontrolle mit erheblichem Auslegungspotenzial regelmäßig entgegen dem Widerstand der Mitgliedstaaten durchzusetzen, und fasst ihre Tätigkeit in entsprechendem Grenzbereich als „stetes Abwägen zwischen widersprüchlichen politischen Positionen und Zielen“ zusammen[322]. Hinzu kommt eine Vielzahl an Ausnahmeregelungen, im Rahmen derer das europäische Wettbewerbsrecht, ebenfalls ausgelegt durch die Kommission, zahlreiche staatliche Beihilfen, trotz ihres handelshemmenden oder wettbewerbsverfälschenden Charakters, zur Umsetzung zulässt. Dies etwa um Gruppenfreistellungsverordnungen, Bestimmungen der De-minimis-Regelung oder zwingenden Erfordernissen des europäischen Gemeinwohls gerecht zu werden. Dabei handelt es sich um Ausnahmesachverhalte, die im Folgenden näher erläutert werden. Die Mitgliedstaaten befinden sich hinsichtlich der Ausgestaltung staatlicher Beihilfen folglich in einem immer enger zulaufenden Entscheidungsraum, begrenzt durch eine kontinuierlich wachsende Anzahl an Verboten auf der einen und Ausnahmen auf der anderen Seite.

Zusammenfassend lässt sich festhalten, dass der Einfluss der Beihilfekontrolle auf die unterschiedlichen nationalen Beihilfepolitiken von einer fehlenden rechtlichen Präzision gekennzeichnet ist, die den Mitgliedstaaten einen gewissen Spielraum bei der Gestaltung ihrer beihilfepolitischen Maßnahmen erlaubt. Tatsächlich schränkt ein immer enger werdendes Netzwerk aus Verboten und Ausnahmen die beihilfepolitischen Handlungsoptionen der Mitgliedstaaten jedoch in solchem Maße ein, dass ein im Rahmen der Beihilfekontrolle entstehender lenkender Einfluss der Kommission den ursprünglichen Auftrag des Wettbewerbsschutzes inzwischen deutlich übersteigt. Zwar ist eine vollständige Harmonisierung der unterschiedlichen Politiken über das Mittel des europäischen Sekundärrechts auch weiterhin nicht beabsichtigt, doch sieht *Blauberger* die europäische Beihilfekontrolle infolge eines zunehmenden Regulierungsniveaus bereits seit 2009 auf einer Zwischenstufe von negativer zu positiver Integration. Für die Ausgestaltung einer steuerlichen FuE-Förderung von KMU bedeutet dies die Einbindung in ein äußerst engmaschiges „Verbote-Ausnahmen-Netz“ und die Entwicklung eines Fördermodells, aus dem entweder keine den Handel beeinträchtigenden Wettbewerbsverzerrungen resultieren oder aber für solche legitimierte Rechtfertigungsgründe vorliegen.

322 Ebda., S. 51.

c) Unvereinbare Beihilfen nach Art. 107 und 108 AEUV

aa) Überwachung staatlicher Beihilfen

Grundsätzlich besteht entsprechend Art. 108 Abs. 3 AEUV für alle Mitgliedstaaten die Verpflichtung, vor Vergabe oder Umgestaltung von Beihilfen die Kommission über die geplanten Vorhaben in Kenntnis zu setzen. Dieser als Notifikationspflicht bezeichnete Sachverhalt ist unerlässlich für die Umsetzung der Präventivkontrolle. Im Rahmen eines zweistufigen Genehmigungsverfahrens entscheidet die Kommission, ob die zu beurteilende staatliche Zuwendung gemäß Art. 107 Abs. 3 AEUV als eine mit dem Binnenmarkt vereinbare Beihilfe angesehen werden kann oder eine mit dem Gemeinsamen Markt unvereinbare Beihilfe entsprechend Art. 107 Abs. 1 AEUV darstellt[323].

Eine Beurteilung beinhaltet dabei immer den als „Vorprüfung" betitelten ersten Teil und bei Bedarf einen als „förmliches Prüfverfahren" bezeichneten zweiten Teil. Bei Feststellung eines fehlenden Beihilfetatbestands endet das Prüfverfahren bereits mit Ablauf der ersten Stufe, und dem beantragenden Mitgliedstaat wird die Durchführung der geplanten Maßnahme vollumfänglich gestattet. Ergeben sich bei Vorliegen einer Beihilfe entsprechend Art. 107 Abs. 1 AEUV keine oder lediglich regulierbare Bedenken, wird die Maßnahme am Ende einer der beiden Stufen, gegebenenfalls unter Auflagen, genehmigt.

Durch einen entsprechenden Prüfansatz vor Verabschiedung der Fördermaßnahme durch den jeweiligen Mitgliedstaat soll sichergestellt werden, dass den Wettbewerb verfälschende und damit unvereinbare Beihilfen bereits im Vorfeld ausgeschlossen werden. Ein solches Verfahren würde bei Prüfung sämtlicher geplanter Beihilfemaßnahmen der Mitgliedstaaten einen erheblichen Umfang erreichen und wurde nicht zuletzt aus diesem Grund durch den Erlass von Gruppenfreistellungsverordnungen einer gewissen Reglementierung unterworfen. Diese fassen bereits zahlreiche als grundsätzlich mit dem Gemeinsamen Markt vereinbar erklärte Beihilfemaßnahmen zusammen und dienen den Mitgliedstaaten als erste Orientierung hinsichtlich erlaubter Ausgestaltungsmöglichkeiten. Auf dieses nicht nur auf den Abbau von Bürokratie

323 Rieger H., Platzer A., Handbuch EU-konformer Förderungen, 2009, S. 19.

zu reduzierendes Instrument wird im Rahmen der Darstellung beihilferechtlicher Ausnahmetatbestände detaillierter eingegangen.

Bewertet die Kommission eine Beihilfe als mit dem Binnenmarkt unvereinbar, haben die Mitgliedstaaten eine Verabschiedung der Maßnahme – Ausnahmetatbestände zunächst ausgenommen – zu unterlassen. Zum Zeitpunkt der Entscheidung bereits bestehende, jedoch nachträglich als unvereinbar erklärte Beihilfen sind gemäß der am 23. Juli 2013 aktualisierten Verfahrensverordnung (VerfVO), mit teilweise erheblichen Folgen für die zuvor bevorteilten Unternehmen, zu beenden[324]. So haben die Mitgliedstaaten rechtswidrig geleistete Zuwendungen zurückzufordern, sofern dies nicht gegen einen allgemeinen Grundsatz des Unionsrechts verstößt[325]. Seit Aktualisierung der VerfVO ist es der Kommission zusätzlich gestattet, im Rahmen der Aufklärung einer potenziellen Beihilferechtsverletzung zur Informationsgewinnung nicht mehr ausschließlich an den beihilfegewährenden Mitgliedstaat als solchen, sondern auch an Unternehmen oder Verbände des betroffenen Staates wie auch weitere Mitgliedstaaten heranzutreten[326]. Lediglich für ein Auskunftsersuchen beim begünstigten Unternehmen selbst benötigt die Kommission die Zustimmung des jeweiligen Mitgliedstaates. Unterstrichen wird dadurch die Notwendigkeit, jegliche steuerliche FuE-Fördermaßnahme für KMU auf ihre beihilferechtliche Konformität zu prüfen und von der Kommission genehmigen zu lassen, immer vorausgesetzt, dass es einer Genehmigung überhaupt bedarf und keine Ausnahmetatbestände zum Tragen kommen.

---

324 Rat der Europäischen Union (Hrsg.), Verordnung des Rates v. 22.07.2013 (734/2013), ABl. EG 2013 Nr. L 204 v. 31.07.2013, S. 15 ff.

325 Europäische Kommission, Bekanntmachung der Kommission (2007/C 272/05), ABl. EG 2007 Nr. C 272 v. 15.11.2007, S. 4 ff.

326 Rat der Europäischen Union (Hrsg.), Verordnung des Rates v. 22.07.2013 (734/2013), ABl. EG 2013 Nr. L 204 v. 31.07.2013, S. 15; Maier M., in: DB v. 06.08.2013, Wirtschaftsrecht, Europarecht, Neue EU-Verfahrensverordnung – Auskunftspflicht und Sektoruntersuchung, http://www.der-betrieb.de/content/dft,960,605829 (Stand: 07.04.2015).

bb) Der Beihilfetatbestand

Entsprechend Art. 107 Abs. 1 AEUV sind „staatliche oder aus staatlichen Mitteln gewährte Beihilfen gleich welcher Art, die durch die Begünstigung bestimmter Unternehmen oder Produktionszweige den Wettbewerb verfälschen oder zu verfälschen drohen, mit dem Binnenmarkt unvereinbar, soweit sie den Handel zwischen den Mitgliedstaaten beeinträchtigen". Zuwendungen gegenüber Privaten, die keinen Bezug zu wirtschaftlichen Tätigkeiten aufweisen – darunter etwa Kindergeld, Sozialhilfe oder Eigenheimzulage –, stellen keine Beihilfen im unionsrechtlichen Sinne dar, solange sie nicht wenigstens mittelbar einem Wirtschaftsunternehmen zugutekommen[327]. Das Vorliegen einer unvereinbaren staatlichen Beihilfe setzt folglich fünf kumulativ zu erfüllende Kriterien voraus: Gewährung aus staatlichen Mitteln, Begünstigung, Selektivität, Wettbewerbsverfälschung und Handelsbeeinträchtigung. Mangelt es an nur einer dieser Voraussetzungen, liegt keine mit dem Binnenmarkt unvereinbare staatliche Beihilfe im Sinne des EU-Beihilferechts vor und sowohl Art. 107 wie auch Art. 108 AEUV kommen nicht zum Tragen.

Aus *staatlichen Mitteln gewährt* sind Beihilfen dann, wenn alle Geldmittel, aber auch geldwerten Vorteile, aus denen sie sich zusammensetzen, mittelbar und unmittelbar dem Staat zugerechnet werden können und dieser entsprechenden Zugriff auf sie hatte oder noch immer hat. Denkbar sind in diesem Zusammenhang nicht nur Mittelvergaben durch Behörden des Bundes, der Länder oder Gemeinden, sondern auch solche durch private oder öffentliche Einrichtungen, die vom Staat lediglich mit der Verteilung von Fördermitteln beauftragt sind[328]. Entscheidend ist ausschließlich, wer die Fördermittel zu welchem Zweck bereitstellt, und nicht, durch wen oder auf welche Weise sie letztendlich verteilt werden. Beauftragt beispielsweise eine Landesregierung zur Reduzierung des bürokratischen Mehraufwands ein privatwirtschaftlich tätiges Unternehmen mit der Vergabe von aus Haushaltsmitteln stammenden

327 Kämmerer J. A., in: Isensee J., Kirchhof P. (Hrsg.), Handbuch des Staatsrechts der Bundesrepublik Deutschland, § 124 Subventionen, 2007, S. 1400, Rdnr. 7.

328 Bundesministerium für Arbeit und Soziales (BMAS) (Hrsg.), Europäischer Sozialfonds für Deutschland (ESF), Leitfaden für Staatliche Beihilfen für Förderungen im Rahmen des Operationellen Programms des Bundes für den Europäischen Sozialfonds, 2011, S. 2.

Zuwendungen, ändert dies nichts an der staatlichen Herkunft entsprechender Fördermittel.

Der Beihilfebegriff ist in Zusammenhang mit Art. 107 Abs. 1 AEUV von entscheidender Bedeutung und geht nach ständiger Rechtsprechung des EuGH deutlich über den der klassischen Subvention hinaus, indem er sämtliche Maßnahmen umfasst, die in verschiedener Form die Belastung mindern, die ein Unternehmen unter normalen Bedingungen zu tragen hätte[329]. Ausschlaggebend für die Einstufung einer Maßnahme als Beihilfe ist dabei weder ihre Form noch ihr Ziel, sondern primär ihre „begünstigende Wirkung“[330]. Der Beihilfebegriff ist in diesem Zusammenhang nach *Blauberger* bewusst offen gewählt und umfasst sowohl positive Beihilfen (Leistungsgewährung) in Form von staatlichen Zuschüssen oder vergünstigten Darlehen als auch negative Beihilfen (Verschonungssubvention), darunter beispielsweise Steuerbefreiungen oder die vergünstigte Bereitstellung staatlicher Ressourcen[331], zusammengefasst jegliche Formen mitgliedstaatlicher Maßnahmen, die dazu geeignet sind, die normaltypische Belastung eines Unternehmens zu verringern.

Zu einer *Begünstigung*, also der Zuwendung eines wirtschaftlichen Vorteils, von Unternehmen oder Produktionszweigen kommt es, wenn gewährten Geldmitteln oder geldwerten Vorteilen keine angemessene und marktgerechte Gegenleistung entgegensteht[332]. Die Bewertung, ob eine Gegenleistung angemessen ist, erfolgt dabei nach einem Verfahren ähnlich dem Fremdvergleichsgrundsatz zur Bewertung unternehmensinterner Verrechnungspreise. Im Rahmen des als „Markt-Investor-Test“ oder auch „Private-Investor-Test“ bezeichneten Verfahrens wird geprüft, ob ein Privatinvestor in vergleichbarer Lage unter Zugrundelegung bestehender Rentabilitätsaussichten und unabhängig

329 Vgl. EuGH, Urt. v. 15.03.1994, Rs. C-387/92, Slg. I-877, Rdnr. 12 f., Banco Exterior de Espana SA/Ayuntamiento de Valencia; vgl. EuGH, Urt. v. 26.09.1996, Rs. C-241/94, Slg. I-4551, Rdnr. 34, Frankreich/Kommission; vgl. EuGH, Urt. v. 07.03.2002, Rs. C-310/99, Slg. I-2289, Rdnr. 51, Italien/Kommission.

330 Blauberger M., in: Trömmel I. (Hrsg.), Forschungen zur Europäischen Integration, Bd. 22, Staatliche Beihilfen in Europa, 2009, S. 61.

331 Ebda.

332 BMAS (Hrsg.), ESF, Leitfaden für Staatliche Beihilfen für Förderungen im Rahmen des Operationellen Programms des Bundes für den Europäischen Sozialfonds, 2011, S. 3.

von allen sozialen oder regionalpolitischen Überlegungen die betroffene Kapitalhilfe gewährt hätte[333]. Muss dies verneint werden, läuft das Vorgehen der öffentlichen Hand geltenden marktwirtschaftlichen Prinzipien zuwider und es liegt eine beihilferechtliche Begünstigung des jeweiligen Unternehmens bzw. Produktionszweiges vor. Unerheblich ist nach Rechtsprechung des EuGH dabei, ob der Vorteil in Gestalt einer positiven Zuwendung oder einer Belastungsverschonung vermittelt wird[334]. Ist nach Vollzug des Vergleichstests hingegen davon auszugehen, dass ein privater Investor eine entsprechende Kapitalhilfe ebenfalls gewährt hätte, besteht keine Begünstigung im beihilferechtlichen Sinn. In einem solchen Fall wird das Vorliegen einer marktgerechten Gegenleistung angenommen. Da eine steuerliche FuE-Förderung von Unternehmen, ungeachtet ihrer Ausgestaltung, regelmäßig nicht auf einer Rückzahlung erhaltener Fördermittel an die öffentliche Hand basiert, sind die Rentabilitätsaussichten der Zuwendung aus Sicht eines privaten Investors entsprechend negativ zu bewerten. Positive volkswirtschaftliche Nebeneffekte wie etwa eine mittel- bis langfristige Steigerung der Wettbewerbsfähigkeit auf betriebsinterner oder nationaler Ebene sind für den Privatinvestor von nachrangigem Interesse. Sie lassen sich im Voraus hinsichtlich ihrer Eintrittswahrscheinlichkeit nur schwer beurteilen oder finanziell beziffern und beeinflussen die Rentabilitätsrechnung daher nicht. So ist davon auszugehen, dass nahezu jede Ausgestaltungsvariante einer steuerlichen FuE-Förderung den Markt-Investor-Test mit dem Ergebnis des Vorliegens einer den Beihilfetatbestand erfüllenden Begünstigung abschließt.

Das Kriterium der *Selektivität* einer Maßnahme dient der Abgrenzung allgemeiner, wirtschaftspolitisch zulässiger Maßnahmen von im Regelfall unzulässigen Begünstigungen einzelner Unternehmen oder Produktionszweige[335]. Als selektiv entsprechend Art. 107 Abs. 1 AEUV ist

333 Sühnel S., in: PwC (Hrsg.), Der Private Investor Test in der Praxis, 2009, S. 2 ff.; Blauberger M., in: Trömmel I. (Hrsg.), Forschungen zur Europäischen Integration, Bd. 22, Staatliche Beihilfen in Europa, 2009, S. 90.

334 Vgl. EuGH, Urt. v. 15.03.1994, Rs. C-387/92, Slg. I-877, Rdnr. 13 f., Banco Exterior de Espana SA/Ayuntamiento de Valencia; Kämmerer J. A., in: Isensee J., Kirchhof P. (Hrsg.), Handbuch des Staatsrechts der Bundesrepublik Deutschland, § 124 Subventionen, 2007, S. 1400, Rdnr. 7.

335 Kniese C., in: Drüen K.-D., Kube H., Wernsmann R. (Hrsg.), Finanz- und Steuerrecht in Deutschland und Europa, Bd. 21, Europarechtlicher Rahmen

eine Maßnahme dann zu bezeichnen, wenn sie nicht allen Unternehmen und Wirtschaftszweigen, unabhängig von ihrer Größe, Branchenzugehörigkeit oder ihrem Standort, gleichermaßen zur Verfügung steht, sondern dadurch gekennzeichnet ist, dass sie ihre Förderberechtigung an bestimmte Ausschlusskriterien bindet.

Nach ständiger Rechtsprechung des EuGH gilt es dafür zunächst festzustellen, ob eine nationale Maßnahme im Rahmen einer bestimmten rechtlichen Regelung überhaupt geeignet ist, „bestimmte Unternehmen oder Produktionszweige gegenüber anderen Unternehmen oder Produktionszweigen, die sich im Hinblick auf das mit der betreffenden Regelung verfolgte Ziel in einer vergleichbaren tatsächlichen und rechtlichen Situation befinden", zu begünstigen[336]. Der „vergleichbaren tatsächlichen und rechtlichen Situation" kommt dabei als „Bezugsrahmen" im Fall von steuerlichen Maßnahmen – so etwa der indirekten Förderung von Forschung und Entwicklung – eine besondere Bedeutung zu[337]. So ist von einer Selektivität nur dann auszugehen, wenn die eine allgemeine und damit „normale" Besteuerung betreffende Maßnahme im Hinblick auf den jeweiligen Bezugsrahmen bestimmte Unternehmen gegenüber anderen Unternehmen begünstigt und diese Differenzierung zugleich nicht aus der Natur oder dem inneren Aufbau der Lastenregelung heraus erfolgt, mit der sie in Zusammenhang steht[338]. Die Frage nach der Selektivität einer Maßnahme ist folglich in erster Linie immer eine Frage nach dem Vergleichsmaßstab bzw. dem Referenzsystem[339]. Erfolgt eine steuerliche Förderung für unternehmerische FuE-Tätigkeit etwa in Form eines die tatsächlichen FuE-Aufwendungen überschreitenden Betriebsausgabenabzuges, bildet diese allgemeine steuerliche Maßnahme auf Ebene des jeweiligen Mitgliedstaates zunächst den zu betrachtenden Bezugsrahmen. Ist innerhalb dessen der Ausschluss von FuE-Tätigkeit betreibenden und somit

einer steuerlichen Förderung von Forschung und Entwicklung, 2013, S. 181.

336 Vgl. EuGH, Urt. v. 06.09.2006, Rs. C-88/03, Slg. I-7115, Rdnr. 54, Portugal/Kommission; vgl. EuGH, Urt. v. 03.03.2005, Rs. C-172/03, Slg. I-1627, Rdnr. 40, Wolfgang Heiser/Finanzamt Innsbruck.

337 Vgl. EuGH, Urt. v. 06.09.2006, Rs. C-88/03, Slg. I-7115, Rdnr. 56, Portugal/Kommission.

338 Ebda.

339 Blumenberg J., Kring W., in: IFSt-Schrift Nr. 473, Europäisches Beihilferecht und Besteuerung, S. 14.

FuE-Aufwand generierenden Unternehmen von der Nutzung eines entsprechend erhöhten Betriebsausgabenabzugs lediglich aufgrund ihrer Unternehmensgröße vorgesehen, ist von einer selektiven Behandlung im Sinne des Beihilferechts auszugehen.

Denkbar sind etwa regionale Förderungen, die ausschließlich lokal ansässigen Unternehmen gewährt werden, oder Maßnahmen, die der alleinigen Förderung von KMU zugutekommen[340]. Nicht um Beihilfen im Sinne des Art. 107 AEUV handelt es sich gemäß Rechtsprechung des EuGH hingegen, wenn staatliche Maßnahmen alle Wirtschaftsteilnehmer eines Staates gleichermaßen betreffen und der Adressatenkreis nicht durch zusätzliche Elemente beschränkt ist[341], so etwa bei rein steuertechnischen Bestimmungen wie der Festlegung einer Steuersatzhöhe, die aus Sicht der Kommission keine selektive Maßnahme und damit einhergehend auch keine unvereinbare staatliche Beihilfe darstellt[342]. Maßgeblich zur Erfüllung des beihilferechtlichen Selektivitätsmerkmals ist, dass Unternehmen außerhalb der Zielgruppe in jedem Fall von der Fördermaßnahme ausgeschlossen sind. Eine lediglich selektive Wirkung, wie sie etwa infolge einer unterschiedlichen Eignung der jeweiligen Fördermaßnahmen für unterschiedliche Unternehmenstypen anzunehmen ist, genügt zur Erfüllung des Tatbestandsmerkmals nicht. Der tatsächliche Anwendungsbereich ist zunächst sekundär[343].

340 BMAS (Hrsg.), ESF, Leitfaden für Staatliche Beihilfen für Förderungen im Rahmen des Operationellen Programms des Bundes für den Europäischen Sozialfonds, 2011, S. 3.

341 Vgl. EuGH, Urt. v. 08.11.2001, Rs. C-143/99, Slg. I-8365, Rdnr. 34 f., Adria-Wien Pipeline/Finanzlandesdirektion für Kärnten; Löhr S., Steuerliche Förderung von Forschung und Entwicklung, 2009, S. 83.

342 Kommission der Europäischen Gemeinschaften, Mitteilung der Kommission (1998/C 384/03), ABl. EG 1998 Nr. C 384/3 v. 10.12.1998, S. 3; Kniese C., in: Drüen K.-D., Kube H., Wernsmann R. (Hrsg.), Finanz- und Steuerrecht in Deutschland und Europa, Bd. 21, Europarechtlicher Rahmen einer steuerlichen Förderung von Forschung und Entwicklung, 2013, S. 182.

343 Herbold S., in: Bischoff J. G., Herzig N., Kellermann A. (Hrsg.), Steuer, Wirtschaft und Recht, Bd. 298, Steuerliche Anreize für Forschung und Entwicklung im internationalen Vergleich, 2009, S. 88.

Beispiel: Eine auf die Förderung erneuerbarer Energien ausgerichtete staatliche Zuwendung erfüllt das Kriterium der Selektivität nicht bereits dadurch, dass ein Windkraftanlagen herstellendes Unternehmen von einer aus ihr resultierenden Begünstigung profitiert, während einem Autoreifenhersteller keinerlei Vorteil aus der Maßnahme erwächst, wohl aber dadurch, wenn die Begünstigung von vornherein nur einer bestimmten Auswahl an Unternehmen gewährt wird, trotz vergleichbarer Betätigung nicht geförderter Unternehmen im selben Wirtschaftsbereich.

Eine beihilferechtliche *Wettbewerbsverfälschung* gemäß Art. 107 Abs. 1 AEUV ist immer dann anzunehmen, wenn eine staatliche Zuwendung die Stellung eines Begünstigten auf einem relevanten Markt zulasten potenzieller Konkurrenten verbessert[344]. Dabei liegt eine Verfälschung nicht erst dann vor, wenn die Maßnahme tatsächlich in ein bestehendes Wettbewerbsverhältnis eingreift, sondern bereits zu dem Zeitpunkt, an dem sie potenziell in ein solches einzugreifen droht. Auf den Nachweis einer Kostendifferenz kommt es dabei nicht an[345]. Der Kommission wurde für diese Fälle ein weiter Einschätzungsspielraum eingeräumt, der es ihr ermöglicht, eine Maßnahme bereits dann als den Wettbewerb verfälschend zu erklären, wenn sie dieser lediglich eine entsprechende Eignung nachweisen kann, unabhängig von einer faktischen Umsetzung des Eingriffs oder der daraus resultierenden Folgen. Die Tatsache, dass Art. 107 Abs. 1 AEUV dabei nicht auf die üblichen Begriffe der Verhinderung oder Einschränkung des Wettbewerbs zurückgreift, ist unschädlich, da der Begriff der Verfälschung in diesem Zusammenhang einen Auffangbegriff bildet und jegliche Formen der Einflussnahme umfasst[346]. Da auf betriebswirtschaftlicher Ebene jedwede Begünstigung eines Unternehmens dessen Situation im Wettbewerb mit anderen Unternehmen verbessert und auf volkswirtschaftlicher Ebene sämtliche Formen der Vorteilsofferte die Situation des gewährenden Mitgliedstaates im zwischenstaatlichen Wettbewerb um Wirtschaftsstandorte und Beschäftigung positiv beeinflusst, ist das Merkmal der

344 Kahl W., in Calliess C., Ruffert M. (Hrsg.), EUV/AEUV, 2010, S. 1558, Rdnr. 4.

345 Ebda.

346 Vgl. Frenz W., Handbuch Europarecht, Bd. 2: Europäisches Kartellrecht, 2006, S. 189 ff.

Wettbewerbsverfälschung bei Vorliegen einer staatlichen Zuwendung regelmäßig als gegeben anzusehen[347].

Während das Agieren in einem gemeinsamen Markt die wesentlichste Voraussetzung für das Vorhandensein von Wettbewerbsverfälschungen darstellt, ist die Höhe der gewährten Beihilfe nach Auffassung des EuGH hingegen unbedeutend[348]. So sind nach Rechtsprechung des EuGH sowohl die Vorteilsgewährung als auch die daraus resultierende Wettbewerbsbeeinträchtigung bei Vorliegen einer geringfügigen Beihilfe zwar geringer, der Wettbewerb aber dennoch verfälscht[349]. Diese Auffassung wird von der Kommission nicht mitgetragen, weshalb diese kraft ihrer Kompetenz zur Regelung des Beihilfekontrollverfahrens auf sekundärrechtlicher Basis festlegte, dass sich Beihilfen unterhalb einer zuvor definierten Bagatellschwelle aufgrund ihrer Geringfügigkeit nicht dazu eignen, den Wettbewerb zu verfälschen oder auch nur zu verfälschen drohen[350]. Unter die De-minimis-Verordnung fallende Zuwendungen stellen folglich schon tatbestandlich keine Beihilfen im Sinne des Art. 107 Abs. 1 AEUV dar, weshalb sie weder anzumelden noch zu genehmigen sind[351]. Für sämtliche über den Anwendungsbereich entsprechender Verordnung hinausreichenden steuerlichen FuE-Förderungen, die verschiedene Akteure innerhalb eines gemeinsamen Marktes unterschiedlich behandeln, ist hingegen stets von einer Erfüllung des Beihilfetatbestands der Wettbewerbsverfälschung auszugehen.

Eine *Handelsbeeinträchtigung* ist dann anzunehmen, wenn die zuvor genannten beihilferechtlichen Merkmale kumulativ erfüllt sind und das Potenzial aufweisen, sich hemmend auf den zwischenstaatlichen Handel auszuwirken. Analog zur Wettbewerbsverfälschung kommt es dabei zur Erfüllung des Tatbestandmerkmals nicht auf eine tatsächliche

---

347 BMAS (Hrsg.), ESF, Leitfaden für Staatliche Beihilfen für Förderungen im Rahmen des Operationellen Programms des Bundes für den Europäischen Sozialfonds, 2011, S. 4.

348 Vgl. EuGH, Urt. v. 19.09.2000, Rs. C-156/98, Slg. I-6857, Rdnr. 32 ff., Deutschland/Kommission; vgl. EuGH, Urt. v. 06.03.2002, Rs. T-92/00 und T-103/00 (verbunden), Slg. II-1385, Rdnr. 72, Ramondín/Kommission.

349 Vgl. EuGH, Urt. v. 30.04.1998, Rs. T-214/95, Slg. II-717, Rdnr. 46, Flämische Region/Kommission.

350 Hertel A., Beihilfen an KMU, 2006, S. 120.

351 Vgl. Abschnitt C. II. 3. c) aa).

Beeinträchtigung des zwischenstaatlichen Handels an. Hinsichtlich des Verhältnisses von Handelsbeeinträchtigung und Wettbewerbsverfälschung zueinander erscheint es auffallend, dass weder Kommission noch Gerichtshof bislang die Möglichkeit einer tatbestandlichen Differenzierung beider Merkmale genutzt haben, sondern beide Begriffe wenn auch nicht synonym, dann regelmäßig im gleichen Atemzug verwenden[352]. So stellt eine klare Abgrenzung beider Tatbestandsmerkmale sowohl in der Kommissionspraxis als auch der Rechtsprechung einen Ausnahmefall dar. Im EuGH-Urteil vom 21. März 1991 kommt es durch die Formulierung „geeignet den Wettbewerb zu beeinträchtigen" gar zu einer Vermischung beider Begriffe, was eine juristische Trennschärfe vermissen lässt[353]. Tatsächlich ist davon auszugehen, dass bei Vorliegen einer Wettbewerbsverfälschung immer auch auf das Bestehen einer Handelsbeeinträchtigung geschlossen werden kann.

cc) Ausnahmetatbestände

Unabhängig von geltenden Beihilfekriterien, anhand derer alle Fördermaßnahmen auf ihre Vereinbarkeit mit dem Binnenmarkt zu prüfen sind, hat die Union Ausnahmetatbestände vorgesehen, die staatliche Zuwendungen bei Vorlage bestimmter Voraussetzungen auch ohne eine entsprechende Prüfung als mit dem Gemeinsamen Markt vereinbar erklären oder gar in Gänze von einer Anzeigepflicht befreien. Sämtliche Ausnahmetatbestände von entsprechendem Beihilfeverbot finden sich in Art. 107 Abs. 2 und 3 AEUV wieder. Art. 107 Abs. 2 AEUV definiert dabei die sogenannten Legal- oder Bereichsausnahmen, darunter etwa Beihilfen sozialer Art an einzelne Verbraucher, Katastrophenbeihilfen oder Beihilfen zur Milderung von wirtschaftlichen Folgen der deutschen Teilung, welche die Kommission auch ohne weitere Prüfung als mit dem Gemeinsamen Markt vereinbar ansieht. Ergänzend dazu führt Art. 107 Abs. 3 AEUV die Kategorien von Beihilfen

352 Vgl. EuGH, Urt. v. 10.07.1986, Rs. 234/84, Slg. 2263, Rdnr. 22, Belgien/Kommission; vgl. EuGH, Urt. v. 07.06.1988, Rs. 57/86, Slg. 2855, Rdnr. 16, Griechenland/Kommission; Bührle F., Gründe und Grenzen des „EG-Beihilfeverbots", 2006, S. 309.

353 Vgl. EuGH, Urt. v. 21.03.1991, Rs. C-305/89, Slg. I-1603, Rdnr. 27 f., Italien/Kommission; Bührle F., Gründe und Grenzen des „EG-Beihilfeverbots", 2006, S. 309.

auf, hinsichtlich derer der Kommission ein Ermessenstatbestand eingeräumt ist, sie aufgrund eigener Bewertung als mit dem Binnenmarkt vereinbar zu erklären oder nicht.

Die Kommission hat in diesem Zusammenhang eine Reihe sekundärrechtlicher Vorschriften erlassen, in denen sie die Kriterien offenlegt, anhand derer sie entscheidet, ob eine vom Mitgliedstaat geplante Beihilfe genehmigt werden kann oder zu versagen ist. Während die Deminimis-Verordnung[354] einen an rein quantitativen Maßstäben orientierten Ausnahmetatbestand darstellt, der sich ausschließlich auf die Höhe beabsichtigter Zuwendungen bezieht, werden im Unionsrahmen für staatliche Beihilfen für Forschung, Entwicklung und Innovation (FuEuI-Unionsrahmen)[355] explizit die Beihilfearten aufgeführt, denen bis zu bestimmten Obergrenzen eine Binnenmarktvereinbarkeit von Seiten der Kommission, vorrangig aufgrund qualitativer Merkmale, attestiert werden kann, eine positive Prüfung seitens der Kommission stets vorausgesetzt. Die Allgemeine Gruppenfreistellungsverordnung (AGVO)[356] ergänzt entsprechenden Leitrahmen durch eine Erleichterung für ausgewählte Beihilfen, indem sie diese, bei Erfüllung zuvor definierter Voraussetzungen, von einer Anzeige- und Genehmigungspflicht (Notifizierungspflicht) entsprechend Art. 108 Abs. 3 AEUV gegenüber der Kommission befreit.

Wie in *Abbildung 12* dargestellt, entfaltet der FuEuI-Unionsrahmen seine Prüfungsgrundlage für FuEuI-Beihilfen erst dann, wenn sie über die in der AGVO festgesetzten Schwellenwerte hinausreichen. Insgesamt bilden beide neuen Vorschriften ein zentrales Element der im Jahr 2012 verabschiedeten Kommissionsinitiative zur Modernisierung des Beihilferechts[357].

354 Europäische Kommission, Verordnung der Kommission v. 18.12.2013 (1407/2013), ABl. EG 2013 Nr. L 352 v. 24.12.2013.

355 Europäische Kommission, Mitteilung der Kommission (2014/C 198/01), ABl. EG 2014 Nr. C 198 v. 27.06.2014.

356 Europäische Kommission, Verordnung der Kommission v. 17.06.2014 (651/2014), ABl. EG 2014 Nr. L 187 v. 26.06.2014.

357 Europäische Kommission, Pressemitteilung der Kommission v. 21.05.2014 (IP/12/586), S. 1.

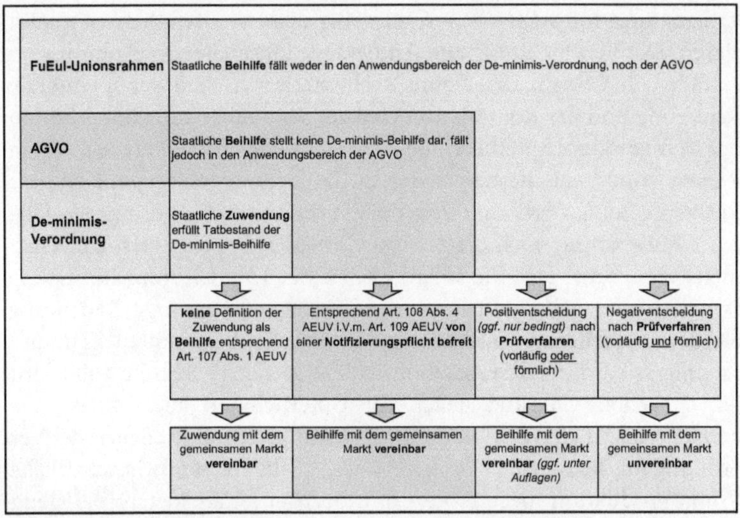

Abbildung 12: Stufenfolge potenzieller Ausnahmetatbestände
Quelle: Eigene Darstellung

Unberücksichtigt europäischer Zielvorgaben ist festzustellen, dass sich sämtliche Ausnahmetatbestände sowohl zur Reduzierung bürokratischen Aufkommens als auch zur Schaffung staatlicher und unternehmensinterner Handlungssicherheit eignen, was zumindest indirekt eine deutliche Förderwirkung auf betroffene Unternehmen, hier insbesondere auf KMU, entfaltet.

(1) De-minimis-Verordnung

Beläuft sich der Gesamtbetrag aller selektiven, staatlichen Zuwendungen in einem Zeitraum von drei Jahren auf maximal 200.000 Euro[358], sind diese entsprechend einer Kommissionsverordnung zur Anwendung der Art. 87 und 88 EGV[359] – heute identisch anzuwenden auf

358 100.000 Euro im Bereich Straßenverkehr.

359 Europäische Kommission, Verordnung der Kommission v. 12.01.2001 (69/2001), Abl. EG 2001 Nr. L 10 v. 13.01.2001, S. 30 ff.; Europäische Kommission, Verordnung der Kommission v. 15.12.2006 (1998/2006), Abl. EG 2006 Nr. L 379 v. 28.12.2006, S. 5 ff.

Art. 107 und 108 AEUV[360] – regelmäßig nicht als Beihilfen zu qualifizieren. Die Verpflichtung zum Anmeldeverfahren bei der Kommission entfällt[361]. In seinem Urteil zum Rechtsstreit zwischen der spanischen Regierung und der Kommission vom 26. September 2002 über die von Spanien gewährten Beihilfen beim Erwerb von Nutzfahrzeugen (Plan Renove Industrial) bestätigte der EuGH unter Berufung auf frühere Rechtsprechung zwar, dass weder der verhältnismäßig geringe Umfang einer Zuwendung noch die geringe Größe des begünstigten Unternehmens von vornherein die Möglichkeit einer Handelsbeeinträchtigung zwischen den Mitgliedstaaten ausschließt[362], die geringe Bedeutung, die dem betroffenen Unternehmen über einen bestimmten Zeitraum in einigen Wirtschaftssektoren durch die gewährte Beihilfe zuteilwird, jedoch schon[363]. Grundsätzlich für Unternehmen aller Wirtschaftsbereiche ausgelegt, verweist das BMWi auf Anwendungslücken der Verordnung für die Bereiche Fischerei und Aquakultur, landwirtschaftliche Primärproduktion, bestimmte exportbezogene Tätigkeiten, Fahrzeugerwerb zum Straßengütertransport sowie Steinkohlebergbau[364]. Auch Beihilfen an Unternehmen in Schwierigkeiten, darunter etwa staatliche Unterstützungsmaßnahmen zur Bekämpfung von Wirtschaftskrisen und deren Auswirkungen, sind unabhängig von ihrem Umfang regelmäßig nicht als De-minimis-Beihilfen zu kategorisieren. Entgegen ihrer Verwendung ist die Herkunft finanzieller Mittel einer staatlichen Zuwendung für deren Qualifizierung als De-minimis-Beihilfe ohne Auswirkung und kann daher sowohl anteilig als auch in Gänze aus Gemeinschaftsmitteln stammen.

Insgesamt entwickeln staatliche Zuwendungen auf Basis der De-minimis-Verordnung insbesondere für KMU eine hohe Anreizwirkung, ermöglichen sie schließlich eine Inanspruchnahme staatlicher

360 Europäische Kommission, Verordnung der Kommission v. 18.12.2013 (1407/2013), ABl. EG 2013 Nr. L 352 v. 24.12.2013.

361 Frenz W., Handbuch Europarecht, Bd. 1: Europäische Grundfreiheiten, 2004, S. 259.

362 Vgl. EuGH, Urt. v. 21.03.1990, Rs. C-142/87, Slg. I-959, Rdnr. 43 f., Belgien/Kommission (Tubemeuse).

363 Vgl. EuGH, Urt. v. 26.09.2002, Rs. C-351/98, Slg. I-8031, Rdnr. 51, Spanien/Kommission.

364 Europäische Kommission, Verordnung der Kommission v. 18.12.2013 (1407/2013), ABl. EG 2013 Nr. L 352 v. 24.12.2013, S. 2.

Fördermittel zur Umsetzung kleinerer wie auch erstmaliger FuE-Projekte ohne das Risiko zeit- und kostenintensiver bürokratischer Hemmnisse. Für die Einbindung in ein steuerliches FuE-Förderkonzept eignen sich entsprechende Begünstigungen schon allein aufgrund bestehender Förderauflagen jedoch nicht. So sind sämtliche Fördermittel gemäß der De-minimis-Verordnung bereits vor Durchführung der beabsichtigten FuE-Aktivität vollständig zu beziffern und zu beantragen, was für forschungswillige Unternehmen einen deutlich erhöhten administrativen Aufwand zur Folge hätte und unter bestimmten Rahmenbedingungen überhaupt nicht zu leisten wäre[365]. Zudem muss davon ausgegangen werden, dass mit 200.000 Euro maximal verfügbarer Fördersumme über einen Zeitraum von drei Jahren nur die kleinsten KMU überhaupt einen Anreiz zur Forschung und Entwicklung erhalten. Überschreiten die Gesamtzuwendungen die mit 200.000 Euro bezifferte Obergrenze der Deminimis-Verordnung, obliegt es der Kommission, unter Berücksichtigung des neuen FuEuI-Unionsrahmens und der AGVO zu entscheiden, ob eine unzulässige staatliche Beihilfe vorliegt oder eine Zuwendung, die zwar als Beihilfe zu qualifizieren ist, aber als mit dem Gemeinsamen Markt entsprechend Art. 107 Abs. 3 AEUV vereinbar gelten kann[366].

(2) Unionsrahmen für staatliche Beihilfen zur Förderung von Forschung, Entwicklung und Innovation (FuEuI-Unionsrahmen)

Bereits mit dem am 1. Januar 2007 in Kraft getretenen Gemeinschaftsrahmen für staatliche Beihilfen für Forschung, Entwicklung und Innovation (FuEuI-Gemeinschaftsrahmen) versuchte die Kommission die großen ungenutzten FuEuI-Potenziale der Union auf Förderebene der Mitgliedstaaten zu aktivieren. Kernziele des auf sieben Jahre angelegten und für nahezu alle Wirtschaftsbereiche gültigen Leitfadens[367] waren dabei die Stärkung der wissenschaftlichen und technologischen

365 Vgl. Löhr S., Steuerliche Förderung von Forschung und Entwicklung, 2009, S. 88.

366 Spengel C., MPI Studies on Intellectual Property, Competition and Tax Law, Vol. 8, Steuerliche Förderung von Forschung und Entwicklung (FuE) in Deutschland, 2009, S. 62 f.

367 Vom Anwendungsbereich weitestgehend ausgenommen waren Unternehmen in wirtschaftlichen Schwierigkeiten. Für diese gelten seit dem 01.10.2004 spezielle Rettungs- und Umstrukturierungsbeihilfen der Union. (Europäische

Grundlagen des europäischen Industriesektors, die Weiterentwicklung der internationalen Wettbewerbsfähigkeit und die Förderung ausgewählter Forschungsvorhaben[368]. Mit der Schaffung neuer Anreize unternahm die Europäische Union den Versuch, eine breitere europäische Forschungs- und Innovationskultur als Gegengewicht zu bereits bestehenden Forschungsmärkten in Asien und den USA zu etablieren[369]. Im Gegensatz zu bereits erwähnten EU-Forschungsrahmenprogrammen wie etwa Horizont 2020 bestand der ausschließliche Zweck des FuEuI-Gemeinschaftsrahmens darin, zu erläutern, unter welchen Voraussetzungen Beihilfen von der Kommission als mit dem Gemeinsamen Markt vereinbar erklärt und damit genehmigt werden können, nicht jedoch darin, eigens Förderprojekte und maßnahmen anzubieten oder gar zu finanzieren. Die letztendliche Begünstigung forschender Unternehmen resultierte folglich nicht aus einer Bereitstellung finanzieller Mittel, sondern aus der Erzeugung unternehmerischer Handlungssicherheit durch Definition beihilfepolitisch unbedenklicher FuEuI-Maßnahmen. Nach seiner Konkretisierung durch die einzelnen Verwaltungsvorschriften der jeweiligen Mitgliedstaaten stellte der FuEuI-Gemeinschaftsrahmen über sieben Jahre die wichtigste Grundlage für die Vergabe nationaler Beihilfen dar[370]. Insgesamt wurden innerhalb seiner Laufzeit 250 Beihilferegelungen erlassen und Einzelbeihilfemaßnahmen der Mitgliedstaaten im Förderumfang von 2,5 Mrd. Euro mit dem Ergebnis einer positiven Binnenmarktvereinbarkeit geprüft[371].

Nach halbjähriger Verlängerung des FuEuI-Gemeinschaftsrahmens[372] wurde dieser am 1. Juli 2014 durch den neuen FuEuI-Unionsrahmen ersetzt. Die Überarbeitung des ursprünglichen FuEuI-Gemeinschaftsrahmens war Teil einer Initiative der Kommission zur Modernisierung des

---

Kommission, Mitteilung der Kommission (2004/C 244/02), ABl. EG 2004 Nr. C 244 v. 01.10.2004.)

368 Europäische Kommission, Mitteilung der Kommission (2006/C 323/01), ABl. EG 2006 Nr. C 323 v. 30.12.2006, S. 4.

369 Durinke C., in: Magiera S., Merten D., Niedobitek M., et al. (Hrsg.), Schriften zum Europäischen Recht, Bd. 151, Der neue Gemeinschaftsrahmen für Forschungs-, Entwicklungs- und Innovationsbeihilfen, 2010, S. 23.

370 Ebda., S. 45.

371 Europäische Kommission, Pressemitteilung der Kommission v. 21.05.2014 (IP/12/586), S. 3.

372 Europäische Kommission, Mitteilung der Kommission (2013/C 360/01), ABl. EG 2013 Nr. C 360 v. 10.12.2013.

EU-Beihilferechts mit den Zielen, nachhaltiges Wachstum zu fördern, die Qualität der öffentlichen Ausgaben zu verbessern und darauf hinzuwirken, dass qualifiziertere Beihilfen gewährt werden, die den Wettbewerb nicht verzerren[373]. Identisch zu seinem Vorgänger sind auch im neuen FuEuI-Unionsrahmen sämtliche notwendigen Voraussetzungen dargelegt, unter denen es den Mitgliedstaaten gestattet ist, Unternehmen staatliche Beihilfen für das von ihnen aufgebrachte FuEuI-Engagement zu gewähren. Im Rahmen einer Vereinbarkeitsprüfung angemeldeter Beihilfemaßnahmen mit dem Binnenmarkt kontrolliert die Kommission dabei regelmäßig, ob die Ausgestaltungen betroffener Maßnahmen die Gewähr dafür bieten, dass ihre positiven Auswirkungen auf ein Ziel von gemeinsamem Interesse ihre möglichen negativen Auswirkungen auf Handel und Wettbewerb überwiegen[374]. Eine Beihilfemaßnahme bewertet die Kommission nur dann als mit dem AEUV vereinbar, wenn diese einen erforderlichen, geeigneten und angemessenen Beitrag zu einem zuvor definierten Ziel von gemeinsamen Interesse liefert, einen Anreizeffekt gegenüber den von ihr betroffenen Unternehmen entfaltet und sich als transparent gegenüber der Kommission, den anderen Mitgliedstaaten, weiteren Wirtschaftsbeteiligten und der Öffentlichkeit darstellt[375]. Diese Voraussetzungen gilt es bei Implementierung einer steuerlichen FuE-Förderung von KMU zu berücksichtigen, sofern diese außerhalb des Anwendungsbereichs von De-minimis-Verordnung und AGVO vorgesehen ist.

Einen Richtwert bilden zudem die von der Kommission festgelegten *Beihilfehöchstintensitäten*, die differenziert nach den unterschiedlichen FuEuI-Teilbereichen festlegen, bis zu welcher Höhe zuvor bereits als angemessen bewertete Beihilfen überhaupt unionskonform zur Anwendung kommen dürfen. Um die Zielvorgabe eines nachhaltigen

---

373 Forschungsinstitut für Wirtschaftsverfassung und Wettbewerb (FIW) (Hrsg.), EU-Kommission konsultiert zum Entwurf eines Unionsrahmens für staatliche Beihilfen zur Förderung von Forschung, Entwicklung und Innovation, 2014, http://www.fiw-online.de/de/aktuelles/archiv-2014/eu-kommission-konsultiert-zum-entwurf-eines-unionsrahmens-f%FCr-staatliche-beihilfen-zur-f%F6rderung-von-forschung-entwicklung-und-innovation/ (Stand: 08.04.2015).

374 Europäische Kommission, Mitteilung der Kommission (2014/C 198/01), ABl. EG 2014 Nr. C 198 v. 27.06.2014, S. 12.

375 Vgl. ebda., S. 13.

Wachstums in Bezug auf europäisches Forschungsengagement erfüllen zu können, wurden entsprechende Höchstfördersätze im Zuge der Einführung des neuen FuEuI-Unionsrahmens in Teilbereichen teilweise deutlich angehoben, und zwar, wie in *Abbildung 13* dargestellt, für sämtliche FuEuI-Aktivitäten aus der industriellen Forschung[376] um 10 Prozent und für solche aus der experimentellen Entwicklung um 35 Prozent auf insgesamt 70 Prozent für KMU (80 Prozent bei Begünstigung ausschließlich kleiner Unternehmen) und 60 Prozent für Großunternehmen. Für Fälle grenzüberschreitender Unternehmenskooperationen wie auch innerstaatlicher Zusammenarbeit zwischen Großunternehmen und KMU sowie sämtlichen Unternehmen und anerkannten Forschungseinrichtungen sieht auch der neue FuEuI-Unionsrahmen eine weitere Erhöhung bestehender Beihilfehöchstintensitäten vor: auf eine im Bereich der industriellen Forschung um 5 Prozent, auf dem Gebiet der experimentellen Entwicklung gar um 30 Prozent gesteigerte Obergrenze von 80 Prozent für KMU (90 Prozent bei Begünstigung ausschließlich kleiner Unternehmen) und 70 Prozent für Großunternehmen.

376 Abweichend vom Frascati Manual, jedoch mit weitestgehend analoger Bedeutung, wird angewandte Forschung sowohl im Rahmen des neuen FuEuI-Unionsrahmens als auch der neuen AGVO als industrielle Forschung bezeichnet, der Begriff angewandte Forschung hingegen für eine Zusammenfassung der Bereiche industrieller Forschung und experimenteller Entwicklung genutzt.

	KMU					
	Kleine Unternehmen		Mittlere Unternehmen		Große Unternehmen	
	FuEuI-Unionsrahmen	FuEuI-Gemeinschaftsrahmen	FuEuI-Unionsrahmen	FuEuI-Gemeinschaftsrahmen	FuEuI-Unionsrahmen	FuEuI-Gemeinschaftsrahmen
Beihilfen für FuE-Vorhaben						
Grundlagenforschung	100%	100%	100%	100%	100%	100%
Angewandte Forschung / industrielle Forschung (EU)	80%	70%	70%	60%	60%	50%
bei wirksamer Zusammenarbeit zwischen Unternehmen mit mindestens einem KMU oder zwischen Unternehmen und Forschungseinrichtungen	90%	80%	80%	75%	70%	65%
Experimentelle Entwicklung*	80%	45%	70%	35%	60%	25%
bei wirksamer Zusammenarbeit zwischen Unternehmen mit mindestens einem KMU oder zwischen Unternehmen und Forschungseinrichtungen*	90%	60%	80%	50%	70%	40%
Beihilfen für den Bau oder Ausbau von Forschungsinfrastrukturen	60%		60%		60%	

*im neuen FuEuI-Unionsrahmen mit industrieller Forschung unter Angewandter Forschung subsumiert

Abbildung 13: Förderhöchstgrenzen des FuEuI-Unionsrahmens im Vergleich zum FuEuI-Gemeinschaftsrahmen

Quelle: EU-Kommission (Hrsg.), Mitteilung der Kommission (2014/C 198/01), ABl. EG 2014 Nr. C 198 v. 27.06.2014, S. 21; EU-Kommission (Hrsg.), Mitteilung der Kommission (2006/C 323/01), ABl. EG 2006 Nr. C 323 v. 30.12.2006, S. 14.

Erklären lässt sich die deutliche Erhöhung der Beihilfehöchstintensitäten in der experimentellen Entwicklung mit einer veränderten Definition von angewandter Forschung im neuen Leitrahmen. Während im FuEuI-Gemeinschaftsrahmen noch deutlich zwischen industrieller Forschung und experimenteller Entwicklung unterschieden wurde, sind im neuen FuEuI-Unionsrahmen, abweichend von der FuE-Klassifizierung des Frascati Manuals, beide Forschungsbereiche unter „angewandter Forschung" subsumiert[377]. Individuelle Beihilfehöchstintensitäten für die experimentelle Entwicklung entfallen somit vollständig. Ergänzt wurde der neue FuEuI-Unionsrahmen zudem um eine von der jeweiligen Unternehmensgröße unabhängige Obergrenze in Höhe von 60 Prozent für Beihilfen zum Bau und Ausbau von Forschungsinfrastruktur, während in der Grundlagenforschung unverändert an einer maximalen Beihilfehöchstintensität von 100 Prozent festgehalten wurde.

Neben einer quantitativen Erweiterung des genehmigungsfähigen Spielraums beinhaltet der neue FuEuI-Unionsrahmen zudem eine Vielzahl qualitativer Anpassungen, so etwa hinsichtlich der Bewertung staatlicher Zuwendungen. Als wesentlichstes Element ist in diesem Zusammenhang die Vereinfachung von Prüfungen im Rahmen umfangreicher Beihilfen für wichtige Vorhaben von gemeinsamem europäischem Interesse (Important Projects of Common European Interest – IPCEI) zu nennen. Zuvor nur für wenige Forschungsbereiche und den Umweltschutz gültig, betrifft die neue IPCEI-Bestimmung erstmalig alle Wirtschaftsgebiete gleichermaßen. Eine entsprechende Mitteilung legt die zu beachtenden Kriterien fest, falls die Mitgliedstaaten beabsichtigen transnationale Vorhaben von strategischer Bedeutung für die gesamte Union zu fördern. Die grundlegendste Neuerung hinsichtlich der zukünftigen IPCEI-Begünstigung ist das Recht zur pauschalisierten Annahme, dass die jeweilige Beihilfe immer eine gleichermaßen erforderliche wie auch geeignete Maßnahme darstelle. Diese Veränderung hat weitreichende Auswirkungen auf zahlreiche im Rahmen des Forschungsrahmenprogramms Horizont 2020 von der Union mitfinanzierte FuEuI-Vorhaben, denen nun ein kosten- und zeitintensives Durchlaufen regulärer Prüfverfahren größtenteils erspart bleibt.

---

377 Europäische Kommission, Mitteilung der Kommission (2014/C 198/01), ABl. EG 2014 Nr. C 198 v. 27.06.2014, S. 5 f.

Eine über die Befreiung von entsprechenden Prüfschritten hinausgehende Vereinfachung besteht für staatliche Beihilfemaßnahmen, die unter die bereits erwähnte AGVO fallen. Wenngleich die AGVO und der FuEuI-Unionsrahmen zwar inhaltlich weitgehend identische Regelungen für den Bereich der FuE-Beihilfen vorsehen, geht die AGVO an entscheidender Stelle über den Regelungsgehalt des FuEuI-Unionsrahmens hinaus und stellt somit für diese Fälle die speziellere und vorrangig anzuwendende Norm dar[378]. So entfaltet auch der neue FuEuI-Unionsrahmen seine Prüfungsgrundlage für FuEuI-Beihilfen erst in dem Moment, in dem eine zu beurteilende staatliche Zuwendung über einen in der AGVO festgesetzten Schwellenwert hinausreicht, während sämtliche darunter fallenden Beihilfen bereits von einer Notifizierungspflicht gegenüber der Kommission befreit sind.

(3) Allgemeine Gruppenfreistellungsverordnung (AGVO)

Grundsätzlich untersagt Art. 107 Abs. 1 AEUV jedwede Vergabe staatlicher Beihilfen, die sich durch Begünstigung bestimmter Unternehmen oder Produktionszweige sowohl wettbewerbsverfälschend als auch handelsbeeinträchtigend auswirken[379]. Dieses reguläre Beihilfekontrollverfahren gilt jedoch nicht ausnahmslos, da zahlreiche Gruppen von Beihilfen mit Verweis auf Art. 108 Abs. 4 AEUV i. V. m. Art. 109 AEUV bereits von einer Notifizierungspflicht gegenüber der Kommission befreit sind[380]. So sind in der AGVO die Beihilfemaßnahmen bis zu einer zuvor definierten Obergrenze von einem entsprechenden Anmelde- und Genehmigungsverfahren ausgenommen, von denen angenommen wird, dass sie einen merklichen Beitrag zur Schaffung von Arbeitsplätzen in der Union und zur Stärkung der Wettbewerbsfähigkeit leisten[381].

378 Kniese C., in: Drüen K.-D., Kube H., Wernsmann R. (Hrsg.), Finanz- und Steuerrecht in Deutschland und Europa, Bd. 21, Europarechtlicher Rahmen einer steuerlichen Förderung von Forschung und Entwicklung, 2013, S. 190.

379 Vgl. Abschnitt C. II. 3. c) bb).

380 Kniese C., in: Drüen K.-D., Kube H., Wernsmann R. (Hrsg.), a. a. O., S. 186.

381 Sämtliche auf Grundlage einer Ermächtigungsverordnung (Rat der Europäischen Union (Hrsg.), Verordnung des Rates v. 07.05.1998 (994/1998), ABl. EG 1998 Nr. L 142 v. 14.05.1998) von der Kommission erlassenen Gruppenfreistellungsverordnungen wurden am 06.08.2008 zur Allgemeinen Gruppenfreistellungsverordnung (Europäische Kommission, Verordnung der

Darunter fallen unter anderem Beihilfen für Forschung, Entwicklung und Innovation sowie Investitions-, Betriebs- und Finanzierungsbeihilfen für KMU[382]. Staatliche Beihilfen im Sinne des Art. 107 Abs. 1 AEUV, die nicht unter die entsprechende Verordnung fallen, unterliegen weiter der Anmeldepflicht nach Art. 108 Abs. 3 AEUV[383]. Neben einer generellen Verfahrensvereinfachung verfolgt die Kommission durch den Einsatz des Instrumentes der Gruppenfreistellung das Ziel, die Mitgliedstaaten dazu zu bewegen, weniger wettbewerbsverzerrende Beihilfen zu gewähren, und ihre Beihilfemaßnahmen auf die von den AGVO umfassten Bereiche zu konzentrieren[384] – ein lenkungspolitischer Sachverhalt, der verdeutlicht, wie auch auf Unionsebene beihilfepolitische Richtlinien dazu verwandt werden, letzten Endes wirtschaftspolitische Zielsetzungen zu erreichen.

Neben der Verabschiedung des neuen FuEuI-Unionsrahmens bildet die überarbeitete AGVO das zweite zentrale Element der bereits im Jahr 2012 verkündeten Kommissionsinitiative zur Modernisierung des EU-Beihilferechts. Um die Zielsetzungen des Forschungsrahmenprogramms „Horizont 2020" zu berücksichtigen und das abgestimmte Zusammenwirken mit dem neuen FuEuI-Unionsrahmen auch in Zukunft zu gewährleisten, wurde die Allgemeine Gruppenfreistellungsverordnung einer merklichen Anpassung unterzogen. Zum einen wurden die Obergrenzen der AGVO für FuE-Beihilfen – die Anmeldeschwellen, bis zu denen staatliche Forschungsbegünstigungen von einer Notifizierungspflicht befreit sind – für die Grundlagenforschung pro Vorhaben und Förderempfänger von 20 auf 40 Mio. Euro, für die industrielle Forschung von 10 auf 20 Mio. Euro und die experimentelle Entwicklung von 7,5 Mio. Euro auf 15 Mio. Euro entscheidend angehoben[385]. Zum anderen wurde das Spektrum an von der AGVO betroffenen FuEuI-Beihilfen

Kommission v. 06.08.2008 (800/2008), ABl. EG 2008 Nr. L 214 v. 09.08.2008) konsolidiert.

382 Europäische Kommission, Verordnung der Kommission v. 17.06.2014 (651/2014), ABl. EG 2014 Nr. L 187 v. 26.06.2014, S. 15.

383 Ebda., S. 2.

384 Kniese C., in: Drüen K.-D., Kube H., Wernsmann R. (Hrsg.), Finanz- und Steuerrecht in Deutschland und Europa, Bd. 21, Europarechtlicher Rahmen einer steuerlichen Förderung von Forschung und Entwicklung, 2013, S. 187.

385 Europäische Kommission, Verordnung der Kommission v. 17.06.2014 (651/2014), ABl. EG 2014 Nr. L 187 v. 26.06.2014, S. 31.

auf Pilotvorhaben, Prototypen, Innovationscluster sowie Prozess- und Organisationsinnovationen umfassend erweitert. Entsprechenden Bereichen zuzuordnende Beihilfen sind damit zukünftig ebenfalls von einer Notifizierungspflicht gegenüber der Kommission befreit, vorausgesetzt sie liegen innerhalb genannter Schwellenwerte und leisten einen wesentlichen Beitrag zur Schaffung von Arbeitsplätzen in der Union sowie zur Stärkung der Wettbewerbsfähigkeit. Ob und inwieweit die Anpassung der AGVO, hier insbesondere die deutliche Anhebung der anmelde- und genehmigungsfreien Obergrenzen im Bereich der FuE-Beihilfen, dem Modell einer auf KMU begrenzten steuerlichen FuE-Förderung entgegenkommt und wie ein entsprechend selektives Förderkonzept zunächst aus beihilferechtlicher Sicht zu bewerten ist, wird im Folgenden aufgezeigt.

III. KMU-spezifische steuerliche FuE-Förderung als mit dem Binnenmarkt vereinbare Beihilfe

1. Beihilferechtliche Bewertung

Die Anwendung des bereits bekannten Prüfschemas zur Qualifizierung staatlicher Beihilfen[386] verdeutlicht, dass eine auf KMU begrenzte steuerliche FuE-Förderung grundsätzlich die Qualifizierungsvoraussetzungen für eine mit dem Binnenmarkt unvereinbare Beihilfe im Sinne des Art. 107 Abs. 1 AEUV erfüllt. So stellt sie eine aus staatlichen Mitteln finanzierte und selektiv ausgestaltete Begünstigung von KMU dar mit den europäischen Wettbewerb verfälschender und den innergemeinschaftlichen Handel beeinträchtigender Wirkung[387].

Während bei der aktuell angewandten direkten Projektförderung ein staatlicher Bezug der Fördermittel nicht immer problemlos zu erkennen ist, lässt sich für jedwedes Modell einer steuerlichen FuE-Förderung von KMU die zweifelsfreie Zurverfügungstellung *aus staatlichen Mitteln* attestieren, unabhängig davon, ob durch zusätzliche Steuerausgaben oder

386 Vgl. Abschnitt C. II. 3. c) aa) und bb).

387 Vgl. Art. 107 Abs. 1 Vertrag über die Arbeitsweise der Europäischen Union (AEUV); Herbold S., in: Bischoff J. G., Herzig N., Kellermann A. (Hrsg.), Steuer, Wirtschaft und Recht, Bd. 298, Steuerliche Anreize für Forschung und Entwicklung im internationalen Vergleich, 2009, S. 87.

die Inkaufnahme eines Steuereinnahmeverlustes seitens des Staates finanziert. Mit der Formulierung „staatliche oder aus staatlichen Mitteln gewährte Beihilfen" erfasst Art. 107 Abs. 1 AEUV dabei nicht nur Zuwendungen, die unmittelbar aus Mitteln der öffentlichen Hand gewährt werden, sondern auch solche, die lediglich im staatlichen Auftrag durch öffentliche oder private Einrichtungen vergeben werden[388].

Einen *begünstigenden* Charakter weisen sämtliche steuerrechtsbasierten Förderkonzepte für KMU bereits dadurch auf, dass sie eine Rückzahlung von in Anspruch genommenen Fördermitteln oder eine entsprechende Gegenleistung von Seiten begünstigter Unternehmen im Regelfall nicht vorsehen (nicht rückzahlbare Zuschüsse). Stellt die einschlägige Fachliteratur zu dieser Thematik gelegentlich auf mittel- bis langfristige Steuermehreinnahmen als potenzielle Gegenleistung ab, auf die der Staat nach erfolgswirksamer Förderung von KMU Zugriff erlangt, muss dem stets die strenge Maßgabe des Markt-Investor-Tests entgegengehalten werden. So ist seitens der betroffenen Unternehmen für den Empfang jedweder Beihilfe eine marktgerechte Gegenleistung zu erbringen, soll eine Begünstigung nach Art. 107 Abs. 1 AEUV ausgeschlossen werden. Insbesondere in vorliegendem Sachverhalt ist zu bezweifeln, dass ein Privatinvestor in einer mit dem Staat vergleichbaren Lage bereit wäre, Mittel für eine steuerliche FuE-Förderung von KMU aufzubringen, ohne diese entweder zinsgenerierend zurückzufordern oder seinem Risiko entsprechend an zukünftigen Rentabilitätsaussichten der erbrachten FuE-Leistung unmittelbar beteiligt zu werden.

Ist eine FuE-Fördermaßnahme für die ausschließliche Inanspruchnahme durch KMU konzipiert, gilt das Merkmal der *Selektivität* unabhängig von ihrer letztendlichen Ausgestaltung als erfüllt anzusehen. Wesentlichstes Merkmal ist in diesem Zusammenhang der Ausschluss sämtlicher Großunternehmen von dem entsprechenden Anreizsystem. Nehmen Großunternehmen eine auch für sie verfügbare Maßnahme lediglich aus Gründen mangelnder Attraktivität nicht in Anspruch, liegt eine selektive Ausgestaltung regelmäßig nicht vor. Unter Berücksichtigung des grundlegenden Förderziels KMU-spezifischer steuerlicher FuE-Fördermaßnahmen, FuE-Anreize eigens für KMU zu setzen, darf

388 Blauberger M., in: Trömmel I. (Hrsg.), Forschungen zur Europäischen Integration, Bd. 22, Staatliche Beihilfen in Europa, 2009, S. 61.

jedoch davon ausgegangen werden, dass diese regelmäßig derart ausgestaltet sind, dass sie Großunternehmen von einer entsprechenden Förderung bewusst ausschließen und somit beihilferechtlich das Merkmal der Selektivität erfüllen. Nur auf diese Weise kann das notwendige Maß an marktinterner Bevorteilung erreicht werden, um KMU in die Lage zu versetzen, zusätzliche Ressourcen zur Durchführung von FuE-Aktivitäten zu generieren.

Aufgrund der gegenseitigen Bedingung von Vor- und Nachteil bedeutet die Verabschiedung einer ausschließlich KMU bevorteilenden steuerlichen FuE-Förderung immer auch eine Benachteiligung der im gleichen Markt tätigen Mitbewerber, denen die Inanspruchnahme einer entsprechenden Fördermaßnahme verwehrt bleibt. Dies ist eine heterogene Vorteilsgewährung, aufgrund derer jede denkbare Ausgestaltung einer auf KMU begrenzten steuerlichen FuE-Förderung stets sowohl das beihilferechtliche Tatbestandsmerkmal der *Wettbewerbsverfälschung* als auch der *Handelsbeeinträchtigung* erfüllt. Entscheidend ist in diesem Zusammenhang bereits das Vorliegen einer potenziellen Eignung zur verfälschenden und beeinträchtigenden Einflussnahme auf Wettbewerb und Handel. Auf die tatsächliche Spürbarkeit der Auswirkungen innerhalb des Marktes oder der Unternehmen kommt es nicht an[389].

Zusammenfassend erfüllt jedes auf KMU beschränkte steuerliche FuE-Fördermodell den Beihilfetatbestand des Art. 107 Abs. 1 AEUV, sobald sein gewährter Fördermittelansatz die zuletzt auf 200.000 Euro erhöhte Obergrenze der De-minimis-Verordnung übersteigt. Während unterhalb der entsprechenden Bagatellgrenze keine Beihilfe im Sinne des Europäischen Beihilferechts vorliegt, sind den Mitgliedstaaten sämtliche darüber liegenden staatlichen Zuwendungen als mit dem Binnenmarkt unvereinbare Beihilfen zu versagen. Um die steuerrechtliche Implementierung einer FuE-Förderung von KMU auch oberhalb der entsprechenden Grenze zu ermöglichen, bedarf es einer bedachten Einbindung des bereits dargestellten FuEuI-Unionsrahmens und der neuen AGVO in das gewünschte Förderkonzept.

389 Vgl. BMAS (Hrsg.), ESF, Leitfaden für Staatliche Beihilfen für Förderungen im Rahmen des Operationellen Programms des Bundes für den Europäischen Sozialfonds, 2011, S. 4.

2. Binnenmarktkonforme Modelle steuerlicher FuE-Förderung von KMU

Selbst nach Qualifikation eines auf die Förderung von KMU begrenzten steuerlichen FuE-Anreizsystems als eine nach Art. 107 Abs. 1 AEUV mit dem Binnenmarkt grundsätzlich unvereinbare Beihilfe ist die Einführung einer selektiven staatlichen Zuwendung unter unionsrechtlichen Gesichtspunkten nicht ausgeschlossen. Die Feststellung einer vom Regelfall abweichenden Vereinbarkeit setzt jedoch voraus, dass die betroffene Begünstigung entweder vollumfänglich unter den Anwendungsbereich der AGVO fällt oder sämtliche Voraussetzungen des FuEuI-Unionsrahmens erfüllt[390]. In letzterem Fall obliegt es nach Vorlage eines positiven Prüfergebnisses anschließend der Kommission, die Beihilfe zur Anwendung zuzulassen oder den Mitgliedstaaten zu versagen.

a) AGVO-basierende FuE-Förderung von KMU

Wenngleich sämtliche staatlichen Zuwendungen, die die Beihilfekriterien des Art. 107 Abs. 1 AEUV erfüllen, gemäß Art. 108 Abs. 3 AEUV bei der Kommission anzumelden sind, steht es dem Europäischen Rat entsprechend Art. 109 AEUV zu, bestimmte Gruppen von Beihilfen auf Vorschlag der Kommission von dieser Anmeldepflicht zu entbinden. Mit Verordnung Nr. 994/98 ermächtigt dieser wiederum die Kommission, im Einklang mit Art. 109 AEUV die dafür in Frage kommenden Gruppen staatlicher Beihilfen in eigener Zuständigkeit festzulegen und gemäß Art. 108 Abs. 4 AEUV weiterführende Verordnungen von Bedeutung für diese zu erlassen. Das populärste und aktuellste Ergebnis ist in diesem Zusammenhang die Verordnung Nr. 651/2014 der Kommission, die bekannt als AGVO sämtliche in *Abbildung 14* dargestellten Beihilfegruppen unter bestimmten Voraussetzungen von einer Anmelde- und Genehmigungspflicht befreit[391]. Für die Ausgestaltung einer KMU-spezifischen steuerlichen FuE-Förderung scheinen in diesem Zusammenhang die Gruppe der Beihilfen für KMU und die der allgemeinen Beihilfen für Forschung, Entwicklung und Innovation von

390 Vgl. Herbold S., in: Bischoff J. G., Herzig N., Kellermann A. (Hrsg.), Steuer, Wirtschaft und Recht, Bd. 298, Steuerliche Anreize für Forschung und Entwicklung im internationalen Vergleich, 2009, S. 91.

391 Vgl. Abschnitt C. II. 3. c) cc) (3).

Bedeutung zu sein. Durch deren Freistellung beabsichtigt die Union den Kerndefiziten des bestehenden FuE-Umfeldes unter Inanspruchnahme der ebenfalls in *Abbildung 14* hervorgehobenen Einzelmaßnahmen entgegenzuwirken.

Mit der Freistellung bestimmter *Beihilfen für KMU* ist es Ziel der Kommission die negativen Auswirkungen der unionsinternen Marktinsuffizienz auf KMU zu minimieren und zugleich die wirtschaftliche Tätigkeit dieser Unternehmen zu fördern. Eine markttypische Benachteiligung von KMU sieht die Kommission dabei primär im erschwerten Zugang zu Kapital, insbesondere Krediten, jedoch auch im verstärkten Auftreten von Informationsdefiziten bei betroffenen Unternehmen[392]. So sei es sowohl der geringen Risikobereitschaft bestehender Finanzmärkte wie auch der begrenzten Besicherungsmöglichkeit des beanspruchten Fremdkapitals durch die KMU geschuldet, dass diesen der Zugang zu Finanzmitteln meist deutlich schwerer gemacht wird als Großunternehmen. Aufgrund mangelnder Ressourcen fehle es ihnen ebenso an aktuellen Informationen zum Aufkommen neuer Technologien und zur Weiterentwicklung potenzieller Märkte[393]. Unter den von entsprechender Notifizierungspflicht gegenüber der Kommission freigestellten staatlichen Zuwendungen finden sich folglich vorrangig Investitions- und Betriebsbeihilfen für KMU, Beihilfen zur Erschließung von KMU-Finanzierungen und Beihilfen für die Inanspruchnahme von Beratungsdiensten und für die Teilnahme entsprechender Unternehmen an Fachmessen[394].

392 Europäische Kommission, Verordnung der Kommission v. 17.06.2014 (651/2014), ABl. EG 2014 Nr. L 187 v. 26.06.2014, S. 8.

393 Ebda.

394 Ebda., S. 15.

Anwendungsbereich der AGVO	
Beihilfegruppen	**Einzelmaßnahmen**
Regionalbeihilfen	
Beihilfen für KMU	Investitionsbeihilfen für KMU
	KMU-Beihilfen für die Inanspruchnahme von Beratungsdiensten
	KMU-Beihilfen für die Teilnahme an Messen
	Beihilfen für Kooperationskosten von KMU für die Teilnahme an Projekten europäischer territorialer Zusammenarbeit
	Risikofinanzierungsbeihilfen
	Beihilfen für Unternehmensneugründungen
	Beihilfen für auf KMU spezialisierte alternative Handelsplattformen
	Beihilfen für Scouting-Kosten
Umweltschutzbeihilfen	
Beihilfen für Forschung und Entwicklung und Innovation	Beihilfen für Forschungs- und Entwicklungsvorhaben
	Innovationsbeihilfen für Forschungsinfrastrukturen
	Beihilfen für Innovationscluster
	Innovationsbeihilfen für KMU
	Beihilfen für Prozess - und Organisationsinnovationen
	Forschungs- und Entwicklungsbeihilfen für Fischerei und Aquakultur
Ausbildungsbeihilfen	
Einstellungs- und Beschäftigungsbeihilfen für benachteiligte Arbeitnehmer und Arbeitnehmer mit Behinderungen	
Beihilfen zur Bewältigung der folgen bestimmter Naturkatastrophen	
Sozialbeihilfen für die Beförderung von Einwohnern entlegener Gebiete	
Beihilfen für Breitbandinfrastruktur	
Beihilfen für Kultur und Erhaltung des kulturellen Erbes	
Beihilfen für Sportinfrastrukturen und multifunktionale Freizeitinfrastrukturen	
Beihilfen für lokale Infrastrukturen	

Abbildung 14: Beihilfegruppen im Anwendungsbereich der AGVO

Quelle: EU-Kommission (Hrsg.), Verordnung der Kommission v. 17.06.2014 (651/2014), ABl. EG 2014 Nr. L 187 v. 26.06.2014, S. 37 ff.

Grundsätzlich räumt die AGVO der Einführung einer steuerlichen FuE-Förderung von KMU einen weiten Gestaltungsspielraum ein. Nahezu alle in Bezug zu einer FuE-Tätigkeit stehenden Aufwendungen lassen sich einer mit dem Binnenmarkt zu vereinbarenden und somit beihilfefähigen Einzelmaßnahme zuordnen. So sind die Kosten einer Investition in materielle wie immaterielle Vermögenswerte des FuE-Bereichs den Investitionsbeihilfen, die auf ein gesteigertes FuE-Engagement zurückzuführenden zusätzlichen Lohnkosten den Betriebsbeihilfen und die Teilnahme an FuE-Messen oder die Inanspruchnahme von FuE-Beratungen gleichnamigen Beihilfekategorien zuzuordnen.

Zwei limitierende Faktoren dürfen bei Ausgestaltung einer steuerlichen FuE-Förderung von KMU jedoch nicht unberücksichtigt bleiben: zum einen die Beschränkung der *Beihilfeintensitäten* auf die von der Kommission festgelegten Prozentsätze der beihilfefähigen Gesamtkosten, zum anderen die ebenfalls von der Kommission definierten *Anmeldeschwellen*, über die hinaus der Geltungsbereich der AGVO erlischt und eine Notifizierung der Beihilfe entsprechend Art. 108 Abs. 3 AEUV notwendig wird. Wie in *Abbildung 15* am Beispiel ausgewählter Beihilfekategorien dargestellt, variieren die Schwellenwerte entsprechender Begrenzungen dabei je nach Einzelmaßnahme deutlich, mit einer teilweise noch weiterführenden Differenzierung von KMU in kleine Unternehmen mit weniger als 50 Beschäftigten und einem maximalen Jahresumsatz bzw. einer Bilanzsumme von unter 10 Mio. Euro sowie Kleinstunternehmen mit weniger als zehn Beschäftigten und einem maximalen Jahresumsatz bzw. einer Bilanzsumme von unter 2 Mio. Euro.

AGVO-Begrenzungen für ausgewählte KMU-Beihilfen			
Einzelmaßnahme	**Nominale Anmeldeschwelle**	**Maximale Beihilfeintensität**	**Zyklus**
Investitionsbeihilfen für KMU	7,5 Millionen Euro	10 % der beihilfefähigen Kosten*	pro Unternehmen und Vorhaben
KMU-Beihilfen für die Inanspruchnahme von Beratungsdiensten	2 Millionen Euro	50 % der beihilfefähigen Kosten	pro Unternehmen und Vorhaben
KMU-Beihilfen für die Teilnahme an Messen	2 Millionen Euro	50 % der beihilfefähigen Kosten	pro Unternehmen und Jahr
Beihilfen für die Kooperationskosten von KMU bei Teilnahme an Projekten europäischer territorialer	2 Millionen Euro	50 % der beihilfefähigen Kosten	pro Unternehmen und Vorhaben

* 20 % der beihilfefähigen Kosten bei Begünstigung ausschließlich kleiner Unternehmen

Abbildung 15: Anmeldeschwellen und Beihilfehöchstintensitäten der AGVO für ausgewählte KMU-Beihilfen

Quelle: Eigene Darstellung

So dürfen etwa staatliche Zuwendungen an KMU für Investitionen in materielle oder immaterielle Vermögenswerte lediglich 10 Prozent der beihilfefähigen Aufwendungen umfassen (20 Prozent bei Begünstigung ausschließlich kleiner Unternehmen)[395], während die Beihilfeintensitätsgrenze für Zuwendungen im Bereich der Inanspruchnahme von Beratungsdiensten oder der Teilnahme an Messen mit 50 Prozent des FuE-Aufwands deutlich höher bemessen ist. Die von der Kommission definierten Anmeldeschwellen ebenfalls mit einbeziehend, ermöglicht die AGVO dennoch eine nominal höhere Förderung allgemeiner Investitionsvorhaben, da der Beihilfehöchstsatz für an KMU gerichtete Investitionsbeihilfen bei 7,5 Mio. Euro pro Unternehmen und Vorhaben liegt, während er sich im Rahmen einer staatlichen Förderung für die Inanspruchnahme von Beratungsdiensten und die Teilnahme an Messen auf lediglich 2 Mio. Euro pro KMU und Vorhaben bzw. Wirtschaftsjahr beschränkt.

Zu berücksichtigen ist in diesem Zusammenhang, dass insbesondere bei Ausgestaltung eines steuerlichen Förderkonzeptes, in dem keine Trennung der einzelnen Beihilfekategorien und Einzelmaßnahmen vorgesehen ist – was nicht zuletzt zur Bürokratievermeidung dem Regelfall entsprechen sollte –, stets der restriktivste Schwellenwert aller in die jeweilige Maßnahme mit einbezogenen förderfähigen Aufwendungen

395 Ebda., S. 42.

als Förderobergrenze des gesamten staatlichen Anreizmodells anzunehmen ist. Nur auf diese Weise kann eine unionskonforme Aufstellung einer nicht nach Art der Zuwendung differenzierenden steuerlichen FuE-Förderung überhaupt erst ermöglicht werden.

Beihilfen für Forschung, Entwicklung und Innovation (FuEuI-Beihilfen) stellen bei Vorlage bestimmter Voraussetzungen ebenfalls in den Geltungsbereich der AGVO fallende staatliche Zuwendungen dar. Die Kommission verspricht sich von ihnen ein nachhaltiges wirtschaftliches Wachstum, eine gesteigerte Wettbewerbsfähigkeit und eine höhere Beschäftigung in den Mitgliedstaaten. Analog zu den KMU-Beihilfen findet auch im Rahmen der FuEuI-Beihilfen eine Kategorisierung unterschiedlicher staatlicher Zuwendungen statt, hier unter anderem in Beihilfen für unternehmensinterne FuE-Vorhaben, Innovationscluster, Prozess- und Organisationsinnovationen sowie Investitionsbeihilfen für Forschungsinfrastrukturen und KMU. Innovationsbeihilfen für KMU stellen in diesem Zusammenhang eine in die Beihilfegruppe der FuEuI-Beihilfen integrierte Einzelmaßnahme dar, deren Freistellungsvoraussetzung und umfang im Rahmen der neuen AGVO mit dem der eigenständigen Beihilfegruppe „Beihilfen für KMU" zu vergleichen ist.

Voraussetzung für die Anwendbarkeit der AGVO auf eine staatliche Förderung unternehmensinterner Forschung und Entwicklung ist, dass sich der förderfähige Teil des FuE-Vorhabens den Kategorien Grundlagenforschung, industrielle Forschung, experimentelle Entwicklung oder dem Bereich der Durchführbarkeitsstudien zuordnen lässt[396]. Letztere, im Frascati Manual nicht berücksichtigte Kategorie ermöglicht es dabei, dass bereits solcher Aufwand im Sinne der AGVO förderfähig ist, der lediglich der Vorbereitung zukünftiger FuE-Tätigkeiten dient, eine solche eigens jedoch nicht begründet. Gestaltet sich die Zuweisung eines FuE-Vorhabens zu den dargestellten Kategorien problematisch, ist jegliche Maßnahme stets dem Bereich zuzuordnen, dem sie überwiegend entspricht. Umfasst ein Gesamtvorhaben mehrere Aufgaben, ist jede Aufgabe individuell ihrer entsprechenden Kategorie zuzuweisen[397]. Die Beihilfeintensitätsgrenze pro Beihilfeempfänger für den Bereich der FuE-Vorhaben wurde entsprechend *Abbildung 16* von

396 Ebda., S. 47.
397 Ebda., S. 47.

der Kommission auf 100 Prozent der beihilfefähigen Kosten für Grundlagenforschung, 50 Prozent sowohl für industrielle Forschung als auch Durchführbarkeitsstudien sowie 25 Prozent für Zuwendungen aus dem Bereich der experimentellen Entwicklung festgelegt[398]. Eine weitere Erhöhung um 10 Prozentpunkte für mittlere und 20 Prozentpunkte für kleine Unternehmen ist dabei möglich, wobei eine Überschreitung der vollen 100 Prozent selbst bei Grundlagenforschung betreibenden KMU nicht vorgesehen ist.

Sowohl für staatliche Investitionsbeihilfen für Forschungsinfrastrukturen als auch für die Bildung von Innovationsclustern liegt die Beihilfeintensitätsgrenze unabhängig von der Unternehmensgröße potenzieller Beihilfeempfänger bei 50 Prozent des gesamten beihilfefähigen Aufwands. Im Bereich der Prozess- und Organisationsbeihilfen beträgt diese für KMU 50 Prozent, während sie sich für alle übrigen Unternehmen auf ein Maximum von 15 Prozent der beihilfefähigen Aufwendungen beschränkt, was mittelbar bereits eine merkliche KMU-Förderung mit sich bringt. Enttäuschend hinsichtlich ihrer tatsächlichen Förderwirkung auf KMU stellen sich hingegen die unter bestimmten Voraussetzungen ebenfalls in den Geltungsbereich der AGVO fallenden Innovationsbeihilfen für KMU dar: Mit einer maximal zulässigen Beihilfeintensität von 50 Prozent des begünstigten FuE-Aufwandes unterscheiden sich diese nur unwesentlich von den alle Unternehmen unabhängig von ihrer Größe betreffenden Fördermöglichkeiten, wodurch kaum eine spürbare KMU-spezifische Förderwirkung erzielt wird. Des Weiteren wird auf die Möglichkeit einer auf 100 Prozent erhöhten Obergrenze hingewiesen, sofern der Beihilfen-Gesamtbetrag innerhalb von drei Jahren den Betrag von 200.000 Euro pro Unternehmen nicht übersteigt[399]. Allerdings handelt es sich hierbei um eine Begünstigungsmöglichkeit, die bereits allen Unternehmen im Rahmen der De-minimis-Verordnung offensteht[400] und deren reduzierte Darstellung als AGVO-konforme, spezielle Innovationsbeihilfe für KMU irreführend ist.

398 Ebda., S. 48.
399 Ebda., S. 50.
400 Vgl. Abschnitt C. II. 3. c) cc) (1).

AGVO-Begrenzungen für ausgewählte FuE-Beihilfen				
Einzelmaßnahme		**Nominale Anmeldeschwelle**	**Maximale Beihilfeintensität**	**Zyklus**
Beihilfen für Forschungs- und Entwicklungsbeihilfen	Grundlagenforschung	40 Millionen Euro	100 % der beihilfefähigen Kosten	pro Unternehmen und Vorhaben
	Industrielle Forschung	20 Millionen Euro	50 % der beihilfefähigen Kosten	pro Unternehmen und Vorhaben
	Experimentelle Entwicklung	15 Millionen Euro	25 % der beihilfefähigen Kosten	pro Unternehmen und Vorhaben
	Durchführbarkeitsstudien	7,5 Millionen Euro	50 % der beihilfefähigen Kosten	pro Studie
Innovationsbeihilfen für Forschungsinfrastrukturen		20 Millionen Euro	50 % der beihilfefähigen Kosten	pro Infrastruktur
Beihilfen für Innovationscluster		7,5 Millionen Euro	50 % der beihilfefähigen Kosten	pro Innovationscluster
Beihilfen für Prozess - und Organisationsinnovationen		7,5 Millionen Euro	15 % der beihilfefähigen Kosten*	pro Unternehmen und Vorhaben
Innovationsbeihilfen für KMU		5 Millionen Euro	50 % der beihilfefähigen Kosten	pro Unternehmen und Jahr

* 50 % der beihilfefähigen Kosten für KMU

Abbildung 16: Anmeldeschwellen und Beihilfehöchstintensitäten der AGVO für ausgewählte FuEuI-Beihilfen

Quelle: Eigene Darstellung

Die von der Kommission definierten Anmeldeschwellen für den Bereich der FuE-Beihilfen ergeben zudem ein maximales Beihilfevolumen von 40 Mio. Euro pro Unternehmen und Maßnahme für allgemeine FuE-Vorhaben aus der Grundlagenforschung, gefolgt von einer auf 20 Mio. Euro bezifferten Obergrenze für FuE-Vorhaben der industriellen Forschung sowie Investitionsbeihilfen für Forschungsinfrastruktur. Im Bereich der experimentellen Entwicklung sind noch Beihilfen in Höhe von maximal 15 Mio. Euro mit der AGVO zu vereinbaren. Es folgen Anmeldeschwellen in Höhe von 7,5 Mio. Euro sowohl für Beihilfen zur Bildung von Innovationsclustern als auch für Prozess- oder Organisationsinnovationen sowie die nominal geringste Obergrenze von 5 Mio. Euro für KMU-spezifische Innovationsbeihilfen[401]. Sämtliche darüber liegenden FuEuI-Beihilfen sind analog den KMU-spezifischen staatlichen Zuwendungen gemäß Art. 108 Abs. 3 AEUV der Kommission zur Genehmigung vorzulegen. Hinzuweisen ist im Zusammenhang mit der Ausgestaltung einer steuerlichen FuE-Förderung auf die im Zuge der neuen AGVO umgesetzte Verdopplung der Obergrenzen der FuEuI-Beihilfen, die deutlich positive Auswirkungen auf den Gestaltungsspielraum einer potenziellen steuerlichen FuE-Förderung mit sich bringt und somit nicht unberücksichtigt bleiben sollte.

b) FuEuI-Unionsrahmen-basierende FuE-Förderung von KMU

Für sämtliche nach Art. 107 Abs. 1 AEUV bereits als Beihilfe qualifizierten, jedoch nicht in den Anwendungsbereich der AGVO fallenden staatlichen Zuwendungen kann unter bestimmten Voraussetzungen die Feststellung der Binnenmarktvereinbarkeit durch die Kommission auf Grundlage des neuen FuEuI-Unionsrahmens erfolgen. Bezugnehmend auf Art. 107 Abs. 3 lit. b und c AEUV können FuEuI-Beihilfen dann als mit dem Gemeinsamen Markt vereinbar angesehen werden, sofern sie entweder ein wichtiges Vorhaben von gemeinsamem europäischem Interesse (IPCEI) fördern, die Entwicklung ausgewählter Wirtschaftszweige begünstigen oder geeignet sind, die Auswirkungen bestehenden Marktinsuffizienz abzuschwächen, ohne dabei eine dem Unionsinteresse zuwiderlaufende Wettbewerbsverfälschung oder

401 Europäische Kommission, Verordnung der Kommission v. 17.06.2014 (651/2014), ABl. EG 2014 Nr. L 187 v. 26.06.2014, S. 31.

Handelsbeeinträchtigung zu bewirken[402]. Während direkt oder indirekt auch von der Union mitfinanzierte staatliche Beihilfen in diesem Zusammenhang grundsätzlich als mit dem Binnenmarkt vereinbare Beihilfen von gemeinsamem europäischem Interesse angesehen werden[403], sieht die Kommission für sämtliche nicht davon betroffenen staatlichen Zuwendungen das Durchlaufen eines an den Regelungen des FuEuI-Unionsrahmens orientierten Prüfverfahrens vor. Im Rahmen einer entsprechenden Vereinbarkeitsprüfung angemeldeter Beihilfemaßnahmen mit dem Binnenmarkt ist für die Kommission weniger von Bedeutung, ob von den betroffenen Maßnahmen grundsätzlich negative Auswirkungen auf Handel und Wettbewerb zu erwarten sind, als vielmehr, ob die möglichen positiven Auswirkungen der betroffenen Beihilfe die zu erwartenden negativen Auswirkungen übersteigen[404]. Mitgliedstaaten, die die Gewährung einer staatlichen Forschungsbeihilfe erwägen, sind folglich innerhalb des neuen FuEuI-Unionsrahmens dazu verpflichtet, das mit der Maßnahme angestrebte Ziel genau zu bestimmen und darzulegen, inwiefern die beabsichtigte Beihilfe geeignet sein soll, dieses zu erreichen[405]. Die Kommission ergänzt den entsprechenden Nettovorteil des Unternehmens um eine Bewertung der zu erwartenden gesamtwirtschaftlichen Auswirkungen der beabsichtigten Beihilfe und genehmigt eine Maßnahme im Regelfall bei Erfüllung der in *Abbildung 17* dargestellten Voraussetzungen. So muss die staatliche Beihilfe als ein erforderliches, geeignetes, angemessenes und transparentes Anreizsystem ausgestaltet sein, dessen negative Wettbewerbs- und Handelsauswirkungen in einem positiven Verhältnis zu den mit der Beihilfe beabsichtigten Zielen von gemeinsamem Interesse stehen[406].

---

402 Europäische Kommission, Mitteilung der Kommission (2014/C 198/01), ABl. EG 2014 Nr. C 198 v. 27.06.2014, S. 3.

403 Vgl. Abschnitt C. II. 3. c) cc) (2).

404 Europäische Kommission, Mitteilung der Kommission (2014/C 198/01), ABl. EG 2014 Nr. C 198 v. 27.06.2014, S. 12.

405 Ebda., S. 13.

406 Ebda., S. 12 ff.

Vereinbarkeitsvoraussetzungen von FuEuI-Beihilfen mit dem Binnenmarkt	
Kriterien	**Erläuterung**
Beitrag zu einem genau definierten Ziel von gemeinsamen Interesse*	Die staatliche Beihilfe muss einem Ziel von gemeinsamem Interesse im Sinne des Art. 107 Abs. 3 AEUV dienen
Erforderlichkeit*	Die Beihilfe muss geeignet sein, wesentliche Verbesserungen zu bewirken, die der Markt selbst nicht herbeiführen kann
Eignung*	Die Beihilfe muss ein geeignetes Instrument für die Verwirklichung des Ziels von gemeinsamen Interesse darstellen
Anreizeffekt	Die Beihilfe muss dazu führen, dass die betroffenen Unternehmen ihr Verhalten ändern und zusätzliche Tätigkeiten aufnehmen, die sie ohne die Beihilfe nicht, in geringem Umfang, auf andere Weise oder an einem anderen Standort ausgeübt hätten
Angemessenheit	Die Beihilfe muss hinsichtlicher ihrer Höhe und Intensität auf das zur Verwirklichung des Ziels notwendige Minimum begrenzt sein
Vermeidung übermäßiger negativer Auswirkungen auf den Wettbewerb und den Handel zwischen den Mitgliedstaaten	Die Gesamtbilanz der Maßnahme (das Aufwiegen erwarteter positiver wie negativer Aspekte) muss positiv ausfallen
Transparenz	Die Mitgliedstaaten, die Kommission, die Wirtschaftsbeteiligten und die Öffentlichkeit müssen über einen leichten Zugang zu allen einschlägigen Vorschriften und zu relevanten Informationen über die auf ihrer Grundlage gewährten Beihilfen verfügen

* Bei staatlichen Beihilfen für Vorhaben und Tätigkeiten, die direkt oder indirekt auch von der Union finanziert werden, betrachtet die Kommission entsprechendes Kriterium ohne weitere Prüfung als erwiesen

Abbildung 17: Binnenmarktrelevante Prüfkriterien und Vereinbarkeitsvoraussetzungen staatlicher FuEuI-Beihilfemaßnahmen

Quelle: Eigene Darstellung

Unter die bei Voraussetzungserfüllung mit dem Binnenmarkt vereinbar zu erklärenden Beihilfemaßnahmen fallen entsprechend dem neuen FuEuI-Unionsrahmen generelle Beihilfen für FuE-Vorhaben oder Innovationsmaßnahmen, Beihilfen für den Bau oder Ausbau von Forschungsinfrastruktur, Beihilfen zur Umsetzung von Durchführbarkeitsstudien und Beihilfen zur Förderung von

Innovationsclustern[407]. Diese Auswahl an Maßnahmen weist zwar eine Konformität zu den im Rahmen der AGVO bereits festgelegten Beihilfearten auf, jedoch sieht der neue FuEuI-Unionsrahmen für sie deutlich weiter gefasste Beihilfeintensitäten vor. So liegt die Beihilfeintensitätsgrenze pro KMU als Beihilfeempfänger im Bereich der FuE-Vorhaben bei einheitlich 100 Prozent der beihilfefähigen Kosten für Grundlagenforschung, bei 70 Prozent für industrielle Forschung und experimentelle Entwicklung (80 Prozent bei Begünstigung ausschließlich kleiner Unternehmen) sowie bei 60 Prozent für Zuwendungen zum Bau oder Ausbau von Forschungsinfrastrukturen[408]. Forschungskooperationen unter Beteiligung von mindestens einem KMU erfahren eine zusätzliche Anhebung der Beihilfeintensitätsgrenze um weitere 10 Prozent sowohl für den Bereich der industriellen Forschung als auch der experimentellen Entwicklung[409].

Zusammenfassend gilt, dass auch für bereits als Beihilfen entsprechend Art. 107 Abs. 1 AEUV qualifizierte staatliche Zuwendungen die Möglichkeit besteht, diese seitens der Kommission für eine KMU-spezifische FuE-Förderung zuzulassen. Entweder weil diese in den Anwendungsbereich der AGVO fallen und somit bereits von einer Notifizierungspflicht gegenüber der Kommission befreit sind oder weil ihnen eine positive Binnenmarktvereinbarkeit nach einer am FuEuI-Unionsrahmen orientierten Vereinbarkeitsprüfung bescheinigt werden kann. Auf die Möglichkeit einer steuerlichen Ausgestaltung entsprechender Förderung, die zahlreiche Mitglieds- und Drittstaaten bereits in Anspruch nehmen[410], weist der neue FuEuI-Unionsrahmen in diesem Zusammenhang explizit hin[411].

407 Ebda., S. 4.

408 Ebda., S. 21.

409 Ebda., S. 21.

410 EurActiv (Hrsg.), Steuerliche Forschungsförderung, 2012, http://www.euractiv.de/forschung-und-innovation/linkdossier/steuerliche-forschungsfoerderung-000142 (Stand: 09.04.2015).

411 Europäische Kommission, Mitteilung der Kommission (2014/C 198/01), ABl. EG 2014 Nr. C 198 v. 27.06.2014, S. 20.

D. Charakterisierung und Ausgestaltungsmöglichkeiten einer steuerlichen FuE-Förderung von KMU

I. Charakteristik und Abgrenzung zu in Deutschland angewandter Projektförderung

Nach Feststellung der grundsätzlichen Vereinbarkeit einer auf KMU spezialisierten steuerlichen FuE-Förderung mit geltendem Unionsrecht gilt es im Folgenden zu erörtern, aus welchen Gründen eine solche in Deutschland bisher keine Anwendung findet. Wie vorangehend bereits aufgezeigt, fand entgegen zahlreichen Wahlversprechen führender Parteien eine Anpassung der deutschen Förderpolitik zugunsten einer Einführung steuerrechtlicher FuE-Fördermaßnahmen bislang nicht statt. Während es im Koalitionsvertrag des Jahres 2009 – geschlossen zwischen CDU, CSU und FDP – noch hieß: „wir streben eine steuerliche Förderung und Entwicklung von Forschung und Entwicklung an, die zusätzliche Forschungsimpulse insbesondere für kleine und mittlere Unternehmen auslöst“[412], zählt Deutschland nach wie vor zu einer Minderheit von acht Mitgliedstaaten der Union, die auf ein steuerliches Fördermodell verzichten. Auf ein solches Modell wird sowohl innerhalb als auch außerhalb der Gemeinschaft, etwa in Kanada oder den USA, bereits seit mehreren Jahren mit nachweislichem Erfolg zurückgegriffen[413].

---

412 CDU, CSU, FDP (Hrsg.),Wachstum, Bildung, Zusammenhalt, Der Koalitionsvertrag zwischen CDU, CSU und FDP, 17. Legislaturperiode, 2009, S. 15.

413 Ausf. dazu: Herbold S., in: Bischoff J. G., Herzig N., Kellermann A. (Hrsg.), Steuer, Wirtschaft und Recht, Bd. 298, Steuerliche Anreize für Forschung und Entwicklung im internationalen Vergleich, 2009, S. 27 ff.

1. Legitimation indirekter steuerlicher FuE-Förderung

Aus *ökonomischer Sicht* ist ein staatlicher Eingriff in den Markt – in diesem Fall das Setzen von Anreizen zur Erhöhung der privatwirtschaftlichen FuE-Aktivität – dann zu rechtfertigen, wenn mit ihm eine gesamtwirtschaftliche Wohlstandsmehrung herbeigeführt wird. Während die Auswirkungen einer allgemeinen Marktunzulänglichkeit[414] die Umsetzung eines volkswirtschaftlich optimalen FuE-Niveaus bereits auf Unternehmensebene verhindern, wirken staatliche Fördermaßnahmen dem bekannten Mangel an gleicher Stelle mit einer Begünstigung privatwirtschaftlicher FuE-Aktivitäten entgegen. Nicht nur in Deutschland angewandte direkte Projektförderung, sondern auch indirekte, steuerliche FuE-Fördermodelle, unabhängig von ihren individuellen Ausgestaltungsmöglichkeiten, stellen in diesem Zusammenhang geeignete Maßnahmen dar, den bekannten Auswirkungen allgemeiner Marktinsuffiziens entgegenzuwirken[415]. Beide Konzepte unterscheiden sich hierbei vornehmlich in der Art ihrer Fördermittelbereitstellung, die für den Begünstigten jedoch von eher nachrangiger Bedeutung ist, da es diesem vielmehr darum geht, überhaupt in den Genuss einer Beihilfe zu kommen. Ebenso wie Projektförderungen, die vorrangig aus direkten finanziellen Zuwendungen des Staates an die Förderempfänger bestehen, eignen sich auch steuerliche Vergünstigungen, die im Regelfall auf einem Einnahmeverzicht des Staates basieren, zur Entlastung des unternehmerischen Kapitals und damit zum Setzen der notwendigen FuE-Anreize.

Unter *Effizienzgesichtspunkten* gestaltet sich die Legitimation steuerlicher FuE-Anreize aus öffentlichen Mitteln ungemein schwerer und offenbart einen ersten entscheidenden Unterschied zwischen direkter und indirekter staatlicher Förderung. Während direkte Fördermittel budgetierbar sind und somit eine bereits zu Beginn der Förderung bekannte Rechengröße darstellen, lassen sich die Kosten einer steuerlichen FuE-Förderung – vorwiegend bestehend aus Steuerausfällen – nicht valide im Vorfeld bestimmen. So wirft auch *Löhr* der steuerlichen FuE-Förderung als allgemeiner Regelung vor, die Gesamthöhe entstehender

414 Vgl. Abschnitt B. IV. 2. b).

415 Spengel C., MPI Studies on Intellectual Property, Competition and Tax Law, Vol. 8, Steuerliche Förderung von Forschung und Entwicklung (FuE) in Deutschland, 2009, S. 12.

Haushaltsbelastungen zu verbergen und lediglich aus Schätzungen resultierende Näherungswerte für eine Wirtschaftlichkeitsberechnung zuzulassen[416]. Die fehlende Skalierbarkeit stellt insofern einen wichtigen Aspekt dar, als die Rechtfertigung fiskalpolitischer Eingriffe immer der Prämisse unterliegt, dass die Kosten einer Förderung geringer als ihr gesamtwirtschaftlicher Nutzen zu sein haben[417]. Sind sowohl Kosten als auch erwarteter Nutzen unbekannte Größen, bleibt die Verabschiedung einer steuerlichen Fördermaßnahme ein ökonomisches Wagnis, auf das sich jede Regierung nur ungern einlässt.

a) Standpunkt der Bundesregierung

Nach der Regierungsbildung im Wahljahr 2009 kündigte die damalige Ministerin für Bildung und Forschung *Schavan* die Einführung einer steuerlichen FuE-Förderung mit einem Anfangsbudget von 1,5 Mrd. Euro an, musste das Projekt jedoch kurze Zeit später, nach negativer Umsetzbarkeitsprüfung des Finanzministeriums unter Berufung auf die damalige Haushaltslage und den bereits eingeschlagenen Konsolidierungskurs, als zunächst nicht realisierbar erklären[418]. In diesem Zusammenhang ist davon auszugehen, dass die Folgen der weltweiten Finanz- und Wirtschaftskrise sowie die aus Art. 109 Abs. 3 i. V. m. Art. 115 GG hervorgehende Schuldenbremse mit den Zielen der mittelfristigen Generierung eines ausgeglichenen Haushalts sowie der Erfüllung europäischer Stabilitäts- und Wachstumsvorgaben einen Beitrag dazu leisteten[419].

---

416 Löhr S., Steuerliche Förderung von Forschung und Entwicklung, 2009, S. 12.

417 Spengel C., MPI Studies on Intellectual Property, Competition and Tax Law, Vol. 8, Steuerliche Förderung von Forschung und Entwicklung (FuE) in Deutschland, 2009, S. 12.

418 Bundesregierung (Hrsg.), Antwort der Bundesregierung v. 14.09.2010 auf die Große Anfrage der Abgeordneten René Röspel, Lothar Binding (Heidelberg), Dr. Ernst Dieter Rossmann et al. und der Fraktion der SPD (BT-Drucksache Nr. 17/2520), Steuerliche Förderung von Forschung und Entwicklung, BT-Drucksache Nr. 17/2942, S. 2; Röspel R., in: SPD-Bundestagsfraktion (Hrsg.), Pressemitteilung v. 17.09.2010, Dokument Nr. 1230, Schäuble lässt Schavan auflaufen – Steuerliche Förderung von Forschung ausgeträumt.

419 Spengel C., Wiegard W., in: DB, Heft 43, 2011, Forschungsförderung anstatt Einkommenssteuerentlastungen, S. 1.

In der gleichen Veröffentlichung folgte eine vertröstende Ankündigung der Bundesregierung, die Entscheidung über die Einführung einer steuerlichen Forschungsförderung in ein haushalts- und steuerpolitisches Gesamtkonzept einzupassen[420]. Bereits Ende Juli 2012 verlief sich jedoch auch diese Aussage und die damalige Bundesregierung teilte in einem Schreiben an die Vorstände forschungsintensiver Großunternehmen mit, die Einführung einer steuerlichen Vergünstigung von Forschungsaufwendungen bis zum Ablauf der bis 2013 andauernden Legislaturperiode auszusetzen[421].

Nach dem abgeschlossenen Wahljahr 2013 und der Bildung der neuen Regierung sieht auch der Koalitionsvertrag zwischen CDU, CSU und SPD zunächst keine Implementierung einer steuerlichen FuE-Förderung vor. Vielmehr wird auf den in der vergangenen Legislaturperiode erzielten Erfolg direkter Projektfördermaßnahmen hingewiesen, mit dem ein FuE-Anteil von 2,9 Prozent des deutschen BIP erreicht werden konnte, was nur 0,1 Prozent unterhalb der Zielsetzung liegt. An diesen Teilerfolgen anknüpfend ist folglich auch bis zum Ende der Legislaturperiode 2017 zu erwarten, dass die Bundesregierung versuchen wird, eine konstante Forschungsinvestition von 3 Prozent des BIP und eine Gesamtinnovationsquote oberhalb des Durchschnitts der OECD – beides Richtungspunkte des neuen Koalitionsvertrags[422] – ohne Einführung einer steuerlichen FuE-Förderung zu erreichen. In ihrem Gutachten für das Wirtschaftsjahr 2013 stellt die EFI bezugnehmend auf den Koalitionsvertrag und das Fehlen einer steuerlichen FuE-Förderung gar den Primat der Politik infrage, indem sie auf einen „mangelnden politischen Willen" hinweist, eine Maßnahme einzuführen, obgleich deren Vorteilhaftigkeit und Notwendigkeit parteiübergreifend bekannt sei[423]. Ein rechtfertigender Verweis auf vollzogene Regierungswechsel sowie kompromisslose Koalitionspartner scheidet schon dadurch aus, dass sich im Rahmen politischer Debatten auch SPD und Grüne wiederholt als Anhänger einer steuerlichen Forschungsförderung zu erkennen

420 Ebda., S. 3.

421 Krumrey H., in: Wirtschaftswoche (WiWo) v. 21.07.2012, Steuerliche Förderung von Forschungsaufgaben kommt nicht mehr.

422 CDU, CSU, SPD (Hrsg.), Deutschlands Zukunft gestalten, Der Koalitionsvertrag zwischen CDU, CSU und SPD, 18. Legislaturperiode, 2013, S. 11 ff.

423 EFI (Hrsg.), Gutachten zu Forschung, Innovation und technologischer Leistungsfähigkeit Deutschlands, 2013, S. 21.

gaben[424]. Zusammenfassend ist die Nichteinführung einer steuerlichen FuE-Förderung trotz vorheriger Ankündigung nicht nur als Rückschlag für zahlreiche bereits forschende wie auch forschungsinteressierte Unternehmen zu bewerten, sondern stellt zugleich ein Handeln entgegen sämtlichen Empfehlungen der mit der Bewertung von FuE beauftragten Expertenausschüsse und Arbeitsgruppen dar[425].

b) Standpunkt von Expertenkommissionen und Branchenverbänden

Innerhalb von Expertenkommissionen und Branchenverbänden besteht hinsichtlich der Einführung einer steuerlichen FuE-Förderung weitestgehender Konsens: „Die steuerliche Förderung von FuE muss gleich zu Beginn der neuen Legislaturperiode auf den Weg gebracht werden“[426], „BDI und BDA ersuchen Bundestag und Bundesregierung, die steuerliche Forschungsförderung in Deutschland unverzüglich einzuführen“[427], „eine steuerliche Forschungs- und Entwicklungsförderung muss schnellstens eingeführt werden, nachdem das schon in der Koalitionsvereinbarung von 2009 verabredete Vorhaben noch nicht verwirklicht werden konnte. Die hierzu erforderlichen Haushaltsspielräume müssen dringend geschaffen bzw. dementsprechend genutzt werden“[428], „Deutschland braucht eine steuerliche Förderung von Forschung und Entwicklung (FuE), die unbürokratisch und technologieoffen FuE unterstützt“[429], „der VDMA spricht sich entschieden für die Einführung der steuerlichen Forschungsförderung in Deutschland

424 Trechow P., in: VDI Nachrichten v. 27. 09.2013, Steuerliche F&E-Förderung steht weiter auf politischer Agenda.

425 Vgl. Kniese C., in: Drüen K.-D., Kube H., Wernsmann R. (Hrsg.), Finanz- und Steuerrecht in Deutschland und Europa, Bd. 21, Europarechtlicher Rahmen einer steuerlichen Förderung von Forschung und Entwicklung, 2013, S. 73.

426 EFI (Hrsg.), Gutachten zu Forschung, Innovation und technologischer Leistungsfähigkeit Deutschlands, 2013, S. 22.

427 BDI, BDA, in: BDI (Hrsg.), Positionspapier, Steuerliche Forschungsförderung unverzüglich einführen!, 2009, S. 1.

428 Wirtschaftsrat Deutschland (Hrsg.), Agenda Forschungs- und Innovationspolitik 2013–2017, 2012, S. 3.

429 Arbeitsgruppe Steuerliche FuE-Förderung der Forschungsunion Wirtschaft – Wissenschaft (Hrsg.): Deutliches Votum für die Einführung einer steuerlichen Förderung von Forschung und Entwicklung (FuE) in Deutschland, 2009, S. 1.

aus"[430], „Deutschland muss nachziehen, damit der deutsche Forschungsstandort im internationalen Wettbewerb nicht ins Hintertreffen gerät"[431]. Die Liste entsprechend betitelter FuE-Gutachten, Kommentare in einschlägigen Fachzeitschriften sowie offener Briefe an die Bundesregierung ist nicht nur lang, sondern wird jedes Jahr länger.

Begründet wird die Notwendigkeit einer entsprechenden Fördervariante primär mit der deutschen Standortattraktivität, Arbeitsplatzgewinnung und der damit verbundenen europäischen Wettbewerbsfähigkeit. Die Tatsache, dass der Anteil staatlicher FuE-Finanzierung im Wirtschaftssektor von 17 Prozent Anfang der 80er Jahre auf inzwischen 5 Prozent gesunken ist, während er in anderen Industrienationen (darunter Frankreich, Großbritannien und die USA) auf 10 bis 15 Prozent gestiegen ist, wird als deutliche Attraktivitätseinbuße des deutschen Forschungsstandortes bewertet[432]. „Diese gilt es dringend zu beheben, um nicht hinter wichtigen Konkurrenznationen zurückzubleiben", so der Wirtschaftsrat Deutschland in seiner Agenda zur Forschungs- und Innovationspolitik der 18. Legislaturperiode[433]. Gefordert werden gleichermaßen breitenwirksame wie unbürokratische Maßnahmen, die dazu geeignet sind, die Kosten privatwirtschaftlicher FuE-Aktivitäten merklich zu reduzieren und diese dadurch für alle Unternehmen, vorrangig jedoch für bürokratiemüde und bislang forschungsferne KMU, attraktiver zu gestalten[434]. Die Einführung einer steuerlichen FuE-Förderung wird von Expertenkommissionen wie Branchenverbänden regelmäßig als probate Problemlösung angesehen, erlaubt sie es den Unternehmen doch, Personalkosten für Forscher, Abschreibungen auf Geräte und Labore sowie Ausgaben für externe Forschungsaufträge

430 Rauen H., in: Verband Deutscher Maschinen- und Anlagenbau (VDMA) (Hrsg.), KurzPosition für Politik und Wirtschaft, Steuerliche Forschungsförderung einführen, 2013, S. 1.

431 Deutsche Industrievereinigung Biotechnologie (DIB) (Hrsg.), Position der DIB zur Einführung einer steuerlichen Förderung von Forschung und Entwicklung in Deutschland, 2011, S. 1.

432 BDI, BDA, in: BDI (Hrsg.), Positionspapier, Steuerliche Forschungsförderung unverzüglich einführen!, 2009, S. 3; Bundesverband Informationswirtschaft, Telekommunikation und neue Medien (BITKOM) (Hrsg.), Presseinformation v. 10.12.2008, Hightech-Industrie fordert steuerliche FuE-Förderung, S. 1 f.

433 Wirtschaftsrat Deutschland (Hrsg.), Agenda Forschungs- und Innovationspolitik 2013–2017, 2012, S. 3.

434 Ebda.

steuermindernd geltend zu machen, mit erheblichen Auswirkungen auf deren Bereitschaft zur Durchführung von FuE-Aktivitäten[435].

Meinungsbekundungen gegen die Einführung einer steuerlichen FuE-Förderung aus den Reihen der Expertenkommissionen und Branchenverbände sind rar und berufen sich größtenteils auf einen als zu hoch prognostizierten Realisierungsaufwand sowie Bedenken hinsichtlich eventueller Kürzungen der bestehenden Projektförderung. So bewertet *Dortans* vom Institut für Innovation und Technik (iit) die Implementierung einer steuerlichen FuE-Förderung für Unternehmen und Staat als ein zu kostenintensives und zeitlich aufwendiges Projekt[436]. Die Unternehmen hätten mit gesteigerten Steuerberatungskosten zu rechnen, während es in der staatlichen Verantwortung liege, neue Kapazitäten und Know-how innerhalb der Finanzverwaltung aufzubauen[437]. Auch eine wettbewerbspolitisch begründete Anpassung des deutschen Fördermodells scheidet aus Sicht des iit aus. So bestehe für einen Wirtschaftsstandort wie Deutschland mit derart hoher Qualität und Beständigkeit hinsichtlich rechtlicher, infrastruktureller, sicherheits- und bildungspolitischer Belange keine Notwendigkeit, Standortwerbung in Form einer Einführung steuerlicher FuE-Anreize zu betreiben, während ein bereits implementiertes direktes Fördermodell beeindruckend funktioniere[438]. Die Fragestellung, inwieweit eine steuerliche FuE-Förderung sich tatsächlich von direkter Projektförderung unterscheidet und ob ihre Einführung in Form einer Alternative oder als Ergänzung zum bestehenden Fördermodell tendenziell erfolgsversprechender ist, wird im Folgenden einer Bewertung zugeführt.

435 BITKOM (Hrsg.), Presseinformation v. 10.12.2008, Hightech-Industrie fordert steuerliche FuE-Förderung, S. 1.

436 Vgl. Dortans P., in: Institut für Innovation und Technik (iit) (Hrsg.), Innovationspolitische Standpunkte aus der VDI/VDE – IT, Plädoyer gegen die Einführung einer steuerlichen FuE-Förderung, 2009, S. 4.

437 Ebda.

438 Ebda., S. 3.

2. Abgrenzung indirekter gegenüber direkter FuE-Förderung

a) Förderneutralität

Während es im Rahmen der direkten Projektförderung nahezu ausschließlich zur Förderung vordefinierter Technologie- und Wissensbereiche kommt, eignet sich eine steuerrechtlich basierte FuE-Förderung grundsätzlich dazu, alle Branchen und Technologiebereiche gleichermaßen zu begünstigen. Möglich macht dies nach *Löhr* erst eine Einbettung der Forschungsförderung in das Steuerrecht, das eine Basis bietet, sämtliche Unternehmen in gleicher Art und Weise zu erreichen[439]. Diese Bewertung ist in ihren Grundzügen zwar korrekt, jedoch unvollständig unter Berücksichtigung der Möglichkeit, auch eine steuerliche FuE-Förderung unter Inanspruchnahme von Sonderbestimmungen derart zu gestalten, dass sie sowohl eine selektive Anwendbarkeit als auch Wirkung entfaltet[440]. Wenngleich der Rückgriff auf eine entsprechende Gestaltungsvariante weder zu empfehlen noch im Staatenvergleich üblich ist, bewirkt er letztendlich einen Verzicht auf die bewusst gewählten Vorteile eines indirekten gegenüber einem direkten Fördermodell.

Der entscheidende Vorteil einer branchen- und technologieneutralen, steuerlichen FuE-Förderung resultiert jedoch aus der Nichtbeeinflussung der unternehmerischen Allokationsentscheidungen hinsichtlich des bestehenden FuE-Potenzials[441]. Aufgrund der fehlenden Notwendigkeit einer individuellen und damit selektiven staatlichen Förderzusage bleibt die abschließende Beurteilung, welche FuE-Investitionen es sich zu verfolgen lohnt, und damit die gesamte inhaltliche FuE-Ausrichtung innerhalb der jeweiligen Unternehmensstrategien den forschenden Unternehmen selbst überlassen. Diese finden sich im Rahmen neutraler, steuerlicher Förderung in einer Position wieder, FuE-Investitionen auf Grundlage eigener Marktrecherche und außerhalb staatlicher Einflussnahme positionieren zu können[442]. Ein solches Selbstbestimmungsrecht

439 Löhr S., Steuerliche Förderung von Forschung und Entwicklung, 2009, S. 10 f.

440 Vgl. Abschnitt C. II. 3. c) bb).

441 Herbold S., in: Bischoff J. G., Herzig N., Kellermann A. (Hrsg.), Steuer, Wirtschaft und Recht, Bd. 298, Steuerliche Anreize für Forschung und Entwicklung im internationalen Vergleich, 2009, S. 42.

442 EFI (Hrsg.), Gutachten zu Forschung, Innovation und technologischer Leistungsfähigkeit Deutschlands, 2010, S. 27; Brehloh P., Staatliche Förderung

führt zu einer effizienteren Ressourcenverteilung, als es von einer Subvention einzelner Forschungsprojekte im Rahmen direkter Projektförderung zu erwarten ist, stets die begründbare Annahme vorausgesetzt, der Staat verfüge über keinen Wissensvorsprung gegenüber den im jeweiligen Technologiesegment agierenden Unternehmen[443]. Eine entsprechend passive Rolle des Staates befürwortend weist *Klodt* darauf hin, dass es an diesem liege, jegliche Differenzierung unternehmerischer Forschungsarbeit zu unterlassen, um eine künstliche Verzerrung eben dieses FuE-Engagements zu vermeiden[444]. Die lenkungspolitischen Einflüsse direkter FuE-Förderung auf die unternehmerische Selbstbestimmung betroffener Unternehmen berücksichtigend kann folglich nur von einer indirekt ausgestalteten FuE-Förderung erwartet werden, dass die notwendigen Voraussetzungen einer Förderneutralität gewährleistet werden.

b) Politische Einflussnahme

Grundsätzlich liegt die qualitative und quantitative Zuteilungsentscheidung aller FuE-Fördermaßnahmen innerhalb der staatlichen Sphäre und damit im Rahmen des politischen Prozesses, auch wenn dessen Einflussnahme auf direkte Förderinstrumente, begründet durch ihre Projektbezogenheit, wesentlich ausgeprägter ist als bei indirekten steuerlichen FuE-Anreizen[445]. *Brehloh* führt dazu aus, dass er zur Erreichung strategischer Staatsziele eine direkte Förderung für besser geeignet halte und begründet dies mit ihrer im Vergleich zur indirekten Förderung höheren zielgerichteten Wirkung: Während sich das Mittel der direkten FuE-Förderung durch ihre Möglichkeit der Verhaltensbeeinflussung förderwilliger Unternehmen vorrangig zur Umsetzung innovationspolitischer Ziele eigne, wirke sich eine indirekte Begünstigung vielmehr

industrieller Innovation in den USA, 2000, S. 69.

443 Mohnen P., in: CIRANO (Hrsg.), Scientific Series, Tax Incentives: Issue and Evidence, 1999, S. 3.

444 Klodt H., in: Institut für Weltwirtschaft der Universität Kiel (Hrsg.), Arbeitspapier Nr. 664, Grundlagen der Forschungs- und Technologiepolitik, 1994, S. 105.

445 Herbold S., in: Bischoff J. G., Herzig N., Kellermann A. (Hrsg.), Steuer, Wirtschaft und Recht, Bd. 298, Steuerliche Anreize für Forschung und Entwicklung im internationalen Vergleich, 2009, S. 44.

auf das Niveau des bisherigen Verhaltens aus[446]. Durch steuerliche Fördermittel erhielten Unternehmen Anreize, ihr FuE-Engagement auszudehnen, nicht jedoch, dieses bei Bedarf inhaltlich anzupassen[447].

Aus staatlicher Sicht geht die Einführung einer steuerlichen FuE-Förderung als potenzielles Substitut zur bisherigen Projektförderung mit einer reduzierten Möglichkeit zur Einflussnahme auf unternehmensinterne Entscheidungsprozesse im Rahmen von FuE-Projekten einher. Diese Auswirkung lässt sich durch den Beibehalt des aktuellen Projektfördermodells für ausgewählte Branchen und Technologiebereiche zwar reduzieren, jedoch allein aus finanzpolitischen Gründen nicht vollständig kompensieren. So ist aufgrund eines limitierten FuE-Haushalts zu erwarten, dass der Umfang bestehender Projektförderung bei Einführung einer steuerlichen FuE-Förderung als zusätzlicher Förderart reduziert wird und das Gesamtsystem staatlicher FuE-Förderung damit merklich an lenkungspolitischer Effektivität verliert – finanzpolitische Planspiele, die zu sehr von politischen Entwicklungen und Haushaltsentscheidungen des Bundestages abhängen, als dass sie im Rahmen dieser Arbeit näher thematisiert werden könnten.

Sofern der Staat auch bei Einführung einer steuerlichen FuE-Förderung nicht auf umfassende Möglichkeiten zur politischen Einflussnahme verzichten möchte, wäre auf eine differenziert wirkende Ausgestaltung der indirekten Förderung hinzuweisen, beispielsweise in Form von prozentual ungleichen Steuerbegünstigungen für unterschiedliche Technologiebereiche. Ein derart aufgebautes FuE-Anreizmodell beinhaltet die Möglichkeit, sämtliches privatwirtschaftliches FuE-Engagement zu begünstigen und dennoch wirtschaftspolitische Schwerpunkte zu setzen. Fraglich bleibt jedoch, ob das urtypische Konzept indirekter FuE-Anreize sowie deren bestimmendes Merkmal der Förderneutralität durch eine Ausgestaltung als ungleich wirkende Förderung nicht ad absurdum geführt würde.

Zusammenfassend besteht in der Literatur weitestgehender Konsens darüber, dass eine Beeinflussung politischer wie unternehmenspolitischer

446 Vgl. Brehloh P., Staatliche Förderung industrieller Innovation in den USA, 2000, S. 70 f.

447 Ebda.

Entscheidungsprozesse sowohl durch Einzelpersonen als auch Interessengruppen (Lobbying) aus gesamtwirtschaftlicher Sicht stets zu einer ineffizienten Ressourcenallokation und damit einhergehend zu volkswirtschaftlichen Wohlfahrtsverlusten führt[448]. Eine indirekte, steuerliche FuE-Förderung stellt in diesem Zusammenhang das geeignete Mittel dar, eine Einflussnahme des Staates auf unternehmensinterne Forschungsvorhaben zugunsten unternehmerischer Individualität deutlich zu reduzieren.

c) Breitenwirkung und Mitnahmeeffekte

Ein weiterer bedeutsamer Unterschied zwischen direkter und indirekter FuE-Förderung stellt die Zugänglichkeit zu den von staatlicher Seite bereitgestellten Fördermitteln dar. Während projektbezogene FuE-Förderung ausschließlich Unternehmen erreicht, die sich aktiv um eine Zuwendung bewerben und im Rahmen dessen ein teilweise komplexes und langwieriges Antragsverfahren durchlaufen, erreicht eine in das Steuersystem eingebundene Förderung nahezu jedes steuerzahlende Unternehmen. Einzige Voraussetzung ist die Kenntnis um bestehende Fördermaßnahmen und einer damit verbundenen Rechtslage sowie die Möglichkeit eines separaten Ausweises des angefallenen FuE-Aufwands im eigenen Unternehmen, der eine Trennung von anderen betrieblichen Aufwendungen gewährleistet und damit eine FuE-Förderung erst ermöglicht.

Zur Problematik einer faktisch beschränkten *Breitenwirkung* kommt es im Rahmen der indirekten Förderung lediglich bei steuerlichen Fördermodellen, die als Anknüpfungspunkt auf die Steuerschuld des jeweiligen Unternehmens abstellen. So sieht eine entsprechende Gestaltung zwar keine normative und damit grundsätzlich gewollte Beschränkung vor, doch schließt sie in ihrer Realwirkung alle Unternehmen mit defizitären Erfolgslagen von einer Förderung aus. Besteht infolge eines negativen Jahresergebnisses keine Steuerschuld, kann zur Begünstigung

448 Vgl. Mohnen P., in: CIRANO (Hrsg.), Scientific Series, Tax Incentives: Issue and Evidence, 1999, S. 3; Hutschenreiter G., in: Österreichisches Institut für Wirtschaftsforschung (WIFO) (Hrsg.), Monatsberichte, Steuerliche Förderung von Forschung und Entwicklung, 2002, S. 122.

auch nicht auf die Reduzierung einer solchen abgestellt werden. Dieser Umstand ist denkbar ungünstig unter Berücksichtigung der Tatsache, dass naturgemäß gerade die Unternehmen über defizitäre Erfolgslagen verfügen, die besonders auf eine Förderung angewiesen sind und potenzielle FuE-Vorhaben ohne staatliche Anreize erst gar nicht umsetzen. Dieser Zielgruppenkonflikt ist im Rahmen der finalen Ausgestaltung eines deutschen steuerlichen FuE-Fördermodells zu berücksichtigen.

Ein weiterer nicht zu vernachlässigender Aspekt einer durch die Einführung steuerlicher Förderanreize intensivierten Breitenwirkung liegt im verstärkten Auftreten von *Mitnahmeeffekten*. Diese beschreiben die Problematik einer rechtlich legitimierten Inanspruchnahme von Fördermitteln ohne Vorliegen eines entsprechenden Bedarfes. Ein Unternehmen greift dabei im Rahmen der Durchführung von FuE-Projekten auf staatlich angebotene Fördermittel zurück, obwohl es die Projekte auch ohne jedwede Förderung umgesetzt hätte[449]. Dies ist ein betriebswirtschaftlich nachvollziehbares und juristisch legitimes Verhalten, das es aufgrund seiner haushaltsbelastenden Wirkung dennoch zu minimieren gilt, verzehrt es doch staatliche Ressourcen, ohne positive Effekte auf das gesamtwirtschaftliche Innovationsniveau zu haben. Das Risiko von Mitnahmeeffekten ist bei indirekter Forschungsförderung viel höher als bei direkter Forschungsförderung. Während ein fehlender oder zumindest fragwürdiger Anspruch auf Förderung im Rahmen der aktuellen Projektförderung jederzeit die Möglichkeit bietet, einem beantragenden Unternehmen im Rahmen des Antrags- und Prüfverfahrens die Förderung aus Gründen eines als gering bewerteten Bedarfes zu versagen, steht die Inanspruchnahme steuerlicher Fördermaßnahmen jedem Unternehmen bereits von Rechtswegen zu, unabhängig von dessen finanzieller Situation oder seinem tatsächlichen Förderbedarf[450]. Kommt es zur Einführung einer unbeschränkten steuerlichen FuE-Förderung, ist folglich davon auszugehen, dass die Gesamtzahl der Unternehmen, die erstmalig eine staatliche Förderung in Anspruch nehmen, deutlich über der Anzahl sämtlicher Unternehmen liegen wird, die einer solchen auch tatsächlich bedürfen. Insbesondere in den Reihen

449 Emter C., Steuerliche Berücksichtigung von Forschungs- und Entwicklungsaktivitäten, 2010, S. 15.

450 Vgl. Löhr S., Steuerliche Förderung von Forschung und Entwicklung, 2009, S. 7.

großer Unternehmen ist das Auftreten von Mitnahmeeffekten in besonders hohem Ausmaß zu erwarten, da dort der Anteil von nicht auf Forschung angewiesenen Unternehmen merklich höher ist als bei KMU[451]. Dieser Sachverhalt macht auf die erhöhte gesamtwirtschaftliche Belastung einer alle Unternehmen gleichermaßen umfassenden steuerlichen FuE-Förderung aufmerksam und legt die Einführung eines auf die FuE-Förderung von KMU beschränkten steuerlichen Anreizsystems nahe. Diese Ausgestaltungsform wird im Rahmen der Aufstellung möglicher indirekter Fördermodelle weiterführend berücksichtigt.

d) Haushaltsbelastung

Aus finanzpolitischer Sicht ist die zuvor gelobte Breitenwirkung indirekter FuE-Fördermodelle als Resultat ihrer vereinfachten Zugänglichkeit kritisch zu betrachten. Während im Rahmen der direkten Projektförderung der Staat als Fördergeber unmittelbaren Einfluss auf die Auswahl der zu fördernden Projekte und die Höhe der zur Verfügung gestellten Fördermittel hat, stellt die steuerliche Förderung privatwirtschaftlichen Forschungsengagements ein für alle förderinteressierten Unternehmen gleichermaßen erreichbares Instrument staatlicher Intervention dar, das im Vorfeld nicht nur schwerer in seiner Wirkung zu lenken, sondern ebenso hinsichtlich seiner Kostenverursachung zu beziffern ist. *Herbold* charakterisiert das aktuelle Projektfördermodell daher treffend als „eine mit fixen Beträgen dotierte und robuste Größe des Staatshaushaltes“, steuerliche Fördermodelle hingegen als „wenig vorhersehbare Maßnahmen, die sich im Rahmen staatlicher Budgetplanung nur schätzungsweise berücksichtigen lassen“[452]. Während die Fördervoraussetzungen und die Intensität der bereitgestellten Fördermittel im steuerlichen Anreizmodell gesetzlich festgeschrieben und individuell berechenbar sind, bleiben die unterjährige Anzahl der eine Förderung beanspruchenden Unternehmen ebenso wie das finanzielle Ausmaß der zugehörigen Projekte variabel und sind nicht wie im Bereich der direkten Projektförderung seitens des Staates oder der beauftragten

451 Hülskamp N., Koppel O., in: Roman Herzog Institut (Hrsg.), Förderung unternehmerischer Innovation in Deutschland, 2006, S. 36.

452 Herbold S., in: Bischoff J. G., Herzig N., Kellermann A. (Hrsg.), Steuer, Wirtschaft und Recht, Bd. 298, Steuerliche Anreize für Forschung und Entwicklung im internationalen Vergleich, 2009, S. 47.

Projektträger individuell steuer- und verhandelbar. Eine Förderverweigerung aufgrund restriktiver Staatsmittel scheidet somit für das steuerliche FuE-Fördersystem aus, was für die Bundesregierung seit mehreren Legislaturperioden – auch vor dem Hintergrund fehlender Erfahrungswerte hinsichtlich der Anzahl der zu erwartenden Inanspruchnahmen – einen Grund darstellt, die Einführung einer steuerlichen FuE-Förderung zunächst auszusetzen.

Mittels einer Mikrosimulation (ZEW TaxCOMM), in der etwa 56 Prozent sämtlicher privatwirtschaftlicher FuE-Aufwendungen Deutschlands abgebildet wurden, versuchte das Zentrum für Europäische Wirtschaftsforschung (ZEW) die zu erwartende Haushaltsbelastung unterschiedlicher steuerlicher FuE-Fördermodelle auf Basis einer Steuergutschrift für FuE-Tätigkeit zu beziffern[453]. Als staatlicher Forschungsanreiz wurde eine Steuergutschrift in Höhe von 8 bis 12 Prozent sämtlichen FuE-Aufwands vorausgesetzt, was aus Sicht des Fachzentrums einer realistischen Ausgestaltung für die Bundesrepublik entspreche. Differenziert wurde in unterschiedlichen Testreihen zudem nach zuwachsbasierten (inkrementellen) und volumenbasierten Anreizen, nach einer Erstattung oder dem Verfall eines über die Steuerschuld hinausreichenden Förderanspruchs sowie einer KMU in unterschiedlicher Höhe bevorteilenden Förderung[454]. Im Ergebnis ermittelte das ZEW eine zu erwartende Haushaltsmittelbelastung zwischen 464 Mio. Euro (Förderhöhe 10 Prozent, inkrementell, mit Erstattung) und 5.701 Mio. Euro (Förderhöhe 12 Prozent, volumenbasiert, mit Erstattung) je nach Ausgestaltung des jeweiligen FuE-Fördermodells[455]. Diese Bandbreite verdeutlicht, wie schwer sich die finanzpolitischen Effekte einer steuerlichen FuE-Förderung prognostizieren lassen und welche immensen Auswirkungen bereits kleine Veränderungen im Rahmen der erstmaligen Ausgestaltung eines entsprechenden Modells auf den Haushalt haben können. Die mangelnde politische Entscheidungsfreude hinsichtlich der Verabschiedung bereits mehrfach angekündigter steuerlicher Forschungsförderung wird anhand der vorliegenden

453 Spengel C., Elschner C., Ernst C., in: Universität Mannheim, ZEW (Hrsg.), Fiskalische Kosten einer steuerlichen Förderung von Forschung und Entwicklung in Deutschland – Eine empirische Analyse verschiedener Gestaltungsoptionen, 2010, S. 14.

454 Ebda., S. 20.

455 Ebda., S. 21.

Studie umso nachvollziehbar, wenngleich sie auch zukünftig unverändert eingefordert werden muss. So erwarten Branchenverbände, Expertenkommissionen und Universitäten ein um 0,1 Prozent steigendes Wirtschaftswachstum bei einer nur 10-prozentigen Erhöhung der staatlichen FuE-Förderung, was eine solche aus gesamtwirtschaftlicher Sicht bereits rechtfertigt[456].

e) Planbarkeit

Der für die Planungsphase der jeweiligen Unternehmen wesentlichste Unterschied zwischen dem aktuellen Projektfördermodell und dem einer steuerlichen FuE-Förderung liegt im Rechtsanspruch auf die zur Verfügung stehenden Fördermittel. So hängt bei selektiv ausgestalteter Direktförderung die letztendliche Zuweisung von Forschungsfördergeldern stets von einer Bewertung der geplanten Maßnahme durch ein Fachgremium ab, das etwa über den Innovationsgrad oder die zu erwartenden Verwertungsmöglichkeiten des potenziell zu fördernden FuE-Projekts entscheidet und erst nach positivem Befund die entsprechenden Fördermittel freigibt[457]. Aus diesem Antragsverfahren resultiert eine erhebliche Planungsunsicherheit für die betroffenen Unternehmen, da es diesen erst dann möglich ist, beantragte Fördereinnahmen in eine unternehmensinterne Kostenkalkulation mit einfließen zu lassen, sobald ihnen für diese eine abschließende und endgültige Zusage vorliegt.

Löhr beruft sich in diesem Zusammenhang auf zwei Faktoren, die für unternehmerische Planbarkeit von Bedeutung sind: Sicherheit hinsichtlich des Zeitpunkts sowie Sicherheit hinsichtlich der Höhe staatlicher Förderungen[458]. Beides sind entscheidende Elemente, die das aktuelle Projektfördermodell nicht zuletzt durch sein komplexes Antragsverfahren vermissen lässt, die jedoch durch einen allgemeinen Rechtsanspruch auf FuE-Förderung, etwa begründet in einem

456 Spengel C., Wiegard W., in: BDI (Hrsg.), Studie im Auftrag des BDI und des VCI, Ökonomische Effekte einer steuerlichen Forschungsförderung in Deutschland, S. 6.

457 Vgl. BMBF (Hrsg.), Förderung in der Forschung, http://www.bmbf.de/de/1398.php (Stand: 14.04.2015).

458 Löhr S., Steuerliche Förderung von Forschung und Entwicklung, 2009, S. 9.

steuerrechtbasierten Anreizsystem, gewährleistet würden[459]. Des Weiteren bestünde die Möglichkeit, ein solches so auszugestalten, dass die Höhe der zu erwartenden Unterstützungsleistungen vom Unternehmen ohne großen Aufwand oder juristische Hilfestellung selbst ermittelt und folglich zeitnah in die unternehmerische Investitionsplanung mit einbezogen werden könnten[460].

f) Anreizwirkung

Zwingender Bewertungsmaßstab direkter wie indirekter Fördermodelle ist die von der Förderung ausgehende Anreizwirkung, anhand derer zudem ein Rückschluss auf die Daseinsberechtigung einer Maßnahme gezogen werden kann. Unabhängig von den weiteren Eigenschaften ist ein Fördermodell immer dann entbehrlich, wenn es seine Adressaten nicht zu einer Erweiterung ihres FuE-Engagements bewegen kann.

Nicht zuletzt infolge ihrer individuellen Fördermittelzuteilung, der sowohl ein Aufzeigen des Förderbedarfes von Unternehmerseite als auch eine Bedarfsprüfung von Seiten des Staates vorausgeht, entfalten direkte Förderinstrumente tendenziell eine größere Anreizwirkung als indirekte. Doch auch diesen wurde bereits ihre grundsätzliche Eignung zur Stimulierung unternehmerischen FuE-Engagements unter Zuhilfenahme empirischer Analysen nachgewiesen. Zwei Messgrößen wurden zu diesem Zweck herangezogen: zum einen Preiselastizitäten, die Aussagen über die prozentuale Veränderung von FuE-Investitionen bei veränderten FuE-Kosten liefern, zum anderen Kosten-Nutzen-Verhältnisse, die betragsmäßige Veränderungen von Forschungsinvestitionen abbilden, die aus der Veränderung einer Geldeinheit steuerlicher Förderung resultieren[461]. So ergab eine Auswertung von 58 Untersuchungen zur Auswirkung steuerlicher Fördermaßnahmen auf privatwirtschaftliche

459 Ebda.

460 Vgl. Kniese C., in: Drüen K.-D., Kube H., Wernsmann R. (Hrsg.), Finanz- und Steuerrecht in Deutschland und Europa, Bd. 21, Europarechtlicher Rahmen einer steuerlichen Förderung von Forschung und Entwicklung, 2013, S. 77.

461 Vgl. Spengel C., MPI Studies on Intellectual Property, Competition and Tax Law, Vol. 8, Steuerliche Förderung von Forschung und Entwicklung (FuE) in Deutschland, 2009, S. 13 f.; Herbold S., in: Bischoff J. G., Herzig N., Kellermann

FuE-Aktivitäten, dass eine Reaktion der Unternehmen auf entsprechende Anreize primär von folgenden Faktoren abhängig ist: Verlässlichkeit der Fördermaßnahme, Technologisierungsgrad und Unternehmensgröße. Zur *Verlässlichkeit der Fördermaßnahme* führen *Hall/van Reenen* aus, dass „Unternehmen umso stärker auf steuerliche FuE-Fördermaßnahmen reagieren, je länger diese im jeweiligen Land bereits etabliert sind“[462]. Zu erklären ist dies mit unternehmerischen Anpassungsreaktionen, die sich sowohl aus den mittel- bis langfristig angelegten Budget- und Investitionsplänen als auch der strategischen Ausrichtung betroffener Unternehmen ergeben[463]. So benötigen die Unternehmen Zeit, ihre Investitionspolitik externen Gegebenheiten anzupassen, sei es hinsichtlich finanzieller, politischer, struktureller oder auch infrastruktureller Sachverhalte.

Die in *Abbildung 18* veranschaulichte ungleiche Anreizwirkung steuerlicher FuE-Förderinstrumente gegenüber Unternehmen unterschiedlicher *Größen und Technologisierungsgrade* ergibt sich aus den jeweiligen Fördernotwendigkeiten und technologiespezifischen Forschungskosten. Zum einen verfügen KMU naturgemäß über geringere finanzielle Mittel zur Durchführung von FuE-Investitionen was sie deutlich stärker auf entsprechende Anreize reagieren lässt, zum anderen steigen branchenübergreifend die Forschungskosten parallel zum Technologisierungsgrad entsprechender Projekte. So werden im Hochtechnologiesektor nicht selten Spezialgeräte und Sonderanfertigungen benötigt, die der Massenmarkt nicht hergibt.

A. (Hrsg.), Steuer, Wirtschaft und Recht, Bd. 298, Steuerliche Anreize für Forschung und Entwicklung im internationalen Vergleich, 2009. S. 27.

462 Vgl. Hall B., Effectiveness of Research and Experimentation Tax Credits: Critical Literature Review and Research Design, 1995, S. 24; Hall B., van Reenen J., in: Elsevier Research Policy, Heft 29, 2000, How effective are fiscal incentives for R&D? A review of the evidence, S. 449 ff.

463 Spengel C., MPI Studies on Intellectual Property, Competition and Tax Law, Vol. 8, Steuerliche Förderung von Forschung und Entwicklung (FuE) in Deutschland, 2009, S. 16 f.

Zuwachsrate		Unternehmensgröße		
		KMU		
		Klein	Mittel	Groß
Technologisierungsgrad	Gering	0,83	0,73	0,70
	Mittel	1,15	1,12	0,75
	Hoch	1,48	1,50	0,80

Abbildung 18: FuE-Zuwachsraten in Abhängigkeit von Unternehmensgröße und Technologisierungsgrad

Quelle: Pouris A., in: South African Journal of Science Mai/Juni 2003, Towards a South African R&D tax incentives scheme: fiscal policies and social benefits, S. 198.

Die Messgröße der *Zuwachsrate* dient dabei als Mittel der Effizienzfeststellung, indem es die zu erwartenden FuE-Mehrausgaben für jeden in FuE-Förderung investierten Euro abbildet. So ist im dargestellten Beispiel – basierend auf einem Portfolio australischer Unternehmen –, davon auszugehen, dass jeder Euro, der für steuerliche Förderung ausgegeben wird, je nach Unternehmensgröße und Technologisierungsgrad die Aufwendungen für zusätzliches FuE-Engagement in einer Höhe von 0,70 bis 1,50 Euro erhöht. Diese Werte sind zwar nicht vollumfänglich auf sämtliche Wirtschaftssysteme übertragbar, lassen jedoch eine Einschätzung der unterschiedlichen Anreizwirkungen steuerlicher FuE-Fördermaßnahmen auch für den europäischen Binnenmarkt zu.

Zusammenfassend lässt sich eine grundsätzliche Anreizwirkung sowohl für direkte als auch indirekte Fördermodelle bescheinigen, wobei sich indirekte Fördermodelle im Regelfall besser zur Begünstigung von KMU als von Großunternehmen eignen.

g) Verwaltungsaufwand

Bei separater Betrachtung direkter und indirekter FuE-Fördermodelle wird deutlich, dass die mit der jeweiligen Förderung zusammenhängenden Verwaltungskosten sowohl auf Seiten des Staates (*administration costs*) als auch auf Seiten der Unternehmen (*compliance costs*) bei indirekten Fördermaßnahmen regelmäßig geringer ausfallen als bei direkten Maßnahmen[464]. Begründen lässt sich dies mit der Eingliederung indirekter FuE-Förderung in bestehende Steuersysteme, wodurch es dieser ermöglicht wird, sich etablierter steuerlicher Verfahrensrechte zu bedienen[465]. Diese sind allen steuerzahlenden Unternehmen weitestgehend bekannt, in Ausnahmefällen mit einfachen Mitteln zu recherchieren, was die Notwendigkeit staatlicher Aufklärungsarbeiten auf ein Minimum reduziert und das Durchlaufen separater Antragsverfahren entbehrlich macht[466]. Antragsverfahren wie sie etwa aus der direkten Projektförderung bekannt sind und die sowohl auf Staats- als auch Unternehmensebene erhebliche Ressourcen binden. Als zu kompliziert und langwierig empfunden, halten diese insbesondere KMU regelmäßig von der Fördermittelbeantragung und der darauf aufbauenden Durchführung von FuE-Investitionen ab. Jede steuerliche FuE-Förderung, unabhängig von ihrer letztendlichen Ausgestaltung, bietet in diesem Zusammenhang einen erheblichen Vorteil: Sie erlaubt es, den Großteil der förderspezifischen Dokumentationspflichten bereits in die allgemeine steuerliche Nachweispflicht zu integrieren, und erspart damit dem Staat und dem betroffenen Unternehmen eine erhebliche bürokratische Zusatzbelastung. Lediglich in Bezug auf die gemäß §§ 193–207 der Abgabenordnung (AO) in regelmäßigen Abständen anfallenden Außenprüfungen, muss von einer höheren Prüfungskomplexität durch zusätzliche Kontrolle der individuellen Fördervoraussetzungen ausgegangen werden.

Eine separate Betrachtung beider Förderarten genügt nicht, um die Einführung einer steuerlichen FuE-Förderung als eine verwaltungskostenreduzierende Maßnahme zu bewerten. Aufgrund der Tatsache, dass die Bundesrepublik seit Jahren auf ein etabliertes direktes Projektfördermodell zurückgreift, würde aus der Einführung einer steuerlichen FuE-Förderung zunächst ein deutlicher Anstieg der Verwaltungskosten resultieren. So fielen die sich aus einer steuerlichen FuE-Förderung ergebenden Ausgaben immer zusätzlich zu bestehenden Kosten an. Nur

464 Herbold S., in: Bischoff J. G., Herzig N., Kellermann A. (Hrsg.), Steuer, Wirtschaft und Recht, Bd. 298, Steuerliche Anreize für Forschung und Entwicklung im internationalen Vergleich, 2009, S. 43.

465 Kniese C., in: Drüen K.-D., Kube H., Wernsmann R. (Hrsg.), Finanz- und Steuerrecht in Deutschland und Europa, Bd. 21, Europarechtlicher Rahmen einer steuerlichen Förderung von Forschung und Entwicklung, 2013, S. 77.

466 Ebda.

durch Einführung eines steuerlichen FuE-Fördermodells als Systemalternative – unter Aufgabe des bestehenden Fördermodells – könnte eine Mehrbelastung vermieden werden. Die sich daraus ergebende Fragestellung, inwieweit sich die Einführung einer steuerlichen FuE-Förderung dazu eignen würde, eine bestehende Projektförderung zu substituieren, hat jedoch weitreichendere, über den Bereich der Verwaltungskosten hinausreichende Auswirkungen, weshalb sie im Folgenden separat bewertet wird.

3. Steuerliche FuE-Förderung als Systemalternative oder -ergänzung

Vorangehende Gegenüberstellung direkter und indirekter FuE-Förderung verdeutlicht, dass die Vorteile einer steuerlichen Förderung ihre Nachteile regelmäßig übersteigen. Zudem weist ein Großteil bestehender Nachteile einen eher kurzfristigen Charakter auf, weshalb auf lange Sicht ein deutlicher Wohlfahrtsgewinn von der Einführung eines steuerlichen Anreizsystems erwartet werden kann[467]. So verringert sich etwa der Nachteil einer schwer zu prognostizierenden Haushaltsmittelbelastung mit zunehmendem Bestand eines entsprechenden steuerlichen Fördermodells, da durch die Möglichkeit des Rückgriffs auf ein kontinuierlich zunehmendes Repertoire an Vorjahreswerten eine immer genauere Vorhersage des zu erwartenden staatlichen FuE-Förderaufwands möglich wird.

Nach Feststellung einer generellen Eignung und punktuellen Vorteilhaftigkeit einer steuerlichen FuE-Förderung stellt sich die Frage, in welcher Form ein steuerliches Anreizsystem in die deutsche Förderlandschaft zu integrieren sei: ob als Systemalternative, die aktuelle Projektförderung innerhalb eines Übergangszeitraumes sukzessive ersetzend, oder als Ergänzung des bestehenden Fördermodells, was einer qualitativen, je nach Umfang auch quantitativen Erweiterung des staatlichen Förderengagements gleichkäme. Unter der Annahme, den Unternehmen sei primär daran gelegen, überhaupt in den Genuss einer Förderung zu kommen, kann zwar von einer grundsätzlich substitutiven Wirkung beider Förderarten zueinander ausgegangen werden, doch weisen

467 Emter C., Steuerliche Berücksichtigung von Forschungs- und Entwicklungsaktivitäten, 2010, S. 16.

direkte und indirekte FuE-Förderinstrumentarien grundlegende konzeptionelle Unterschiede auf, die eine vollständige Austauschbarkeit verneinen lassen[468]. Während sich die aktuelle Projektförderung besser zur Begünstigung bestimmter Branchen, Technologiebereiche oder einzelner Unternehmen eignet - ein Mittel, auf das Deutschland im Rahmen seines Anspruchs auf eine Vorreiterrolle in der weltweiten Spitzentechnologie nicht verzichten möchte[469] –, weisen steuerliche Anreize eine deutlich höhere Eignung zur Breitenförderung auf, die geeignetste Maßnahme zum Ausbau privatwirtschaftlicher FuE-Intensität[470]. Aus unternehmerischer Sicht von nachrangiger Bedeutung, aus staatlicher Sicht jedoch umso elementarer ist die Möglichkeit zur innovationspolitischen Einflussnahme des Fördermittelgebers. Trotz der grundsätzlichen Möglichkeit, auch eine steuerliche FuE-Förderung derart auszugestalten, dass zuvor definierte innovationspolitische Ziele mit ihr verfolgt werden können, erreicht diese nie die Variabilität und Lenkungseigenschaft einer direkten Projektförderung. Eine solche Eigenschaft sollte auch nicht angestrebt werden, da eine entsprechend ausgeprägte Spezifizierung letztendlich ein bewusstes Unterlaufen sowohl der Förderneutralität als auch der Breitenwirkung bedeuten und die Vorteile einer indirekten Forschungsförderung egalisieren würde[471].

Zusammenfassend lässt sich festhalten, dass die Umsetzung innovationspolitischer Vorgaben und eine Steigerung der unternehmerischen FuE-Intensität zwei derart wichtige Ziele darstellen, dass die Frage, ob das bestehende deutsche Projektfördermodell durch ein steuerliches Anreizsystem ersetzt werden sollte, grundlegend zu verneinen ist. Vielmehr geht es darum, ein funktionierendes, auf direkten Maßnahmen basierendes Fördermodell um ein indirektes, steuerliches

468 Vgl. Kniese C., in: Drüen K.-D., Kube H., Wernsmann R. (Hrsg.), Finanz- und Steuerrecht in Deutschland und Europa, Bd. 21, Europarechtlicher Rahmen einer steuerlichen Förderung von Forschung und Entwicklung, 2013, S. 76.

469 BMBF (Hrsg.), Pressemitteilung 158/2011 v. 05.12.2011, Deutschland investiert mehr denn je in Forschung und Entwicklung, 2011, S. 1.

470 Herbold S., in: Bischoff J. G., Herzig N., Kellermann A. (Hrsg.), Steuer, Wirtschaft und Recht, Bd. 298, Steuerliche Anreize für Forschung und Entwicklung im internationalen Vergleich, 2009. S. 49.

471 Vgl. ebda.

Förderinstrument zu ergänzen[472], um so die flächendeckende Wirkung staatlicher FuE-Fördermaßnahmen zu erhöhen und vorwiegend antragsscheue und bürokratiemüde KMU besser zu erreichen. Ein in der Literatur als Politik-Mix *(policy mix)* bekanntes und in zahlreichen Staaten bereits erfolgreich angewandtes Modell staatlicher Förderung, das vor seiner Anwendung individuell auszuarbeiten und an die jeweiligen Rahmenbedingungen und innovationspolitischen Zielsetzungen des einführenden Staates anzupassen ist[473].

Die größte Gefahr einer auf direkten und indirekten Maßnahmen basierenden FuE-Förderung liegt im Tatbestand der *Doppelförderung*, die sich auf den unternehmerischen Wettbewerb gleichermaßen negativ auswirken kann wie auf die Haushaltsbelastung betroffener Staaten. So können Wettbewerbsverzerrungen bereits dadurch entstehen, dass ein Unternehmen steuerliche Fördermittel für vergebene Auftragsforschung beantragt, während das mit der Durchführung beauftragte Unternehmen den entsprechenden FuE-Auftrag seinerseits ebenfalls geltend macht. Insbesondere hinsichtlich staatlicher Haushaltsbelastung müssen sich Entscheidungsträger schnell dem Vorwurf der Verschwendung von Finanzmitteln stellen, wenn sich sich direkte und indirekte Zuschüsse überschneiden, ohne einen zusätzlichen Innovationseffekt zu generieren. Staaten, die einen entsprechenden Politik-Mix zur Forschungsförderung einsetzen, verfolgen daher regelmäßig das Ziel, sowohl eine Mehrfachbegünstigung derselben FuE-Aktivität bei Auftragnehmer und Auftraggeber als auch eine doppelte Förderung innerhalb desselben Unternehmens zu vermeiden, gemäß *Spengel* mindestens jedoch abzumildern[474]. Eine Anrechnung bereits erhaltener auf zusätzlich beantragte Fördermittel sowie eine rechtliche Regelung der

472 Kniese C., in: Drüen K.-D., Kube H., Wernsmann R. (Hrsg.), Finanz- und Steuerrecht in Deutschland und Europa, Bd. 21, Europarechtlicher Rahmen einer steuerlichen Förderung von Forschung und Entwicklung, 2013, S. 76.

473 Schneider W., Lueghammer W., Schindler J., in: Österreichisches Bundesministerium für Wirtschaft und Arbeit (BMWA) (Hrsg.), International Good Practices in der steuerlichen FuE-Förderung, 2005, S. 73 f.; Hutschenreiter G., in: WIFO (Hrsg.), Monatsberichte, Steuerliche Förderung von Forschung und Entwicklung, 2002, S. 123.

474 Spengel C., MPI Studies on Intellectual Property, Competition and Tax Law, Vol. 8, Steuerliche Förderung von Forschung und Entwicklung (FuE) in Deutschland, 2009, S. 77.

Förderberechtigung im Rahmen externer Auftragsforschung stellen nur zwei mögliche Instrumente zur Verhinderung potenzieller Doppelförderungen dar, die es im Rahmen der Ausgestaltung einer steuerlichen FuE-Förderung von KMU zu berücksichtigen gilt.

II. Ausgestaltungsvarianten einer steuerlichen FuE-Förderung

Nach dem positiven Entscheid hinsichtlich der Einführung einer steuerlichen Fördermaßnahme für unternehmerisches FuE-Engagement ist zwischen den zahlreichen Ausgestaltungsmöglichkeiten zu wählen, die ein entsprechendes Förderkonzept mit sich bringt. *Abbildung 19* stellt in diesem Zusammenhang dar, wie *Herbold* im Rahmen einer Gliederung und Systematisierung steuerlicher FuE-Anreize drei Merkmale gruppiert: ihre Anknüpfungspunkte, die Determinanten ihrer Bemessungsgrundlage sowie ihre Anspruchsberechtigung auf Unternehmerseite. Dies ist ein praktikabler und umfassender Ansatz, der im weiteren Verlauf als Differenzierungsbasis übernommen und lediglich um ergänzende Aspekte erweitert wird.

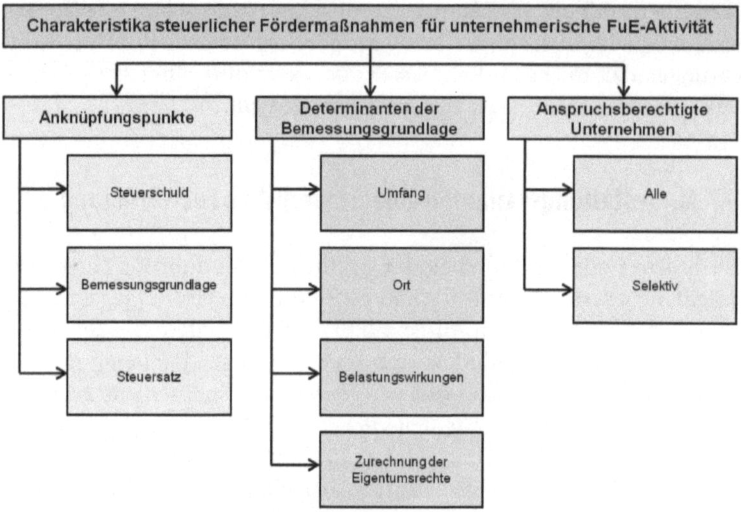

Abbildung 19: Merkmale steuerlicher FuE-Anreize

Quelle: Herbold S., in: Bischoff J. G., Herzig N., Kellermann A. (Hrsg.), Steuer, Wirtschaft und Recht, Bd. 298, Steuerliche Anreize für Forschung und Entwicklung im internationalen Vergleich, 2009, S. 54.

1. Anknüpfungspunkte

Für eine Differenzierung der steuerlichen FuE-Fördermaßnahmen anhand ihrer Anknüpfungspunkte kommen nach herrschender Fachmeinung drei unterschiedliche Regelungstechniken in Betracht: (1) eine Modifikation der einkommen- und körperschaftsteuerlichen *Bemessungsgrundlage*, (2) eine Änderung des anzuwendenden *Körperschaftsteuersatzes oder Einkommensteuertarifs* auf die Verwertung von FuE-Erträgen sowie (3) eine veränderte Verrechnungsfähigkeit von FuE-Aufwendungen mit der *Steuerschuld*[475]. Ergänzend sei zudem auf

475 Spengel C., MPI Studies on Intellectual Property, Competition and Tax Law, Vol. 8, Steuerliche Förderung von Forschung und Entwicklung (FuE) in Deutschland, 2009, S. 58; Hitschler W., in: Europäische Hochschulschriften (Hrsg.), Reihe 5, Volks- und Betriebswirtschaft, Bd. 1456, Der Einfluss der Besteuerung auf Innovation, Investition und Eigenkapitalbildung, 1993, S. 178.

die Möglichkeit direkter staatlicher Zuwendungen in Form von Subventionen hingewiesen, die zwar in steuerliche Vorschriften eingebettet sein können, von einer Steuerschuldermittlung jedoch unabhängig sind[476]. Aufgrund ihrer fehlenden Anknüpfungspunkte sowie vernachlässigbaren realwirtschaftlichen Bedeutung bleiben solche Zuwendungen im Folgenden jedoch unberücksichtigt.

(1) An der *Bemessungsgrundlage* orientierte Förderansätze verfolgen das Ziel, die steuerliche Bemessungsgrundlage für Unternehmen, die FuE durchführen, deutlich zu reduzieren, dadurch einen anteiligen Finanzmittelbestand vom Steuerabzug zu bewahren und diesen schließlich für zusätzliche FuE-Investitionen verfügbar zu machen[477]. Entsprechende Finanzmittel stellen hierbei insbesondere erhöhte Betriebsausgabenabzüge – von denen erstmals bei einem Abzug oberhalb von 100 Prozent der tatsächlichen Aufwendungen zu sprechen ist –, Sonderabschreibungen, beschleunigte Abschreibungen, Investitionsfreibeträge oder Steuererleichterungen für Lizenzeinkünfte dar[478], denen allesamt eine mindernde Wirkung auf die Bemessungsgrundlage zur Ermittlung der Steuerschuld gemeinsam ist. Während erhöhte Betriebsausgabenabzüge, bei denen höhere Aufwendungen von der steuerlichen Bemessungsgrundlage abgezogen werden als effektiv angefallen sind sowie Steuererleichterungen einen erheblichen finanziellen Vorteil darstellen, führen Veränderungen der Abschreibungsmodalitäten durch eine zeitliche Vorverlagerung von in der Höhe jedoch unverändertem Aufwand zu deutlich geringeren, auf einem Zinseffekt basierenden Finanzvorteilen[479]. Ein zusätzliches die Bemessungsgrundlage reduzierendes Potenzial wird durch solche Finanzvorteile regelmäßig nicht generiert, sondern entgegen bisher angewandter Regelabschreibung auf der Zeitachse verschoben. Als Folge veränderter Abschreibungsmodalitäten – darunter auch die Möglichkeit zur Sofortabschreibung – kommt

476 Ebda.

477 Hildner M. J., Besteuerung von Forschung und Entwicklung – steuerliche Förderung von Forschung und Entwicklung, 2011, S. 4.

478 Herbold S., in: Bischoff J. G., Herzig N., Kellermann A. (Hrsg.), Steuer, Wirtschaft und Recht, Bd. 298, Steuerliche Anreize für Forschung und Entwicklung im internationalen Vergleich, 2009. S. 54 f.

479 Kniese C., in: Drüen K.-D., Kube H., Wernsmann R. (Hrsg.), Finanz- und Steuerrecht in Deutschland und Europa, Bd. 21, Europarechtlicher Rahmen einer steuerlichen Förderung von Forschung und Entwicklung, 2013, S. 88.

es zwar zu einem im Wirtschaftsjahr der vorgezogenen Abschreibung deutlichen Liquiditätsvorteil, insgesamt jedoch ausschließlich zu einem positiven Zinseffekt. Dessen Eignung zur Stimulierung zusätzlichen FuE-Engagements auf Unternehmensseite erscheint begrenzt, dürfte im Ausmaß seiner Wirkung zumindest entscheidend von der jeweiligen Finanzsituation des von der Förderung betroffenen Unternehmens abhängig sein.

Hinsichtlich einer Veränderung bestehender Abschreibungsmodalitäten bleibt des Weiteren zu berücksichtigen, dass durch die Verabschiedung des BilMoG mit § 248 Abs. 2 HGB n. F. handelsrechtlich zwar ein Wahlrecht hinsichtlich der Aktivierung selbstgeschaffener immaterieller Vermögensgegenstände entstanden ist, der steuerrechtliche § 5 Abs. 2 EStG jedoch unverändert für eine Aktivierung einen vorausgehenden entgeltlichen Erwerb immaterieller Vermögensgegenstände voraussetzt. Dieser Tatbestand führt letztendlich dazu, dass eine Veränderung etwaiger Abschreibungsmodalitäten für einen Großteil FuE-spezifischer Wirtschaftsgüter bereits aus einem Anwendbarkeitsmangel heraus gewünschte Fördereffekte vermissen ließe. Ohne vorangehende Aktivierung greift jegliche abschreibungsbasierende Begünstigung schlicht ins Leere.

Allen auf die Bemessungsgrundlage bezogenen Begünstigungen ist gemein, dass sie ihre unmittelbare Entlastungswirkung ausschließlich beim Vorliegen einer direkt reduzier- und somit förderfähigen positiven Bemessungsgrundlage entfalten[480]. Mangelt es an einer solchen, etwa infolge negativer Unternehmensergebnisse, beschränkt sich die Nutzung entsprechender Fördermittel auf eine mittelbare Variante, die mit Ausnahme Griechenlands in nahezu allen Mitgliedstaaten der Europäischen Union möglich ist[481]. Eine bereits negative Bemessungsgrundlage wird dabei um einen sich aus der Förderung ergebenden Abzugsbetrag weiter erhöht und wirkt sich frühestens in den Folgejahren – je nach Ausgestaltung entweder über den in § 10d EStG

480 Herbold S., in: Bischoff J. G., Herzig N., Kellermann A. (Hrsg.), Steuer, Wirtschaft und Recht, Bd. 298, Steuerliche Anreize für Forschung und Entwicklung im internationalen Vergleich, 2009, S. 55.

481 Spengel C., MPI Studies on Intellectual Property, Competition and Tax Law, Vol. 8, Steuerliche Förderung von Forschung und Entwicklung (FuE) in Deutschland, 2009, S. 75.

enthaltenen Mechanismus des Verlustabzugs oder über speziell implementierte Vor- oder Rücktragsregelungen – steuersenkend und damit letztendlich fördernd aus. Unter Berücksichtigung der Tatsache, dass bereits bestehende Verlustvorträge infolge erhöhter Forschungsaufwendungen in den Gründungsjahren oder aufgrund erfahrungsgemäß dünnerer Finanzpolster bei vorwiegend jungen Unternehmen und damit größtenteils KMU vorliegen – kaum ein Unternehmen wird bereits als Großunternehmen gegründet –, ist *Lehmann* darin zuzustimmen, dass derartige Betriebe nicht primäre Vorteilsträger einer entsprechenden Förderung darstellen, sondern eine solche vielmehr bereits auf dem Markt etablierten Unternehmen zugutekommt[482]. Auf die Bemessungsgrundlage bezogene FuE-Fördermittel sind demzufolge wenig geeignet, eine KMU-spezifische Forschungsförderung zu implementieren.

(2) Ebenfalls von einem positiven Unternehmensergebnis abhängig präsentieren sich am *Steuersatz* anknüpfende FuE-Fördermaßnahmen, die besondere Steuersätze für solche Einkünfte vorsehen, die sich aus der Verwertung bereits durchgeführter FuE-Aktivitäten ergeben. Dieser Förderansatz ist vielfach kritisiert, setzt er doch eine klare Trennung aller forschungsbezogenen und sonstigen Unternehmenserträge voraus, was nach *Spengel* in der geforderten Form kaum zu leisten ist[483]. Unter Berücksichtigung der Tatsache, dass eine vergleichbare Differenzierung entstandener Aufwendungen in anderen Bereichen des Steuerrechts, etwa zur Ermittlung von Betriebsausgaben im Sinne des Veranlassungsprinzips gemäß § 4 Abs. 4 EStG, bereits seit Jahren zur Anwendung kommt, handelt es sich hier um eine recht strenge Bewertung. Nicht selten dienen in diesem Zusammenhang subjektive Bewertungen einer Einteilung betriebsbedingten Aufwands, was zwar in Teilen zu unvollständigen oder überzogenen Erfassungen führt, das grundsätzliche Verfahren der Betriebsausgabenermittlung in seiner generellen Funktionsweise jedoch nicht infrage stellen sollte. Bereits die Einsetzung eines staatlichen Kontrollsystems zur Bewertung des für eine Förderung angesetzten unternehmerischen FuE-Aufwands könnte ausreichen, diesen annähernd korrekt und vollständig zu erfassen,

482 Lehmann S., in: Deutsches Steuerrecht (DStR), Heft 29, 2010, Steuerliche Anreize für Forschungs- und Entwicklungskosten, S. 1463.

483 Spengel C., MPI Studies on Intellectual Property, Competition and Tax Law, Vol. 8, Steuerliche Förderung von Forschung und Entwicklung (FuE) in Deutschland, 2009, S. 60.

wenngleich der bürokratische Mehraufwand im Rahmen einer solchen Bewertung nicht zu unterschätzen ist.

Entgegen allen an der Bemessungsgrundlage orientierten Förderungen besteht bei steuersatzbezogenen Anreizsystemen eine weitere Nutzungsbedingung darin, dass ein wissenschaftlicher Erfolg der zu fördernden FuE-Aktivität vorhanden sein muss. Während das Jahresergebnis eines Unternehmens im Rahmen der steuersatzbezogenen Förderung einen eher sekundären Stellenwert einnimmt, kommt es maßgeblich darauf an, inwieweit ein zu begünstigendes FuE-Projekt bereits wirtschaftlich verwertbar umgesetzt wurde. Es ist in diesem Zusammenhang davon auszugehen, dass ausschließlich abgeschlossene und wirtschaftlich implementierte FuE-Vorhaben in der Lage sind, förderfähige Verwertungseinkünfte zu generieren, welche die Basis zur Anwendung eines ermäßigten Steuersatzes darstellen[484]. Dessen Gebrauch zur Begünstigung unternehmerischen FuE-Engagements scheidet immer dann aus, wenn sich aus der jeweiligen Forschungsaktivität keine zählbaren Verwertungseinkünfte ergeben, wenn sich ein FuE-Vorhaben noch in einer der Verwendung vorgeschalteten Phase befindet oder wenn es gar zum Abbruch der begonnenen Forschung kommt. Dieser Sachverhalt verdeutlicht, wie wenig sich ein entsprechendes Fördermodell dafür eignet, Unternehmen zum Ausbau ihres FuE-Engagements oder zu Investitionen in überdurchschnittlich risikobehaftete Forschungsprojekte zu motivieren.

Durch die Orientierung der Förderbemessung an der Höhe der forschungsbezogenen Erträge werden Unternehmen deutlich stärker dazu angehalten, die Verwertung ihrer bereits erbrachten FuE-Leistungen zu optimieren, anstatt neue FuE-Investitionen mit im Vorfeld ungewissen Rentabilitätsaussichten zu begründen[485]. Von diesem Effekt ist zu erwarten, dass er sich mit steigendem Rentabilitätsrisiko entsprechender Forschungsprojekte um ein Vielfaches verstärkt. Zwar führt *Herbold* an, dass auch im Rahmen der Einführung einer steuersatzbezogenen Förderung zu erwarten wäre, dass vereinzelte Unternehmen

484 Kniese C., in: Drüen K.-D., Kube H., Wernsmann R. (Hrsg.), Finanz- und Steuerrecht in Deutschland und Europa, Bd. 21, Europarechtlicher Rahmen einer steuerlichen Förderung von Forschung und Entwicklung, 2013, S. 89.

485 Herbold S., in: Bischoff J. G., Herzig N., Kellermann A. (Hrsg.), Steuer, Wirtschaft und Recht, Bd. 298, Steuerliche Anreize für Forschung und Entwicklung im internationalen Vergleich, 2009, S. 56 f.

FuE-Aktivitäten zum Zwecke ihrer anschließenden steuerbegünstigten Verwertung durchführen[486], doch wäre diese mittelbar zur Wirkung kommende staatliche FuE-Förderung hinsichtlich ihrer Anreizwirkung sicherlich nicht mit unmittelbar wirkenden Förderansätzen vergleichbar, die direkt an der FuE-Tätigkeit als solcher ansetzen. Festzuhalten bleibt, dass jeglicher FuE-Verzicht als Resultat sicherheitsorientierter Projektwahl entgegen dem eigentlichen Zweck staatlicher Forschungsförderung stets zulasten des gesamtwirtschaftlichen FuE-Potenzials geht, das damit nicht vollumfänglich ausgeschöpft wird.

Bezugnehmend auf die Eignung eines entsprechenden Fördermodells zur speziellen Begünstigung von KMU als junge Unternehmen ist *Hildner* zu widersprechen, der die Anwendung einer steuersatzorientierten Förderung zu diesem Zweck als erfolgversprechend bewertet[487]. Denn werden ausschließlich abgeschlossene und ertragsgenerierende FuE-Projekte steuerlich gefördert, besteht vorwiegend für KMU in der Gründungsphase, die erfahrungsgemäß über eine deutlich geringere Kapitalausstattung verfügen, ein zu hohes wirtschaftliches Risiko, zusätzliche, insbesondere langwierige FuE-Investitionen anzugehen. Diese wirken sich innerhalb eines steuersatzbezogenen Anreizmodells erstmalig nach erfolgreicher Verwertung fördertechnisch aus und sind bis dahin über einen im Vorfeld nur schwer abzuschätzenden Zeitraum in vollem Umfang vorzufinanzieren. Zudem bedeutet die Fördervoraussetzung der Differenzierung von forschungsbezogenen und sonstigen Aufwendungen insbesondere für KMU, die im Regelfall über einen auf das Notwendigste reduzierten Verwaltungsapparat verfügen, einen administrativen Mehraufwand, der zeitliche und finanzielle Ressourcen in erheblichem Umfang bindet. Solche Nebenwirkungen eines FuE-Fördermodells werden betroffene Unternehmen, nicht zuletzt infolge beschränkter Eigenmittel, regelmäßig meiden.

(3) An der *Steuerschuld* ansetzende FuE-Fördermodelle beinhalten Maßnahmen, die durch Steuergutschrift sowie temporäre oder vollständige Steuerreduzierung – anwendbar auf sämtlichen oder ausgewählten FuE-Aufwand, so etwa eine ausschließliche Begünstigung von

486 Ebda.

487 Vgl. Hildner M. J., Besteuerung von Forschung und Entwicklung – steuerliche Förderung von Forschung und Entwicklung, 2011, S. 5.

Personalkosten für FuE-Mitarbeiter – eine unmittelbare Reduzierung des Steuerbetrags bewirken, den ein Steuerpflichtiger zu leisten hat[488]. Die im europäischen Wirtschaftsraum als *tax credit* bezeichneten Steuergutschriften stellen dabei auf internationaler Ebene die am häufigsten angewandte Form steuerschuldbezogener Begünstigung unternehmerischer Forschungstätigkeit dar[489], wobei sich ihre Berechnung eng am Ausmaß der geleisteten Forschungstätigkeit orientiert. Dabei ist es üblich, dass ein zuvor definierter Prozentsatz des generierten FuE-Aufwands die letztendliche Steuerschuld des Unternehmens reduzierend gutgeschrieben wird. Die Implementierung entsprechender Fördermaßnahme in das Steuerrecht ist dabei lediglich von formaler Natur.

Insgesamt stellt die Steuergutschrift aus Unternehmenssicht ein wirtschaftlich hochinteressantes Verfahren dar, führt sie doch zu einer doppelten steuermindernden Berücksichtigung angefallener Forschungsaufwendungen: zunächst vollumfänglich außerhalb jeglichen Fördercharakters im Rahmen eines regulären Betriebsausgabenabzugs – sei es sofort oder im Wege periodisierter Abschreibungen –, anschließend anteilig in Form einer sich aus der Höhe des erbrachten FuE-Aufwands ergebenden Steuergutschrift[490]. Temporäre Steuerreduzierungen auf ausgewählten FuE-Aufwand, etwa eine Reduktion der abzuführenden Lohnsteuer auf Löhne und Gehälter von FuE-Personal, unterscheiden sich von Steuergutschriften insoweit, als sie sich hinsichtlich ihrer Förderhöhe und wirkung nicht am gesamtunternehmerischen FuE-Engagement orientieren, sondern selektiv an zuvor von staatlicher Seite festgelegten Aspekten[491].

Durch die direkte Wirkung steuerschuldbezogener Fördermodelle an der Steuerschuld kommt es zwar zu keiner Auswirkung auf den

488 Vgl. Jochum G., Die Steuervergünstigung, 2006, S. 178.

489 Herbold S., in: Bischoff J. G., Herzig N., Kellermann A. (Hrsg.), Steuer, Wirtschaft und Recht, Bd. 298, Steuerliche Anreize für Forschung und Entwicklung im internationalen Vergleich, 2009, S. 317.

490 IW (Hrsg.), Informationsdienst des Instituts der deutschen Wirtschaft (IWD), Heft 37, 2009, Forschungsförderung, Das Finanzamt zieht noch nicht mit, S. 5.

491 Vgl. Herbold S., in: Bischoff J. G., Herzig N., Kellermann A. (Hrsg.), Steuer, Wirtschaft und Recht, Bd. 298, Steuerliche Anreize für Forschung und Entwicklung im internationalen Vergleich, 2009, S. 56.

Steuersatz oder die Bemessungsgrundlage[492], doch bedarf es auch hier grundsätzlich eines positiven Unternehmensergebnisses, um unmittelbare Fördereffekte zu erzielen. Kommt es, etwa infolge eines defizitären Jahresergebnisses oder bereits bestehenden Verlustvortrags, zu keiner Steuerschuld im laufenden Veranlagungsjahr, hängt es entscheidend von der Ausgestaltung des jeweiligen Fördermodells ab, inwieweit ein Vor- oder Rücktrag entsprechender Fördermittel und damit zumindest deren mittelbare Nutzung möglich ist. Unter Berücksichtigung der vorrangigen Ziele staatlicher FuE-Förderung, darunter der Erhalt und Ausbau internationaler Wettbewerbsfähigkeit sowie die maximale Ausschöpfung des gesamtwirtschaftlichen FuE-Potenzials, ist jedoch davon auszugehen, dass eine erfolgsunabhängige Förderung unternehmerischen FuE-Engagements und damit eine vom Veranlagungsjahr unabhängige Nutzung steuerlicher Begünstigungen regelmäßig im staatlichen Interesse liegt. Denn nur eine erfolgsunabhängige Förderung ermöglicht eine neutrale und gleichmäßige Verteilung staatlicher Fördermittel entsprechend dem tatsächlich angefallenen FuE-Aufwand[493] und unabhängig von einer – sei es durch Abzüge oder Freibeträge – ins Negative drehenden Bemessungsgrundlage. So ist es nur konsequent, dass alle europäischen Staaten mit Ausnahme Italiens, in denen eine Steuergutschrift zur Anwendung kommt, einen Vor- oder Rücktrag zugesicherter Fördermittel in andere Perioden vorsehen, sofern diese im Veranlagungsjahr nicht vollumfänglich genutzt werden können.[494] Einige Rechtsordnungen eröffnen in diesem Zusammenhang sogar die Möglichkeit, Steuergutschriften, die die eigene Steuerschuld des laufenden Veranlagungszeitraumes übersteigen, vollständig oder anteilig auszahlen zu lassen, was ebenfalls eine von der Unternehmensgröße und dem Erfolg unabhängige Nutzung gewährleistet[495]. Eine besondere Fördereignung ist dabei vorwiegend für solche Unternehmen zu erwarten, die sich dauerhaft im Rahmen defizitärer Jahresergebnisse bewegen. Darunter befinden sich erfahrungsgemäß vorwiegend in der

492 Emter C., Steuerliche Berücksichtigung von Forschungs- und Entwicklungsaktivitäten, 2010, S. 60.

493 Vgl. Löhr S., Steuerliche Förderung von Forschung und Entwicklung, 2009, S. 39 f.

494 Spengel C., MPI Studies on Intellectual Property, Competition and Tax Law, Vol. 8, Steuerliche Förderung von Forschung und Entwicklung (FuE) in Deutschland, 2009, S. 75.

495 Ebda., S. 75.

Gründungsphase befindliche Unternehmen sowie KMU, von denen zu erwarten ist, dass sie auf eine Zuwendung zusätzlicher Finanzmittel in Form von Barbeihilfen mit der Fortführung oder sogar Erweiterung bestehenden FuE-Engagements reagieren[496].

Unabhängig von der letztendlichen Detailausgestaltung zeichnet sich die Steuergutschrift innerhalb der steuerschuldbezogenen Fördermodelle primär dadurch aus, dass sie für alle begünstigten Unternehmen ein eigenständig berechenbares und dadurch transparentes Anreizsystem darstellt. So lässt sie sich ohne großen Aufwand im Vorfeld jedes Forschungsvorhabens in die unternehmensinterne Kostenplanung und FuE-Kalkulation einbeziehen[497]. Eine vor der Berliner Industrie- und Handelskammer (IHK) getroffene Aussage des CDU-Finanzministers *Schäuble*, in der er den Fehlleitungseffekt entsprechender Fördermaßnahme auf weit über 90 Prozent beziffert[498], ist an dieser Stelle differenzierter zu betrachten. So ist zwar für die Mehrzahl der Großunternehmen anzunehmen, dass aufgrund ihrer erfahrungsgemäß soliden Finanzausstattung steuerschuldbezogene FuE-Fördermodelle – insbesondere Steuergutschriften – kaum geeignet sind, ein zusätzliches FuE-Engagement im Unternehmen auszulösen, doch sind zahlreiche KMU bereits heute auf staatliche Fördermittel in Form von Forschungsbeihilfen angewiesen, um kostenintensive oder risikoreiche FuE-Aktivitäten überhaupt durchführen zu können. Folglich sind vorrangig bei Großunternehmen Mitnahmeeffekte zu erwarten, also eine Inanspruchnahme staatlicher Fördermittel lediglich aufgrund deren Verfügbarkeit ohne reale Auswirkungen auf bestehende Forschungsniveaus. Denn gerade dort stehen die notwendigen Mittel für sämtliche Forschungsvorhaben meist auch zur Verfügung, ohne externe Beihilfen in Anspruch nehmen zu müssen, während dies bei KMU ausdrücklich nicht der Fall ist. Eine universalgültige Bewertung der Notwendigkeit

---

496 Vgl. Kniese C., in: Drüen K.-D., Kube H., Wernsmann R. (Hrsg.), Finanz- und Steuerrecht in Deutschland und Europa, Bd. 21, Europarechtlicher Rahmen einer steuerlichen Förderung von Forschung und Entwicklung, 2013, S. 86.

497 Herbold S., in: Bischoff J. G., Herzig N., Kellermann A. (Hrsg.), Steuer, Wirtschaft und Recht, Bd. 298, Steuerliche Anreize für Forschung und Entwicklung im internationalen Vergleich, 2009. S. 317.

498 Schäfers M, in: Frankfurter Allgemeine Zeitung v. 15.05.2014, Schäuble springt Unternehmern bei, S. 15.

staatlicher Forschungsförderung auf steuerrechtlicher Basis erscheint daher bereits aufgrund der Unterschiedlichkeit entsprechender Beihilfeempfänger unzweckmäßig. Dieser Sachverhalt wird im Rahmen der Darstellung einer speziellen Fördernotwendigkeit von KMU in Abgrenzung zu Großunternehmen erneut aufgegriffen.

Neben den dargestellten Vorteilen steuerschuldorientierter FuE-Fördermodelle bleibt auch bei diesen Modellen die Notwendigkeit der Trennung von begünstigtem Forschungsaufwand auf der einen und sonstigen Aufwendungen auf der anderen Seite weiterhin bestehen. *Spengel*, der eine Differenzierung als Aufgabe des Staates betrachtet[499], muss in diesem Zusammenhang widersprochen werden. So ist eine erstmalige Trennung anfallenden Aufwands allein durch den Staatsapparat als kaum leistbar zu bewerten, sofern nicht bereits von den Unternehmen im Rahmen einer zeitaufwendigen und kostenverursachenden Vorleistung ein erster differenzierter Ausweis der angefallenen Aufwendungen erstellt wird. Dies ist eine Notwendigkeit, die in unterschiedlich starker Ausprägung sämtlichen bereits dargestellten Fördermodellen inhärent ist und somit keinen vornehmlichen Nachteil der Steuergutschrift verkörpert.

2. Determinanten der Bemessungsgrundlage

Neben einer Einteilung von Fördermodellen anhand ihrer Anknüpfungspunkte kann eine weitere Differenzierung steuerlicher FuE-Anreize danach erfolgen, welche Teilmenge forschungsbedingten Aufwands durch sie überhaupt bemessungsgrundlagenwirksam erfasst wird. Als praktikabel haben sich in diesem Zusammenhang etwa Trennungen anfallender FuE-Aufwendungen hinsichtlich ihres (1) *Umfangs*, aber auch hinsichtlich des (2) *Ortes ihrer Durchführung* und der (3) *wirtschaftlichen Belastungswirkung* erwiesen[500].

499 Spengel C., MPI Studies on Intellectual Property, Competition and Tax Law, Vol. 8, Steuerliche Förderung von Forschung und Entwicklung (FuE) in Deutschland, 2009, S. 60 f.

500 Herbold S., in: Bischoff J. G., Herzig N., Kellermann A. (Hrsg.), Steuer, Wirtschaft und Recht, Bd. 298, Steuerliche Anreize für Forschung und Entwicklung im internationalen Vergleich, 2009. S. 57 f.

(1) Eine Unterscheidung des forschungsbedingten Aufwands anhand seines *Umfangs* erfolgt regelmäßig auf der Basis volumen- oder zuwachsbasierter (inkrementeller) Merkmale. Während volumenbasierte Fördersysteme sämtliche FuE-Aufwendungen eines Unternehmens der steuerlichen Bemessungsgrundlage zuführen, begünstigen inkrementell ausgestaltete Anreizmodelle ausschließlich den im jeweiligen Veranlagungszeitraum zusätzlich generierten FuE-Aufwand. Eine Ausnahme stellen in diesem Zusammenhang lediglich Unternehmen im ersten Jahr ihrer Gründungsphase dar, denen in Ermangelung vorhandener Vorjahreswerte auch im Rahmen einer zuwachsbasierten FuE-Förderung entweder die vollständige Begünstigung gestattet oder sämtliche Beihilfe versagt werden muss.

Abgeleitet von ihrem unterschiedlichen Förderumfang wird deutlich, wie stark sich volumenorientierte und inkrementell aufgebaute Förderkonzepte hinsichtlich ihrer Anreizwirkung unterscheiden. Zwar schaffen inkrementell ausgestaltete FuE-Förderungen durch ihre ausschließliche Begünstigung unternehmerischen FuE-Zuwachses einen deutlich stärkeren Anreiz zur Durchführung zusätzlicher Forschungsvorhaben als volumenbasierte Fördermodelle, jedoch mangelt es ihnen gegenüber Letzteren an Kontinuität. Fraglich ist, inwieweit sich eine einmalige, auf den Zuwachs unternehmerischer FuE-Tätigkeit bezogene Forschungsförderung eignet, unternehmerisches FuE-Engagement auch nachhaltig zu erhöhen. So ist aus betriebswirtschaftlicher Sicht davon auszugehen, dass Unternehmen Forschungsvorhaben die ihre bisherige FuE-Leistung übersteigen nur dann eingehen, wenn sie diese auch im Folgejahr eigenständig und subventionsunabhängig fortführen können. Aus diesem Sachverhalt ergibt sich insbesondere für finanziell schwächer aufgestellte Unternehmen, darunter vorwiegend KMU, eine merklich beschränkte Eignung inkrementeller FuE-Fördersysteme zur nachhaltigen Forschungsförderung. Durch ihren Charakter als Einstiegsförderung verleiten diese Systeme im schlimmsten Fall die betroffenen Unternehmen zur Erhöhung ihres FuE-Engagements, ohne sich ein solches jedoch leisten zu können. Mit steigendem Förderniveau erhöht sich die Wahrscheinlichkeit eines Teufelskreises, in dem finanzschwache Unternehmen bis zur Endlichkeit der eigenen finanziellen Mittel mit jedem neuen Jahr zusätzliches FuE-Engagement begründen, lediglich um ausreichend neues Förderkapital für die Fortführung bereits begonnenener FuE-Projekte zu erhalten, wodurch die

Qualität zukünftiger Projekte leidet. Eine Problematik die volumenbasierten Fördermodellen infolge ihrer unbeschränkten Laufzeiten nicht inhärent ist, was bei der Ausgestaltung eines KMU-spezifischen Fördermodells zu berücksichtigen ist.

Wenngleich eine internationale Gegenüberstellung unterschiedlich ausgestalteter FuE-Fördersysteme von volumenbasierten Begünstigungen dominiert ist[501], muss nicht zwingend zwischen einer der beiden Varianten entschieden werden. Auch Kombinationen von zuwachs- und volumenbasierten Fördermodellen sind denkbar. In Vorgriff auf den im weiteren Verlauf dieser Arbeit anstehenden Vergleich zwischen FuE-Anreizsystemen ausgewählter EU-Mitgliedstaaten lässt sich beispielsweise Großbritannien dem System einer rein volumenbasierten Förderung zuteilen, während in Frankreich und Österreich ein Mix von volumenbasierten und inkrementellen Anreizsystemen zur Anwendung kommt.

(2) Der *Ort der Durchführung* von Forschungsaktivitäten ist ein weiteres Merkmal, anhand dessen sich der die Bemessungsgrundlage steuerlicher FuE-Fördermodelle beeinflussende FuE-Aufwand differenzieren lässt[502]. Diese Unterscheidung basiert darauf, ob die zur Förderbewertung herangezogenen FuE-Aufwendungen innerhalb (interne FuE-Aufwendungen) oder außerhalb (externe FuE-Aufwendungen) des betroffenen Unternehmens angefallen sind. Dabei ist zu berücksichtigen, dass fließende Übergänge in diesem Bereich keine Seltenheit darstellen. So sind unter internen FuE-Aufwendungen nicht nur laufende Aufwendungen zu verstehen, darunter etwa Lohnkosten für Forschungspersonal (Gehälter, Bonusleistungen, Urlaubsgeld, Zuführungen zu Pensionsrückstellungen, Lohnsteuern oder Sozialabgaben) oder im Forschungsbezug stehende Materialien und Hilfsstoffe (etwa ein der Forschung zuweisbarer Anteil an Wasser, Öl oder Elektrizität). Ebenso gehören FuE-bezogener Investitionsaufwand sowie von Dritten bezogene

501 Spengel C., MPI Studies on Intellectual Property, Competition and Tax Law, Vol. 8, Steuerliche Förderung von Forschung und Entwicklung (FuE) in Deutschland, 2009, S. 76.

502 Herbold S., in: Bischoff J. G., Herzig N., Kellermann A. (Hrsg.), Steuer, Wirtschaft und Recht, Bd. 298, Steuerliche Anreize für Forschung und Entwicklung im internationalen Vergleich, 2009. S. 57.

Forschungsleistungen dazu, vorausgesetzt, Letztere gehen als Minderanteil in die FuE-Aktivität des zu fördernden Unternehmens ein[503].

Im Unterschied zu internen FuE-Aufwendungen fallen externe FuE-Aufwendungen nicht durch eigenständig durchgeführte FuE-Tätigkeit an, sondern durch Beauftragung anderer Unternehmen oder Organisationen mit der Durchführung gewünschter Forschungsaktivitäten und sind somit das Ergebnis schuldrechtlicher Leistungsbeziehungen[504]. Ein Auftraggeber bezahlt dabei einen Auftragnehmer für die Erbringung von FuE-Leistungen, während dieser ihm im Regelfall die Eigentums- und Verwertungsrechte an den aus der FuE-Tätigkeit letztendlich resultierenden Forschungsergebnissen verbrieft[505]. Ein wesentlicher Unterschied zu internen FuE-Aufwendungen besteht dabei im Umfang zugekaufter FuE-Ergebnisse. So werden im Rahmen entsprechender Auftragsforschung ganze FuE-Projekte zur Verwirklichung an rechtlich selbstständige Einheiten abgegeben, während interne Forschungstätigkeit sich bereits per Definition auf den Zukauf deutlich abgrenzbarer und im Umfang limitierter FuE-Leistungen beschränkt.

Beispiel: Entwickelt ein Unternehmen Elektromotoren zum Antrieb von Fahrrädern und beauftragt eine rechtlich selbstständige Einrichtung in diesem Zusammenhang mit der Erforschung leistungsfähigerer Akkumulatoren, ist dieser anteilige Einkauf einer von Dritten erbrachten Forschungsleistung klassisch dem *internen* FuE-Aufwand des beauftragenden Unternehmens zuzurechnen.

Gibt ein Fahrradhersteller hingegen ein Gesamtprojekt – hier die Ausstattung von Fahrrädern mit elektronischer Antriebstechnologie – in Auftrag und nimmt sich selbst gänzlich aus anfallender Forschungs- oder Entwicklungstätigkeit heraus, liegt *externer* FuE-Aufwand vor.

Insgesamt ist dem vom BMBF herausgegebenen FuE-Datenreport 2013 des Stifterverbands für die Deutsche Wissenschaft zu entnehmen, dass die deutsche Wirtschaft im Jahr 2011 insgesamt 51 Mio. Euro für interne und 12 Mio. Euro für externe FuE-Tätigkeiten ausgab. Dies ergab für den internen FuE-Aufwand einen Anstieg von 8,8 Prozent, für den externen

503 Ebda.
504 Ebda., S. 20.
505 Ebda.

FuE-Aufwand von 13,6 Prozent gegenüber dem Vorjahr[506]. Wenngleich zahlreiche, auch ausschließlich auf eine der beiden Varianten reduzierten Ausgestaltungsmöglichkeiten steuerlicher FuE-Fördermodelle denkbar sind, sieht das Gros der europäischen Staaten eine Begünstigung sowohl interner wie auch externer FuE-Aufwendungen gleichermaßen vor[507]. So greifen Großbritannien, Frankreich und Österreich sowohl auf eine vollumfängliche Förderung internen FuE-Aufwands als auch auf eine an bestimmte Voraussetzungen geknüpfte, teilweise sogar auf einen Maximalbetrag beschränkte Begünstigung externer FuE-Aufwendungen zurück[508]. Die vollumfängliche Förderung bezieht sich dabei auf interne Forschungsaufwendungen, da sowohl laufender Aufwand, im Forschungsbezug stehende Aufwendungen für Materialien und Hilfsstoffe, Investitionsaufwand als auch minderanteilige Zukäufe von Dritten erbrachter FuE-Leistungen in gleichem Umfang einer Begünstigung unterworfen werden. Externe FuE-Aufwendungen sind dagegen bestimmten Bedingungen unterworfen oder betragsmäßig begrenzt, um eine Doppelbegünstigung entsprechender Aufwendungen – sowohl beim Auftragnehmer als auch beim Auftraggeber – zu vermeiden, mindestens jedoch abzumildern.

(3) Eine Trennung forschungsbedingten Aufwands anhand seiner *wirtschaftlichen Belastungswirkung* bietet den Vorteil, FuE-Engagement dort zu begünstigen, wo unternehmerisches Risiko zur Durchführung von FuE-Aktivitäten in Kauf genommen wurde und Begünstigungen gleichermaßen notwendig sind. Unerheblich sei laut *Kladroba* in diesem Zusammenhang, ob die Finanzierung intern durchgeführter FuE-Aktivitäten vom durchführenden Unternehmen selbst getragen werde oder ob diese im Auftrag und auf Kosten eines anderen Unternehmens oder einer staatlichen oder hochschulbezogenen Institution erfolge[509].

506 Kladroba A., Stifterverband für die Deutsche Wissenschaft (Hrsg.), FuE-Datenreport 2013, Analysen und Vergleiche, Forschung und Entwicklung im Wirtschaftssektor 2011, 2013, S. 8.

507 Spengel C., MPI Studies on Intellectual Property, Competition and Tax Law, Vol. 8, Steuerliche Förderung von Forschung und Entwicklung (FuE) in Deutschland, 2009, S. 76 f.

508 Ebda.

509 Kladroba A., Stifterverband für die Deutsche Wissenschaft (Hrsg.), FuE-Datenreport 2012, Analysen und Vergleiche, Externe FuE-Aufwendungen, 2012, S. 33.

Entscheidend sei allein die eigenständige Bereitstellung der durchführungsnotwendigen Ressourcen[510]. Dieser Aussage ist zwar hinsichtlich der Definition und Charakterisierung interner wie externer FuE-Aufwendungen zuzustimmen, im Rahmen der Bemessung steuerlicher Förderfähigkeit gilt es sie jedoch zu hinterfragen. So sollte die Zuteilung einer aus FuE-Tätigkeit resultierenden wirtschaftlichen Belastungswirkung stets ein Differenzierungsmerkmal steuerlicher FuE-Anreize sein, ist es doch letztendlich für die Bewertung unternehmerischer Fördernotwendigkeit von entscheidender Bedeutung, ob betroffene Unternehmen die Kosten von Forschungsvorhaben eigenständig zu tragen haben oder etwa in Form von Zulagen oder Zuschüssen erstattet bekommen.

3. Anspruchsberechtigung

Eine weitere und besonders im Rahmen dieser Arbeit entscheidende Einteilung staatlicher FuE-Fördermodelle kann anhand der jeweils anspruchsberechtigten Unternehmen erfolgen. So sind unterschiedliche Förderkonzepte vorstellbar, die sich hinsichtlich der Höhe des förderfähigen FuE-Aufwands an der Unternehmensgröße oder an der Entwicklungsphase des jeweiligen Unternehmens orientieren[511].

Abhängig von seiner individuellen Ausgestaltung, bietet ein *größenorientiertes FuE-Anreizsystem* die Möglichkeit, die Forschungsaufwendungen unterschiedlich großer Unternehmen einer abweichenden Begünstigung zu unterziehen, teilweise eine Förderung auch gänzlich zu versagen. Wenngleich die Staaten hinsichtlich einer dafür notwendigen Klassifizierung grundsätzlich frei sind, sollte keine Größeneinteilung vorgenommen werden, die von den Definitionen der EU-Kommission oder des IfM abweicht, nicht zuletzt im Hinblick auf den zusätzlich zu erwartenden bürokratischen Aufwand und die damit verbundene Verkomplizierung des entstehenden Fördermodells. Grundsätzlich bietet eine Förderung, die sich auf den FuE-Aufwand von Unternehmen bestimmter Größenordnung konzentriert, ein höheres Maß politisch vorgegebener Selektivität und eine deutliche Entlastung der regelmäßig beschränkten Haushaltsmittel. Daher sollte sie im Rahmen der

510 Ebda.

511 Herbold S., in: Bischoff J. G., Herzig N., Kellermann A. (Hrsg.), Steuer, Wirtschaft und Recht, Bd. 298, Steuerliche Anreize für Forschung und Entwicklung im internationalen Vergleich, 2009. S. 58 f.

Ausgestaltung eines steuerlichen FuE-Fördermodells für Deutschland keineswegs außer Acht gelassen werden.

Ein an der *Entwicklungsphase* der Unternehmen orientiertes Anreizsystem knüpft die Begünstigung unternehmerischen FuE-Aufwands an das Alter bzw. an die damit in zeitlichem Zusammenhang stehende Marktetablierung der betroffenen Unternehmen an. So ist eine Ausgestaltung der steuerlichen FuE-Förderung in der Form denkbar, dass ausschließlich Unternehmen in der Gründungsphase als anforderungsberechtigt qualifiziert und gefördert werden. Ein derartiges Anreizsystem würde sich besonders dafür eignen, den erfahrungsgemäß hohen Kapitalbedarf junger innovativer Unternehmen (Young Innovative Companies – YIC) zu decken, ein Fördermodell, auf das Frankreich durch eine zeitlich limitierte Steuerfreistellung von FuE-Gewinnen für YIC bereits seit Jahren erfolgreich zurückgreift[512]. Zu hinterfragen bleibt die Notwendigkeit eines auf YIC beschränkten Anreizsystems lediglich dann, wenn es zur parallelen Anwendung eines KMU-spezifischen FuE-Fördermodells kommt. Da unabhängig von einer Bezugnahme auf die KMU-Definition der Europäischen Kommission oder des IfM regelmäßig nicht zu erwarten ist, dass eine Unternehmensgründung als Großunternehmen vollzogen wird, ist davon auszugehen, dass der Großteil aller YIC auch KMU sind, keineswegs jedoch umgekehrt. Hier gilt es im Rahmen der Ausgestaltung eines staatlichen FuE-Fördermodells eine Überschneidung beider Förderadressaten zu vermeiden.

Nachdem die rechtlichen, insbesondere unionsrechtlichen Bedenken einer auf KMU beschränkten steuerlichen FuE-Förderung ausgeräumt wurden[513], gilt es im Folgenden den erhöhten Förderbedarf von KMU aufzuzeigen, zu begründen und hinsichtlich der Vorteilhaftigkeit seiner letztendlichen Deckung zu bewerten.

512 Spengel C., MPI Studies on Intellectual Property, Competition and Tax Law, Vol. 8, Steuerliche Förderung von Forschung und Entwicklung (FuE) in Deutschland, 2009, S. 80.

513 Vgl. Abschnitt C. III. 2.

III. Vorzüge einer auf KMU beschränkten steuerlichen FuE-Förderung

Mit einem Unternehmensanteil von 99 Prozent sowohl innerhalb Deutschlands als auch der Union[514] nehmen KMU eine bedeutende Stellung innerhalb ihrer Wirtschaftsräume ein. Sie stellen einen wesentlichen Teil der Ausbildungs- und Arbeitsplätze[515], treten als entscheidende Zulieferer und Kooperationspartner von Großunternehmen auf und leisten nicht zuletzt auf diese Weise einen erheblichen Beitrag zur Stabilität und Wettbewerbsfähigkeit Deutschlands und der Union. Dieser Sachverhalt ist der Kommission nicht unbekannt; so beschrieb sie in ihrer Mitteilung vom 7. Dezember 2011 den wirtschaftlichen Erfolg Europas als in hohem Maße davon abhängig, inwieweit es den KMU der Mitgliedstaaten gelinge, ihr unternehmerisches Potenzial zu verwirklichen[516]. Von diesem Unterfangen ist mittlerweile jedoch bekannt, dass es nur schwerlich ohne eine staatliche Begünstigung zu vollziehen ist. So weist ein Großteil der KMU eine ausgeprägte Sensibilität hinsichtlich der negativen Effekte der bereits aufgezeigten Marktinsuffizienz auf[517]. Insbesondere im Bereich der Kapital- und Risikokapitalbeschaffung sehen sich KMU um ein Vielfaches häufiger mit Defiziten konfrontiert als Großunternehmen. Hinzu kommt eine stärker ausgeprägte Bürokratie- und Antragsscheue, die einen nicht unerheblichen Anteil förderberechtigter KMU bereits im Vorfeld der Durchführung anvisierter FuE-Projekte auf eine Nutzung zur Verfügung stehender Fördermittel verzichten lässt. So sank der Anteil an KMU mit kontinuierlicher FuE-Tätigkeit beginnend mit dem Jahr 2006 von ehemals 9 auf knapp 5 Prozent im Jahr 2010[518].

514 Vgl. Abschnitt B. I. 2.

515 IfM (Hrsg.), Mittelstand im Überblick, Volkswirtschaftliche Bedeutung der KMU, 2014, http://www.ifm-bonn.org/statistiken/mittelstand-im-ueberblick (Stand: 16.04.2015); Zimmermann V., in: KfW Bankengruppe (Hrsg.), Akzente Nr. 54/2011, Weniger Marktneuheiten im Mittelstand, 2011, S. 1 f.; Europäische Kommission, Mitteilung der Kommission v. 07.12.2011, KOM(2011)870, S. 1.

516 Europäische Kommission, a. a. O., S. 1.

517 Vgl. Abschnitt B. IV. 2. b).

518 Belitz H., Eickelpasch A., Lejpras A., in: DIW (Hrsg.), Projekt Nr.: 49/10, Volkswirtschaftliche Bedeutung der Technologie- und Innovationsförderung im Mittelstand, 2012, S. 27.

Zusammenfassend lässt sich feststellen, dass KMU gegenüber Großunternehmen einen merklich höheren Förderbedarf aufweisen, der von staatlicher Seite jedoch nur unzureichend gedeckt wird. Während auf Unionsebene die Sonderstellung von KMU deutlich hervorgehoben wird und erkannten Benachteiligungen – etwa im Bereich des Finanzmittelzugangs – im Zuge des neuen EU-Forschungsrahmenprogramms „Horizont 2020"[519] reformierend begegnet wird, hält die Bundesregierung weiterhin unbeirrt am erfolgreichen, jedoch unzureichenden Mittel der direkten Projektförderung fest. Im Folgenden wird zum einen untersucht, inwieweit die Einführung einer auf KMU beschränkten steuerlichen FuE-Förderung hilfreich wäre, um den erhöhten Förderbedarf von KMU zu decken sowie die Forschungstätigkeit betroffener Unternehmen nachhaltig zu stimulieren und zum anderen, welcher Nutzen eines KMU-spezifischen Fördermodells für Unternehmenskooperationen, Haushaltsmittelbelastung sowie Mitnahme- und Übertragungseffekte zu erwarten wäre.

1. KMU-spezifische Vorteile

a) Planbare Bereitstellung von FuE-Kapital

Wenngleich sich die Eigenkapitalausstattung deutscher KMU nach Berechnungen des Deutschen Sparkassen- und Giroverbandes (DSGV) von 1999 bis 2014 verachtfachte, liegt der Finanzierungsschwerpunkt dieser Unternehmen mit einem Anteil von deutlich über zwei Dritteln weiterhin im Bereich des Fremdkapitals[520]. Dieses ist im Bereich der FuE-Finanzierung von KMU von unverzichtbarer Bedeutung, verfügen entsprechende Unternehmen erfahrungsgemäß nur selten über das notwendige Eigenkapital, insbesondere langwierige Forschungsprojekte aus eigenen Mitteln zu finanzieren. Ihrer Unternehmensgröße geschuldet fällt es KMU verglichen mit Großunternehmen trotz ihres überdurchschnittlichen Bedarfs jedoch erheblich schwerer, Zugang zu extern bereitgestellten Finanzmitteln, insbesondere Risikokapital, zu bekommen[521].

519 Vgl. Abschnitt C. I. 3.

520 Finanzgruppe Deutscher Sparkassen- und Giroverband (DSGV) (Hrsg.), Diagnose Mittelstand 2014, 2014, S. 27.

521 Europäische Kommission, Mitteilung der Kommission v. 07.12.2011, KOM(2011)870, S. 1.

Vorrangig ist dies einer Kombination aus mangelnder Risikobereitschaft seitens des Finanzmarktes sowie den für KMU besonders intensiven Auswirkungen bestehender Informationsdefizite geschuldet[522]. So führt sowohl ein Fehl an Sicherheiten bei betroffenen Unternehmen, resultierend aus erfahrungsgemäß geringeren finanziellen Rücklagen und Bonitätsnachweisen, wie auch eine unvollständige Risikoeinschätzung des Marktes, der Branche oder des Investitionsprojekts von Seiten des potenziellen Kapitalgebers dazu, dass mehr als zwei Drittel der beabsichtigten FuE-Fremdfinanzierungen regelmäßig ausbleiben[523]. Damit wird ein aus gesamtwirtschaftlicher Sicht sinnvolles und zugleich für KMU notwendiges Finanzmittelvergabeniveau nicht erreicht.

Eine weitere Benachteiligung von KMU hinsichtlich der Generierung von FuE-Kapital im Rahmen einer Fremdfinanzierung knüpft an vorangehend angeführte Risikoproblematik an. So müssen KMU nicht nur immense Überzeugungsarbeit leisten, bis Finanzinstitute bereit sind, ihnen Kredite zur Durchführung von FuE-Vorhaben zu gewähren[524], sondern erfahren regelmäßig eine zusätzliche Benachteiligung in Form strikterer Ausgabe- und Rückzahlungsmodalitäten. Sowohl höhere Zinssätze als auch weitere Kosten der Risikoabdeckung stellen regelmäßig Hürden dar, die eine Fremd- und insbesondere Risikokapitalbeschaffung für KMU erheblich schwerer gestalten als für Großunternehmen.

Ein Versuch der Bundesregierung, KMU zinsgünstige Kredite über nationale Förderbanken, insbesondere die Kreditanstalt für Wiederaufbau (KfW) anzubieten, erscheint als Lösungsansatz nicht abschließend durchdacht und nur bedingt zielführend. Unter Berücksichtigung der Tatsache, dass die KfW entsprechende Kredite – aufgeteilt in Fremdkapital- und Nachrangtranche – nicht unmittelbar an die Bedarfsträger auszahlt, sondern lediglich einen auf eine Höchstgrenze von 5 Mio. Euro begrenzten Haftungsteil für das betroffene Unternehmen übernimmt, erscheint der tatsächliche Förderausmaß dieser Maßnahme deutlich

522 Vgl. Abschnitt B. IV. 2. b) aa).

523 Europäische Kommission, Mitteilung der Kommission v. 07.12.2011, KOM(2011)870, S. 1.

524 Bayerische Forschungsallianz (BayFOR) (Hrsg.), network enterprise europe, Zugang zu Finanzmitteln entscheidend für den Erfolg von KMU, 2011, S. 1.

limitiert[525]. KMU erhalten zwar auf Kosten zusätzlicher Regulierungs- und Überwachungseingriffe durch die KfW sowohl einen wertvollen Bonitätsbonus als auch einen attraktiven Zinssatz, sehen sich jedoch weiterhin gefordert, ihre Fremdkapitalanträge (Fremdkapitaltranche) einem marktüblichen Kreditinstitut unter Darlegung bankenüblicher Sicherheiten zur Entscheidung vorzulegen[526].

Durch Implementierung eines auf KMU-Förderung beschränkten FuE-Anreizsystems in das deutsche Steuerrecht würde betroffenen Unternehmen die Möglichkeit eröffnet, bereits vor Durchführung etwaiger Forschungsvorhaben ihnen rechtlich zustehende, zeitlich unbefristete und hinsichtlich ihrer Höhe bekannte Fördermittel in die eigene Investitionsplanung mit einfließen zu lassen. Eine entsprechend planbare steuerliche FuE-Förderung ließe sich im Weiteren dafür einsetzen, die Abhängigkeit von KMU von der Finanzierungsbereitschaft potenzieller Kapitalgeber merklich zu reduzieren und somit ihre Bereitschaft zur Durchführung zusätzlicher FuE-Aktivitäten, insbesondere vor dem Hintergrund langfristig planbarer Fördermittel, positiv zu stimulieren.

b) Zugangserleichterung

Zwar konnte die FuE-Tätigkeit deutscher KMU durch direkte FuE-Förderprogramme, darunter das ZIM des BMWi und das Förderkonzept KMU-innovativ des BMBF, in den vergangenen Jahren gesteigert werden[527], doch hindern Informationsdefizite und Offenlegungspflichten zahlreiche KMU weiterhin an einer umfassenden Inanspruchnahme staatlicher Fördermittel[528]. So ergab eine von der Ernst & Young

525 Vgl. Belitz H., Eickelpasch A., Lejpras A., in: DIW (Hrsg.), Projekt Nr.: 49/10, Volkswirtschaftliche Bedeutung der Technologie- und Innovationsförderung im Mittelstand, 2012, S. 62; KfW Bankengruppe (Hrsg.), Merkblatt Innovation, ERP-Innovationsprogramm, 2015, S. 5.

526 Ebda.

527 Stenke G., in: Stifterverband für die Deutsche Wissenschaft (Hrsg.), FuE-Datenreport 2012, Analysen und Vergleiche, Staatliche Förderung von FuE in der Wirtschaft, 2012, S. 38.

528 Arbeitsgruppe Steuerliche FuE-Förderung der Forschungsunion Wirtschaft – Wissenschaft (Hrsg.), Deutliches Votum für die Einführung einer steuerlichen Förderung von Forschung und Entwicklung (FuE) in Deutschland, 2009, S. 1.

Wirtschaftsprüfungsgesellschaft (EY) im Jahr 2012 durchgeführte Umfrage, die sich an über 800 mittelständische Unternehmen richtete, die innerhalb von drei Jahren keine öffentliche Förderung in Anspruch genommen hatten, dass 15 Prozent der betroffenen KMU dies direkt oder indirekt auf die Ausgestaltung der Beantragungsverfahren zurückführten[529]. Primär wurde von Unternehmensseite der zeitliche und administrative Aufwand kritisiert, der notwendig sei, das Antragsverfahren zu durchlaufen, gefolgt von Beanstandungen bezogen auf eine mangelhafte Unterstützung und fehlende Informationen im Rahmen der Antragsstellung. Vier Fünftel der teilnehmenden KMU gaben an, seit drei Jahren gänzlich auf Fördermittel verzichtet zu haben[530].

Mit Einführung einer steuerlichen FuE-Förderung in Deutschland wäre eine Möglichkeit geschaffen, insbesondere bürokratiescheuen KMU den Zugang zu staatlichen Fördermitteln zu erleichtern. Zwar hätten sowohl der letztendliche Wille zur Inanspruchnahme bereitgestellter Mittel als auch der bilanzielle Ausweis förderfähigen FuE-Aufwands im Rahmen des Jahresabschlusses weiterhin von Unternehmensseite zu erfolgen, doch entfielen kosten- und zeitintensive Antragsverfahren. Anspruchsberechtigte Unternehmen wären im steuerlichen FuE-Fördermodell gesetzlich klar definiert und könnten eigenständig oder unter Zuhilfenahme einer steuerrechtlichen Beratung mit wenig Aufwand in Erfahrung gebracht werden. Zusammenfassend wäre zu erwarten, dass die Einführung eines solchen Anreizsystems gerade KMU, die eine FuE-Förderung aufgrund komplexer Antragsmodelle regelmäßig meiden, den entscheidenden Impuls geben könnte, in FuE zu investieren.

2. Gesamtwirtschaftliche Vorteile

a) Förderung von Unternehmenskooperationen

Unternehmenskooperationen sind ebenso wie Forschungszusammenschlüsse von Unternehmen mit öffentlichen Forschungseinrichtungen oder privaten Organisationen ohne Erwerbscharakter aus

529 Vgl. Baetge K., Pirsig S., Kirbach M., et al., in: Ernst & Young Wirtschaftsprüfungsgesellschaft (EY) (Hrsg.), KMU-Förderbarometer 2012, 2012, S. 6.
530 Ebda., S. 5.

gesamtwirtschaftlicher Sicht als durchweg positiv zu bewerten. Sie schaffen die Voraussetzungen für einen institutionsübergreifenden Wissenstransfer und eine effiziente Ressourcennutzung. Insbesondere Kooperationen außerhalb der eigenen Unternehmensklasse bieten in diesem Zusammenhang die meisten Synergieeffekte und werden von Unternehmen aller Größenklassen bevorzugt[531]. So leisten KMU nicht nur infolge ihres immensen Anteils am Gesamtunternehmensbestand der Bundesrepublik einen überdurchschnittlichen Beitrag zum gesamtwirtschaftlichen Forschungsengagement, sondern auch indem sie von Großunternehmen bevorzugt als FuE-Kooperationspartner eingebunden werden[532]. Solche Verbundbeziehungen lassen sich durch eine Statistik des BMWi untermauern: Demnach erwirtschaften KMU 37 Prozent des gesamten Unternehmensumsatzes Deutschlands, sind jedoch mit über 55 Prozent an der gesamten Wertschöpfungskette der Bundesrepublik beteiligt[533].

Eine auf KMU beschränkte steuerliche FuE-Förderung wäre folglich nicht nur geeignet, die FuE-Aktivität von KMU zu fördern, sondern auch andere Institutionen zur Erweiterung ihrer Forschungskooperation mit geförderten Unternehmen anzuregen. Kommt es zu einer selektiven Begünstigung der von KMU durchgeführten Forschungsaktivitäten, entsteht insbesondere für Großunternehmen ein deutlich gesteigerter Anreiz, FuE-Vorhaben nicht mehr vollumfänglich im eigenen Unternehmen durchzuführen, sondern unter Anwendung von Kooperationsverträgen KMU in die eigene Forschungsaktivität zu integrieren, um somit zumindest indirekt von den ausgeschütteten Fördermitteln zu profitieren. In der Folge ergibt sich ein aus volkswirtschaftlicher Sicht optimierter Wissenstransfer sowie eine effizientere Nutzung von zur Verfügung stehenden Ressourcen und Synergieeffekten.

531 Eckl V., Schlüter A., Schneider J., et al., in: Stifterverband für die Deutsche Wissenschaft (Hrsg.), FuE-Datenreport 2013, Analysen und Vergleiche, Kooperationsverhalten der Unternehmen in Forschung und Entwicklung, 2013, S. 41.

532 Ebda.

533 BMWi (Hrsg.), Wirtschaftsmotor Mittelstand – Zahlen und Fakten zu den deutschen KMU, 2014, S. 2.; BMWi (Hrsg.), German Mittelstand: Motor der deutschen Wirtschaft, 2014, S. 3.

b) Gesamtwirtschaftliche Nutzung von Übertragungseffekten

Stark vereinfacht lassen sich Übertragungseffekte aus Sicht betroffener Unternehmen hinsichtlich ihrer Wirkung als das ungewollte Pendant unternehmerischer Kooperationsbeziehungen beschreiben. Im Gegensatz zu diesen gehen Übertragungseffekten zwar weder offizielle Verbundprojekte noch vertraglich festgelegte Unternehmensbeziehungen voraus, doch sehen beide die gemeinsame Verwertung der aus unternehmerischer FuE-Aktivität resultierenden Forschungsergebnisse vor. *Cabral* beschreibt die Ursache solcher Effekte treffend mit den Worten *„no man is an island; likewise, no firm performs research and development in isolation“*[534].

Wie bereits dargestellt, fällt es Unternehmen, darunter insbesondere KMU, aufgrund unterschiedlichster externer wie interner Einflussfaktoren regelmäßig schwer, die Ergebnisse eigener oder gemeinsamer FuE-Aktivität vollständig und nachhaltig vor einer Verwertung durch Dritte zu bewahren[535], sei es aufgrund einer bewusst oder unbewusst mangelhaften Geheimhaltung auf Mitarbeiterebene, vergleichsweise niedriger Sicherheitsstandards oder infolge von Einsparungen im Bereich des kosten- und bürokratieintensiven Patentrechts, um nur drei mögliche Einflussfaktoren zu nennen.

Während die ertragslose Verbreitung des eigenen FuE-Know-hows aus Sicht betroffener Unternehmen als negativ zu bewerten ist, stellt sie unter gesamtwirtschaftlichen Gesichtspunkten einen deutlichen Zugewinn dar. Regelmäßig büßen Unternehmen infolge ungewollter Übertragungseffekte zwar an technologischem Fortschritt und unternehmerischer Wettbewerbsfähigkeit ein, dies jedoch zugunsten zahlreicher anderer Unternehmen und einem sich daraus ergebenden volkswirtschaftlichen Nutzen. Wenngleich es gesamtwirtschaftlich betrachtet zunächst irrelevant erscheint, wer letztendlich neue oder bestehende Technologien weiterentwickelt, greift doch der Grundsatz, dass sich geteilte und demnach allgemein zugängliche Erkenntnisse in einer Volkswirtschaft schneller entfalten als innerhalb eines einzelnen Unternehmens isoliertes Wissen. Eine auf KMU beschränkte steuerliche

534 Cabral L. M. B., Introduction to Industrial Organization, 2000, S. 306.
535 Vgl. Abschnitt B. IV. 2. b) bb).

FuE-Förderung wäre folglich geeignet, die FuE-Aktivität insbesondere solcher Unternehmen zu stimulieren, deren Schutz vor Übertragungseffekten besonders gering ausgeprägt ist. Hinzu kommt ein naturgemäß hohes Interesse von KMU, aufgrund der Limitierung eigener finanzieller und personeller Mittel Forschungskooperationen mit anderen KMU, Großunternehmen oder auch Hochschulen einzugehen, was ebenfalls einer Vermeidung von Übertragungseffekten nicht zuträglich ist. Zusammenfassend bleibt zu erwarten, dass jeglicher Anreiz, der einer Erhöhung KMU-spezifischer FuE-Tätigkeit dient, direkte Auswirkungen auf das Ausmaß gesamtwirtschaftlich wertvoller – zugleich aus unternehmerischer Sicht ungeliebter – Übertragungseffekte hat.

3. Staatliche Vorteile

a) Reduzierung von Mitnahmeeffekten

Das entscheidende Argument einer Begrenzung steuerlicher FuE-Förderung auf KMU als anspruchsberechtigte Unternehmen besteht aus staatlicher Sicht im darin enthaltenen Potenzial zur Reduzierung ungewollter Mitnahmeeffekte. *Bergschmidt* nennt in diesem Zusammenhang drei Einflussgrößen, die sich direkt auf eine staatliche Toleranzschwelle gegenüber entsprechenden Effekten auswirken: die Kosten der Vermeidung von Mitnahmeeffekten, die fachliche Relevanz und die Alternativlosigkeit betroffener Fördermaßnahmen[536]. Da sich Großunternehmen – die erfahrungsgemäß über ausreichende Mittel verfügen, FuE-Vorhaben auch ohne staatliche Subvention durchzuführen, auf diese lediglich aus Gründen unternehmerischer Gewinnmaximierung regelmäßig jedoch nicht verzichten wollen –, als Primärauslöser entsprechender Problematik identifizieren lassen, kann den von *Bergschmidt* genannten Faktoren durch die Aufstellung eines KMU-spezifischen steuerlichen Fördermodells bereits in Teilen entgegengewirkt werden. So stellt die Beschränkung eines steuerlichen FuE-Anreizsystems auf KMU eine kostensparende Alternative dar, das Auftreten von Mitnahmeeffekten bereits im Vorfeld merklich zu

536 Bergschmidt A., in: Johann Heinrich von Thünen-Institut (vTI) (Hrsg.), Impulsreferat für die MEN-D Arbeitsgruppe v. 31.03.2011, Grundsätzliche Überlegungen zur Messung und Bewertung von Mitnahmeeffekten, S. 8.

reduzieren. Die Notwendigkeit eines Ausschlusses sämtlicher Großunternehmen ergibt sich dabei nicht nur aus Gründen einer erforderlichen Rechtssicherheit, sondern auch aus den nicht zuletzt bürokratischen Schwierigkeiten, Mitnahmeeffekte innerhalb betroffener Unternehmen korrekt identifizieren, zweifelsfrei nachweisen und in letzter Konsequenz einem isolierten Förderausschluss zuführen zu können. Ist eine wirtschaftliche Vermeidung von Mitnahmeeffekten unter Berücksichtigung finanzieller, bürokratischer und zeitlicher Aspekte nicht möglich, gilt es diese durch einen großflächigen Ausschluss nicht anspruchsberechtigter Unternehmen bereits im Vorfeld an den Stellen zu verhindern, an denen sie vermehrt zu erwarten sind.

b) Haushaltsmittelentlastung

Aus staatlicher Sicht gilt zunächst die einfache Rechnung, dass eine auf KMU begrenzte FuE-Förderung grundsätzlich einen geringeren Haushaltsmittelansatz erforderlich macht, als er für eine umfassende Forschungsförderung aller Unternehmen notwendig ist. Diese Information alleine genügt jedoch nicht, die Notwendigkeit einer entsprechenden Förderung vollumfänglich bewerten zu können, da immer auch der aus ihr resultierende Nutzen in Betracht zu ziehen ist. So resultieren aus steuerlichen Fördermaßnahmen steuerliche Mehreinnahmen, etwa infolge eines stärkeren Wirtschaftswachstums oder höherer Steuereinnahmen aus der Lohnsteuer, die mit der staatlichen Förderung als solcher unter Zuhilfenahme komplexer Auswertesysteme in Verbindung zu bringen sind. Die entscheidendste Kennzahl zur Bewertung aller Investitionen, so auch von staatlicher Forschungsförderung, ist demnach immer der Return-on-Investment (ROI), eine Rentabilitätsbewertung des Mitteleinsatzes.

> *Beispiel:* Eine Begünstigung von KMU in Höhe von 100 Mio. Euro, aus der Steuermehreinnahmen in Höhe von 90 Mio. Euro resultieren, ist für den Haushalt deutlich belastender als eine Förderung aller Unternehmen in Höhe von 200 Mio. Euro, aus der Steuermehreinnahmen im Umfang von 220 Mio. Euro resultieren.

Auch die zuvor behandelten Mitnahmeeffekte rücken unter diesem Aspekt erneut in den Fokus. Je höher deren Anteil an einer

Inanspruchnahme staatlicher Fördermittel ist, desto weniger zusätzliches FuE-Engagement wird durch entsprechende Begünstigungen begründet, mit direktem Einfluss auf die Wettbewerbsfähigkeit, die Marktanteile, den Umsatz und eine sich daraus ergebende Steuerschuld der Unternehmen. Das tatsächliche Verhältnis zwischen aufgewendeten Fördermitteln und daraus resultierender zusätzlicher FuE-Aktivität – als mittelbar Steuereinnahmen generierendes Element – verändert sich zuungunsten des ROI staatlicher Zuwendungen. Das vorrangige Auftreten von Mitnahmeeffekten bei Großunternehmen vorausgesetzt, darf von einer Begrenzung steuerlicher FuE-Förderung auf die ausschließliche Begünstigung von KMU erwartet werden, dass sie sich eignet, die Haushaltsmittelbelastung sowohl nominal geringer zu halten als auch hinsichtlich ihrer Rentabilität zu optimieren.

IV. FuE-Förderung von KMU in ausgewählten Mitgliedstaaten

Vor der finalen Ausgestaltung eines steuerlichen FuE-Förderkonzeptes für Deutschland bietet es sich an, etablierte Fördermodelle anderer Mitgliedstaaten, insbesondere in Bezug auf ihren Umgang mit forschenden KMU, genauer zu betrachten. Ziel ist es dabei, von Erfahrungen anderer Staaten im Umgang mit KMU-spezifischer Forschungsförderung zu profitieren und erfolgreiche Elemente fremder Fördermaßnahmen soweit möglich in ein für Deutschland neu aufzustellendes FuE-Fördermodell einfließen zu lassen. Die Auswahl der für einen entsprechenden Vergleich herangezogenen Staaten erfolgte zum einen aufgrund ihrer sich deutlich voneinander unterscheidenden FuE-Fördermodelle und zum anderen aufgrund ihrer stets vorderen Platzierungen in zahlreichen Rankings von (Mitglied-)Staaten mit dem höchsten FuE-Förderniveau[537].

537 Vgl. Belitz H., in DIW (Hrsg.), DIW Roundup 85, Steuerliche Förderung von Forschung und Entwicklung – Erfahrungen aus dem Ausland, 2015, S. 2; vgl. Belitz H., in: Deutsches Institut für Wirtschaftsforschung (DIW) (Hrsg.), Wochenbericht Nr. 8.2016, Förderung privater Forschung und Entwicklung in OECD-Ländern: immer mehr, aber auch immer ineffizienter, 2016, S. 151.

1. FuE-Förderung von KMU in Großbritannien

Das Urmodell seiner steuerlichen FuE-Förderung etablierte Großbritannien erstmals zur Jahrtausendwende. Seit dem Jahr 2000 wird zum Setzen von Forschungsanreizen auf eine Kombination aus Bemessungsgrundlagenbegünstigungen in Form von erhöhten Betriebsausgabenabzügen und beschleunigten Abschreibungen sowie steuerschuldbezogenen Forschungsanreizen in Form von Steuergutschriften zurückgegriffen[538]. Nachdem entsprechende Förderungen in den ersten beiden Jahren ausschließlich KMU vorbehalten waren, stehen diese seit 2002 auch Großunternehmen zur Verfügung[539]. Auf Weisung des britischen Finanzministeriums und analog zu den meisten europäischen Staaten orientieren sich die angewandte FuE-Definition und die sich daraus ergebende Auslegung förderfähigen Aufwands[540] an den allgemeinen Bestimmungen des lediglich in Teilbereichen konkretisierten und spezifizierten Frascati Manuals der OECD.

Primäres Mittel der steuerlichen FuE-Förderung Großbritanniens ist ein erhöhter Betriebsausgabenabzug laufender Forschungsaufwendungen, wobei dessen konkrete Ausgestaltung je nach Unternehmensgröße des potenziellen Fördermittelempfängers variiert. Sämtlicher Investitionsaufwand hingegen bleibt von einer Begünstigung ausgeschlossen, darunter etwa Aufwendungen für in Zusammenhang mit der FuE-Tätigkeit stehende Maschinen oder Gebäude. Liegt ein qualifizierter Forschungsaufwand vor, ist es Unternehmen aller Größenklassen seit einer Etatanhebung des Fördermodells im Jahr 2008 gestattet, 135 anstatt 120 Prozent ihrer begünstigten FuE-Aufwendungen als Betriebsausgaben anzusetzen, während der für KMU bewilligte Betriebsausgabenabzug

538 Vgl. Hornig M., in: BB, Heft 5, 2010, Steuerliche Förderung von Forschung und Entwicklung in Deutschland, S. 216; Herbold S., in: Bischoff J. G., Herzig N., Kellermann A. (Hrsg.), Steuer, Wirtschaft und Recht, Bd. 298, Steuerliche Anreize für Forschung und Entwicklung im internationalen Vergleich, 2009, S. 118.

539 Guceri I., in: Department of Economics and Centre for Business Taxation, University of Oxford (Hrsg.), Tax incentives and R&D: an evaluation of the 2002 UK reform using micro data, S. 7.

540 Vgl. Spengel C., MPI Studies on Intellectual Property, Competition and Tax Law, Vol. 8, Steuerliche Förderung von Forschung und Entwicklung (FuE) in Deutschland, 2009, S. 74.

noch deutlicher von 150 auf 175 Prozent des laufenden Forschungsaufwands angehoben wurde[541]. Ergänzend dazu kommt ein nochmals erhöhter Betriebsausgabenabzug von 180 Prozent der tatsächlich angefallenen Aufwendungen für alle Unternehmen und 200 Prozent für KMU in Betracht, resultieren diese aus einer FuE-Tätigkeit im Bereich der Seuchenforschung, so etwa der Entwicklung von Impfstoffen gegen Tuberkulose, Malaria oder HIV[542]. Die einzige Beschränkung besteht in dem auf 7,5 Mio. Britische Pfund (Pound Sterling – GBP) festgelegten Höchstbetrag pro FuE-Projekt, der die Bemessungsgrundlage reduzierend zur Förderung unternehmerischer FuE-Aktivitäten eingesetzt werden darf[543]. Von dieser Obergrenze ist zu erwarten, dass sie die Forschungspolitik von KMU in deutlich geringerem Ausmaß beeinflusst als die von Großunternehmen, da der finanzielle Umfang der FuE-Projekte regelmäßig mit der Größe und Kapitalausstattung des jeweiligen Unternehmens einhergeht.

Um einen erhöhten Betriebsausgabenabzug jedweder Art in Anspruch nehmen zu können, haben betroffene Unternehmen, unabhängig von ihrer Größe, neben der Begünstigung des laufenden FuE-Aufwands drei weitere Fördervoraussetzungen kumulativ zu erfüllen: Die Resultate ihrer FuE-Aktivität müssen unmittelbar der eigenen Geschäftstätigkeit dienen, die begünstigten Forschungsaufwendungen müssen mindestens 10.000 GBP pro Jahr betragen und haben sich zudem mindernd auf einen potenziellen Unternehmensgewinn auszuwirken[544]. Für KMU ergänzen sich diese Voraussetzungen um zwei weitere Bedingungen: So ist die Inanspruchnahme eines nochmals erhöhten Betriebsausgabenabzugs auf die in eigener Rechnung durchgeführten FuE-Projekte beschränkt und des Weiteren nur dann zulässig, wenn keine zusätzlichen direkten Förderleistungen in Anspruch genommen werden, unabhängig

541 Guceri I., in: Department of Economics and Centre for Business Taxation, University of Oxford (Hrsg.), Tax incentives and R&D: an evaluation of the 2002 UK reform using micro data, S. 1.

542 Hildner M. J., Besteuerung von Forschung und Entwicklung – steuerliche Förderung von Forschung und Entwicklung, 2011, S. 9.

543 Ebda.

544 Herbold S., in: Bischoff J. G., Herzig N., Kellermann A. (Hrsg.), Steuer, Wirtschaft und Recht, Bd. 298, Steuerliche Anreize für Forschung und Entwicklung im internationalen Vergleich, 2009, S. 120.

davon, ob von staatlicher oder nichtstaatlicher Seite[545]. FuE-Aufwand für Auftragsforschung, die ein KMU für ein anderes Unternehmen ausführt, wird dadurch ebenso von einer erweiterten Förderung ausgeschlossen wie eine Mehrfachbegünstigung betroffener Unternehmen durch die zeitgleiche Inanspruchnahme direkter und indirekter Fördermittel. Dies stellt einen wesentlichen Unterschied gegenüber der von der Unternehmensgröße unabhängigen und somit allgemein zugänglichen FuE-Förderung dar, die sowohl eine parallele Inanspruchnahme direkter und indirekter Fördermittel in Kauf nimmt als auch Aufwendungen für intern durchgeführte Auftragsforschung für eine Begünstigung zulässt[546]. Grundsätzlich ist das Einräumen einer von der Größe der Unternehmen unabhängigen Forschungsförderung bei Erfüllung entsprechender Voraussetzungen auch dann möglich, wenn eine KMU-spezifische Begünstigung des angefallenen FuE-Aufwands infolge nicht erfüllter Zusatzvoraussetzungen verwehrt bleibt. Das britische FuE-Fördersystem stellt auf diese Weise sicher, dass KMU selbst bei Nichterfüllung ihrer größenklassenspezifischen Auflagen in keinem Fall eine nachteilige Behandlung gegenüber Großkonzernen erfahren.

Die im Rahmen der Förderung ermittelten Betriebsausgabenabzüge werden innerhalb der Steuerschuldfeststellung direkt bemessungsgrundlagenreduzierend eingesetzt, wobei es beim Auftreten von Situationen unzureichender steuerlicher Bemessungsgrundlage oder gar unternehmerischen Verlustsituationen ausschließlich KMU vorbehalten ist, nicht nutzbare Betriebsausgabenabzüge in eine unmittelbar liquiditätswirksame Steuergutschrift umzuwandeln. Diese beläuft sich grundsätzlich auf 16 Prozent des maßgeblichen Verlustes, ist jedoch in ihrer Höhe begrenzt auf die Summe aller Lohnsteuer- und Sozialversicherungsverbindlichkeiten, die im Veranlagungszeitraum für Lohn und Gehaltsaufwendungen an unternehmenseigene Mitarbeiter anfielen[547]. Der maßgebliche Verlust wiederum beschränkt sich auf 150 Prozent der begünstigten FuE-Aufwendungen, maximal jedoch auf den im jeweiligen Wirtschaftsjahr angefallenen Gesamtverlust[548]. Einen ausreichenden Verlust vorausgesetzt, ergibt sich entsprechend *Abbildung 20* somit für die Steuergutschrift eine

545 Ebda.

546 Ebda., S. 123 f.

547 Ebda., S. 121.

548 Ebda., S. 121.

Förderobergrenze von 24 Prozent sämtlicher begünstigter FuE-Aufwendungen, der den betroffenen KMU direkt auszuzahlen ist, soweit der entsprechender Berechnung zugrunde liegende FuE-Aufwand tatsächlich anfällt.

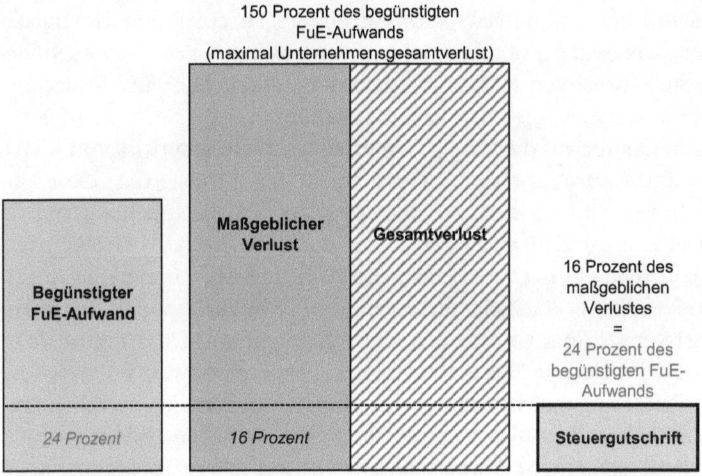

Abbildung 20: Maximalhöhe KMU-spezifischer Steuergutschrift in Großbritannien

Quelle: Eigene Darstellung

Eine beschleunigte Abschreibung bestimmter Investitionsgüter stellt das zweite, in der Praxis jedoch weniger populäre Mittel dar, auf das Großbritannien im Rahmen seiner steuerlichen FuE-Förderung zurückgreift. Während Aufwendungen resultierend aus der Anschaffung oder Herstellung forschungsbezogener Investitionsgüter von Begünstigungen in Form eines erhöhten Betriebsausgabenabzugs oder einer KMU-spezifischen Steuergutschrift ausgenommen sind, steht für Teile von diesen eine vollständige Abschreibung im Bezugsjahr offen. Qualifiziert für eine entsprechende Förderung ist Investitionsaufwand resultierend aus den Anschaffungs- und Herstellungskosten für Gebäude und Ausrüstungen mit Bezug zur FuE-Tätigkeit betroffener

Unternehmen, nicht jedoch Anschaffungskosten für Grund und Boden sowie Gebäude, die auch zu Wohnzwecken genutzt werden können[549].

Die Gewährung eines gegenüber Großunternehmen nochmals erhöhten Betriebsausgabenabzugs von 175 gegenüber 135 Prozent und die Möglichkeit, diesen in eine Steuergutschrift umzuwandeln, sollte es aufgrund eines negativen Jahresergebnisses an einer verrechnungsfähigen Bemessungsgrundlage fehlen, verdeutlichen den hervorgehobenen Stellenwert von KMU innerhalb der steuerlichen FuE-Förderung Großbritanniens. Insbesondere die Steuergutschrift stellt dabei eine Option dar, die auf die gängige Unternehmenscharakteristik von KMU abgestimmt zu sein scheint, in Anbetracht der Tatsache, dass diese Unternehmen deutlich häufiger über negative Unternehmensergebnisse und eine unzureichende Kapitalausstattung verfügen als Großkonzerne. Während ein negatives Jahresergebnis für KMU regelmäßig ausreichenden Anlass darstellt, die eigene FuE-Aktivität infolge unternehmensinterner Sparmaßnahmen zu reduzieren, wirkt das unmittelbar liquiditätswirksame Fördermittel der Steuergutschrift entsprechendem Effekt zugunsten weiteren Forschungsengagements merklich entgegen. Während es allen Unternehmen gleichermaßen gestattet ist, auf sämtliche steuerliche Fördermaßnahmen kumulativ zurückzugreifen und somit sowohl einen erhöhten Betriebsausgabenabzug für laufende FuE-Aufwendungen als auch beschleunigte Abschreibungen für forschungsbezogene Investitionsgüter in Anspruch zu nehmen, ist eine parallele Inanspruchnahme direkter wie indirekter Fördermittel im Rahmen ausschließlich KMU-spezifischer Förderung untersagt. Für qualifizierte KMU besteht jedoch die Option, mit Rückgriff auf den für alle Unternehmen zugänglichen erhöhten Betriebsausgabenabzug eine KMU-spezifische Förderung zugunsten zusätzlicher direkter Fördermittel auszuschlagen. Doppelförderungen werden auf dieser Ebene seitens der britischen Regierung bewusst in Kauf genommen[550].

Insgesamt verfügt Großbritannien über ein alle Unternehmen berücksichtigendes steuerliches FuE-Fördersystem, das seinen Schwerpunkt jedoch auf die Begünstigung eigenständig forschender KMU legt. Wenig zielführend, insbesondere vor dem Hintergrund einer erhöhten

549 Ebda., S. 125.
550 Ebda., S. 124.

Fördernotwendigkeit von KMU, erscheint die Herausnahme von durch KMU geleisteter Auftragsforschung aus dem KMU-spezifischen steuerlichen FuE-Fördersystem. Diese Begrenzung soll sich dadurch rechtfertigen, dass sie eine mittelbare Inanspruchnahme KMU-spezifischer Fördermaßnahmen durch Großunternehmen verhindert. So wird ein nochmals erhöhter Betriebsausgabenabzug für solche FuE-Aktivitäten verwehrt, in denen Forschungsprojekte ausschließlich zur finalen Umsetzung an KMU übertragen werden, ohne jedoch eine nachhaltige Forschungskooperation in Betracht zu ziehen.

Im Hinblick auf die Ausgestaltung einer KMU-spezifischen steuerlichen FuE-Förderung für Deutschland sollte die Möglichkeit einer erhöhten Begünstigung von FuE-Kooperationen unter Beteiligung von KMU als lenkungspolitisches Mittel in Betracht gezogen werden. Eine Maßnahme von der eine deutlich positivere Wirkung zu erwarten ist verglichen mit der britischen Variante, bei der einer von KMU durchgeführten Auftragsforschung ein Anteil staatlicher Beihilfen gänzlich vorenthalten bleibt.

2. FuE-Förderung von KMU in Frankreich

Aufgrund eines kontinuierlichen Ausbaus bestehender Maßnahmen übernimmt Frankreich heute eine Vorreiterrolle im Bereich der steuerlichen Forschungsförderung[551]. Zur Steigerung der unternehmerischen FuE-Aktivität kommen dort bereits seit 1983 forschende Unternehmen in den Genuss steuerlicher Fördermittel, wobei für ausländische Unternehmen – die etwa über eine Betriebsstätte in Frankreich verfügen –, eine Inanspruchnahme erst seit dem Jahr 2008 möglich ist[552]. Die Förderung erfolgt sowohl durch an der Steuerschuld als

551 France.fr (Hrsg.), Die Steuergutschrift auf Forschungsausgaben „Crédit d'impôt recherche (CIR)", 2014, http://www.france.fr/de/unternehmensgrundung-und-entwicklung-frankreich/die-steuergutschrift-auf-forschungsausgaben-credit-dimpot-recherche-cir.html (Stand: 08.05.2015); Französische Botschaft in Deutschland (Hrsg.), Wissenschaftsportal der Abteilung für Wissenschaft und Technologie, Innovationspolitik, 2014, http://www.wissenschaft-frankreich.de/de/forschung-in-frankreich/forschungsorganisation-2/innovationspolitik/ (Stand: 08.05.2015).

552 Brinkmann J., Maier A., Brandstätter D., in: Internationales Steuerrecht (iStR), Heft 16, 2009, Forschung und Entwicklung – Steueroptimierung durch Nut-

auch am Steuersatz anknüpfenden Forschungsanreizen. So gewährt das französische Steuergesetzbuch in Art. 244 quater B CGI eine direkt an der Steuerschuld ansetzende Steuergutschrift für Forschungszwecke (Crédit d'impôt recherche – CIR), während es forschenden Unternehmen zudem einen speziellen Steuersatz für Lizenzeinkünfte und Patentverkäufe in Aussicht stellt[553]. Eine kumulative Inanspruchnahme beider Fördermaßnahmen ist bei Anspruchsberechtigung grundsätzlich gestattet. Weitere Begünstigungen auf Ebene der Steuerbemessungsgrundlage sieht das französische Fördersystem hingegen nicht vor[554]. Hinsichtlich der Definition qualifizierter FuE-Aktivitäten orientiert sich auch Frankreich an den Bestimmungen des Frascati Manuals der OECD, sieht jedoch nicht für sämtlichen in Forschungsbezug stehenden Aufwand eine Begünstigung vor. So stellen ausschließlich zu Innovationen, d. h. zu neuen oder wesentlich verbesserten Produkten oder Prozessen führende Aufwendungen einen förderfähigen Sachverhalt dar, während Aufwand, der aus der reinen Nutzung vorhandenen Wissens resultiert, von einer Begünstigung ausgenommen bleibt[555].

Als primäre FuE-Fördermaßnahme Frankreichs sieht der auf einer volumenabhängigen Förderung basierende CIR eine Begünstigung von Forschungsaufwand vor, der im direkten Zusammenhang mit der Durchführung von Grundlagenforschung, angewandter Forschung und experimenteller Entwicklung betroffener Unternehmen steht[556]. Für eine Förderung qualifizierte Aufwendungen kommen vorrangig Abschreibungen auf bewegliche und unbewegliche Gegenstände des Anlagevermögens in Frage, die der Durchführung von FuE-Tätigkeiten dienen, des Weiteren solche auf Patente, Leasingraten für FuE-Material, Personalausgaben für Forscher und technische Mitarbeiter sowie

zung ausländischer Steueranreize, S. 564; Knupp M., in: Germany Trade & Invest (GTAI) (Hrsg.), Nationale Investitionsförderung – Frankreich, 2014, S. 2.

553 Schlösser J., in: iStR, Heft 16, 2009, Steuerliche Vergünstigungen für Forschung und Entwicklung in Frankreich, S. 557.

554 Scheunemann M. P., Dennisen A., in: DB, Heft 8, 2010, Steuerliche Strukturierung von Forschung und Entwicklung im internationalen Konzern, S. 409.

555 Herbold S., in: Bischoff J. G., Herzig N., Kellermann A. (Hrsg.), Steuer, Wirtschaft und Recht, Bd. 298, Steuerliche Anreize für Forschung und Entwicklung im internationalen Vergleich, 2009, S. 113.

556 Schlösser J., in: iStR, Heft 16, 2009, Steuerliche Vergünstigungen für Forschung und Entwicklung in Frankreich, S. 557; Art. 49 septies F CGI.

sämtliche Ausgaben zur Pflege, Eintragung und Rechtsverteidigung von Patenten[557]. Bei Unsicherheit hinsichtlich der Förderfähigkeit eines bestimmten FuE-Aufwands – darüber, ob eine Tätigkeit in den Förderrahmen des Art. 244 quater B CGI fällt – besteht neben der Möglichkeit zur eigenständigen Gesetzesrecherche zudem das Mittel eines Auskunftsersuchens gegenüber der französischen Finanzverwaltung[558]. Diese hat eine entsprechende Anfrage innerhalb einer Dreimonatsfrist zu beantworten, anderenfalls gilt eine positive Förderzusage als stillschweigend erteilt[559]. Liegt nachweislich qualifizierter FuE-Aufwand vor, gewährt Frankreich jedem gewerblich tätigen und nicht dem öffentlichen Sektor angehörigen Unternehmen unabhängig von seiner Rechtsform eine Gutschrift auf die schuldige Körperschafts- (Impôt sur les sociétés) oder Einkommensteuer (Impôt sur le revenu)[560]. Seit Novellierung der Fördermaßnahme zu Beginn des Veranlagungsjahres 2008[561] werden bis zu einer Obergrenze von 100 Mio. Euro 30 Prozent, oberhalb der Schwelle noch 5 Prozent der Forschungsaufwendungen zur Ermittlung einer Steuergutschrift herangezogen[562]. Diese wird begünstigten Unternehmen im Anschluss die Steuerschuld unmittelbar reduzierend gutgeschrieben, wobei weder das Vorliegen noch das Ausmaß einer bestehenden Steuerschuld für die Ermittlung der Förderhöhe von Bedeutung sind. Verfügen betroffene Unternehmen etwa infolge einer Verlustsituation über keine oder aber eine deutlich geringere Steuerschuld, als ihnen eine Steuergutschrift zusteht, sieht das französische Fördersystem zunächst einen Vortrag des ermittelten Förderbetrags für eine maximale Dauer von drei Jahren vor, bevor es zu einer Barauszahlung des bis zu diesem Zeitpunkt nicht verrechnungsfähigen und somit verbleibenden Steuerguthabens kommt.

557 Scheunemann M. P., Dennisen A., in: DB, Heft 8, 2010, Steuerliche Strukturierung von Forschung und Entwicklung im internationalen Konzern, S. 409.

558 Schlösser J., in: iStR, Heft 16, 2009, Steuerliche Vergünstigungen für Forschung und Entwicklung in Frankreich, S. 558.

559 Ebda.

560 Hildner M. J., Besteuerung von Forschung und Entwicklung – steuerliche Förderung von Forschung und Entwicklung, 2011, S. 8.

561 Krenz R., in iStR, Heft 5, 2008, Frankreich: Verbesserte steuerliche Rahmenbedingungen für Forschungs- und Entwicklungsaktivitäten, S. 10.

562 Kniese C., in: Drüen K.-D., Kube H., Wernsmann R. (Hrsg.), Finanz- und Steuerrecht in Deutschland und Europa, Bd. 21, Europarechtlicher Rahmen einer steuerlichen Förderung von Forschung und Entwicklung, 2013, S. 62; Art. 244 septies B CGI.

Um einen zusätzlichen Anreiz für Unternehmen zu schaffen, die sich bisher weniger intensiv mit Forschungstätigkeiten auseinandergesetzt haben, sieht das französische Steuersystem eine Erweiterung entsprechender Steuergutschrift auf 40 Prozent der Forschungsaufwendungen im ersten und 35 Prozent im zweiten Jahr der erstmaligen Inanspruchnahme für Unternehmen vor, die in den fünf vorangegangenen Jahren keinen Antrag auf Forschungsförderung gestellt haben[563].

Ein weiterer Sonderfall steuerschuldbezogener FuE-Förderung ist die Begünstigung sogenannter Kompetenzzentren (pôles de compétitivité)[564]. Dies sind räumlich begrenzte Gebiete, in denen sich Unternehmen, Hochschulen und private Forschungseinrichtungen zur gemeinsamen Arbeit an FuE-Projekten nach vorheriger Antragsgenehmigung durch den interministeriellen Ausschuss für Raumordnung und Wettbewerbsfähigkeit der Gebiete (Comité interministériel d'aménagement et de développement du territoire – CIACT) zusammenschließen. Die steuerlichen Begünstigungen eines solchen Kompetitivitätsclusters umfassen dabei zum einen die Körperschafts- und Einkommensteuerbefreiung für die ersten drei sowie eine 50-prozentige Befreiung für die zwei darauffolgenden Jahre[565]. Hinzu kommt eine über den gesamten Fünfjahreszeitraum laufende Befreiung von der Pauschal- und Grundsteuer sowie eine Minderung der Sozialversicherungsbeiträge auf den Arbeitslohn von FuE-Personal innerhalb des genehmigten Clusters[566].

Ein spezieller Steuersatz für Lizenzeinkünfte und Patentverkäufe bildet neben der Steuergutschrift in all ihren Ausprägungen das zweite Element französischer FuE-Förderung. Während sich der reguläre Körperschaftsteuersatz Frankreichs auf 33,3 Prozent beläuft, sieht das französische Steuerrecht im Rahmen der Forschungsförderung die Inanspruchnahme eines ermäßigten Steuersatzes von 15 Prozent für bestimmte Erträge aus dem Verkauf oder der Lizenzierung geistiger

563 Krenz R., in iStR, Heft 5, 2008, Frankreich: Verbesserte steuerliche Rahmenbedingungen für Forschungs- und Entwicklungsaktivitäten, S. 10.

564 Schlösser J., in: iStR, Heft 16, 2009, Steuerliche Vergünstigungen für Forschung und Entwicklung in Frankreich, S. 559 f.

565 Emter C., Steuerliche Berücksichtigung von Forschungs- und Entwicklungsaktivitäten, 2010, S. 29.

566 Ebda.

Eigentumsrechte vor[567]. So werden Körperschaften, die Einkünfte aus der Lizenzierung sowie Gewinne aus der Veräußerung von Immaterialgütern erzielen – hier vorrangig in Form von Patenten oder Rechten an Patenten –, mit einem reduzierten Steuersatz begünstigt, vorausgesetzt, diese wurden selbst entwickelt oder standen nach vorherigem Erwerb für mindestens zwei Jahre als Anlagevermögen im Eigentum des zu begünstigenden Unternehmens[568]. Für nicht der Körperschaftsteuer unterliegende Unternehmen ist der auf Lizenzeinkünfte und Patentverkäufe bezogene Steuersatz zunächst auf 16 Prozent festgelegt, muss jedoch um einen Sozialabgabenanteil von weiteren 12,1 Prozent erweitert werden[569], was dazu führt, dass ihm mit 28,1 Prozent nahezu jeglicher Fördercharakter abzusprechen ist. Begünstigt werden ausschließlich die durch Lizenz- und Patentverkäufe erzielten Ertragsüberschüsse, folglich die erzielten Einnahmen abzüglich der korrespondierenden Verwaltungsaufwendungen für entsprechende Rechte. Darunter fallen Aufwendungen für die Suche nach einem Lizenznehmer, Abschlusskosten von Lizenzen und Patenten oder Aufwendungen für eine dem Verkauf vorangegangenen Lizenz- und Patentpflege[570].

Eine KMU-spezifische FuE-Förderung ist im französischen Steuerrecht zwar grundsätzlich vorgesehen, jedoch auf junge und innovative KMU als anspruchsberechtigte Unternehmen beschränkt. Für die Festlegung qualifizierter KMU und förderfähigen Aufwands bedient sich Frankreich grundsätzlich einer am Frascati Manual orientierten Definition der Kommission, ergänzt diese jedoch um die Zusätze eines maximalen Unternehmensalters von acht Jahren, eines unternehmerischen Eigenkapitals von mindestens 50 Prozent sowie eines Minimalanteils von 15 Prozent sämtlicher FuE-Aufwendungen am Gesamtaufkommen

567 Brinkmann J., Maier A., Brandstätter D., in: iStR, Heft 16, 2009, Forschung und Entwicklung – Steueroptimierung durch Nutzung ausländischer Steueranreize, S. 564 f.; Schlösser J., in: iStR, Heft 16, 2009, Steuerliche Vergünstigungen für Forschung und Entwicklung in Frankreich, S. 561 f.

568 Emter C., Steuerliche Berücksichtigung von Forschungs- und Entwicklungsaktivitäten, 2010, S. 31; EY (Hrsg.), The 2010 worldwide corporate tax guide, 2010, S. 313.

569 Schlösser J., in: iStR, Heft 16, 2009, Steuerliche Vergünstigungen für Forschung und Entwicklung in Frankreich, S. 561 f.

570 Ebda.

der steuerlich abziehbaren Betriebsausgaben[571]. Durch die kumulative Anwendung entsprechender Einschränkungen auf die ursprüngliche KMU-Definition der Kommission reduziert die französische Regierung die Anzahl anspruchsberechtigter KMU für eine erweiterte FuE-Förderung deutlich. Der dadurch entstehende Anreiz für betroffene KMU, Forschung nicht nur in einem hohen Umfang, sondern auch in einem zeitlich engen Bezug zur Unternehmensgründung zu vollziehen, wird mit dem Verlust einer flächendeckenden KMU-Förderung erkauft.

Die letztendliche Steuerbegünstigung junger und innovativer KMU ist weitestgehend vergleichbar mit der zuvor genannter Kompetenzzentren, wurde jedoch um zwei weitere Förderelemente ergänzt. So besteht eine zusätzliche Vergünstigung qualifizierter Unternehmen in der Möglichkeit, sich eine zuvor ermittelte Steuergutschrift als direkte Bezuschussung auszahlen zu lassen, anstatt diese wie grundsätzlich vorgesehen mit der am Ende des Veranlagungsjahres anfallenden Einkommens- oder Körperschaftsteuer zu verrechnen bzw. im Verlustfall bis zu drei Jahre vorzutragen[572]. Dies ist ein geeignetes Mittel, der speziellen Problematik junger Unternehmen Rechnung zu tragen, in den Gründungsjahren oftmals geringe bis keine Einnahmen zu generieren und somit regelmäßig über keine verrechnungsfähige Steuerschuld zu verfügen[573]. Zur Direktauszahlung optierenden KMU ermöglicht dieses Verfahren, die reguläre Wartezeit von drei Jahren bis zur Auszahlung vorgetragener Fördermittel zu umgehen. Begünstigte Unternehmen können somit über eine direkte Kapitalerhöhung verfügen, wovon ein immenser Förderanreiz ausgeht. Eine weitere Begünstigung qualifizierter KMU besteht in der Befreiung vom Arbeitgeberanteil für Sozialabgaben für FuE-Personal, der über einen Zeitraum von acht Jahren

571 Emter C., Steuerliche Berücksichtigung von Forschungs- und Entwicklungsaktivitäten, 2010, S. 30.

572 Kniese C., in: Drüen K.-D., Kube H., Wernsmann R. (Hrsg.), Finanz- und Steuerrecht in Deutschland und Europa, Bd. 21, Europarechtlicher Rahmen einer steuerlichen Förderung von Forschung und Entwicklung, 2013, S. 66.; Herbold S., in: Bischoff J. G., Herzig N., Kellermann A. (Hrsg.), Steuer, Wirtschaft und Recht, Bd. 298, Steuerliche Anreize für Forschung und Entwicklung im internationalen Vergleich, 2009, S. 115.

573 Kniese C., in: Drüen K.-D., Kube H., Wernsmann R. (Hrsg.), Finanz- und Steuerrecht in Deutschland und Europa, Bd. 21, Europarechtlicher Rahmen einer steuerlichen Förderung von Forschung und Entwicklung, 2013, S. 66.

gewährt wird[574]. Dies ist ein nicht zu vernachlässigender Wettbewerbsvorteil, reduziert er doch die Personalkosten, die ein Unternehmen für hochqualifizierte Arbeitnehmer aus dem FuE-Segment zu tragen hat, mit direkten Auswirkungen auf die Kosten der durchgeführten FuE-Aktivität als solcher[575].

Zusammenfassend greift Frankreich auf ein etabliertes und in seinen Einzelelementen gut aufeinander abgestimmtes FuE-Fördermodell zurück. Die Konzentration der Forschungsförderung auf KMU stellt ein herausragendes Merkmal dieses Fördersystems dar, ist jedoch hinsichtlich seiner engen Definition der anspruchsberechtigten KMU zu hinterfragen. Die Beschränkung einer staatlichen Begünstigung auf junge und forschungsaktive Unternehmen zu Lasten einer flächendeckenden Unterstützung von KMU scheint zur Erreichung einer maximalen Anreizwirkung des französischen Fördermodells ebenso wenig zielführend wie die Voraussetzung einer mindestens 50-prozentigen Eigenkapitalquote. So verfügen insbesondere junge KMU in der Gründerphase regelmäßig nicht über das notwendige Eigenkapital, um die Vorgabe zu erfüllen, was eine derartige Zugangsvoraussetzung in Bezug auf KMU zumindest in Teilen ad absurdum führt.

3. FuE-Förderung von KMU in Österreich

Österreich orientiert sich bei seiner Definition des förderfähigen FuE-Aufwands an den Grundsätzen des Frascati Manuals, indem es durch Wahl eines Kombinationsbegriffs sowohl Aufwendungen aus den Bereichen Grundlagenforschung, angewandter Forschung wie auch experimenteller Entwicklung gleichermaßen zur Forschungsförderung zulässt[576]. Unter Forschung und Entwicklung sind gemäß dem

574 Schlösser J., in: iStR, Heft 16, 2009, Steuerliche Vergünstigungen für Forschung und Entwicklung in Frankreich, S. 560; Hornig M., in: BB, Heft 5, 2010, Steuerliche Förderung von Forschung und Entwicklung in Deutschland, S. 217.

575 Kniese C., in: Drüen K.-D., Kube H., Wernsmann R. (Hrsg.), Finanz- und Steuerrecht in Deutschland und Europa, Bd. 21, Europarechtlicher Rahmen einer steuerlichen Förderung von Forschung und Entwicklung, 2013, S. 67.

576 Unger H., in: Prisching M., Lenz W., Hauser W. (Hrsg.), Schriften zum Bildungsrecht und zur Bildungspolitik, Bd. 13, Forschungsförderung, 2009, S. 21.

abgestimmten Begriff alle schöpferischen Tätigkeiten zusammengefasst, „die auf systematische Weise unter Verwendung wissenschaftlicher Methoden mit dem Ziel durchgeführt werden, den Stand des Wissens zu vermehren, sowie neue Anwendungen dieses Wissens zu erarbeiten"[577]. Für sämtliche darunter zu verstehenden Aufwendungen sieht das österreichische Anreizsystem mit dem Frascati-Freibetrag und der Forschungsprämie zwei voneinander abweichende steuerliche Fördermodelle vor, zwischen denen die Unternehmen wählen können.

Unter der Bezeichnung *Frascati-Freibetrag* gewährt die österreichische Bundesrepublik seit Erlass des Konjunkturbelebungsgesetzes im Jahr 2002[578] eine Bemessungsgrundlagenbegünstigung in Form eines erhöhten Betriebsausgabenabzugs für qualifizierte FuE-Aufwendungen[579]. Seit Beginn des Veranlagungszeitraums 2004 und Erlass des Forschungsförderungs-Strukturreformgesetzes[580] beträgt dessen Höhe 25 Prozent sämtlichen förderfähigen Forschungsaufwands. Eine Erhöhung auf 35 Prozent (Erfinder-Freibetrag) ist möglich, wenn sich das zu fördernde Unternehmen entweder im Jahr der erstmaligen FuE-Durchführung befindet oder seinen durchschnittlich begünstigten FuE-Aufwand vorangegangener drei Jahre im Veranlagungsjahr übertreffen konnte[581]. Im Ergebnis sind bei Inanspruchnahme 125 bis 135 Prozent aller als Betriebsausgaben qualifizierten Forschungsaufwendungen von der Steuerschuld abzugsfähig, wobei als Förderung ausschließlich der 100 Prozent übersteigende Teil beziffert werden darf. Sämtlicher darunter liegende Abzug stellt auch in Österreich – dem objektiven Nettoprinzip folgend – lediglich einen ordentlichen Betriebsausgabenabzug ohne Fördercharakter dar. Sowohl dessen Abzug als auch der auf die Förderung zurückzuführende Abzug des Mehranteils erfolgt unabhängig von dem Erfolg der erbrachten FuE-Leistung, weshalb der

577 Ebda.

578 Konjunkturbelebungsgesetz 2002 v. 26.04.2002, BGBl. I 68/2002 (Österreich).

579 Emter C., Steuerliche Berücksichtigung von Forschungs- und Entwicklungsaktivitäten, 2010, S. 35; Herbold S., in: Bischoff J. G., Herzig N., Kellermann A. (Hrsg.), Steuer, Wirtschaft und Recht, Bd. 298, Steuerliche Anreize für Forschung und Entwicklung im internationalen Vergleich, 2009, S. 145.

580 Forschungsförderungs-Strukturreformgesetz v. 14.07.2004, BGBl. I 73/2004 (Österreich).

581 Hornig M., in: BB, Heft 5, 2010, Steuerliche Förderung von Forschung und Entwicklung in Deutschland, S. 216.

Frascati-Freibetrag auch bei Misserfolg des Forschungsprojekts geltend gemacht werden kann[582].

Alternativ zum erhöhten Betriebsausgabenabzug kann beim zuständigen Finanzamt entsprechend § 108 c Abs. 2 Z. 1 EStG eine steuerschuldbezogene Maßnahme in Form einer direkt zu erstattenden Forschungsprämie in Höhe von 10 Prozent der begünstigten FuE-Aufwendungen beantragt werden, die in ihrer derzeitigen Ausgestaltung als steuerschuldreduzierende Gutschrift keine steuerpflichtige Betriebseinnahme darstellt[583]. Seit 2012 haben betroffene Unternehmen zudem die Pflicht, für eigenbetriebliche Forschung und experimentelle Entwicklung ein Gutachten der österreichischen Forschungsfördergesellschaft (FFG) antragsbegleitend vorzulegen[584]. Dies ist eine zwingende Auszahlungsvoraussetzung entsprechender Forschungsprämie mit dem Ziel, den regionalen Finanzämtern eine Beurteilung der inhaltlichen Förderwürdigkeit geplanter FuE-Vorhaben zu erleichtern, ohne jedoch einen bindenden Charakter gegenüber diesen aufzuweisen. So steht es den Finanzämtern im Ergebnis frei, sich den Empfehlungen vorliegender FFG-Gutachten hinsichtlich ihrer Förderentscheidung anzuschließen oder nicht.

Eine kumulative Inanspruchnahme beider Arten steuerlicher FuE-Förderung schließt das österreichische Fördersystem ebenso aus[585] wie eine parallele Nutzung direkter und indirekter Begünstigungen, es sei denn, Erstere führen auf Unternehmensseite zu ausschließlich steuerpflichtigen Betriebseinnahmen[586]. Profitieren betroffene Unternehmen folglich bereits aus einer direkten Fördermaßnahme, aus der nicht

582 Fellinger M., Steuerliche Förderung von Forschung und Bildung, 2009, S. 68.

583 Bundesministerium für Finanzen (Österreich) (BMF), Gutachten für die Forschungsprämie, https://www.bmf.gv.at/steuern/selbststaendige-unternehmer/betriebsausgaben/Gutachten-Forschungspraemie.html (Stand: 20.04.2015).

584 Csanyi A., in: Industrie Magazin v. 26.11.2012, Neue Gutachten erschweren Forschungsprämie, 2012, http://www.industriemagazin.at/a/steuertipp-neue-gutachten-erschweren-forschungspraemie (Stand: 20.04.2015).

585 Fellinger M., Steuerliche Förderung von Forschung und Bildung, 2009, S. 69 ff.

586 Herbold S., in: Bischoff J. G., Herzig N., Kellermann A. (Hrsg.), Steuer, Wirtschaft und Recht, Bd. 298, Steuerliche Anreize für Forschung und Entwicklung im internationalen Vergleich, 2009, S. 146.

steuerpflichtige Einnahmen resultieren, scheidet eine zusätzliche Inanspruchnahme steuerlicher Begünstigungen aus.

Eine KMU-spezifische steuerliche FuE-Förderung ist im österreichischen Fördersystem grundsätzlich nicht vorgesehen, äußert sich jedoch mittelbar sowie unter zeitlicher Beschränkung in Form des Erfinder-Freibetrags. So ist anzunehmen, dass von einer erhöhten Begünstigung des erstmaligen FuE-Engagements nahezu ausschließlich KMU profitieren, da die Mehrheit der Großunternehmen den Zeitpunkt der erstmaligen FuE-Aktivität regelmäßig bereits durchlaufen hat. Ein im ersten Jahr der unternehmerischen Forschungstätigkeit nochmals um 10 Prozent erhöhter Betriebsausgabenabzug gegenüber bereits bestehender Begünstigung des Frascati-Freibetrags kann dabei durchaus eine KMU-spezifische Förderwirkung entfalten, wenngleich seine einjährige Begrenzung deutliche Forschungsanreize wieder relativiert. Eine derartige Beschränkung hindert betroffene Unternehmen nicht nur an der Durchführung zukünftiger FuE-Projekte, sondern ebenso an der finalen Umsetzung laufender, vorwiegend komplexer und langwieriger Forschungsvorhaben. Insbesondere gegenüber KMU beinhaltet diese Restriktion das Risiko, dass sie geplante Forschungsvorhaben nicht innerhalb vorgegebener Jahresfrist zum Abschluss bringen können und damit an die Grenzen der finanziellen Durchführbarkeit stoßen. So kann auch eine lediglich um 10 Prozent geringer ausfallende FuE-Förderung erhebliche Auswirkungen auf die oft eng bemessene Finanzplanung der KMU entfalten.

Die Forschungsprämie als alternatives Element österreichischer Forschungsförderung eignet sich in ihrer derzeitigen Ausgestaltung noch weniger zur Stimulierung KMU-spezifischer FuE-Tätigkeit. So kommt eine Veröffentlichung der UniCredit Bank Austria aus dem Jahr 2012 zu dem Ergebnis, dass eine entsprechende Prämie von KMU nur unterdurchschnittlich genutzt werde, während sie von nahezu allen forschenden Großunternehmen in Anspruch genommen wurde[587]. Dieses Ergebnis ist wenig überraschend, da bereits zwei Jahre zuvor, im Rahmen einer Systemevaluierung des österreichischen Forschungsförderungssystems, festgestellt wurde, dass seit Einführung der Forschungsprämie mehr als zwei Drittel der von ihr zur Verfügung gestellten

587 UniCredit Bank Austria (Hrsg.), Konkret, KMU und Innovation, 2012, S. 18.

Fördermittel an Unternehmen mit mehr als 500 Mitarbeitern und somit an Großunternehmen geleistet wurden[588]. Dieser Umstand hat sich auch durch die Einführung zusätzlicher Auflagen, etwa der Pflicht zur Einreichung von FFG-Gutachten bei Durchführung bestimmter FuE-Vorhaben, keineswegs zugunsten forschungswilliger KMU verschoben. Angesichts der Erweiterung bürokratischen Hürden erscheint es vielmehr fraglich, ob eine Forschungsprämie in Höhe von 10 Prozent des qualifizierten FuE-Aufwands überhaupt noch eine ausreichende Anreizwirkung entfaltet, KMU zu einer Erweiterung ihrer FuE-Tätigkeit zu animieren. Der ehemalige österreichische Nationalratsabgeordnete *Widmann* verneinte dies im Rahmen seiner Abgeordnetentätigkeit mehrfach, indem er regelmäßig auf die Notwendigkeit deutlicherer Anreize von Seiten des Staates aufmerksam machte, KMU zu einem höheren Kapitaleinsatz im Rahmen ihres FuE-Engagements zu bewegen. Als konkreter Plan folgte im Januar 2010 ein Entschließungsantrag an das österreichische Parlament, in welchem *Widmann* kooperierend mit weiteren Abgeordneten dieses aufforderte, eine Anhebung und Staffelung bestehender Forschungsprämie zugunsten von KMU vorzunehmen[589]. Während in Bezug auf Großunternehmen von einer ursprünglichen Förderprämienhöhe nicht abgewichen werden sollte, enthielt vorgelegter Antrag den Vorschlag einer an Unternehmensalter und größe orientierten, stufenweisen Steigerung der Prämie für KMU bis hin zu einer maximalen Förderhöhe von 20 Prozent des anfallenden FuE-Aufwands[590]. Unbeschadet der Tatsache, dass entsprechender Antrag noch zu keiner Umsetzung im österreichischen Parlament führte und eine auf ihn bezugnehmende Entscheidung letztmalig im Juni 2013 vertagt wurde, liefert er doch interessante Denkansätze hinsichtlich einer möglichen KMU-spezifischen steuerlichen FuE-Förderung für Deutschland insbesondere in Bezug auf Ausgestaltungsoptionen einer im deutschen Steuerrecht verankerten Förderprämie für unternehmerische FuE-Tätigkeit.

Insgesamt verfügt Österreich über ein kombiniertes und gut aufeinander abgestimmtes System direkter wie indirekter FuE-Förderung, wenngleich

588 Widman R., Grosz G., et al., Entschließungsantrag an das österreichische Parlament v. 29.01.2010 betreffend die Staffelung der Forschungsprämie zugunsten von KMU (940/A(E) XXIV.GP.

589 Ebda.

590 Ebda.

sich ungeachtet einer generellen Ausgewogenheit ein logischer Bruch innerhalb beider Fördervarianten in Bezug auf die KMU-spezifische Förderung erkennen lässt. Während sich das Gros direkter Förderprogramme am Strukturfonds der EU bedient und vorgegebene Förderschwerpunkte – darunter die Stärkung von KMU –, entsprechend unionspolitischen Vorgaben übernommen hat[591], lässt sich eine vergleichbare Schwerpunktsetzung zugunsten von KMU im steuerlichen Fördersystem bislang nicht finden. Unter Berücksichtigung der Tatsache, dass eine kumulative Inanspruchnahme direkter und steuerlicher Fördermaßnahmen im österreichischen Fördersystem regelmäßig ausscheidet, wird KMU die Entscheidung folglich leicht gemacht, zu KMU-spezifischen direkten Fördermodellen zu optieren. Das breitenwirksame Anreizpotenzial steuerlicher FuE-Förderung zur Generierung zusätzlicher FuE-Aktivität in KMU bleibt dadurch weitestgehend ungenutzt oder verliert sich infolge umfassender Mitnahmeeffekte durch die parallele Förderung von Großkonzernen. *Unger* beschreibt das österreichische Fördersystem daher als „Fördersupermarkt", in dem zwar unterschiedlichste Varianten unternehmerischer FuE-Förderung angeboten werden, es jedoch einer besseren Abstimmung der Förderangebote untereinander bedarf[592]. Eine solche gilt es im Rahmen der Ausgestaltung eines steuerlichen FuE-Fördermodells für KMU in Deutschland zu vollziehen.

591 Rieger H., Platzer A., Handbuch EU-konformer Förderungen, 2009, S. 17 (64 ff.).

592 Vgl. Unger H., in: Prisching M., Lenz W., Hauser W. (Hrsg.), Schriften zum Bildungsrecht und zur Bildungspolitik, Bd. 13, Forschungsförderung, 2009, S. 49.

E. Ausgestaltungsempfehlung eines steuerlichen FuE-Fördermodells für KMU in Deutschland

Wenngleich in Deutschland bereits seit Jahren über die Einführung einer steuerlichen Förderung von unternehmerischer FuE-Aktivität diskutiert wird, scheint die Umsetzung einer entsprechenden Gesetzgebung entgegen den Empfehlungen aus Politik und Wissenschaft und trotz eines kontinuierlichen Drängens der betroffenen Unternehmen weiterhin auszubleiben. Basierend auf den bisherigen Ergebnissen vorliegender Arbeit und unter Berücksichtigung der aktuellen Diskussion wird nachfolgend ein Vorschlag zur Ausgestaltung einer KMU-spezifischen steuerlichen FuE-Förderung für die Bundesrepublik dargestellt. Ihr FuE-Engagement – als eines der wesentlichsten Elemente wirtschaftlichen Wachstums und nachhaltiger Wettbewerbsfähigkeit – liegt im Förderfokus der Bundesregierung, da es deutlich stärker von den hemmenden Einflüssen einer allgemeinen Marktunzulänglichkeit betroffen ist als bei Großunternehmen. Zwar kommt es im Rahmen der Projektförderung bereits zu einer direkten Begünstigung betroffener Unternehmen, doch kann und sollte diese zur merklichen Attraktivitätssteigerung deutscher Forschungsförderung um das Element einer auf dem Steuerrecht basierenden indirekten Förderung ergänzt werden.

Durch eine Gegenüberstellung der ermittelten Vor- und Nachteile direkter wie indirekter Fördermaßnahmen wird nachfolgend zunächst auf die Vorteilhaftigkeit eines Politik-Mixes hingewiesen, bevor die Risiken einer entsprechenden Kombination in Bezug auf die Gefahr staatlicher Doppelbegünstigungen hervorgehoben werden. Es folgt eine zusammenfassende Darstellung unionsrechtlicher, insbesondere beihilferechtlicher Anforderungen und Gestaltungsspielräume in Bezug auf ein KMU-spezifisches steuerliches FuE-Anreizmodell unter

Einbezug bestehender Ausnahmeregelungen in Form der De-minimis-Verordnung, der AGVO und des neuen FuEuI-Unionsrahmens.

Die Aufstellung eines für die Bundesrepublik zweckdienlichen, steuerlichen FuE-Fördermodells hat auf Basis einer Wahl des geeigneten Anknüpfungspunktes und der die Bemessungsgrundlage bestimmenden Faktoren zu erfolgen. Dabei ist die für eine Förderung von KMU erfolgversprechendste Kombination von Fördermaßnahmen unter Berücksichtigung von Bemessungsgrundlage, Steuersatz oder Steuerschuld sowie inkrementeller, volumenbasierter oder auch kombinierter Ausgestaltung zu finden und sowohl steuerrechts- als auch unionsrechtskonform aufzubauen. Jegliche Ausgestaltung einer steuerlichen FuE-Förderung von KMU sollte sich dabei sowohl am aktuellen Frascati Manual der OECD hinsichtlich der Abgrenzung von Grundlagenforschung, angewandter Forschung sowie experimenteller Entwicklung als auch an der im Jahr 2003 erlassenen Kommissionsempfehlung zur Definition von KMU orientieren.

I. Politik-Mix

Orientiert an europäischen Zielvorgaben ist die aktuell in Deutschland zur Anwendung kommende Projektförderung, beispielhaft repräsentiert durch Maßnahmen wie KMU-innovativ oder das ZIM, deutlich auf die Förderung innovativer KMU ausgerichtet. Wenngleich entsprechende Forschungsförderprogramme in den letzten Jahren einen kontinuierlichen Zuwachs zu verzeichnen hatten, werden diese auch im Jahr 2015 nur von einem Bruchteil forschungswilliger KMU in Anspruch genommen. Grund dafür sind die im Rahmen der Abgrenzung direkter von indirekter FuE-Förderung bereits ermittelten systemtypischen Defizite der jeweiligen Fördermodelle, wie sie in *Abbildung 21* aufgezeigt sind. Für KMU bestehen diese hinsichtlich direkter Projektförderung vorrangig aus einem zu hohen bürokratischen Aufwand resultierend aus der Komplexität angewandter Antragsverfahren sowie einer fehlenden Anspruchsberechtigungen bei Ausrichtung des unternehmenseigenen FuE-Engagements auf ein aus staatlicher Sicht nicht förderfähiges Forschungsgebiet.

Während sich direkte Projektförderung primär für eine zielgerichtete Begünstigung von im staatlichen Interesse liegenden Forschungsgebieten unter größtmöglicher Reduzierung von den Staatshaushalt belastenden Mitnahmeeffekten eignet, mangelt es ihr jedoch an einer aus gesamtwirtschaftlicher Sicht anzustrebenden Breitenwirkung. Insbesondere für KMU stellt ein auf dem Steuerrecht basierendes Anreizsystem ein wesentlich zugänglicheres und zuverlässiger in die mittelfristige Finanzplanung mit einzubeziehendes Förderinstrument dar. Durch einen bereits bestehenden Rechtsanspruch entfällt für die betroffenen Unternehmen zum einen die Notwendigkeit, komplexe Antragsverfahren zu durchlaufen, zum anderen sollte ein Großteil der offenen Fragen zur Inanspruchnahme entsprechender Fördermittel bereits auf Steuerberatungsebene zu lösen sein.

Zusammenfassend bleibt die hervorgehobene Eignung indirekter FuE-Fördermaßnahmen zur Begünstigung des KMU-spezifischen Forschungsengagements festzuhalten, während auch direkten Projektfördermodellen ihre Daseinsberechtigung zuzugestehen ist, insbesondere zur zielgerichteten Förderung staatlich fokussierter Forschungsbereiche.

Vor- und Nachteile direkter wie indirekter FuE-Förderung		
Direkte FuE-Förderung (Projektförderung)		**Indirekte FuE-Förderung (steuerliche Förderung)**
Förderung vordefinierter Technologie- und Wissensbereiche	**Förderneutralität**	Branchen- und technologieneutrale Förderung
Antragsverfahren ohne Rechtsanspruch	**Rechtsanspruch**	Steuerrechtlich begründeter Rechtsanspruch
Keine Planbarkeit durch ergebnisoffenes Antragsverfahren	**Planbarkeit**	Planbarkeit durch bestehenden Rechtsanspruch
Bei Bedarf direkte staatliche Einflussnahme auf die Förderprojekte, ggf. Benennung von Auflagen	**Staatliche Einflussnahme**	Staatliche Einflussnahme ausschließlich im Rahmen der Ausgestaltung steuerrechtlicher Rahmenbedingungen möglich
Begrenzte Breitenwirkung durch individuelles Antragsverfahren	**Breitenwirkung**	Hohe Breitenwirkung durch eine in das Steuersystem eingebundene Förderung
Reduzierung von Mitnahmeeffekten durch individuelles Antragsverfahren	**Mitnahmeeffekte**	Hohe Gefahr von Mitnahmeeffekten durch eine in das Steuersystem eingebundene Förderung
Geringe Haushaltsbelastung durch niedrige Breitenwirkung und limitierte Fördermittelkontingente	**Haushaltsbelastung**	Hohe Haushaltsbelastung durch deutliche Breitenwirkung und Gefahr von Mitnahmeeffekten
Hoher Verwaltungsaufwand auf Staats- und Unternehmensseite aufgrund komplexen Antragsverfahrens	**Verwaltungsaufwand**	Geringer Verwaltungsaufwand bei Integration förderspezifischer Dokumentationspflicht in die allgemeine steuerliche Nachweispflicht
Reduzierte Zugänglichkeit durch komplexes Antragsverfahren und fehlende Förderneutralität	**Zugänglichkeit**	Einfache Zugänglichkeit durch bestehenden Rechtsanspruch und bestehende Förderneutralität
Durch Bereitstellung von Fördermitteln gegeben	**Anreizwirkung**	Durch Bereitstellung von Fördermitteln gegeben

Abbildung 21: Vor- und Nachteile direkter wie indirekter FuE-Förderung

Quelle: Eigene Darstellung

Wenngleich zunächst von einer deutlichen Haushaltsmehrbelastung auszugehen ist, sollte die Einführung einer steuerlichen FuE-Förderung von KMU ergänzend zur bereits bestehenden Projektförderung in Form eines Politik-Mixes erfolgen. Ob und in welchem Zeitfenster eine Amortisierung der anfänglichen Mehrausgaben des Staates, infolge eines gesteigerten Investitionsaufkommens und sich daraus ergebender Steuermehreinnahmen, zu erwarten ist, kann ohne Erfahrungswerte nicht mit Sicherheit bestimmt werden. Die Rentabilitätsprüfung eines aus direkten und indirekten Maßnahmen bestehenden Förderkonzeptes sollte nicht vor Gewährung einer mindestens mittelfristigen Umsetzungsperiode erfolgen. Nur so ist es den Unternehmen überhaupt möglich, die Inanspruchnahme steuerlicher Fördermittel in die taktische, unter Umständen auch strategische Unternehmensplanung aufzunehmen. Eine angemessene Anpassungszeit ist an dieser Stelle von staatlicher Seite zu gewähren.

II. Ausschluss von Doppelbegünstigungen

Kommen innerhalb eines staatlichen FuE-Förderkonzeptes sowohl direkte als auch indirekte Förderinstrumente zur Anwendung, besteht die Gefahr der Doppelbegünstigung. Zur Vermeidung einer Doppelbelastung des Staatshaushaltes auf der einen sowie zur Reduzierung ungleicher unternehmerischer Wettbewerbsvoraussetzungen auf der anderen Seite gilt es, eine steuerliche Forschungsförderung derart in das aktuelle Projektfördermodell zu integrieren, dass eine Inanspruchnahme beider Maßnahmen aus Unternehmenssicht zwar grundsätzlich gestattet, für ein und dasselbe Forschungsprojekt jedoch ausgeschlossen wird. Im Rahmen der direkten Projektförderung bereits erhaltene Fördermittel sollten innerhalb projektbezogener Grenzen auf eine steuerrechtliche Förderung anzurechnen sein und würden diese im ermittelten Umfang reduzieren, je nach letztendlicher Ausgestaltung gar verhindern. Unternehmen mit Forschungsaktivitäten sowohl im Bereich bereits geförderter Technologie- und Themenfelder als auch mit darüber hinausragendem FuE-Engagement hätten bei Implementierung eines entsprechenden Förderkonzeptes die Möglichkeit, die Vorteile sowohl zielgerichteter und auf ihr Unternehmen abgestimmter Projektförderung weiterhin zu nutzen, als auch für sämtliche darüber hinausreichenden Forschungsaktivitäten eine steuerrechtsbasierte FuE-Förderung in Anspruch zu nehmen. Ein vollständiger Verzicht auf direkte staatliche Förderung, etwa um zeitintensive Antragsverfahren zu umgehen, ließe gar eine vollumfängliche Inanspruchnahme indirekter Fördermittel für sämtliches Forschungsengagement zu. Dies wäre eine interessante Gestaltungsmöglichkeit insbesondere für bürokratiemüde und antragsscheue KMU mit dem für ihre Unternehmensgröße typischen Interesse an finanzieller Planungssicherheit.

Ein weiteres Doppelförderrisiko wäre bei Einführung einer steuerlichen FuE-Förderung im Bereich der Auftragsforschung zu erwarten. So greifen insbesondere KMU aufgrund limitierter infrastruktureller Voraussetzungen und geringerer unternehmensinterner FuE-Ressourcen regelmäßig auf das Mittel extern vergebener Forschungsprojekte zurück. Eine doppelte Beanspruchung steuerlicher FuE-Förderung kann in solchen Fällen nur durch eine vorausgehende Regulierung der Anspruchsberechtigung – sowohl von Auftraggeber als auch Auftragnehmer – seitens des Staates verhindert werden. Der betriebswirtschaftlichen Logik und Rechtfertigungsgrundlage privatwirtschaftlicher Forschungsförderung folgend, sollte eine steuerliche FuE-Förderung in diesem Zusammenhang lediglich für diejenigen Akteure spürbar werden, die aufgrund des Vorliegens von Marktunzulänglichkeiten auch verminderte FuE-Anreize wahrnehmen[593]. Forschungstätigkeiten, die im Auftrag sowie auf Kosten Dritter durchgeführt werden und im Rahmen derer das wirtschaftliche Risiko der Verwertung ausschließlich beim Auftraggeber zu verorten ist, sollten beim Auftragnehmer folglich nicht für eine Förderung berücksichtigungsfähig sein[594]. Dieser erhält unabhängig von den Auswirkungen allgemeiner Marktinsuffizienz regelmäßig eine Vergütung für die Durchführung vertraglich festgelegter FuE-Aktivitäten, so dass eine Bereitstellung weiterer Finanzmittel im Rahmen staatlicher Fördermaßnahmen keinen entscheidenden Einfluss mehr auf den Umfang entsprechender FuE-Aktivitäten hätte.

Zusammenfassend ist ein steuerliches FuE-Fördermodell für Deutschland derart auszugestalten, dass es seine Anspruchsberechtigung und damit seinen Verteilungsschlüssel staatlicher Fördermittel streng an die Aufteilung des wirtschaftlichen Risikos begünstigter Projekte knüpft. Nur wer von den Auswirkungen allgemeiner Marktinsuffizienz betroffen ist, sollte berechtigt sein, staatliche Fördermittel zur Abschwächung dieser Effekte in Anspruch zu nehmen. Mitnahmeeffekte gilt es in diesem Bereich nicht zuletzt aus haushaltspolitischer Sicht auf ein Minimum zu reduzieren.

III. Unionsrechtliche Grenzen und Möglichkeiten

Bei Implementierung eines steuerlichen Anreizsystems zur Steigerung der unternehmensinternen FuE-Aktivität von KMU gilt es, eine Ver-

593 Spengel C., MPI Studies on Intellectual Property, Competition and Tax Law, Vol. 8, Steuerliche Förderung von Forschung und Entwicklung (FuE) in Deutschland, 2009, S. 88.

594 Ebda.

letzung primärrechtlicher Vorgaben der Union zwingend zu vermeiden. Ein besonderes Augenmerk ist in diesem Zusammenhang auf die Wahrung unionsrechtlicher Grundfreiheiten, hier vorrangig die Niederlassungs- und Dienstleistungsfreiheit, zu legen. Diese dienen letztendlich dazu, einen diskriminierungs- und beschränkungsfreien Wirtschaftsraum innerhalb der europäischen Grenzen zu etablieren. Durch Doppelauslegung der Grundfreiheiten als spezielle Diskriminierungs- und Beschränkungsverbote beabsichtigt der EuGH eine Gleichbehandlung von Staatsangehörigen anderer Mitgliedstaaten im Inland zu erreichen und eine Behinderung von Inländern auszuschließen, die von ihren Marktfreiheiten in einem anderen Mitgliedstaat Gebrauch machen. Aus der steuerrechtlichen Gleichbehandlung von durch einen EU-Ausländer erwirtschafteten inländischen Einkünften mit denen des Steuerinländers ergibt sich für die Ausgestaltung einer indirekten FuE-Förderung die Auflage, dass diese sämtlichen inländisch steuerpflichtigen Unternehmen auf ihre im Inland erbrachten FuE-Leistungen gleichermaßen zugänglich sein muss, vorausgesetzt, diese sind hinsichtlich Unternehmensart, größe, umsatz, Tätigkeitsfeld und Marktstellung miteinander vergleichbar. Wenngleich unter Berufung auf den Europäischen Fonds für regionale Entwicklung (EFRE) eine Gebietsbeschränkung hinsichtlich der Auswahl anspruchsberechtigter KMU grundsätzlich auch ohne Grundfreiheitsverstoß möglich ist, sollte dennoch auf eine Inanspruchnahme entsprechender Ausnahmeregelung im Hinblick auf eine Vermeidung inländischer Wettbewerbsverzerrungen verzichtet werden.

Im Rahmen der europäischen Beihilfekontrolle greift die Kommission unter Anwendung einer Kombination aus lenkenden Vorgaben und Ausnahmen indirekt in die Beihilfepolitik der jeweiligen Mitgliedstaaten ein. Das Ziel eines solchen Eingriffs ist dabei immer eine Reduzierung von Wettbewerbsverzerrungen im Binnenmarkt durch Beschränkung von Handlungsoptionen der Mitgliedstaaten, ohne jedoch deren individuelle beihilfepolitische Gestaltungsfreiheit zu beschneiden.

Basierend auf den bisherigen Ergebnissen vorliegender Arbeit erfüllt eine auf KMU begrenzte steuerliche FuE-Forschungsförderung sämtliche Voraussetzungen des Art. 107 Abs. 1 AEUV, was sie grundsätzlich als eine mit dem Gemeinsamen Markt unvereinbare staatliche Beihilfe qualifiziert. Sie ist aus staatlichen Mitteln gewährt, begünstigt bei Inanspruchnahme bestimmte Unternehmen, wirkt aufgrund ihres auf KMU limitierten Kreises anspruchsberechtigter Unternehmen, als Teil der Gesamtheit aller sich in vergleichbarer tatsächlicher und rechtlicher Situation befindlichen Unternehmen, hoch selektiv und beinhaltet daher ein Risiko, das den Wettbewerb zu verfälschen sowie den Handel zu beeinträchtigen droht[595]. Art. 107 Abs. 3 AEUV gestattet jedoch die Definition von im Ermessen der Kommission liegenden Ausnahmetatbeständen, wonach als Beihilfen im Sinne des Art. 107 Abs. 1 AEUV qualifizierte Zuwendungen bei Erfüllung gewisser Voraussetzungen dennoch als mit dem Binnenmarkt vereinbar angesehen und genehmigt werden können. Die Kriterien, anhand derer sich letztendlich entscheidet, ob ein mitgliedstaatliches FuE-Fördermodell zu bewilligen oder zu versagen ist, orientieren sich dabei vorrangig an einer Reihe sekundärrechtlicher Vorschriften, erlassen von der Kommission. Diese sind vorrangig die De-minimis-Verordnung, in deren Anwendungsbereich ein Beihilfetatbestand direkt verneint wird, der FuEuI-Unionsrahmen als Nachfolger des FuEuI-Gemeinschaftsrahmens und die neue Gruppenfreistellungsverordnung. Innerhalb der Europäischen Union bilden entsprechende Regelungen zur Beihilfekontrolle gemeinsam mit den Grundfreiheiten ein enges Verbote-Ausnahmen-Netz, das ausschließlich solche staatlichen FuE-Förderprogramme zur Umsetzung zulässt, aus denen keine den Handel beeinträchtigenden Wettbewerbsverzerrungen resultieren oder aber solche, bei denen legitimierte Rechtfertigungsgründe für einen etwaigen Eingriff vorliegen. Wird eine gemäß Art. 107 Abs. 1 AEUV als grundsätzlich mit dem Gemeinsamen Markt unvereinbare Beihilfe ohne Prüfung durch die Kommission bzw. ohne Rückgriff auf entsprechende Ausnahmetatbestände in das nationale Steuerrecht implementiert, kommt es zu einer Unionsrechtsverletzung, deren Ahndung mit erheblichen Konsequenzen für den betroffenen Mitgliedstaat verbunden sein kann.

Von der Ausrichtung eines steuerlichen FuE-Fördermodells für Deutschland an der bestehenden De-minimis-Verordnung ist nicht zuletzt in Erwartung mangelnder Anreizeffekte dringend abzuraten. Der Kapitalausstattung betroffener Unternehmen geschuldet, entwickelt sich der FuE-Aufwand erfahrungsgemäß proportional zur Unternehmensgröße, weshalb ein Großteil der von KMU erbrachten Forschungsleistungen

595 Vgl. Abschnitt C. II. 3. c) bb).

außerhalb von Kleinstunternehmen[596] erbracht wird. In Anbetracht eines durchschnittlichen Jahresumsatzes von über 570.000 Euro pro KMU – der sich ohne die Berücksichtigung von Kleinstunternehmen auf über 4 Mio. Euro nahezu vervierfacht[597] –, kann von einem Förderprogramm mit 200.000 Euro maximaler Fördersumme, verteilt auf einen Zeitraum von drei Jahren, kein entscheidender Anreiz zur Steigerung der unternehmerischen FuE-Aktivität erwartet werden. So ist insbesondere für mittlere Unternehmen eine durchschnittliche Förderleistung von 67.000 Euro pro Jahr kaum ausreichend, um eine Steigerung des FuE-Engagements nachhaltig zu begründen. Ein positiver Effekt der De-minimis-Beihilfe, staatliche Zuwendungen innerhalb ihrer Einflusssphäre ungeachtet Art. 107 Abs. 1 AEUV erst gar nicht als Beihilfen zu klassifizieren, sollte insbesondere zur Förderung kleiner FuE-Projekte auch innerhalb des deutschen FuE-Fördersystems ergänzend in Anspruch genommen werden. Als Obergrenze einer steuerlichen FuE-Förderung deutscher KMU scheint der entsprechende Ausnahmetatbestand jedoch hinsichtlich seines Förderpotenzials zu begrenzt und daher weitestgehend ungeeignet zu sein.

Die Ausrichtung einer steuerlichen FuE-Förderung für KMU am Ausnahmetatbestand der AGVO bietet zwei entscheidende Vorteile: zum einen den Wegfall der gemäß Art. 108 Abs. 3 AEUV grundsätzlich für sämtliche Mitgliedstaaten vorgesehenen Anmeldeverpflichtung geplanter Beihilfemaßnahmen gegenüber der Kommission und zum anderen einen weit höheren Anreizeffekt zur Generierung zusätzlichen FuE-Engagements infolge erst kürzlich verdoppelter Förderobergrenzen. Zu berücksichtigen sind in diesem Zusammenhang die unterschiedlichen Anmeldeschwellen und maximalen Beihilfeintensitäten der AGVO sowohl für Beihilfen zur Förderung von Forschung, Entwicklung und Innovation als auch für solche zur Begünstigung von KMU[598], wobei sich aus Erstgenannten aufgrund ihrer nominal höheren Grenzwerte regelmäßig die tatsächliche Begrenzung staatlichen Gestaltungsfreiraums ergibt. Den durchschnittlichen Jahresumsatz aller deutschen KMU in Höhe von 570.000 Euro erneut berücksichtigend – 4 Mio. Euro ohne

596 Vgl. Abschnitt B. I. 1.
597 IfM (Hrsg.), KMU in Deutschland gemäß der KMU Definition der EU-Kommission, 2014, S. 1.
598 Vgl. Abschnitt C. II. 3. c) cc) (3).

Einbezug von Kleinstunternehmen – sind die verdoppelten Förderhöchstsätze der neuen AGVO mit einer Bandbreite zwischen 5 und 40 Mio. Euro maximal zulässiger Beihilfe pro Unternehmen und Forschungsvorhaben als ausreichend zu bewerten, um die Forschungsaktivität anspruchsberechtigter Unternehmen nachhaltig zu stimulieren. Die maximalen Beihilfeintensitäten bewegen sich ergänzend zu entsprechenden Förderhöchstsätzen innerhalb einer Bandbreite von 15 bis 100 Prozent sämtlicher beihilfefähiger Kosten. So sieht die neue AGVO eine maximale Förderung der unternehmerischen FuE-Aktivität in Höhe von 100 Prozent der beihilfefähigen Kosten für die Grundlagenforschung, von 50 Prozent für angewandte Forschung sowie 25 Prozent für experimentelle Entwicklung vor. Wird im Rahmen der Ausgestaltung eines steuerlichen FuE-Förderkonzeptes für Deutschland auf die Differenzierung des förderfähigen FuE-Engagements entsprechend den Vorgaben des Frascati Manuals verzichtet, ist stets die niedrigste Förderhöchstintensität als für sämtliche Fördermodelle bindend anzusehen. Dieser Umstand trägt eine vermeidbare Limitierung des staatlichen Gestaltungsspielraums in sich und sollte bereits aus gesamtwirtschaftlichen Gründen – unter Berücksichtigung der unterschiedlichen Bedeutung von Grundlagenforschung und experimenteller Entwicklung für eine Volkswirtschaft – zwingend vermieden werden.

Wird seitens der Bundesregierung die Implementierung eines steuerlichen FuE-Fördermodells für KMU oberhalb der Anmeldeschwellen der AGVO präferiert, unterliegt das daraus resultierende Fördermodell entsprechend Art. 108 Abs. 3 AEUV einer grundsätzlichen Genehmigungspflicht gegenüber der Kommission. Diese veranlasst auf Basis des FuEuI-Unionsrahmens eine Vereinbarkeitsprüfung, an deren Ende nur dann eine Zulassung der beabsichtigten staatlichen Maßnahme steht, wenn diese ein gleichermaßen erforderliches, geeignetes, angemessenes und transparentes Anreizmodell darstellt, dessen negative Wettbewerbs- und Handelsauswirkungen in einem positiven Verhältnis zu den mit der Beihilfe beabsichtigten Zielen von gemeinsamem Interesse stehen[599]. Bei Erfüllung vorliegender Voraussetzungen ermöglicht eine am FuEuI-Unionsrahmen orientierte Ausgestaltung eines steuerlichen FuE-Fördermodells zwar die Inanspruchnahme höherer Beihilfehöchstintensitäten, als sie innerhalb des Geltungsbereichs der AGVO zuläs-

599 Vgl. Abschnitt C. II. 3. c) cc) (2).

sig sind, jedoch besteht die Kehrseite in einem höheren bürokratischen Aufwand und im Risiko eines aus der Notifizierungspflicht resultierenden Genehmigungsverfahrens. Ob sich ein entsprechender Mehraufwand allein durch die Möglichkeit zur Generierung zusätzlicher FuE-Anreize rentiert, kann nur im Rahmen einer Einzelfallbetrachtung der beabsichtigten Fördermodelle bewertet werden. Für die Ausgestaltung von auf die Förderung von KMU beschränkten Maßnahmen ist dies voraussichtlich jedoch regelmäßig zu verneinen.

IV. Anknüpfungspunkt und Bemessungsgrundlage

1. Anknüpfungspunkt

Die Wahl des Anknüpfungspunktes einer steuerlichen FuE-Förderung hat entscheidende Auswirkungen auf den Anreizeffekt der entsprechenden Maßnahme. Es besteht somit die zwingende Notwendigkeit, diesen entsprechend dem gesetzten Förderziel auszuwählen und inhaltlich darauf abzustimmen. Wie im Rahmen der vergleichsweisen Betrachtung bestehender Fördermodelle der Mitgliedstaaten bereits aufgezeigt[600], finden sich innerhalb der Europäischen Union drei unterschiedliche Anknüpfungspunkte indirekter Forschungsförderung wieder: So setzen Großbritannien und Österreich auf eine Kombination aus bemessungsgrundlagen- und steuerschuldbezogenen Forschungsanreizen, wenn auch in voneinander abweichender Ausprägung, während Frankreich ein Kombinationsmodell aus an der Steuerschuld wie auch am Steuersatz anknüpfender Förderung präferiert. Basierend auf den bisherigen Forschungsergebnissen vorliegender Arbeit ist hinsichtlich der Ausgestaltung eines steuerlichen Anreizsystems zur Attraktivitätssteigerung der FuE-Tätigkeit von KMU eine Anknüpfung an der Steuerschuld betroffener Unternehmen zu empfehlen. Zu verwerfen sind sowohl an der Bemessungsgrundlage als auch am Steuersatz orientierte FuE-Fördermodelle, da von diesen insbesondere gegenüber KMU eine deutlich eingeschränkte Anreizwirkung zu erwarten ist.

600 Vgl. Abschnitt D. IV.

Allen an der Bemessungsgrundlage orientierten Förderungen ist gemein, dass sie ihre unmittelbare Förderwirkung ausschließlich bei Vorlage einer entsprechend positiven Basis entfalten. Aus den Gründungsjahren resultierende Verlustvorträge wie auch unternehmensbedingt dünnere Finanzpolster sorgen bei jungen Unternehmen und KMU jedoch regelmäßig dafür, dass eine entsprechend positive Bemessungsgrundlage zum Zeitpunkt der potenziellen Begünstigung nicht vorliegt und unter Umständen auch in zukünftigen Perioden ausbleibt. Gewährte Fördermittel sind in solchen Fällen lediglich über den Mechanismus des Verlustabzugs durch die betroffenen Unternehmen zu nutzen, vorausgesetzt, eine entsprechend mittelbare Nutzung wird im zukünftigen Fördermodell berücksichtigt. In Österreich, wo eine bemessungsgrundlagenorientierte FuE-Förderung in Form eines erhöhten Betriebsausgabenabzugs für FuE-Aufwand den Schwerpunkt des vorliegenden Anreizsystems darstellt, findet eine KMU-spezifische Forschungsförderung grundsätzlich nicht statt. Großbritannien kompensiert die Mindereignung seines vorrangig an der Bemessungsgrundlage orientierten Fördermodells hinsichtlich einer Anreizbildung gegenüber KMU durch wahlweise Gewährung einer Steuergutschrift, sofern es den Unternehmen an einer verrechnungsfähigen Bemessungsgrundlage mangelt.

Steuersatzbezogene Begünstigungen unternehmerischen FuE-Engagements setzen regelmäßig bereits den Abschluss der zu begünstigenden Forschungsaktivität voraus, indem sie an den Ergebnissen von dessen letztendlicher Nutzung anknüpfen. So sieht etwa Frankreichs steuerrechtsbasiertes Anreizsystem einen reduzierten Steuersatz für Lizenzeinkünfte und Patentverkäufe vor, was die Bedingung einer der Förderung vorangehenden erfolgreichen wirtschaftlichen Verwertung von FuE-Ergebnissen verdeutlicht. Für die Ausgestaltung einer auf KMU begrenzten steuerlichen FuE-Förderung, insbesondere mit dem Ziel der Generierung zusätzlichen oder erstmaligen FuE-Engagements, ist eine Anknüpfung der Fördermaßnahme an der Steuerschuld folglich nicht zu empfehlen. Während KMU infolge regelmäßig geringerer Kapitalausstattungen insbesondere in der Start- oder Ausbauphase unternehmensinternen FuE-Engagements auf staatliche Unterstützungsleistungen zur Kompensierung der Auswirkungen allgemeiner Marktunzulänglichkeiten angewiesen sind, entfalten steuersatzbezogene Begünstigungen ihre Förderwirkung erstmals nach erfolgreichem Abschluss eben dieses Forschungsabschnitts. Damit weist ein Großteil der erfolgsorientierten Fördermodelle in der für KMU entscheidenden Phase eine eher abschreckende Wirkung hinsichtlich der Aufnahme neuer und somit risikobehafteter Forschungsprojekte auf, da bei Abbruch oder unrentablem Abschluss der Forschungsleistung angefallener FuE-Aufwand von staatlicher Begünstigung ausgeschlossen bliebe und betroffene Unternehmen verpflichtet wären, sämtliche Aufwendungen selbst zu tragen. Ein am Steuersatz anknüpfendes FuE-Fördermodell kommt somit einer Begünstigung von Unternehmen entgegen, die mit den Ergebnissen der eigenen FuE-Tätigkeit bereits erfolgreich am Markt tätig sind, was auf KMU jedoch in den wenigsten Fällen zutrifft.

Eine als Gutschrift ausgestaltete und direkt an der Steuerschuld anknüpfende FuE-Förderung wird – in teilweise unterschiedlicher Ausprägung – bereits seit Jahren in allen drei berücksichtigten EU-Mitgliedstaaten wie auch auf außereuropäischer Ebene erfolgreich angewandt. Aufgrund seiner überdurchschnittlich hohen Anreizwirkung gegenüber jungen und/oder kleinen Unternehmen ist der *tax credit* als Kernelement einer KMU-spezifischen steuerlichen FuE-Förderung auch für die Bundesrepublik mit Nachdruck zu empfehlen. Da ein bestimmter Anteil des in der betrachteten Periode entstandenen FuE-Aufwands direkt von der Steuerschuld in Abzug gebracht werden kann und die verschiedenen Forschungsaufwendungen bei der Ermittlung des Abzugsbetrags anteilig stark gewichtet werden können, stellt die Steuergutschrift ein gleichermaßen liquiditätswirksames wie flexibles Förderinstrument dar[601]. Gegenüber KMU entfaltet der unmittelbar liquiditätswirksame Effekt des Fördersystems eine hohe Anreizwirkung zur Fortführung oder Begründung unternehmerischer FuE-Aktivität. Aufgrund der Tatsache, dass der begünstigungsfähige FuE-Aufwand und damit auch die fortlaufende Höhe der zu erwartenden Steuergutschrift bekannt sind, werden KMU in die Lage versetzt, bereits im laufenden Wirtschaftsjahr mit den durch die niedrigere Steuerschuld eingesparten Finanzmitteln zu wirtschaften und unter Umständen gar neue FuE-Projekte umzusetzen.

Durch eine flexible Gewichtung der unterschiedlichen FuE-Aufwendungen im Rahmen einer Ermittlung des finalen Abzugsbetrags – etwa unterschieden entsprechend den Vorgaben des Frascati

601 Hildner M. J., Besteuerung von Forschung und Entwicklung – steuerliche Förderung von Forschung und Entwicklung, 2011, S. 5.

Manuals – wahrt sich der Staat ein gewisses Lenkungspotenzial. So können unterschiedliche Abzugsbeträge aus einem identisch hohen FuE-Aufwand resultieren, in Abhängigkeit davon, ob sich entsprechende Aufwendungen auf eine FuE-Tätigkeit im Bereich der Grundlagenforschung, der angewandten Forschung oder der experimentellen Entwicklung beziehen. Dies kommt einer gesamtwirtschaftlichen Optimierung des FuE-Anreizsystems zugute und deckt sich mit den förderpolitischen Absichten der Union, die sowohl in der AGVO als auch im neuen FuEuI-Unionsrahmen eine gestaffelte Fördergewichtung der drei entsprechend dem Frascati Manual voneinander abweichenden Forschungsarten vorsieht. Vorrangig den Auswirkungen einer allgemeinen Marktinsuffizienz geschuldet, reduziert sich der unternehmerische Anreiz zur Durchführung von FuE-Aktivitäten mit zunehmender Marktferne. So gehen von FuE-Projekten im Bereich der experimentellen Entwicklung regelmäßig deutlich höhere Durchführungsanreize aus, als es von solchen auf dem Gebiet der Grundlagenforschung zu erwarten ist, während sich ein volkswirtschaftlicher Nutzen entsprechender Forschungsergebnisse regelmäßig gegenteilig darstellt. Diesem Missverhältnis kann mit einer unterschiedlichen Aufwandsgewichtung im Rahmen der zukünftigen FuE-Förderung entgegengewirkt werden, ohne bestehende unternehmerische Freiheiten direkt zu beschneiden. Der Bundesrepublik ist folglich ein gesamtwirtschaftlich optimiertes FuE-Fördermodell zu empfehlen, das unterschiedliche Steuergutschriften für nominal identischen FuE-Aufwand vorsieht, in Abhängigkeit von dessen jeweiliger Forschungsart entsprechend den Vorgaben des Frascati Manuals. Den KMU würde so ein größerer Anreiz zur Durchführung gesamtwirtschaftlich nützlicher Grundlagenforschung gesetzt. *Durinke* weist in diesem Zusammenhang gar auf die Option einer ausschließlichen Förderung von der Grundlagenforschung zuzuordnenden FuE-Tätigkeiten hin, mit der Begründung, diese würde derart fern eines eventuellen Marktes stattfinden, dass ein solcher erst gar nicht bestünde[602]. So könne ohne das Vorliegen eines entsprechenden Marktes auch keine Marktbeeinträchtigung im Sinne des Unionsrechts ent-

602 Durinke C., in: Magiera S., Merten D., Niedobitek M., et al. (Hrsg.), Schriften zum Europäischen Recht, Bd. 151, Der neue Gemeinschaftsrahmen für Forschungs-, Entwicklungs- und Innovationsbeihilfen, 2010, S. 198.

stehen[603]. Auf diese Variante sollte jedoch nicht zuletzt zur Wahrung der unternehmerischen Gestaltungsfreiheit verzichtet werden.

Um die Anreizwirkung einer Steuergutschrift nicht vom wirtschaftlichen Erfolg begünstigter Unternehmen abhängig zu machen, sondern sämtliches von KMU aufgebrachtes FuE-Engagement gleichermaßen zu fördern, ist die Umwandlung eines die Steuerschuld überschreitenden Teilbetrags der Gutschrift in eine direkt und abzugsfrei auszuzahlende Fördersumme – vergleichbar mit dem britischen Modell einer Steuergutschrift – dringend zu empfehlen. Liegt die Steuerschuld eines KMU beispielsweise bei 2 Mio. Euro, während aus der Ermittlung des Abzugsbetrags eine förderfähige Steuergutschrift von 3 Mio. Euro resultiert, sollte der die Steuerschuld überschreitende Teil der Fördersumme von 1 Mio. Euro unmittelbar zur Auszahlung kommen. Nur auf diese Weise kann ein Verfall, mindestens jedoch eine zeitliche Verschleppung von Anreizpotenzialen, wie sie etwa im Rahmen der bemessungsgrundlagenorientierten Förderung zu erwarten ist, vermieden werden. Zudem hätte dies den positiven Nebeneffekt einer Begünstigung unternehmerischer Planungssicherheit.

Die nominalen Höchstgrenzen einer Steuergutschrift sollten sich ebenso wie die prozentualen Gewichtungen der unterschiedlichen FuE-Aufwandsarten im Rahmen der Abzugsbetragsermittlung an bereits dargestellter AGVO und außerhalb des Geltungsbereichs der AGVO an den Regelungen des neuen FuEuI-Unionsrahmen orientieren. Für die detaillierte Ausgestaltung eines entsprechenden Fördermodells wird an dieser Stelle, nicht zuletzt aufgrund einer besseren Kenntnis der für eine steuerliche FuE-Förderung von KMU zur Verfügung stehenden Haushaltsmittel, auf die Bundesregierung mitsamt ihren Fachgremien verwiesen.

2. Faktoren der Bemessungsgrundlage

Die Wahl der Bemessungsgrundlage einer steuerlichen FuE-Förderung von KMU sollte, abgestützt auf die bisherigen Forschungsergebnisse vorliegender Arbeit, wahlweise anhand volumenbasierter Merkmale

603 Ebda.

oder einer Kombination aus volumenbasierten und zuwachsbasierten Merkmalen erfolgen. Auf eine rein zuwachsbasierte Bemessungsgrundlage sollte angesichts des übergeordneten Förderziels – der Generierung nachhaltigen FuE-Engagements auf Ebene von KMU – grundsätzlich verzichtet werden. Durch die ausschließliche Begünstigung von im Vorjahresvergleich hinzugekommenen FuE-Engagements bietet eine inkrementell basierte Forschungsförderung zwar einen stärkeren Anreiz zur Durchführung zusätzlicher FuE-Aktivitäten, beinhaltet jedoch ebenso das Risiko der Annahme eines weniger nachhaltigen, je nach Finanzsituation der betroffenen Unternehmen gar existenzgefährdenden FuE-Niveaus. So ist zu erwarten, dass eine ausschließlich zuwachsbasierte FuE-Förderung insbesondere auf staatliche Fördermittel angewiesene KMU regelmäßig dazu animiert, ihr FuE-Engagement vorwiegend anhand quantitativer anstelle qualitativer Merkmale auszurichten, was mittel- bis langfristig dem gesamtwirtschaftlichen Interesse der Bundesregierung zuwiderläuft. Zudem hat das größte Defizit einer ausschließlich zuwachsbasierten Förderung, die einmalige Förderfähigkeit eines jeden unternehmerischen FuE-Volumens, insbesondere gegenüber erfahrungsgemäß finanzschwachen KMU eine entscheidend negative Wirkung. So wird unternehmerisches FuE-Engagement im Rahmen einer zuwachsbasierten FuE-Förderung lediglich im ersten Durchführungsjahr gefördert, während betroffene KMU die Folgefinanzierung bereits bestehender Forschungsprojekte in den nachfolgenden Jahren vollumfänglich auf eigene Rechnung zu bewältigen haben. Weitere staatliche Fördermittel werden einzig für sämtliche den Vorjahreswert übersteigenden FuE-Tätigkeiten zur Verfügung gestellt, die vor dem Hintergrund limitierter Finanzmittel in der unternehmerischen Breite jedoch nur begrenzt zu erwarten sind. Jegliche inkrementell ausgestaltete steuerliche FuE-Förderung von KMU läuft folglich Gefahr, hinsichtlich ihrer Anreizwirkung gegenüber den von ihr betroffenen Unternehmen auf der Zeitachse zu stagnieren.

Für eine an qualitativen Maßstäben ausgerichtete und nachhaltigere Anreizstellung gegenüber KMU ist es notwendig, sämtlichen FuE-Aufwand der Möglichkeit einer einheitlichen staatlichen Begünstigung zuzuführen, unabhängig davon, ob bereits bestehend oder erstmalig im Veranlagungsjahr anfallend. Eine jährliche Wiederkehr der vollumfänglichen Begünstigung des aufgebrachten FuE-Engagements im Rahmen eines volumenbasierten Fördermodells bewirkt sowohl eine deutliche Erhöhung der unternehmerischen Planungssicherheit als auch, nicht zuletzt durch die umfangreichere Bereitstellung staatlicher Fördermittel anhand der Zeitachse, eine höhere Anreizwirkung gegenüber regelmäßig kapitalschwachen KMU. Die Möglichkeit der erhöhten Förderung zusätzlicher FuE-Aktivität auf Basis einer inkrementellen Bemessungsgrundlage ist auch im Rahmen einer vorrangig volumenbasierten KMU-Förderung nicht zu verwerfen, wenngleich eine solche ausschließlich ergänzend zum Einsatz kommen sollte. Sowohl Frankreich als auch Österreich greifen bereits auf eine entsprechende Kombination aus zuwachs- und volumenbasierter FuE-Förderung zurück. Während der CIR als primäres Förderinstrument Frankreichs grundsätzlich volumenbasiert ausgestaltet ist, gestattet er zudem eine um 10 Prozent sämtlichen FuE-Aufwands im ersten und 5 Prozent sämtlichen FuE-Aufwands im zweiten Jahr erhöhte Steuergutschrift für die Unternehmen, von denen zuvor keinerlei FuE-Tätigkeiten ausgingen. Österreich gewährt unter der Bezeichnung „Erfinder-Freibetrag" innerhalb seines Frascati-Freibetrags die Möglichkeit eines um 10 Prozent sämtlichen FuE-Aufwands erhöhten Betriebsausgabenabzugs für alle Unternehmen, die sich im ersten Jahr ihrer FuE-Tätigkeit befinden. Auch Deutschland ist die Kombination aus einem volumen- und einem zuwachsbasierten FuE-Fördermodell zu empfehlen: ein zuwachsbasierter Anteil als erhöhter Anreiz zur Implementierung eigener FuE-Aktivität, ein volumenbasierter Anteil als Basis für nachhaltiges FuE-Engagement auf Unternehmensebene.

V. Auftragsforschung und Forschungskooperationen

Die Möglichkeit einer staatlichen Förderung von extern vergebenen FuE-Projekten sowie einer erhöhten Förderung von Forschungskooperationen sollte im Rahmen der Ausgestaltung eines steuerlichen FuE-Fördermodells von KMU für die Bundesrepublik nicht unberücksichtigt bleiben. Ist das finanzielle Risiko eines FuE-Projekts in Gänze einem KMU zuzuordnen, so sollte ein aus entsprechender Forschungstätigkeit resultierender FuE-Aufwand ebenfalls als vollends anspruchsberechtigt innerhalb des KMU-spezifischen Fördermodells definiert werden, unabhängig vom Ort seiner tatsächlichen wirtschaftlichen Entstehung. Ihrer Unternehmensgröße geschuldet mangelt es KMU erfahrungsgemäß am notwendigen Know-how und an den infrastrukturellen Voraussetzungen zur Umsetzung eigener FuE-Projekte, was nicht selten eine Inanspruchnahme externer Kompetenzen notwendig macht[604]. Als Reaktion auf einen Ausschluss von auf Auftragsforschung beruhendem FuE-Aufwand von einer entsprechenden staatlichen Förderung wäre ein Verzicht zahlreicher KMU auf die Durchführung eigenständig nur schwer umsetzbarer FuE-Investitionsvorhaben zu erwarten. Dies ist ein aus gesamtwirtschaftlicher Sicht zwingend zu vermeidender Umstand, der dem Primärziel eines jeden FuE-Fördermodells – der Maximierung unternehmerischer Anreizwirkung – deutlich zuwiderliefe. Zur Ermittlung der korrekten Förderhöhe für auf KMU zurückzuführendes FuE-Engagement sollte folglich ausschließlich die Höhe der auf eigene Rechnung erbrachten FuE-Aufwendungen herangezogen werden, nicht jedoch deren letztendlicher Entstehungsort. So umfasst das staatliche Förderinteresse lediglich die Begünstigung der Inkaufnahme wirtschaftlicher Risiken zur Steigerung eines gesamtwirtschaftlichen FuE-Niveaus, hier insbesondere durch KMU, unabhängig davon, an welcher Stelle ein solches durch aktive Forschungstätigkeit gespeist wird. Einzig entscheidend ist, wer den Aufwand letztendlich beauftragt und bezahlt und dadurch privatwirtschaftliche FuE-Tätigkeit auslöst.

Forschungskooperationen werden für forschungswillige Unternehmen als Alternative zur klassischen Auftragsforschung immer beliebter. Während der Auftraggeber eines extern vergebenen Forschungsprojekts regelmäßig alleiniger Halter der Eigentums- und Verwaltungsrechte an den von Dritten im Rahmen ihrer FuE-Tätigkeit erbrachten Forschungsergebnissen wird, findet im Rahmen kollektiver Forschungstätigkeit eine Teilung entsprechender Rechte anhand der jeweiligen Vertragsgrundlage statt. Möglich sind Forschungskooperationen sowohl zwischen Unternehmen als auch zwischen Unternehmen und Institutionen der Wissenschaft, darunter insbesondere Universitäten und Forschungszentren, mit dem gleichen Vorteil einer gemeinsamen Nutzung von Infrastrukturen, Ressourcen und Informationen zur Erreichung eines zuvor definierten Forschungsziels. Diese Zusammenschlüsse ermöglichen ein deutlich kostenreduziertes FuE-Engagement und animieren damit insbesondere KMU zur Durchführung von eigenständig kaum realisierbaren Forschungsprojekten. Sowohl das Potenzial zur Erhöhung unternehmerischer FuE-Tätigkeit wie auch der durch

604 Vgl. Abschnitt B. II. 1. b) bb).

die gemeinsame Durchführung von FuE-Projekten gesteigerte Informationsfluss im Forschungssektor – von dem zu erwarten ist, dass er die Wettbewerbsintensität im Markt nachhaltig erhöht –, verdeutlichen die positiven Auswirkungen von Forschungskooperationen auf gesamtwirtschaftlicher Ebene[605]. Durch eine erhöhte steuerliche Förderung von Forschungskooperationen, in Anknüpfung an die im FuEuI-Unionsrahmen und in der AGVO dazu geschaffenen Möglichkeiten, kann gemeinschaftliches Forschen begünstigt und gegenüber KMU der notwendige Anreiz zur Durchführung zusätzlicher FuE-Tätigkeit gesetzt werden. Die Aufnahme einer entsprechenden Erhöhung der Förderung ist im Rahmen der Ausgestaltung eines steuerlichen FuE-Fördermodells für KMU in Deutschland dringend zu empfehlen.

VI. Zusammenfassende Empfehlung

Noch mehr als bisher muss der deutsche Staat in die Generierung eines auf Investitionen basierenden und damit nicht nur intelligenten, sondern auch integrativen Wachstums eingebunden werden[606]. Zur Steigerung der gesamtwirtschaftlichen Wettbewerbsfähigkeit sowie zur Erfüllung unionspolitischer Zielvorgaben in Bezug auf die Höhe des von den Mitgliedstaaten eingeforderten FuE-Niveaus – festgeschrieben in den Grundsatzvereinbarungen zur Strategie Europa 2020 – bedarf es auch für die Bundesrepublik eines breitenwirksamen Forschungsfördermodells. Wenngleich bereits zahlreiche Forschungsanreize in Form direkter Projektfördermodelle erfolgreich zur Anwendung kommen, machen sich seit Jahren Expertenkommissionen und Branchenverbände für die ergänzende Einführung einer steuerlichen FuE-Förderung in Deutschland, bezugnehmend auf eine Empfehlung der EU-Kommission, stark. Basierend auf den Forschungsergebnissen vorliegender Arbeit ist festzustellen, dass eine solche am effizientesten als KMU-spezifisches Anreizmodell auszugestalten ist. Deutlich stärker als Großunternehmen sind KMU von Investitionshemmnissen im

605 Klement B., Forschungsergebnisse der Wirtschaftsuniversität Wien, Bd. 15, Ökonomische Kriterien und Anreizmechanismen für eine effiziente Förderung von industrieller Forschung und Innovation mit einer empirischen Quantifizierung der Hebeleffekte von FuE-Förderinstrumenten in Österreich, 2006, S. 146.

606 Mazzucato M., Das Kapital des Staates, 2014, S. 249 f.

deutschen Steuerrecht, darunter etwa die Zinsschrankenregelung des § 4h EStG i. V. m. § 8a KStG, die im Zuge der Unternehmenssteuerreform 2008 eingeführte Funktionsverlagerungsverordnung oder etwa die Neuregelung zum Umgang mit Verlustvorträgen im Rahmen von Matelkäufen des § 8c KStG, betroffen[607]. Zudem scheuen sie vermehrt den bürokratischen Aufwand und das wirtschaftliche Risiko eigener FuE-Aktivitäten und sind damit entscheidender von den negativen Auswirkungen einer allgemeinen Marktschwäche betroffen, weshalb sie in der Konsequenz nicht selten auf jegliches Forschungsengagement verzichten. Ein auf die FuE-Förderung von KMU begrenztes steuerliches Anreizsystem würde sowohl die notwendige Breitenwirkung entfalten, um sämtliche Unternehmen gleichermaßen zu erreichen, als auch die Gefahr ungewünschter Mitnahmeeffekte erheblich senken. So ist davon auszugehen, dass die Mehrzahl der Großunternehmen ihre geplanten FuE-Projekte auch ohne Forschungsförderung realisiert, während die Quote ähnlich agierender KMU nicht zuletzt infolge ihrer regelmäßig niedrigeren Kapitalausstattung deutlich geringer ausfällt.

Eine steuerliche FuE-Förderung von KMU in Deutschland hat unionskonform sowohl unter Wahrung der Grundfreiheiten als auch unter Beachtung geltender Beihilfehöchstintensitäten der AGVO (keine Notifizierungspflicht) oder des FuEuI-Unionsrahmens (Notifizierungspflicht) zu erfolgen. Ihre höchste Anreizwirkung gegenüber KMU entfaltet sie als volumenbasierte, direkt an der Steuerschuld anknüpfende Steuergutschrift mit der Option zur Direktauszahlung einer die tatsächliche Steuerschuld übersteigenden Fördersumme. Das Resultat ist eine aus unternehmerischer Sicht ergebnisunabhängige und somit planbare Forschungsförderung, die geeignet ist, das FuE-Engagement von KMU nachhaltig zu erhöhen. Eine darüber hinausreichende, zuwachsbasierte Fördererhöhung im Zusammenhang mit dem Zustandekommen von Forschungskooperationen unter Beteiligung von KMU ist unter gesamtwirtschaftlichen Aspekten ebenfalls zu befürworten.

607 Vgl. Abschnitt B. V. 1.

Abbildungsverzeichnis

Literaturverzeichnis

Abels, Gabriele, in: Bergmann, Jan (Hrsg.), Handlexikon der Europäischen Union, Lissabon-Strategie im Bildungsbereich, 4. Aufl., Baden-Baden 2012.

Arbeitsgruppe Steuerliche FuE-Förderung der Forschungsunion Wirtschaft – Wissenschaft (Hrsg.): Deutliches Votum für die Einführung einer steuerlichen Förderung von Forschung und Entwicklung (FuE) in Deutschland, Mannheim/München/Köln 2009.

AWS (Hrsg.): Definition kleine und mittlere Unternehmen, 4. Aufl., o. O. 2005.

Avella, Felice-Alfredo/Krudewig, Wilhelm: BilMoG-Leitfaden für kleine und mittlere Unternehmen, Freiburg 2010.

Baetge, Kai/Pirsig, Sven/Kirbach, Matthias/et al., in: EY (Hrsg.): Ernst & Young KMU-Förderbarometer 2012, Berlin 2012.

BayFOR (Hrsg.), network enterprise europe, Zugang zu Finanzmitteln entscheidend für den Erfolg von KMU, o. O. 2011.

BDI/BDA, in: BDI (Hrsg.), Positionspapier, Steuerliche Forschungsförderung unverzüglich einführen!, Begründung und Ausgestaltung einer steuerlichen Förderung der Aufwendungen für Forschung und Entwicklung (FuE) in Unternehmen als zusätzliches Instrument zur Forschungsförderung in Deutschland, Berlin 2009.

Becker, Ulrich, in: Ehlers, Dirk (Hrsg.), Europäische Grundrechte und Grundfreiheiten, § 9 Arbeitnehmerfreizügigkeit, 2. Aufl., Berlin 2005.

Belitz, Heike/Eickelpasch, Alexander/Lejpras, Anna, in: DIW (Hrsg.), Projekt Nr.: 49/10, Volkswirtschaftliche Bedeutung der Technologie- und Innovationsförderung im Mittelstand, Berlin 2012.

dies., in: DIW (Hrsg.), DIW Roundup 85, Steuerliche Förderung von Forschung und Entwicklung – Erfahrungen aus dem Ausland, Berlin 2015.

dies., in: DIW (Hrsg.), DIW Wochenbericht Nr. 8.2016, Förderung privater Forschung und Entwicklung in OECD-Ländern: immer mehr, aber auch immer ineffizienter, Berlin 2016.

Bergmann, Jan, in: Bergmann, Jan (Hrsg.), Handlexikon der Europäischen Union, Maastricht-Urteil, 4. Aufl., Baden-Baden 2012.

Bergschmidt, Angela, in: vTI (Hrsg.), Impulsreferat für die MEN-D Arbeitsgruppe v. 31.03.2011, Grundsätzliche Überlegungen zur Messung und Bewertung von Mitnahmeeffekten, Braunschweig 2011.

BIO (Hrsg.): Stellungnahme der BIO Deutschland zum Verfahren vor dem Bundesverfassungsgericht zum AZ: 2 BvL 6/11, Vorlage des Finanzgerichts Hamburg auf Überprüfung der Verfassungsmäßigkeit des § 8c KStG, Berlin 2012.

BITKOM (Hrsg.): Presseinformation v. 10.12.2008, Hightech-Industrie fordert steuerliche FuE-Förderung, Berlin 2008.

Blauberger, Michael, in: Trömmel, Ingeborg (Hrsg.), Forschungen zur Europäischen Integration, Bd. 22, Staatliche Beihilfen in Europa, Die Integration der Beihilfekontrolle in der EU und die Europäisierung der Beihilfepolitik in den neuen Mitgliedstaaten, Wiesbaden 2009.

Blumenberg Jens/Kring Wulf, in: IFSt-Schrift Nr. 473, Europäisches Beihilferecht und Besteuerung, Berlin, 2011.

BMAS (Hrsg.): Europäischer Sozialfonds für Deutschland (ESF), Leitfaden für Staatliche Beihilfen für Förderungen im Rahmen des Operationellen Programms des Bundes für den Europäischen Sozialfonds, Förderperiode 2007–2013, o. O. 2011.

BMBF (Hrsg.): Bundesbericht Forschung und Innovation 2014, Bonn/Berlin 2014.

BMBF (Hrsg.): Das 7. EU-Forschungsrahmenprogramm, Bonn/Berlin 2007.

BMBF (Hrsg.): Horizont 2020 im Blick, Informationen zum neuen EU-Rahmenprogramm für Forschung und Innovation, 2. Aufl., Bonn 2014.

BMBF (Hrsg.): KMU-innovativ, Vorfahrt für Spitzenforschung im Mittelstand, Berlin 2013.

BMBF (Hrsg.): KMU-innovativ, Vorfahrt für Spitzenforschung im Mittelstand, Bonn/Berlin 2007.

BMBF (Hrsg.): Pressemitteilung 046/2013, Investitionen in Innovation, Bundesregierung setzt konsequente FuE-Förderung in 2013 weiter fort/Wanka: „Innovationen schaffen zukünftiges Wachstum und Wohlstand", Berlin 2013.

BMBF (Hrsg.), Pressemitteilung 158/2011, Deutschland investiert mehr denn je in Forschung und Entwicklung, Berlin 2011.

BMWi (Hrsg.): Gründer Zeiten, Informationen zur Existenzgründung und sicherung, Thema Nr. 3 Forschung und Entwicklung, Berlin 2010.

BMWi (Hrsg.): German Mittelstand: Motor der deutschen Wirtschaft, Zahlen und Fakten zu deutschen mittelständischen Unternehmen, Berlin 2014.

BMWi (Hrsg.): Wirtschaftsmotor Mittelstand – Zahlen und Fakten zu den deutschen KMU, Berlin 2014.

BMWi (Hrsg.): Neufassung der Richtlinie „Zentrales Innovationsprogramm Mittelstand (ZIM)", Berlin 2015.

Borchardt, Klaus-Dieter, in: EU (Hrsg.), Das ABC des Rechts der Europäischen Union, Luxemburg 2010.

Brandl, Karl Heinz/Disselkamp, Marcus/Wedde, Peter: Beschäftigungssicherung durch Innovation, Der neue § 92a BetrVG, Frankfurt am Main 2005.

Brehloh, Philipp: Staatliche Förderung industrieller Innovation in den USA, Eine empirisch fundierte Analyse, Wiesbaden 2000.

Brinkmann, Jan/Maier, Anette/Brandstätter, Daniel, in: iStR 2009, S. 563–567, Forschung und Entwicklung – Steueroptimierung durch Nutzung ausländischer Steueranreize.

Brockhoff, Klaus: Forschung und Entwicklung, Planung und Kontrolle, 5. Aufl., München/Wien 1999.

Bührle, Folko: Gründe und Grenzen des „EG-Beihilfeverbots", Tübingen 2006.

Cabral, Luis M. B.: Introduction to Industrial Organization, Massachusetts 2000.

CDU/CSU/FDP (Hrsg.): Wachstum, Bildung, Zusammenhalt, Der Koalitionsvertrag zwischen CDU, CSU und FDP, 17. Legislaturperiode, Berlin 2009.

CDU/CSU/SPD (Hrsg.): Deutschlands Zukunft gestalten, Der Koalitionsvertrag zwischen CDU, CSU und SPD, 18. Legislaturperiode, Berlin 2013.

Cornet, Maarten/Vroomen, Björn/Van der Steeg, Marc, in: CPB (Hrsg.), CPB Discussion Paper Nr. 58, Do innovation vouchers help SMEs to cross the bridge towards science, Den Haag (Niederlande) 2006.

Cremer, Udo, in: IWW 2009, S. 143–146, Praxisleitfaden zur richtigen Behandlung von Zuschüssen bei der Abschlusserstellung.

Dambacher, Kathrin: Subunternehmerverträge in der Europäischen Forschungsförderung, Die vertragliche Regelung der Zusammenarbeit mit kleinen und mittelständischen Unternehmen im Rahmen der europäischen Forschungsförderung, Saarbrücken 2008.

Dankmeyer, Udo, in: DB 1984, S. 8–10, Gesetz zur Stärkung der Wettbewerbsfähigkeit der Wirtschaft und zur Einschränkung von steuerlichen Vorteilen.

DIB (Hrsg.): Position der DIB zur Einführung einer steuerlichen Förderung von Forschung und Entwicklung in Deutschland, Frankfurt am Main 2011.

Dortans, Peter, in: iit (Hrsg.), Innovationspolitische Standpunkte aus der VDI/VDE-IT, Plädoyer gegen die Einführung einer steuerlichen FuE-Förderung, Berlin 2009.

DSGV (Hrsg.): Diagnose Mittelstand 2014, Der Investitionsaufschwung muss kommen, Berlin 2014.

DTI (Hrsg.): The R&D Scoreboard, The top 800 UK & 1250 Global companies by R&D investment, Bd. 1/2, Edinburgh (Schottland) 2006.

Durinke, Corinna, in: Magiera, Siegfried/Merten, Detlef/Niedobitek, Matthias/et al. (Hrsg.), Schriften zum Europäischen Recht, Bd. 151, Der neue Gemeinschaftsrahmen für Forschungs, Entwicklungs- und Innovationsbeihilfen, Berlin 2010.

Eckl, Verena/Schlüter, Andreas/Schneider, Julia/et al., in: Stifterverband für die Deutsche Wissenschaft (Hrsg.), FuE-Datenreport 2013, Analysen und Vergleiche, Kooperationsverhalten der Unternehmen in Forschung und Entwicklung, Essen 2013.

EFI (Hrsg.): Gutachten zu Forschung, Innovation und technologischer Leistungsfähigkeit Deutschlands, Gutachten 2015, Berlin 2015.

EFI (Hrsg.): Gutachten zu Forschung, Innovation und technologischer Leistungsfähigkeit Deutschlands, Gutachten 2013, Berlin 2013.

EFI (Hrsg.): Gutachten zu Forschung, Innovation und technologischer Leistungsfähigkeit Deutschlands, Gutachten 2012, Berlin 2012.

EFI (Hrsg.): Gutachten zu Forschung, Innovation und technologischer Leistungsfähigkeit Deutschlands, Gutachten 2010, Berlin 2010.

Ehlermann, Claus-Dieter, in: Fordham International Law Journal, Vol. 18, Issue 4, Article 6, State Aid Control in the European Union: Success or Failure, New York, 1994.

Emter, Christian: Steuerliche Berücksichtigung von Forschungs- und Entwicklungsaktivitäten, Deutschland im Vergleich mit ausgewählten OECD-Ländern, Norderstedt 2010.

Everling, Ulrich, in: Schön, Wolfgang (Hrsg.), Gedächtnisschrift für Brigitte Knobbe-Keuk, Das Niederlassungsrecht in der EG als Beschränkungsverbot, Tragweite und Grenzen, Köln 1997.

EY (Hrsg.): The 2010 worldwide corporate tax guide, o. O. 2010.

F. Hoffmann – La Roche AG (Hrsg.), Finanzbericht 2013, Basel 2014.

Fellinger, Michaela: Steuerliche Förderung von Forschung und Bildung, Klagenfurt 2009.

Fier, Andreas/Harhoff, Dietmar, in: ZEW (Hrsg.), Discussion Paper No. 01–61, Die Evolution der bundesdeutschen Forschungs- und Technologiepolitik: Rückblick und Bestandsaufnahme, Mannheim 2001.

Fleig, Melanie: Anreizsysteme zur Förderung von Innovationen im Unternehmen, Hamburg 2006.

Frauenhofer Gesellschaft (Hrsg.): Bericht des Vorstands, Lagebericht 2012, München 2012.

Fraunhofer Gesellschaft (Hrsg.): Pakt für Forschung und Innovation, Fortschreibung 2016–2020, Erklärung der Frauenhofer Gesellschaft, München 2014.

Frenz, Walter: Handbuch Europarecht, Band 1: Europäische Grundfreiheiten, Heidelberg 2004.

ders.: Handbuch Europarecht, Band 2: Europäisches Kartellrecht, Heidelberg 2006.

ders.: Handbuch Europarecht, Band 3: Beihilfe- und Vergaberecht, Heidelberg 2007.

Fuest, Winfried/Kroker, Rolf, in: IW (Hrsg.), Beiträge zur Wirtschafts- und Sozialpolitik, Steuerliche Förderung von Investition und Innovation im internationalen Vergleich, Köln 1981.

General Electric Company (Hrsg.): Europäisches KMU-Capex-Barometer, Investitionsabsichten und Geschäftsstimmung auf Grundlage einer Umfrage unter 1.750 Entscheidungsträgern in KMU auf sieben europäischen Märkten, o. O. 2012.

Guceri, Irem, in: Department of Economics and Centre for Business Taxation, University of Oxford (Hrsg.), Tax incentives and R&D: an evaluation of the 2002 UK reform using micro data, Oxford 2013.

Günterberg, Brigitte/Wolter, Hans-Jürgen, in: IfM (Hrsg.), Unternehmensgrößenstatistik 2001/2002, Daten und Fakten, Bonn 2003.

Günterberg, Brigitte, in: IfM (Hrsg.), Unternehmensgrößenstatistik, Daten und Fakten Nr. 2, Bonn 2012.

GWK (Hrsg.): Steigerung des Anteils der FuE-Ausgaben am nationalen Bruttoinlandsprodukt (BIP) als Teilziel der Lissabon-Strategie und der Strategie Europa 2020, Fünfte Fortschreibung des Berichts zum 3%-Ziel der Lissabon-Strategie und Sachstandsbericht zum 3%-Ziel der Strategie Europa 2020, Heft 26, Bonn 2012.

GWK (Hrsg.): Steigerung des Anteils der FuE-Ausgaben am nationalen Bruttoinlandsprodukt (BIP) als Teilziel der Strategie Europa 2020, Sachstandsbericht zum 3%-Ziel für FuE an die Regierungschefinnen und Regierungschefs von Bund und Ländern, Heft 41, Bonn 2015.

GWK (Hrsg.): Pakt für Forschung und Innovation – Fortschreibung 2016–2020, Bonn 2015.

Hahn, Michael: Die Bilanzierung von Finanzinstrumenten nach BilMoG und den IFRS für KMU, Eine synoptische Darstellung aus Sicht mittelständischer Unternehmen, Norderstedt 2010.

Hall, Bronwyn: Effectiveness of Research and Experimentation Tax Credits: Critical Literature Review and Research Design, o. O. 1995.

Hall, Bronwyn/Van Reenen, John, in: Elsevier Research Policy 2000, S. 449–469, How effective are fiscal incentives for R&D? A review of the evidence.

Haratsch, Andreas/Koenig, Christian/Pechstein, Matthias: Europarecht, 6. Aufl., Tübingen 2009.

Helbing, Roland, in: Schriften des Instituts für ausländisches und internationales Finanz- und Steuerwesen der Universität Hamburg (Hrsg.), Bd. 3, Die steuerliche Behandlung von Forschung und Entwicklung in den Industrieunternehmen der EG-Staaten, Baden-Baden 1982.

Herbold, Sabine, in: Bischoff, Johannes Georg/Herzig, Norbert/ Kellermann, Alfred (Hrsg.), Steuer, Wirtschaft und Recht, Bd. 298, Steuerliche Anreize für Forschung und Entwicklung im internationalen Vergleich, Lohmar/Köln 2009.

Hertel, Arne, in: Gornig, Gilbert (Hrsg.), Schriften zum internationalen und zum öffentlichen Recht, Bd. 67, Beihilfen an kleine und mittlere Unternehmen, Frankfurt 2006.

Hildner, Markus J.: Besteuerung von Forschung und Entwicklung – steuerliche Förderung von Forschung und Entwicklung, Norderstedt 2011.

Hitschler, Werner, in: Europäische Hochschulschriften (Hrsg.), Reihe 5, Volks- und Betriebswirtschaft, Bd. 1456, Der Einfluss der Besteuerung auf Innovation, Investition und Eigenkapitalbildung, Eine vergleichende Analyse der Steuersysteme der USA und der Bundesrepublik Deutschland, Frankfurt am Main/Berlin/Bern/ New York/Paris/Wien 1993.

Hoffmann, Wolf-Dieter/Lüdenbach, Norbert: IAS/IFRS-Texte, 5. Aufl., Herne 2012.

Hoffmann, Wolf-Dieter/Lüdenbach, Norbert: NWB Kommentar Bilanzierung, Handels- und Steuerrecht, 2. Aufl., Herne 2011.

Hohmann, Katharina, in: Deutsche Bank Research (Hrsg.), Dynamische Vielfalt als Chance, Mittelstand International, Frankfurt am Main 2009.

Hornig, Marcus, in: BB 2010, S. 215–221, Steuerliche Förderung von Forschung und Entwicklung in Deutschland, Handlungsempfehlung vor dem Hintergrund ausgewählter internationaler FuE-Steuerregime.

Hoyos, Martin/Schmidt-Wendt, Dietrich, in: Budde, Wolfgang Dieter/ Clemm, Hermann/Ellrott, Helmut/et al. (Hrsg.), Beck'scher Bilanz-Kommentar, Handels- und Steuerrecht – §§ 238 bis 339 HGB –, München 1999.

Hülskamp, Nicola/Koppel, Oliver, in: Roman Herzog Institut (Hrsg.), Förderung unternehmerischer Innovation in Deutschland, Eckpunkte einer Neuausrichtung, München 2006.

Hundsdoerfer, Jochen/Lorenz, Daniela/Sielaff, Christian, in: Blaufus, Kay/Hundsdoerfer, Jochen/Kiesewetter, Dirk/et al. (Hrsg.), Arbeitskreis Quantitative Steuerlehre, Diskussionsbeitrag 124, Hemmt die Zinsschranke Investitionen? – Ein weiteres Zinsschranken Paradoxon, Berlin 2011.

Hutschenreiter, Gernot, in: WIFO (Hrsg.), Monatsberichte, Steuerliche Förderung von Forschung und Entwicklung, o. O. 2002.

IDW (Hrsg.): Stellungnahme Hauptfachausschuss 1/1984 i.d.F.v. 1990, Bilanzierungsfragen bei Zuwendungen, dargestellt am Beispiel finanzieller Zuwendungen der öffentlichen Hand, Düsseldorf 1990.

IfM (Hrsg.): KMU in Deutschland gemäß der KMU Definition der EU-Kommission, Bonn 2014.

IW (Hrsg.), IWD Heft 37/2009, S. 4–7, Forschungsförderung, Das Finanzamt zieht noch nicht mit.

Internationale Kommission zur Systemevaluation der Deutschen Forschungsgemeinschaft und der Max-Planck-Gesellschaft (Hrsg.), Forschungsförderung in Deutschland, Hannover 1999.

Jensen-Nissen, Lars, in: Watrin, Christoph (Hrsg.), Forschungsreihe Rechnungslegung und Steuern, IAS 32/IAS 39 und steuerliche Gewinnermittlung, Finanzierung von Bilanzinstrumenten dem Grunde nach, Köln 2007.

Jochum, Georg: Die Steuervergünstigung, Vergünstigungen und vergleichbare Subventionsleistungen im deutschen und europäischen Steuer, Finanz- und Abgabenrecht, Berlin 2006.

Kahl, Wolfgang, in: Calliess, Christian/Ruffert, Matthias (Hrsg.), EUV/AEUV, Das Verfassungsrecht der Europäischen Union mit Europäischer Grundrechtecharta, 4. Auflage, München 2011.

Kählert, Jens-Peter/Lange, Sabine, in: BB 1993, S. 613–617, Zur Abgrenzung immaterieller von materiellen Vermögensgegenständen.

Kämmerer, Jörn Axel, in: Isensee, Josef/Kirchhof, Paul (Hrsg.), Handbuch des Staatsrechts der Bundesrepublik Deutschland, Bd. 5, 3. Aufl., § 124 Subventionen, Heidelberg 2007.

Keynes, John Maynard: Das Ende des Laissez-Faire, Ideen zur Verbindung von Privat- und Gemeinwirtschaft, 2. Aufl., München/Leipzig 2011.

KfW Bankengruppe (Hrsg.): KfW-Innovationsbericht Mittelstand 2014, Stillstand in Europa bremst Innovationen, Frankfurt am Main 2015.

KfW Bankengruppe (Hrsg.): Merkblatt Innovation, ERP-Innovationsprogramm, Frankfurt am Main 2015.

Kirchhof, Paul, in: Isensee, Josef/Kirchhof, Paul (Hrsg.), Handbuch des Staatsrechts der Bundesrepublik Deutschland, Bd. 5, 3. Aufl., § 99 Mittel staatlichen Handelns, Heidelberg 2007.

Kladroba, Andreas, in: Stifterverband für die Deutsche Wissenschaft (Hrsg.), FuE-Datenreport 2011, Tabellen und Daten, Tabellen zur Erhebung 2009, Essen 2011.

ders., in: Stifterverband für die Deutsche Wissenschaft (Hrsg.), FuE-Datenreport 2012, Analysen und Vergleiche, Forschung und Entwicklung im Wirtschaftssektor 2009 und 2010, Essen 2012.

ders., in: Stifterverband für die Deutsche Wissenschaft (Hrsg.), FuE-Datenreport 2012, Analysen und Vergleiche, Externe FuE-Aufwendungen, Essen 2012.

ders., in: Stifterverband für die Deutsche Wissenschaft (Hrsg.), FuE-Datenreport 2013, Analysen und Vergleiche, Forschung und Entwicklung im Wirtschaftssektor 2011, Essen 2013.

Klement, Bernhard, Forschungsergebnisse der Wirtschaftsuniversität Wien, Bd. 15, Ökonomische Kriterien und Anreizmechanismen für eine effiziente Förderung von industrieller Forschung und Innovation mit einer empirischen Quantifizierung der Hebeleffekte von F&E-Förderinstrumenten in Österreich, Frankfurt am Main 2006.

Klodt, Henning, in: Institut für Weltwirtschaft der Universität Kiel (Hrsg.), Arbeitspapier Nr. 664, Grundlagen der Forschungs- und Technologiepolitik, Kiel 1994.

Kniese, Christian, in: Drüen, Klaus-Dieter/Kube, Hanno/Wernsmann, Rainer (Hrsg.), Finanz- und Steuerrecht in Deutschland und Europa, Bd. 21, Europarechtlicher Rahmen einer steuerlichen Förderung von Forschung und Entwicklung, Frankfurt am Main 2013.

Knill, Christoph/Lehmkuhl, Dirk, in: EIoP 1999, Vol. 3, Nr. 7, How Europe Matters. Different Mechanisms of Europeanization.

Knupp, Marcus, in: GTAI (Hrsg.), Nationale Investitionsförderung – Frankreich, Berlin 2014.

Koenig, Christian: Europäisches Wirtschaftsrecht mit Beihilferecht, Zentrum für Europäische Integrationsforschung, Vorlesungen im Schwerpunktbereich, Sommersemester 2011, Bonn 2011.

Kofler, Georg, in: ÖStZ, Heft Nr. 9, 2005, S. 198–200, EuGH: Beschränkung der Forschungsförderung auf Inland EU-widrig.

Kokott, Julia/Ost, Harmut, in: EuZW 2011, S. 496–503, Europäische Grundfreiheiten und nationales Steuerrecht.

Krenz, Roland, in: iStR 2008, S. 10–11, Frankreich: Verbesserte steuerliche Rahmenbedingungen für Forschungs- und Entwicklungsaktivitäten.

Krumrey, Henning, in: WiWo v. 21.07.2012, Steuerliche Förderung von Forschungsaufgaben kommt nicht mehr.

Kube, Hanno: Finanzgewalt in der Kompetenzordnung, Heidelberg 2004.

Küting, Karlheinz/Pfirmann, Armin/Ellmann, David, in: KoR-IFRS 2008, S. 689–697, Die Bilanzierung von selbsterstellten immateriellen Vermögensgegenständen nach dem RegE des BilMoG.

Lehmann, Sören, in: DStR 2010, S. 1459–1464, Steuerliche Anreize für Forschungs- und Entwicklungskosten.

Löhr, Sebastian: Steuerliche Förderung von Forschung und Entwicklung, Bonn 2009.

Maaß Frank, Führmann Bettina, in: IfM (Hrsg.), Innovationstätigkeit im Mittelstand – Messung und Bewertung, Bonn, 2012.

Margedant, Udo, in: Bergmann, Jan (Hrsg.), Handlexikon der Europäischen Union, Europa 2020, 4. Aufl., Baden-Baden 2012.

Markowski, Norbert/Grosser, Katherina/Kuhl, Rita, in: Forschungsbereich Wirtschaft der Fachhochschule Düsseldorf (Hrsg.), Forschungsberichte des Fachbereichs Wirtschaft der Fachhochschule Düsseldorf, Ausgabe 5, Analyse von Barrieren und Hemmnissen beim Wissenstransfer zwischen Hochschulen und KMU, Düsseldorf 2008.

Mazzucato, Mariana: Das Kapital des Staates, Eine andere Geschichte von Innovation und Wachstum, München 2014.

Mayer-Theobald, Felicitas, in: Lehner, Moris (Hrsg.), Münchner Schriften zum internationalen Steuerrecht, Heft 32, Non-garden most favoured negotiating, Sind EU-Mitgliedstaaten bei der Neuverhandlung von Doppelbesteuerungsabkommen mit Drittstaaten nach dem Unionsrecht verpflichtet, Vorteile auch für die Angehörigen aller anderen EU-Mitgliedstaaten auszuhandeln?, München 2011.

Microsoft Cooperation (Hrsg.): Annual Report 2013, Seattle/ Washington 2013.

Mohnen, Pierre, in: CIRANO (Hrsg.), Scientific Series, Tax Incentives: Issue and Evidence, Montréal 1999.

Mössner, Jörg Manfred, in: Haarmann, Wilhelm (Hrsg.), Forum der Internationalen Besteuerung, Bd. 2, Die beschränkte Steuerpflicht, Diskriminierung beschränkt Steuerpflichtiger, Köln 1993.

Mühleck, Marc/Senitz, Stefan, in: IHK-Karlsruhe (Hrsg.), IHK-Merkblatt FuE-Förderprogramme, Programme zur Förderung von Forschung und Entwicklung (FuE) in Unternehmen, Karlsruhe 2014.

Oberrath, Jörg-Dieter: Lernen im Dialog, Öffentliches Recht, Verfassungsrecht, Europarecht, Allg. Verwaltungsrecht und Verwaltungsprozessrecht mit Grundlagen des öffentlichen Wirtschaftsrechts, 4. Aufl., München 2012.

OECD (Hrsg.): Frascati Manual, Proposed Standard Practice for Surveys on Research and Experimental Development, Paris 2002.

Paulenz, Rainer, in: Albers, W./Krause-Junk, G./Littmann, K. (Hrsg.), Finanzwissenschaftliche Schriften, Bd. 10, Der Einsatz finanzpolitischer Instrumente in der Forschungs- und Entwicklungspolitik, Möglichkeiten der Lenkung privater Forschungs- und Entwicklungstätigkeit durch steuerliche Vergünstigungen, Subventionen und öffentliche Aufträge, Frankfurt am Main 1978.

Pouris, Anastassios, in: South African Journal of Science Mai/Juni 2003, S. 195–199, Towards a South African R&D tax incentives scheme: fiscal policies and social benefits.

PwC (Hrsg.): Bilanzieren nach IFRS, IFRS for SMEs und HGB, Die wichtigsten Unterschiede im Überblick, o. O. 2011.

PwC, DIHK (Hrsg.): International Financial Reporting Standards (IFRS) in mittelständischen Unternehmen, Berlin/Frankfurt am Main 2005.

Pyszka, Tillmann, in: BB 1997, S. 2153–2160, Ernstliche Zweifel am Saldierungsverbot des § 15 a EStG.

Rammer, Christian/Aschhoff, Birgit/Crass, Dirk/et al., in: ZEW (Hrsg.), Innovationsverhalten der deutschen Wirtschaft, Indikatorenbericht zur Innovationserhebung 2012, Mannheim 2013.

Rauen, Hartmut, in: VDMA (Hrsg.), KurzPosition für Politik und Wirtschaft, Steuerliche Forschungsförderung einführen, Berlin 2013.

Rieger, Hannah/Platzer, Angela: Handbuch EU-konformer Förderungen, Antworten auf Förderfragen aus der Unternehmenspraxis mit Fallbeispielen, 7. Aufl., München 2009.

Rosenberger, Hans-Peter: Verträge über Forschung und Entwicklung, F&E-Kooperationen in rechtlicher und wirtschaftlicher Sicht, 2. Aufl., Köln 2010.

Röspel, René, in: SPD-Bundestagsfraktion (Hrsg.), Pressemitteilung v. 17.09.2010, Dokument Nr. 1230, Schäuble lässt Schavan auflaufen – Steuerliche Förderung von Forschung ausgeträumt.

Schäfers, Manfred, in: Frankfurter Allgemeine Zeitung v. 15.05.2014, Schäuble springt Unternehmern bei.

Scheffler, Wolfram: Das Maßgeblichkeitsprinzip nach dem Bilanzmodernisierungsgesetz – Bestandsaufnahme nach Auffassung der Finanzverwaltung und Alternativen zum Maßgeblichkeitsprinzip, Berlin 2011.

Scherb, Johannes, in: Bergmann, Jan (Hrsg.), Handlexikon der Europäischen Union, Lissabon-Strategie (Lissabon-Prozess), 4. Aufl., Baden-Baden 2012.

Scheunemann, Marc P./Dennisen, Andre, in: DB 2010, S. 408–413, Steuerliche Strukturierung von Forschung und Entwicklung im internationalen Konzern.

Schlösser, Julian, in: iStR 2009, S. 557–563, Steuerliche Vergünstigungen für Forschung und Entwicklung in Frankreich.

Schmalenbach-Gesellschaft für Betriebswirtschaft, in: DB 2001, S. 989–995, Arbeitskreis „Immaterielle Werte im Rechnungswesen", Kategorisierung und bilanzielle Erfassung immaterieller Werte.

Schneider, Herwig W./Lueghammer, Wolfgang/Schindler, Julia, in: BMWA (Hrsg.), International Good Practices in der steuerlichen FuE-Förderung, Unter besonderer Berücksichtigung junger und innovativer Unternehmen, Wien 2005.

Schnitger, Arne, in: IDW (Hrsg.), Wissenschaftliche Schriften zur Wirtschaftsprüfung, Die Grenzen der Einwirkung der Grundfreiheiten des EG-Vertrages auf das Ertragssteuerrecht, Düsseldorf 2006.

Schulhoff, Wolfgang, in: Faltlhauser, Kurt (Hrsg.), Steuerstrategie, Beitrag der Wirtschaft zur Verbreiterung der Besteuerungsbasis, Köln 1988.

Schütterle, Peter, in: EuZW 2001, S. 711–714, Effiziente Kontrolle staatlicher Beihilfen in den mittel- und osteuropäischen Ländern als Beitrittskriterium.

Söllner, René, in: Statistisches Bundesamt (Hrsg.), Unternehmen und Arbeitsstätten, Ausgewählte Ergebnisse für kleine und mittlere Unternehmen in Deutschland 2009, Wiesbaden 2011.

Spengel, Christoph: MPI Studies on Intellectual Property, Competition and Tax Law, Vol. 8, Steuerliche Förderung von Forschung und Entwicklung (FuE) in Deutschland, Ökonomische Begründung, Handlungsbedarf und Reformbedarf, Berlin/Heidelberg 2009.

Spengel, Christoph/Wiegard, Wolfgang, in: BDI (Hrsg.), Studie im Auftrag des BDI und des VCI, Ökonomische Effekte einer steuerlichen Forschungsförderung in Deutschland, Mannheim/Regensburg 2011.

Spengel, Christoph/Elschner, Christina/Ernst, Christof, in: Universität Mannheim/ZEW (Hrsg.): Fiskalische Kosten einer steuerlichen Förderung von Forschung und Entwicklung in Deutschland – Eine empirische Analyse verschiedener Gestaltungsoptionen, Mannheim 2010.

dies., in: DB 2011, S. 1, Forschungsförderung anstatt Einkommenssteuerentlastungen.

Stenke, Gero, in: Stifterverband für die Deutsche Wissenschaft (Hrsg.), FuE-Datenreport 2012, Analysen und Vergleiche, Staatliche Förderung von FuE in der Wirtschaft, Essen 2012.

Streinz, Rudolf: Europarecht, 6. Aufl., Heidelberg 2003.

ders.: Europarecht, 10. Aufl., Heidelberg 2016.

Sühnel, Steffen, in: PwC (Hrsg.), Der Private Investor Test in der Praxis, 14. Berliner Gesprächskreis, Berlin 2009.

Tiedtke, Klaus/Mohr, Martin, in: EuZW 2008, S. 424–428, Die Grundfreiheiten als zulässiger Maßstab für die direkten Steuern.

Trechow, Peter, in: VDI Nachrichten v. 27.09.2013, Steuerliche F&E-Förderung steht weiter auf politischer Agenda.

Unger, Hedwig, in: Prisching, Manfred/Lenz, Werner/Hauser, Werner (Hrsg.), Schriften zum Bildungsrecht und zur Bildungspolitik, Bd. 13, Forschungsförderung, Wien 2009.

UniCredit Bank Austria (Hrsg.): Konkret, KMU und Innovation, Wien 2012.

VCI (Hrsg.): Argumente und Positionen, Steuerliche Förderung von Forschung und Entwicklung, Frankfurt am Main 2016.

Volkswagen AG (Hrsg.): Ideen bewegen, Geschäftsbericht 2013, Wolfsburg 2014.

Widmann, Rainer/Grosz, Gerald, et al.: Entschließungsantrag an das österreichische Parlament v. 29.01.2010 betreffend die Staffelung der Forschungsprämie zugunsten von KMU (940/A(E) XXIV.GP).

Wirtschaftsrat Deutschland (Hrsg.): Agenda Forschungs- und Innovationspolitik 2013–2017, Berlin 2012.

Wolf, Kirsten: Nationale und/oder EU-Förderung von Innovationen: Grundsätzliche Eignung unter besonderer Berücksichtigung der Gefahren für die Chancengleichheit im Wettbewerb, Norderstedt 2005.

Zimmermann, Volker, in: KfW Bankengruppe (Hrsg.), Fokus Volkswirtschaft, Innovationshemmnisse im Mittelstand, o. O. 2012.

Zimmermann, Volker, in: KfW Bankengruppe (Hrsg.), Akzente Nr. 54/2011, Weniger Marktneuheiten im Mittelstand, Frankfurt am Main 2011.

ders., in: KfW Bankengruppe (Hrsg.), Mittelstands- und Strukturpolitik Nr. 37, Sonderband Innovation im Mittelstand, Beschäftigungseffekte von Innovationen in bestehenden kleinen und mittleren Unternehmen, Frankfurt am Main 2006.

Verzeichnis der Internetquellen

BMBF (Hrsg.): Hightech-Strategie, Kurze Wege zur Förderung, http://www.bmbf.de/de/20639.php, Zugriffsdatum 23.03.2015.

BMBF (Hrsg.): Hightech-Strategie, KMU-innovativ, KMU-innovativ: Vorfahrt für Spitzenforschung im Mittelstand, http://www.bmbf.de/de/20635.php, Zugriffsdatum: 23.03.2015.

BMBF (Hrsg.): Daten und Fakten zum deutschen Forschungs- und Innovationssystem, Ausgewählte Daten zum deutschen Forschungs- und Innovationssystem, http://www.bmbf.de/de/19896.php, Zugriffsdatum: 23.03.2015.

BMBF (Hrsg.): Nationale Kontaktstellen (NKS), Europäisches Innovations- und Technologieinstitut (EIT), http://www.eubuero.de/eit.htm, Zugriffsdatum: 29.03.2015.

BMBF (Hrsg.): Förderkatalog der Bundesregierung, http://foerderportal.bund.de/foekat/jsp/StartAction.do?actionMode=list, Zugriffsdatum: 18.05.2013.

BMBF (Hrsg.): Auftraggeber, Serviceeinrichtungen des Bundes, http://www.foerderinfo.bund.de/de/Auftraggeber-754.php, Zugriffsdatum: 30.04.2015.

BMBF (Hrsg.): Förderung in der Forschung, http://www.bmbf.de/de/1398.php, Zugriffsdatum: 14.04.2015.

BMBF (Hrsg.): Projektträger, Projektträger in der Forschungsförderung, http://www.foerderinfo.bund.de/de/Projekttraeger-982.php, Zugriffsdatum: 30.04.2015.

BMWi (Hrsg.): Förderdatenbank, Förderprogramme, Finanzhilfen des Bundes, der Länder und der EU, http://www.foerderdatenbank.de, Zugriffsdatum: 19.03.2015.

bpb (Hrsg.): Zahlen und Fakten Europa, Ausgewählte Europäische Staaten, Erwerbstätigenquote und Erwerbsquote in Prozent 2010, 2011, http://www.bpb.de/nachschlagen/zahlen-und-fakten/europa/70587/erwerbstaetigkeit, Zugriffsdatum: 25.03.2015.

Brandes, Inga, in: Fernuniversität Hagen (Hrsg.): Das 7. Forschungsrahmenprogramm – EU-Förderprogramm für Forschung und Entwicklung, http://www.fernunihagen.de/universitaet/profil/internationales/angelegenheiten/foerderprogramme/forschung_allgemein.shtml, Zugriffsdatum: 28.03.2015.

DLR (Hrsg.): Der Projektträger im DLR, http://www.dlr.de/pt, Zugriffsdatum: 20.03.2015.

Einbock – JuraForum (Hrsg.): JuraForum-Wiki, Unternehmen, http://www.juraforum.de/lexikon/unternehmen, Zugriffsdatum: 15.03.2015.

EIT (Hrsg.): EIT as part of Horizon2020, http://eit.europa.eu/eit-part-horizon2020, Zugriffsdatum: 29.03.2015.

EurActiv (Hrsg.), Steuerliche Forschungsförderung, http://www.euractiv.de/forschung-und-innovation/linkdossier/steuerliche-forschungsfoerderung-000142, Zugriffsdatum: 09.04.2015.

Europäische Union (Hrsg.), Eurostat Statistics Explained, R&D Expenditure, http://www.ec.europa.eu/eurostat/statistics-explained/index.php/R_%26_D_expenditure, Zugriffsdatum: 11.06.2016.

FIW (Hrsg.): EU-Kommission konsultiert zum Entwurf eines Unionsrahmens für staatliche Beihilfen zur Förderung von Forschung, Entwicklung und Innovation, http://www.fiw-online.de/de/aktuelles/archiv-2014/eu-kommission-konsultiert-zum-entwurf-eines-unionsrahmens-f%FCr-staatliche-beihilfen-zur-f%F6rderung-von-forschung-entwicklung-und-innovation/, Zugriffsdatum: 08.04.2015.

France.fr (Hrsg.): Die Steuergutschrift auf Forschungsausgaben „Crédit d'impôt recherche (CIR)", 2014, http://www.france.fr/de/unternehmensgrundung-und-entwicklung-frankreich/die-steuergutschrift-auf-forschungsausgaben-credit-dimpot-recherche-cir.html, Zugriffsdatum: 08.05.2015.

Französische Botschaft in Deutschland (Hrsg.): Wissenschaftsportal der Abteilung für Wissenschaft und Technologie, Innovationspolitik, http://www.wissenschaft-frankreich.de/de/forschung-in-frankreich/forschungsorganisation-2/innovationspolitik/, Zugriffsdatum: 08.05.2015.

Universität Mannheim (Hrsg.), Institut für Mittelstandsforschung: KMU-Innovativ: Evaluation der Biotechnologieförderung in Deutschland, 2012, http://www.institut-fuer-mittelstandsforschung.de/kos/WNetz?art=Project.show&id=124, Zugriffsdatum: 22.05.2016.

Europäische Kommission: Europa 2020, Europa 2020 im Überblick, Prioritäten, http://ec.europa.eu/europe2020/europe-2020-in-a-nutshell/priorities/index_de.htm, Zugriffsdatum: 25.03.2015.

Europäische Kommission: Europa 2020, Aufgabenverteilung, EU-Mitgliedstaaten, Nationale Verwaltungen, http://ec.europa.eu/europe2020/who-does-what/member-states/index_de.htm, Zugriffsdatum: 28.03.2015.

Europäische Kommission: Rahmenprogramm für Wettbewerbsfähigkeit und Innovation (CIP), http://ec.europa.eu/cip/index_de.htm, Zugriffsdatum: 29.03.2015.

Europäisches Parlament/Rat der Europäischen Union: Schlussfolgerungen des Vorsitzes des Europäischen Rates zur Sondertagung in Lissabon vom 23. und 24.03.2000, http://www.europarl.europa.eu/summits/lis1_de.htm, Zugriffsdatum: 29.04.2015.

FIW (Hrsg.): EU-Kommission konsultiert zum Entwurf eines Unionsrahmens für staatliche Beihilfen zur Förderung von Forschung, Entwicklung und Innovation, http://www.fiw-online.de/de/aktuelles/archiv-2014/eu-kommission-konsultiert-zum-entwurf-eines-unionsrahmens-f%FCr-staatliche-beihilfen-zur-f%F6rderung-von-forschung-entwicklung-und-innovation/, Zugriffsdatum: 08.04.2015.

IfM (Hrsg.): Mittelstand im Überblick, Volkswirtschaftliche Bedeutung der KMU, http://www.ifm-bonn.org/statistiken/mittelstand-im-ueberblick/#accordion =0&tab=0, Zugriffsdatum: 10.03.2015.

Maier, Martina, in: DB v. 06.08.2013: Wirtschaftsrecht, Europarecht, Neue EU-Verfahrensverordnung – Auskunftspflicht und Sektoruntersuchung, http://www.der-betrieb.de/content/dft,960,605829, Zugriffsdatum: 07.04.2015.

PwC Strategy& (ehemals Booz & Company) (Hrsg.): Eindrucksvolles Wachstum der Innovationsbudgets in Deutschland um 8,9%, http://www.strategyand.pwc.com/de/home/Presse/Pressemitteilungen/pressemitteilung-detail/49855819, Zugriffsdatum: 10.03.2015.

PwC Strategy& (ehemals Booz & Company) (Hrsg.): Innovationsbudgets der deutschen Industrie wachsen um rekordverdächtige 14,8%/Europaweit legen FuE-Etats dagegen nur um magere 5,4% zu – weltweit um 9,6%, http://www.strategyand.pwc.com/de/home/Presse/Pressemitteilungen/archiv-2012, Zugriffsdatum: 10.03.2015.

PwC Strategy& (ehemals Booz & Company) (Hrsg.): Deutschland verteidigt Innovations-Europameistertitel dank starker Automobilindustrie, http://www.strategyand.pwc.com/de/home/Presse/Pressemitteilungen/archiv-2013, Zugriffsdatum: 10.03.2015.

PwC Strategy& (ehemals Booz & Company) (Hrsg.): Deutschland bleibt FuE-Europameister – Volkswagen investiert weltweit am meisten in Forschung und Entwicklung, http://www.strategyand.pwc.com/de/home/Presse/Pressemitteilungen/archiv-2014, Zugriffsdatum: 10.03.2015

Urban, Astrid, für: Universität Erfurt (Hrsg.): Forschung und wissenschaftlicher Nachwuchs, Forschungsförderung, Wie erstelle ich einen Projektantrag?, http://www.uni-erfurt.de/fr/forschung/foerderung/drittmittelleitfaden/projektantrag, Zugriffsdatum 23.03.2015.

Verzeichnis der Entscheidungen der Gerichte

I. Entscheidungen des Europäischen Gerichtshofs

Datum	*Aktenzeichen*	*Amtliche Quelle*	
15.07.1964	Rs. 6/64	Costa/ENEL	Slg. 1253
21.02.1973	Rs. 6/72	Continental Can/ Kommission	Slg. 215
11.07.1974	Rs. C-8/74	Procureur du Roi/ Dassonville	Slg. 837
09.03.1978	Rs. 106/77	Finanzverwaltung/ Simmenthal	Slg. 629
20.02.1979	Rs. 120/78	REWE/Bundesmonopolverwaltung für Branntwein (Cassis de Dijon)	Slg. 649
28.01.1986	Rs. 270/83	Kommission/Frankreich (Avoir fiscal)	Slg. 273
10.07.1986	Rs. 234/84	Belgien/Kommission	Slg. 2263
26.04.1988	Rs. 352/85	Bond van Adverteerders/ Niederlande	Slg. 2085
07.06.1988	Rs. 57/86	Griechenland/ Kommission	Slg. 2855
21.03.1990	Rs. C-142/87	Belgien/Kommission (Tubemeuse)	Slg. I-959
21.03.1991	Rs. C-305/89	Italien/Kommission	Slg. I-1603

25.06.1991	Rs. C-76/90	Säger/Dennemeyer	Slg. I-4221
25.07.1991	Rs. C-288/89	Gouda/Commissariaat voor de Media	Slg. I-4007
04.10.1991	Rs. C-246/89	Kommission/Vereinigtes Königreich	Slg. I-4585
28.01.1992	Rs. 204/90	Hanns-Martin Bachmann/Belgischer Staat	Slg. I-276
15.03.1994	Rs. C-387/92	Banco Exterior de España SA/Ayuntamiento de Valencia	Slg. I-877
14.02.1995	Rs. C-279/93	Finanzamt Köln/ Schumacker	Slg. I-225
11.08.1995	Rs. C-80/94	Wielockx/Inspecteur der directe belastingen	Slg. I-2493
15.12.1995	Rs. C-415/93	UEFA/Bosman	Slg. I-4921
23.05.1996	Rs. C-237/94	O'Flynn/Adjudication Officer	Slg. I-2617
06.06.1996	Rs. C-101/94	Kommission/Italien	Slg. I-2691
26.09.1996	Rs. C-241/94	Frankreich/Kommission	Slg. I-4551
15.05.1997	Rs. C-250/95	Futura Participations SA und Singer/Administration des contributions	Slg. I-2471
09.07.1997	Rs. C-222/95	Société civile immobilière Parodi/Banque H. Albert de Bary et Cie	Slg. I-3914
30.04.1998	Rs. T-214/95	Flämische Region/ Kommission	Slg. II-717
16.07.1998	Rs. C-264/96	ICI/HM Inspector of Taxes	Slg. I-4695
29.04.1999	Rs. C-311/97	RBS/Griechenland	Slg. I-2651

08.07.1999	Rs. C-254/97	Société Baxter, B. Braun Médical SA, Société Fresenius France, Laboratoires Bristol-Myers-Squibb SA/ Premier minister, Ministère du Travail et des Affaires sociales, Ministère de l'Économie et des Finances, Ministère de l'Agriculture, de la Pêche et de l'Alimentation	Slg. I-4824
14.09.1999	Rs. C-391/97	Gschwind/Finanzamt Aachen	Slg. I-5451
28.10.1999	Rs. C-55/98	Skatteministeriet/ Vestergaard	Slg. I-7664
19.09.2000	Rs. C-156/98	Deutschland/ Kommission	Slg. I-6857
08.11.2001	Rs. C-143/99	Adria-Wien Pipeline/ Finanzlandesdirektion für Kärnten	Slg. I-8365
06.03.2002	Rs. T-92/00; Rs. T-103/00	Ramondín/Kommission	Slg. II-1385
07.03.2002	Rs. C-310/99	Italien/Kommission	Slg. I-2289
04.06.2002	Rs. C-503/99	Kommission/Belgien	Slg. I-4812
26.09.2002	Rs. C-351/98	Spanien/Kommission	Slg. I-8031
12.12.2002	Rs. C-385/00	de Groot/Staatssecretaris v. Financiën	Slg. I-11819
11.03.2004	Rs. C-9/02	Lasteyrie du Saillant/ Ministère de l'Économie, des Finances et de l'Industrie	Slg. I-2409
15.07.2004	Rs. C-242/03	Ministre des Finances/ Weidert und Paulus	Slg. I-7379

09.12.2004	Rs. C-39/04	Schlussanträge des Generalanwalts F. G. Jacobs	Slg. I-2059
03.03.2005	Rs. C-172/03	Wolfgang Heiser/ Finanzamt Innsbruck	Slg. I-1627
10.03.2005	Rs. C-39/04	Laboratoires Fournier/ Direction des verifications nationales et internationals	Slg. I-2068
06.09.2006	Rs. C-88/03	Portugal/Kommission	Slg. I-7115
11.12.2007	Rs. C-438/05	International Transport Workers' Federation, Finnish Seamen's Union/ Viking Line	Slg. I-10779
18.12.2007	Rs. C-101/05	Skatteverket/A. (nat. Person – SWE)	Slg. I-11531
25.01.2011	Rs. C-382/08	Neukirchinger/ Grieskirchen	Slg. I-139

II. Entscheidungen des Bundesfinanzhofs

Datum	*Aktenzeichen*	*Amtliche Quelle*
30.01.1980	I R 89/79	BStBl. II 1980
29.04.1982	IV R 177/78	BStBl. II 1982
14.07.1988	IV R 78/85	BStBl. II 1989
22.01.1992	X R 23/89	BStBl. II 1992
10.06.1992	I R 9/91	BStBl. II 1993
28.07.1994	V R 19/92	BStBl. II 1995
19.07.1995	I R 56/94	BStBl. II 1996
03.07.1997	IV R 49/96	BStBl. II 1998
13.11.1997	V R 11/97	BStBl. II 1998
04.02.1999	IV R 54/97	BStBl. II 2000
30.11.2011	I R 14/11	BStBl. II 2012

III. Entscheidungen des Bundesverfassungsgerichts

Datum	*Aktenzeichen*	*Amtliche Quelle*
22.10.1986	2 BvR 197/83 Solange II	BVerfGE 73, 339
12.10.1993	2 BvR 2134/92; BvR 2159/92 Maastricht	BVerfGE 89, 155

Verlautbarungen der Europäischen Gemeinschaftsorgane

I. Amtsblatt der Europäischen Union

Europäisches Parlament/Rat der Europäischen Union: Beschluss des Parlamentes und des Rates v. 24.10.2006 zur Einrichtung eines Rahmenprogramms für Wettbewerbsfähigkeit und Innovation (2007–2013) (1639/2006/EG), ABl. EG 2006 Nr. L 310 v. 09.11.2006, S. 15–40.

Europäische Union: Konsolidierte Fassungen des Vertrags über die Europäische Union und des Vertrags über die Arbeitsweise der Europäischen Union, Erklärung zur Schlussakte der Regierungskonferenz die den am 13. Dezember 2007 unterzeichneten Vertrag von Lissabon angenommen hat (2008/C 115/01), ABl. EG 2008 Nr. C 115 v. 09.05.2008, S. 335–359.

Kommission der Europäischen Gemeinschaften: Empfehlung der Kommission v. 03.04.1996 betreffend die Definition der kleinen und mittleren Unternehmen (96/280/EG), ABl. EG 1996 Nr. L 107 v. 30.04.1996, S. 4–9.

Kommission der Europäischen Gemeinschaften: Mitteilung der Kommission über die Anwendung der Vorschriften über staatliche Beihilfen auf Maßnahmen im Bereich der direkten Unternehmensbesteuerung (1998/C 384/03), ABl. EG 1998 Nr. C 384/3 v. 10.12.1998, S. 3–8.

Europäische Kommission: Verordnung der Kommission v. 12.01.2001 über die Anwendung der Art. 87 und 88 EG-Vertrag auf „De-minimis"-Beihilfen (69/2001), Abl. EG Nr. L 10 v. 13.01.2001, S. 30–32.

Europäische Kommission: Empfehlung der Kommission v. 06.05.2003 betreffend die Definition der Kleinstunternehmen sowie der kleinen und mittleren Unternehmen (2003/361/EG), ABl. EG 2003 Nr. L 124 v. 20.05.2003, S. 36–41.

Europäische Kommission: Mitteilung der Kommission über Leitlinien der Gemeinschaft für staatliche Beihilfen zur Rettung und Umstrukturierung von Unternehmen in Schwierigkeiten (2004/C 244/02), ABl. EG 2004 Nr. C 244 v. 01.10.2004, S. 2–17.

Europäische Kommission: Verordnung der Kommission v. 15.12.2006 über die Anwendung der Art. 87 und 88 EG-Vertrag auf „De-minimis"-Beihilfen (1998/2006), Abl. EG 2006 Nr. L 379 v. 28.12.2006, S. 5–10.

Europäische Kommission: Mitteilung der Kommission über den Gemeinschaftsrahmen für staatliche Beihilfen für Forschung, Entwicklung und Innovation (2006/C 323/01), ABl. EG 2006 Nr. C 323 v. 30.12.2006, S. 1–26.

Europäische Kommission: Bekanntmachung der Kommission über Rechtswidrige und mit dem Gemeinsamen Markt unvereinbare staatliche Beihilfen: Gewährleistung der Umsetzung von Rückforderungsentscheidungen der Kommission in den Mitgliedstaaten (2007/C 272/05), ABl. EG 2007 Nr. C 272 v. 15.11.2007, S. 4–17.

Europäische Kommission: Verordnung der Kommission v. 06.08.2008 zur Erklärung der Vereinbarkeit bestimmter Gruppen von Beihilfen mit dem Gemeinsamen Markt in Anwendung der Artikel 87 und 88 EG-Vertrag (allgemeine Gruppenfreistellungsverordnung) (800/2008), ABl. EG 2008 Nr. L 214 v. 09.08.2008, S. 3–47.

Europäische Kommission: Mitteilung der Kommission über die Verlängerung der Geltungsdauer des Gemeinschaftsrahmens für staatliche Beihilfen für Forschung, Entwicklung und Innovation (2013/C 360/01), ABl. EG 2013 Nr. C 360 v. 10.12.2013, S. 1.

Europäische Kommission: Verordnung der Kommission v.18.12.2013 über die Anwendung der Artikel 107 und 108 des Vertrags über die Arbeitsweise der Europäischen Union auf De-minimis-Beihilfen (1407/2013), ABl. EG 2013 Nr. L 352 v. 24.12.2013, S. 1–8.

Europäische Kommission: Verordnung der Kommission v. 17.06.2014 zur Feststellung der Vereinbarkeit bestimmter Gruppen von Beihilfen mit dem Binnenmarkt in Anwendung der Artikel 107 und 108 des Vertrages über die Arbeitsweise der Europäischen Union (651/2014), ABl. EG 2014 Nr. L 187 v. 26.06.2014, S. 1–78.

Europäische Kommission: Mitteilung der Kommission über den Unionsrahmen für staatliche Beihilfen zur Förderung von Forschung, Entwicklung und Innovation (2014/C 198/01), ABl. EG 2014 Nr. C 198 v. 27.06.2014, S. 1–29.

Rat der Europäischen Gemeinschaften: Richtlinie des Rates v. 19.12.1977 über die gegenseitige Amtshilfe zwischen den zuständigen Behörden der Mitgliedstaaten im Bereich der direkten Steuern (77/799/EWG), ABl. EG 1977 Nr. L 336 v. 27.12.1977, S. 1.

Rat der Europäischen Gemeinschaften: Richtlinie des Rates v. 23.07.1990 über das gemeinsame Steuersystem für Fusionen, Spaltungen, Einbringungen von Unternehmensteilen und den Austausch von Anteilen, die Gesellschaften verschiedener Mietgliedstaaten betreffen, sowie für die Verlegung des Sitzes einer Europäischen Gesellschaft oder einer Europäischen Genossenschaft von einem Mitgliedstaat in einen anderen Mitgliedstaat (90/434/EWG), ABl. EG 1990 Nr. L 225 v. 20.08.1990, S. 1–5.

Rat der Europäischen Gemeinschaften: Richtlinie des Rates v. 23.07.1990 über das gemeinsame Steuersystem der Mutter- und Tochtergesellschaften verschiedener Mitgliedstaaten (90/435/EWG), ABl. EG 1990 Nr. L 225 v. 20.08.1990, S. 6–9.

Rat der Europäischen Union: Verordnung des Rates v. 07.05.1998 über die Anwendung der Artikel 92 und 93 des Vertrags zur Gründung der Europäischen Gemeinschaft auf bestimmte Gruppen horizontaler Beihilfen (994/1998), ABl. EG 1998 Nr. L 142 v. 14. 05.1998, S. 1–4.

Rat der Europäischen Union: Richtlinie des Rates v. 03.06.2003 über eine gemeinsame Steuerregelung für Zahlungen von Zinsen und Lizenzgebühren zwischen verbundenen Unternehmen verschiedener Mitgliedstaaten (2003/49/EG), ABl. EG 2003 Nr. L 157 v. 26.06.2003, S. 49–54.

Rat der Europäischen Union: Richtlinie des Rates v. 22.12.2003 zur Änderung der Richtlinie 90/435/EWG über das gemeinsame Steuersystem der Mutter- und Tochtergesellschaften verschiedener Mitgliedstaaten (2003/123/EG), ABl. EG 2004 Nr. L 007 v. 13.01.2004, S. 41–44.

Rat der Europäischen Union: Verordnung des Rates v. 22.07.2013 zur Änderung der Verordnung EG Nr. 659/1999 über besondere Vorschriften für die Anwendung von Artikel 93 des EG-Vertrags (734/2013), ABl. EG 2013 Nr. L 204 v. 31.07.2013, S. 15–22.

Rat der Europäischen Union: Verordnung des Rates v. 16.12.2013 über das Programm der Europäischen Atomgemeinschaft für Forschung und Ausbildung (2014–2018) in Ergänzung des Rahmenprogramms für Forschung und Innovation Horizont 2020 (EURATOM) (1314/2013), ABl. EG 2013 Nr. L 347 v. 20.12.2013, S. 948–964.

II. Veröffentlichungen der Europäischen Kommission und des Europäischen Rates

Europäische Kommission: Mitteilung der Kommission für die Frühjahrstagung des Europäischen Rates v. 02.02.2005, Zusammenarbeit für Wachstum und Arbeitsplätze, Ein Neubeginn für die Strategie von Lissabon, Mitteilung von Präsident *Barroso* im Einvernehmen mit Vizepräsident *Verheugen*, KOM(2005)24.

Europäische Kommission: Unternehmen und Industrie, Die neue KMU Definition, Benutzerhandbuch und Mustererklärung, 2006, S. 1–52.

Europäische Kommission: Mitteilung der Kommission an den Rat, das Europäische Parlament und den Europäischen Wirtschafts- und Sozialausschuss v. 22.11.2006, Wege zu einer wirksameren steuerlichen Förderung von FuE, KOM(2006)728.

Europäische Kommission: EIM Business & Policy Research, European SMEs under Pressure, Annual Report on EU Small and Medium-sized Enterprises, 2009.

Europäische Kommission: Mitteilung der Kommission an das Europäische Parlament, den Rat, den Europäischen Wirtschafts- und Sozialausschuss und den Ausschuss der Regionen v. 19.05.2010, Eine Digitale Agenda für Europa, KOM(2010)245.

Europäische Kommission: Mitteilung der Kommission an das Europäische Parlament, den Rat, den EuropäischenWirtschafts- und Sozialausschuss und den Ausschuss der Regionen v. 06.10.2010, Leitinitiative der Strategie Europa 2020, Innovationsunion, KOM(2010)546.

Europäische Kommission: Pressemitteilung der Kommission v. 06.10.2010, Die „Innovationsunion" – Ideen in Arbeitsplätze, umweltfreundliches Wachstum und sozialen Fortschritt umsetzen (IP/10/1288).

Europäische Kommission: Europäisches Mittelstandsportal, Große Projekte für kleine und mittlere Unternehmen, Wie die EU den Mittelstand unterstützt, 2011.

Europäische Kommission: Vorschlag für eine Richtlinie des Rates über eine Gemeinsame konsolidierte Körperschaftsteuer-Bemessungsgrundlage (GKKB) v. 16.03.2011, KOM(2011)121/4.

Europäische Kommission: Mitteilung der Kommission an den Rat, das Europäische Parlament, den Ausschuss der Regionen und den Europäischen Wirtschafts- und Sozialausschuss v. 07.12.2011, Aktionsplan zur Verbesserung des Finanzierungszugangs für KMU, KOM(2011)870.

Europäische Kommission: Pressemitteilung der Kommission v. 21.05.2014, Staatliche Beihilfen: Kommission erlässt neue Vorschriften zugunsten der öffentlichen Förderung von Forschung, Entwicklung und Innovation (IP/12/586).

FSC
www.fsc.org
MIX
Papier | Fördert
gute Waldnutzung
FSC® C083411

Kolibri 360 GmbH
Ferdinand-Jühlke-Straße 7
99095 Erfurt, Deutschland
produktsicherheit@kolibri360.de